Wilhelm Kienzler DIE SCHÖPFUNG

WILHELM KIENZLER

Die
Schöpfung

Stufen — Kräfte — Gesetze

Mensch und Seele im Gegenspiel
von Natur und Geist

DREI EICHEN VERLAG
ENGELBERG/SCHWEIZ + MÜNCHEN

ISBN 3-7699-0307-2

Verlagsnummer 307

Alle Rechte vorbehalten.

Gesamtherstellung: Isar-Post, Landshut

Prolog

Im Anfang, vor Erschaffung der Welt, ruhte die Schöpferkraft noch verborgen im Schoße des Ewigen Einen. Als aber sein Wille zu wogen begann, strahlte seine Allmacht, Weisheit und Liebe erneut aus der undurchdringlichen schwarzen Festung hervor in den Weltenraum. Die Schöpfungskräfte begannen auszuströmen und brachten der Reihe nach zahllose geistige, feinstoffliche und materielle Welten hervor, die sie mit Leben erfüllten und mit allem, was in ihnen enthalten ist. Und der Höchste Vater gab allen Reichen ihre bevollmächtigten Regenten und Verwalter. Die Kräfte des Unerforschlichen aber strömen ununterbrochen weiter in die erschaffenen Welten und wieder zum Ursprung zurück, die Schöpfung bis zum letzten Atom durchdringend und erhaltend.

Aus seiner ewigen Wesenheit sandte der Höchste Vater Myriaden strahlender Seelenfunken aus lebendiger, überbewußter Energie in seine Schöpfung, wo sie als unsterblicher Wesenskern in allen erschaffenen Lebensformen ihre Aufgabe erfüllen. Ihr irdischer Weg beginnt im scheinbar unbewußten Mineral- und Pflanzenreich und führt höher über viele Stufen unter Zuordnung weiterer Wirkkräfte durch die verschiedenen Reiche der Tiere bis zum vollbewußten Menschen, dessen wunderbare Erkenntnisfähigkeit ihn über alle Naturreiche hinauszuführen vermag.

Auf dieser höchsten Stufe irdisch-organischer Lebewesen beginnt der Kampf um den Wiederaufstieg in die höheren feinstofflichen Regionen während vieler Inkarnationen, jedoch immer unter dem Kausalgesetz, dessen Verwalter unsere Schicksale in den drei Welten mit strenger Hand regelt. Diejenigen aber, die nach Befreiung vom Gesetz der unteren Welten und nach der Rückkehr zum ewigen Vater streben, müssen seinen Gesandten aufnehmen, wie St. Johannes sagt, damit er ihnen die Macht gebe, wieder Kinder Gottes zu werden. Denn das Kausalgesetz untersteht dem Herrn der Naturreiche, die Gnade aber kommt vom Vater (Joh. 1/17). Und darin liegt das tiefste esoterische Geheimnis des menschlichen Lebens und der Schlüssel zur Heimkehr ins ewige Licht!

Einleitung

Was ist der Mensch, woher kommt, wohin geht er und wie ist er entstanden? Ein paar Fragen über uns selbst, herausgegriffen aus einem bunten Strauß von Problemen, die man unter der alten und doch ewig neuen Forderung, von Sokrates über Eckehart und Descartes bis zur Gegenwart zusammenfassen kann: Erkenne dich selbst!

Man sollte meinen, die Fragen zum Rätsel Mensch wären in all den Jahrtausenden genugsam behandelt und geklärt worden und was je in der Vergangenheit nicht erkannt wurde, habe die Wissenschaft der Neuzeit endgültig herausgefunden. Aber weit gefehlt, denn erstaunlicherweise ist das keineswegs der Fall, trotz der Entdeckung des genetischen Code als Träger der Vererbung und tausend anderer Funktionsgeheimnisse des menschlichen Körpers. In Wahrheit hat die biologische Wissenschaft bis heute im wesentlichen nur solche Fakten ergründet, wie sie auch für die höheren Säugetiere gültig sind. Das, was den Menschen vom Tier unterscheidet, wurde — im Gegensatz zu den rasant zunehmenden physiologischen Einzelerkenntnissen — immer mehr in den Hintergrund gedrängt und so ist es gekommen, daß wir das Wesentliche des Lebens meistens »übersehen«. Aber natürlich sind es nicht die körperlichen Belange, die mit der Forderung nach Selbsterkenntnis gemeint sind; es sind vielmehr die unter der Oberfläche wirksamen Kräfte und Substanzen, deren höchste das Denken und die Seele sind, das erste ein feinstoffliches Werkzeug, die andere eine geistige Kraft, die uns beide mit den zumeist unbekannten höheren Bereichen der Schöpfung verbinden.

Will man der gestellten Aufgabe nachkommen — und wer wollte nicht Bescheid wissen über sich selbst — dann muß man auch heute noch wie eh und je von Grund auf Fragen stellen und zu lernen suchen. Leider gehen unsere westlichen Lehrmethoden meist nicht über die meß- und wägbaren Bereiche hinaus.

Das gilt sowohl in der Physik, wie in der Biologie und Medizin, ausgenommen vielleicht die Psychologie, welche sich in Analyse und Therapie in den letzten Jahrzehnten mühsam genug in die unbewußten Bereiche vortastet, in denen sich das Unbehagen über die Mißachtung der Seelenkräfte in Form von Depressionen und Komplexen niederschlägt. Es wäre also an der Zeit, wieder den ganzen Menschen in die Überlegungen über ein sinnvolles Leben einzubeziehen, d. h. den Bereich der Ursachen zu erforschen und nicht nur einen Kult und Reparaturdienst am Körper und der materiellen Welt allgemein zu betreiben, in denen sich nur die Wirkungen manifestieren.

Zum Selbstverständnis des Menschen gehören also und vor allem auch die Fragen über das Weiterleben nach dem körperlichen Tode in einem ätherischen Lichtkörper, über Lohn und Strafe, Seligkeit und Verurteilung, über eine mögliche Wiederkunft in einem neuen Körper nach dem zugemessenen Aufenthalt in weniger grobmateriellen Bereichen, als sie uns hier vertraut sind. Dieses letztere Problem ist bekannt unter dem Begriff der Re-Inkarnation und ist eng verbunden mit Verdienst oder Verschulden während des jeweiligen Erdenweges und mit dem karmischen Gesetz, der ausgleichenden Gerechtigkeit. Zu diesem Fragenkomplex gehören auch die persönlichen Herren der höheren Regionen, denen die Aufsicht über einen geregelten Ablauf der so ungeheuer komplexen Vorgänge auf den verschiedenen Ebenen obliegt, die Hierarchie der Engel, Götter, Gottheiten und Dämonen — oder wie immer man sie bezeichnen will.

Dieser Themenkreis führt uns mitten in das Gebiet der Religion, vertreten durch die Kirchen und die Theologen, in deren Aufgabenbereich es eigentlich liegen sollte, uns über diese Dinge ausreichende und verständliche Auskunft zu geben. Leider steht es damit nicht gerade zum besten, wie jeder bestätigen kann, der gelegentlich theologische Diskussionen über sich ergehen läßt. Über deren Gewinn für uns Normalbürger könnte man als Motto das Dichterwort setzen:

> Da steh ich nun, ich armer Tor
> und bin so klug, als wie zuvor.

Die Erkundung der Zusammenhänge unseres Lebens auf beiden Seiten des Vorhanges sind für uns keineswegs nur von nebensächlicher Bedeutung oder als Mittel zur Befriedigung der Neugier interessant; vielmehr handelt es sich dabei um das ureigenste Problem, den Sinn und die Aufgabe unseres Lebens und unserer Existenz überhaupt zu erkennen. Deshalb kann es gar nichts Wichtigeres geben, als die Zusammenhänge, in die wir hineingeboren sind, zu ergründen, um uns über unsere Stellung im großen Spiel Klarheit zu verschaffen, denn nur dann können wir zu erfolgreichen Mitspielern werden. Andernfalls werden wir wohl immer auf der Verliererseite stehen müssen!

Versuchen wir also — diejenigen, die es interessiert — uns selbst zu helfen und anhand alter und neuer Zeugnisse und Beiträge einen Überblick über unser eigenes inneres Wesen und seine Verbundenheit und Verflechtung mit den Kräften der gesamten Schöpfung zu verschaffen. Vielleicht gelingt es uns, in ganz unkonventioneller Manier, das Geheimnis ein wenig aufzuhellen und durch die gewissen schmalen Ritzen einen Blick in die unbekannte Welt hinter dem Vorhang zu werfen.

Inhalts-Übersicht

ERSTER TEIL

ZWEITER TEIL

DRITTER TEIL

arten kommen aus der Hand des Schöpfers — Adam und
Lilith — Satans Engel — Die Schöpfung ist kein Zufallsprodukt

VIERTER TEIL

funktion — Mentalwesen und Seele — Surat und Nirat —
Die Stufenleiter

ERSTER TEIL

Kapitel 1

Zwei Schöpfungsberichte

Unsere Heilige Schrift beginnt mit der Genesis, dem Schöpfungsbericht des Moses von der Erschaffung der Erde mit ihren Pflanzen, Tieren und dem Menschen als Krönung der Schöpfung, geschaffen nach dem Bilde seines Schöpfers und als Herr der drei Naturreiche, die er sich angeblich untertan machen, in Wahrheit aber behüten und bewahren sollte.

Leider können wir mit der auf uns gekommenen Fassung des Schöpfungsberichtes nicht viel anfangen, denn er enthält in dieser Form nicht viel mehr als einige allegorische Andeutungen und gleichnishafte Vereinfachungen eines in Wahrheit elementaren und über viele Millionen Jahre sich hinziehenden Vorganges. Es wäre jedoch ein Irrtum, wollte man annehmen, der große Gesetzgeber Moses habe ein solch kindliches Testament als die Essenz der damaligen Wissenschaft und seiner Zwiegespräche mit dem Herrn vom Sinai der Nachwelt hinterlassen; vielmehr ist gewiß, daß die wenigen Sätze der biblischen Erzählung nach dem äußeren Wortlaut nicht den wahren Inhalt seines Wissens und seiner Erkenntnis wiedergeben. Der wahre Inhalt ist im hebräischen Text verschlüsselt niedergelegt, wie noch Hieronymus um das Jahr 400 wußte, als er schrieb: »Das schwerste und dunkelste der heiligen Bücher, die Genesis, enthält soviele Geheimnisse als Worte, und jedes Wort hat davon mehrere.«

Die hebräische Genesis beginnt mit den Worten: Bereshit bara Elohim ath hashama'yem haa'retz, d. h.: Im Anfang (oder im Stadium der erwachenden Kräfte) erschufen die Elohim die Himmel und die Erde.[1])

Der Wortlaut dieses Anfangssatzes sagt schon im offenen Text wesentlich mehr aus als die uns vertraute bündige Version, Gott habe Himmel und Erde erschaffen. Er läßt erkennen, daß keineswegs »Gott selbst« die Erde und den Menschen persönlich erschaffen und zurechtgeknetet hat, sondern die Ausführung des

---

[1]) Geheimlehre I/401.

göttlichen Planes beauftragten Bildnern und Baumeistern übertrug, wie es auch die heiligen Schriften anderer Völker besagen. Das Wesen des Höchsten manifestiert sich in der alle Regionen und Welten umfassenden Schöpferkraft, und diese geistige Kraft bedarf der vermittelnden Substanzen und der persönlichen Aufseher, um in den feinstofflichen und den materiellen Bereichen wirken zu können. Es ist daher eine logische Folgerung, daß »Elohim« als die Bauleute und Aufseher Gottes oder des bevollmächtigten Demiurgen die Erde mit ihren verschiedenen Reichen ins konkrete Dasein zu bringen hatten — und diese weiterhin leiten und beaufsichtigen.

Die aus der Bibel bekannte Erzählung des Herganges stammt aus der griechischen Übersetzung der Septante oder Septaginta unter Ptolemäus, also aus einer vorchristlichen Übersetzung des ursprünglichen hebräischen Textes durch siebzig jüdische Schriftgelehrte. Niemand wird daher bezweifeln, daß die hebräische Fassung die ursprüngliche und maßgebende ist und es ist sinnlos, aus den Übersetzungen in andere Sprachen etwas herauslesen zu wollen, was nicht darin enthalten sein kann. Es ist vielmehr so, daß der eigentliche Sinn der Genesis in der Kombination der zweiundzwanzig Buchstaben des jüdischen Alphabets mit den entsprechenden Zahlenwerten verschlüsselt niedergelegt wurde, und nur nach dem dabei angewandten Code kann dieser Sinn auch wieder herausgelesen werden, wozu allerdings noch eine Anzahl geheimer »Schlüssel« erforderlich sind, wie Professor Weinreb überzeugend dargelegt hat.[2])

Es sollte also möglich sein, das Rätselraten und die endlose Auseinandersetzung über den Inhalt der Genesis in nützlicher Frist zu beenden, wenn man endlich aufhört, sich an den äußerlichen Wortlaut zu klammern, noch dazu an den Wortlaut in anderen als der hebräischen Sprache. Über die Bedeutung der ursprünglichen Genesis schreibt Ed. Schuré:

»Moses schrieb sein Buch der Prinzipien, den Sepher Bereshit, eine zusammengedrängte Synthese der vergangenen Wissenschaft und ein Rahmen für die zukünftige, ein Schlüssel zu den Mysterien und ein Fakel der Eingeweihten. Bei ihm strahlte die Genesis gewiß ein anderes Licht aus, umfaßte weit unermeßlichere Welten als die kindliche Welt und die kleine Erde, die uns entgegen-

---

[2]) Friedrich Weinreb: Der göttliche Bauplan der Welt.

treten aus der griechischen Übersetzung der Septante und aus der lateinischen des Hieronymus.«

Die beiden wichtigsten Pfeiler unserer religiösen Vorstellungen sind immer noch die Genesis des Moses — und die Evangelien, insbesondere das Johannesevangelium.

Die Schöpfungsgeschichte des Moses entstand in der Zeit um 1300 v. Chr. und ist mindestens teilweise das Erbe der ägyptischen Tempelwissenschaft. Moses, mit seinem ursprünglichen Namen Hosarsiph, war der Sohn oder Adoptivsohn der Schwester des Pharao (Ramses II.) und erwarb als königlicher Prinz und eingeweihter Priester hohen Ranges das geheime Wissen der ägyptischen Tempel. Dieses mag ergänzt und ausgebaut worden sein nach seiner Flucht nach Midian, wo er bei dem dortigen Tempelherrn Jethro, dem Raguel oder Aufseher Gottes Zuflucht fand. Zu jener Zeit war Midian ein Brennpunkt der geheimen Wissenschaften, wo sich die Wissensströme von Chaldäa, Persien und Indien mit denen Ägyptens und des dunklen Erdteils kreuzten, war doch Jethro selbst ein Vertreter der damals hochstehenden schwarzen Rasse, wie man gewissen Bibelstellen entnehmen kann. Schurè sagt, daß Jethro zum reinsten Typ der uralten äthiopischen Rasse gehörte, die vier- oder fünftausend Jahre vor Ramses über Ägypten geherrscht habe (p. 156). Aber das nur nebenbei, um den Rahmen der alten Lehren anzudeuten, die Kontinente umspannten.

Der zweite Pfeiler ist das vierte Evangelium, das in wenigen Worten ebenfalls einen Bericht über die Schöpfung gibt, deren innerer Ursprung das WORT, der tätige Logos ist, durch den alles gemacht wurde, was gemacht ist. Die Evangelien beziehen sich fast ausschließlich auf den »Mann aus Nazareth« und seine Lehre und nur am Rande auf seinen »Vorläufer« Johannes, dessen Bedeutung als Vorgänger in der Meisterschaft in unfairer Weise unterschlagen wurde. Mit den Dokumenten über Johannes und Jesus steht es leider nicht zum besten, weil beide kein schriftliches Erbe hinterlassen haben — wenigstens ist kein solches bekanntgeworden. Deshalb wird besonders die Person und Lehre Jesu von den Fachleuten als schlecht belegt und bezeugt erklärt; so spricht z. B. Lessing von den »Mißlichkeiten« der historischen Überlieferung und C. G. Jung gibt in seinem Buch über Hiob recht widersprüchliche Deutungen des Gottessohnes und seines Weges.

Während aber das Alte Testament seit über zweitausend Jahren immer aufs genaueste abgeschrieben und kopiert wurde, wobei kein Buchstabe und kein Satzzeichen (des hebräischen Textes) verändert werden durfte, kann man von den Evangelien leider nicht dasselbe sagen. Es ist vielmehr bekannt, daß dieselben aus Hunderten von Handschriften ausgewählt und zusammengestellt wurden und erst um das Jahr 200 die heute bekannte Form erhielten. Als dann um das Jahr 325 das Christentum unter Konstantin d. Gr. zur Staatsreligion geworden war, wurden neuerdings »Korrektoren« beauftragt, die überlieferten Aufzeichnungen zu vereinheitlichen und zugleich den Wünschen der kirchlichen und weltlichen Führer anzupassen. Das Ergebnis konnte nur durch Einschiebungen gewisser Stellen und den Verzicht auf anderes erreicht werden, so daß wir heute nur noch teilweise echte Texte haben, große Teile der Lehre Jesu aber zweifellos ganz aus den Evangelien verschwunden sind.

Der heutige kanonische Text der Evangelien wurde schließlich im Jahre 382 unter Papst Damasius festgelegt. Danach mußten auf Anordnung der Kirche alle anderen alten Schriften vernichtet werden! Diese Weisungen wurden jedoch keineswegs überall als richtig empfunden, vielmehr gab es große Widerstände; so wurde die neue Fassung in Syrien erst im fünften Jahrhundert durchgesetzt! Ungeachtet solcher Auslassungen und Anpassungen kann aber heute die ursprüngliche Lehre wieder rekonstruiert werden, denn sie wurde ja nicht nur einmal, sondern zu allen Zeiten immer wieder verkündet, wie es zu allen Zeiten Gesandte des Vaters gegeben hat. So darf man hoffen, daß schließlich nicht die Kirche als dem Irrtum unterworfene Organisation, sondern die Wahrheit triumphieren wird!

Im Unterschied zur hebräischen Genesis sind die Evangelien nicht nach einem bestimmten System verschlüsselt, sondern bis zu einem gewissen Grade »offen« geschrieben. Wie jedoch noch die antiken Philosophen wußten, wurden die jüdischen Lehren über die Schöpfung und die Gottheit stets unter einer dreifachen Bedeutung verhüllt: der mystischen oder geheimen, der allegorischen oder symbolischen und der wörtlichen, der ethisch-moralischen. So wurden auch die Evangelien, insbesondere das Johannesevangelium geschrieben, wovon unsere Kleriker und Theologen heute offenbar nur noch die ethisch-moralische und teilweise die allegorische Bedeutung kennen, die mystische oder geheime aber überhaupt nicht.

Wenn aber bei uns seit langem der tiefere esoterische Inhalt der

Lehre des Nazareners verloren ist, dann müssen wir heute nach bald zweitausend Jahren — an der Wende vom Fische- zum Wassermann-Zeitalter — erneut versuchen, diesen eigentlichen Sinn aus anderen Quellen wiederzufinden, wo die ursprüngliche Lehre noch unverfälscht überliefert ist.

Das ist zwar in all den vergangenen Jahrhunderten immer wieder versucht worden, doch sind uns heute glücklicherweise wieder Quellen zugänglich, die für das Abendland praktisch während des ganzen Fische-Zeitalters verschlossen waren.

Für die Erschließung des Alten Testamentes sind wir dagegen in erster Linie auf die Auslegungen jüdischer Kenner der Überlieferung angewiesen, die wahrscheinlich allein noch im Besitz der erforderlichen »Schlüssel« — und offenbar auch weit besser über die echte Lehre informiert sind, als unsere so kenntnisreiche christlich-theologisch-theoretische sogenannte Wissenschaft, die den Namen Wissenschaft leider ganz zu Unrecht führt. Zum Glück für die ernsthaft nach Wahrheit Suchenden gibt es immer noch die aus unbekannten Jahrtausenden überlieferten Lehren des Fernen Ostens, besonders Indiens, aus denen wir die ursprüngliche Lehre über die Gottheit entnehmen können, die mit der jüdisch-kabbalistischen und auch mit der des Moses in den Grundzügen übereinstimmt.

Dazu ein kleines Beispiel:

Als Moses auf dem Berge Sinai in Gesellschaft der Gottheit wachte, die seinem Gesichte durch eine Wolke entzogen war, da wurde er von großer Furcht erfaßt und fragte: Herr wo bist du — schläfst du, o Herr? und der Geist (!) antwortete ihm: Ich schlafe niemals; würde ich nur für einen Augenblick in Schlaf verfallen — vor meiner Zeit — so würde die ganze Schöpfung sofort in Auflösung verfallen!

Diese bemerkenswerte Stelle aus dem Sohar besagt, daß es primär der Geist war, mit dem Moses auf dem Sinai in Verbindung stand, aber auch, daß die geistigen Kräfte durch persönliche Herrscher dargestellt und repräsentiert werden. Da es vier geistige Stufen unter dem Reich des Vaters gibt, erhebt sich die Frage, welcher Stufe dieser Herr angehört habe, der sich dem Moses offenbarte. Die Lehre der östlichen Meister besagt, daß die sogenannten Avatare höherer Order aus der zweiten (mentalen) Region über dem physischen Universum inkarniert werden und auch wieder dahin zurückkehren, während die Inkarnationen zweiten Grades der ersten (astralen) Region entstammen, in welcher sich auch die Energiezentren befinden, aus denen das sichtbare Universum gespeist und in Funktion erhalten wird. Dem Herrn der Astralregion obliegt zugleich das Management der physischen Welten, während der Herr der Mentalregion als Statthalter des Vaters über alle drei Welten, die mentale, astrale und materielle, regiert.

Da Moses ohne Zweifel ein Gesetzgeber erster Ordnung gewesen ist, darf man schließen, daß er in seinem irdischen Dasein eine Inkarnation aus der zweiten Region war — und der »Herr vom Sinai« eine Manifestation des Gebieters der »drei Welten« und der Naturgesetze. Gott selbst steigt ja niemals in das Weltgetriebe herab und der reine Geist der fünften und höherer Regionen handelt auch nicht selbst; wohl aber sind es die strömenden Kräfte des Höchsten, die in den tieferen Regionen wirken.

Man muß daher klar unterscheiden zwischen den Inkarnationen aus den unteren Regionen und den irdischen Verkörperungen der Gesandten des »Vaters im Himmel« aus der fünften Region, deren Aufgabe auf Erden eine ganz andere ist, gemäß der Aussage des Nazarener Meisters, der 1300 Jahre nach Moses auf Erden erschien: »Mein Reich ist nicht von dieser Welt.« Aber darüber später mehr.

Die angeführte Stelle aus dem Sohar bestätigt aber auch, daß das Weltgetriebe seine Zeit hat und der periodischen Auflösung unterliegt, um nach der bestimmten Zeit erneut ins Dasein zu treten, wie dies in den indischen (brahmanischen) Lehren seit alten Zeiten bekannt und genauestens festgelegt ist. Entsprechend sagt der Nazarener Meister: »Himmel und Erde werden vergehen, . . .« nämlich die Himmel der unteren Regionen, die der Auflösung unterliegen; aber das WORT, der Schöpfergeist, wird nicht vergehen!

Im Alten Testament finden sich viele Stellen, die auch dem nicht besonders ausgebildeten Leser zu denken geben. So kann man feststellen, daß die ersten zwei Kapitel des ersten Buches Moses anscheinend zwei verschiedene Schöpfungsberichte mit charakteristischen Merkmalen enthalten. Im ersten Kapitel sind es zehn Schöpfungsworte Gottes, im zweiten sind es zehn Schöpfungstaten, die »Gott der Herr« vollbringt. Schon im ersten Kapitel wird von der Erschaffung der Menschen berichtet, denn Gott schuf sie »einen Mann und ein Weib« (1 Mose 1/27). Wie man aus dem zweiten Kapitel schließen muß, war aber der

Mensch des ersten Kapitels noch nicht getrennt, sondern Mann und Weib in einem.

Im zweiten Kapitel wird dann die konkrete, materiell körperliche Formung beschrieben: »Und Gott der Herr machte den Menschen aus einem Erdenkloß und blies ihm den lebendigen Odem in seine Nase; und also ward der Mensch eine lebendige Seele.« Desgleichen wird die Bildung der Frau mit wenigen Worten beschrieben: »Da ließ Gott der Herr einen tiefen Schlaf fallen auf den Menschen, und er nahm eine seiner Rippen und schloß die Stätte zu mit Fleisch. Und Gott der Herr baute ein Weib aus der Rippe, die er vom Menschen nahm, und brachte sie zu ihm« (1 Mose 2/7-21-22).

Die Meinung ist weitverbreitet, daß es sich bei den beiden anscheinend verschiedenen Versionen um zwei verschiedene Verfassergruppen gehandelt habe, um die Elohisten und die Jahwisten, die die Lehre des Mose unterschiedlich interpretiert hätten. Aber in Wahrheit handelt es sich um zwei Stufen oder Stadien des stufenweise absteigenden Schöpfungsgeschehens. Daher wurde die höhere Stufe von »Gott« erschaffen, die untere dagegen von »Gott dem Herrn«. Über das hierarchische Schema, das diese Bezeichnungen widerspiegeln, wird noch zu reden sein, auch werden wir noch einiges von den verborgenen Bedeutungen erfahren, die aus dem Wortlaut des Textes nicht ersichtlich sind. Es wird sich dann auch herausstellen, daß die maßgebende hebräische Fassung nichts von einer Rippe Adams berichtet, sondern daß Gott die Frau »aus der Seite Adams« herausnahm, also den androgynen Adam in zwei getrennte Wesen aufteilte, in Mann und Weib.

Eine besonders provokante Aussage findet sich in I/Mose 6/1-2, wo es heißt: »Da sich aber die Menschen begannen zu mehren auf Erden und ihnen Töchter geboren wurden, da sahen die Söhne (oder Kinder) Gottes nach den Töchtern der Menschen, wie sie schön waren, und nahmen sich zu Weibern, welche sie wollten.«

Diese erstaunliche Stelle hat schon viel Kopfzerbrechen verursacht, aber die offizielle Theologie hüllt sich darüber gern in Schweigen. Es stellt sich hier in besonders markanter Weise die Wahrheitsfrage: nimmt man den Text wörtlich, erhebt sich die Frage, wer diese Gotteskinder — oder Söhne — waren, ob einstmals Götter-Raumfahrer zur Erde kamen und hier Brautschau nach Lust und Gefallen gehalten haben, vielleicht auch die zurückgebliebenen Erdenbürger höher züchteten und dergleichen mehr, wie es manche Autoren darstellen. Ist die Stelle aber nicht wörtlich zu nehmen, dann fehlt uns immer noch die Erklärung ihrer Bedeutung!

Natürlich darf in einer noch so flüchtigen Würdigung der biblischen Berichte die andere wichtige Größe nicht fehlen, der für uns so zwielichtige Gegenspieler Gottes, Satan, der dunkle Fürst, den die christlichen Kirchen zum Höllenfürsten degradiert haben. Im Buche Hiob wird berichtet: »Es begab sich aber eines Tages, da die Kinder Gottes kamen und traten vor den Herrn, daß der Satan auch unter ihnen (den Kindern Gottes) kam und vor den Herrn trat.« Dort, im Rate der Kinder Gottes vor dem Herrn, beantragt Satan, den Hiob prüfen zu dürfen auf seine Treue gegen den Herrn. Dies wurde ihm gewährt, und nach der ersten bestandenen Prüfung des Hiob erschien Satan neuerdings und sprach also zum Herrn: »Aber recke deine Hand aus und taste sein Gebein und Fleisch an; (schicke ihm schwere Krankheiten) was gilts, er wird dir ins Angesicht absagen! Und der Herr antwortete: Siehe da, er sei in deine Hand gegeben; doch schone seines Lebens« (I Hiob 2/1-7).

Wie stimmen diese Schilderungen mit unserer landläufigen Vorstellung vom aufrührerischen und in die Hölle gestürzten Erzengel und ewig verdammten Gegner Gottes überein? Herrscht nicht vielmehr das schönste Einvernehmen, das geregelte Verhältnis des Herrn zu seinem Beauftragten, dem dunklen Fürsten? Und wer ist überhaupt der Herr, zu dem die Kinder Gottes kamen? Sind Gott und der Herr in der Bibel verschiedene Größen? Und wer ist der »Alte der Tage« und der prä-existente Menschensohn, oder der Herr der Geister auf dem Saphirthron, von denen das Buch Henoch und auch der Prophet Ezechiel zu berichten wissen? Welche Stellung und Funktion kommt allen diesen verschiedenen Göttern, Herren und Söhnen zu?

Diese wenigen Textstellen, aus einer Fülle meist unverstandener und vielfach auch unverständlicher Aussagen der Bibel herausgegriffen, zeigen mit aller Deutlichkeit, wie mangelhaft oder vielmehr völlig ungenügend unsere Kenntnisse in bezug auf diese bei uns einzige offiziell anerkannte Heilige Schrift sind. Das Erstaunliche daran ist nur, daß trotzdem in all den vergangenen Jahrhunderten — und auch heute — nicht mit der erforderlichen Aufgeschlossenheit und Zielstrebigkeit daran gearbeitet wurde und wird, diesem geradezu beschämenden Mangel abzuhelfen. Obwohl es eine Anzahl anderer heiliger Schriften der Juden gibt, ohne deren Kenntnis die Bibel nicht verstanden werden kann, und die zudem weit mehr und Genaueres über die Geheimnisse der Schöpfung aussagen, begnügt man sich weiterhin mit einem oberflächlichen Bibeltext in abendländischen Sprachen, der zumeist aus Berichten von den Wechselfällen der jüdischen Geschichte zu bestehen scheint, aber den geheimen und verschlüsselten Sinn nicht preisgibt.

In Wahrheit wissen wir also nicht, was uns die Bibel eigentlich berichten will. Ihre symbolischen und mit einem dichten Schleier verhüllten Aussagen dienen den einen als eine Art magische Zauberformeln in der naiven Erwartung, damit der Gottheit näher zu kommen; andere nehmen die äußerlichen Berichte allzu wörtlich und glauben, die Juden seien buchstäblich das besonders bevorzugte und auserwählte Volk gewesen, mit dem sich Gott der Herr persönlich abgegeben habe, dem er sogar seinen einzigen Sohn »dahingab«, damit er durch seinen Kreuzestod, den ihm dieses selbe Volk bereitete, die ganze Menschheit erlöse, wie es Paulus und die Kirchenväter als Glaubenswahrheit aufgestellt haben. Daß in dieser sonderbaren Heilsgeschichte die Widersprüche geradezu mit Händen zu greifen sind, hat nicht verhindert, daß sie bis in unsere Zeit als unumstößliche Wahrheit akzeptiert wurde, wenn sie auch heute wachsender und begründeter Skepsis begegnen.

Es gibt aber außer der Bibel und anderen religiösen Büchern der Juden noch eine ganze Anzahl heiliger Schriften anderer Völker, mindestens ebenso glaub- und ehrwürdig wie die jüdischen und zum Teil auch unvergleichlich älter, deren Kenntnis erst das volle Verständnis der Genesis und der Evangelien ermöglichen würde, sofern man bereit wäre, *das* unvoreingenommen zu erkunden, was als die eigentliche Essenz allen großen Religionen zugrunde liegt.

Obwohl also über das Alte Testament und besonders über den Inhalt der Genesis Unkenntnis und Irrtümer vorherrschen, gibt es doch anderseits in den Evangelien manche großen Wahrheiten im offenen Text, so über die »Gesandten des Vaters«. Ohne Zweifel kommen zu Zeiten besondere Boten der Gottheit zur Erde, seien es Propheten und Avatare aus den mittleren Regionen, oder die besonderen Gottessöhne höchsten Ranges, wie der Nazarener Meister und andere. Zwar sind alle Menschen Kinder Gottes, nicht nur als Geschöpfe der Natur und ihrer verschiedenen Herren, sondern vor allem als Träger des unsterblichen göttlichen Funkens, ohne den weder wir noch die sogenannten unvernünftigen Geschöpfe lebten.

Daran ließ der Nazarener Meister keinen Zweifel, wenn er sagte: »Steht nicht geschrieben, ihr seid Götter und allzumal Kinder des Höchsten.« Aber es ist nicht dasselbe, ob jemand aus dem allgemeinen Reservoir der »kleinen Seelen« auf Erden geboren wird — oder als ein Gesandter höherer Stufen mit einer besonderen Aufgabe. Doch auch bei den letzteren gibt es Abstufungen, seien es Propheten oder »Seher«, denen der Herr nach dem Alten Testament seine Weisungen im Traum erteilt, oder Avatare nach der Darstellung der Bhagavad Gita, die mit der Erneuerung der göttlichen Ordnung auf Erden beauftragt sind. Und es ist wiederum etwas anderes, wenn eine besondere Inkarnation des »Vaters« auf Erden erscheint, um die ausgewählten Seelen in dessen Reich zurückzuführen; darüber sagt der Nazarener unter anderem: »Die Du mir gegeben hast, habe ich bewahrt, und ist keiner von ihnen verloren« (Joh. 17/9-12).

Solche kaum verhüllten Aussagen sollten eigentlich unmißverständlich sein — aber eher scheint das Gegenteil der Fall zu sein, nämlich daß wir selbst solch einfache Worte nicht mehr verstehen können. Nimmt man gar die verhüllten Texte der Genesis als Prüfstein, so zeigt sich, daß die Bibel für uns bis auf den heutigen Tag noch weithin ein Buch mit sieben Siegeln ist, dem wir zwar einige ethisch-moralische Anweisungen entnehmen, das uns aber seinen eigentlichen Sinn vorenthält. Hieronymus, der Vater der Vulgata, wußte noch, daß die Genesis verschlüsselt abgefaßt wurde, aber in den anderthalbtausend Jahren seither scheint man sich mit dem äußerlichen Wortlaut abgefunden zu haben — der im offenen Text nicht viel mehr als eine Kindergeschichte genannt werden müßte. Ohne Zweifel sind die Geheimnisse der Schöpfung in der Genesis niedergelegt, aber in einem besonderen System verhüllt, und nur Kenner des Systems können den esoterischen Gehalt der Lehre ergründen. Nicht umsonst sagt die Kabbala: »Die Einfältigen sehen nur das Gewand (der Lehre); aber die Unterrichteten schauen nicht auf das Gewand, sondern auf das, was es bedeckt« (Sohar).

Kein denkender Mensch wird ernsthaft bezweifeln, daß zwischen dem »Großen Unbekannten« als dem Inbegriff der Schöpferkraft und uns Menschenkindern Abstufungen verschiedener

Grade, Regionen und Herren bestehen, worauf auch Paulus hinweist. Die unfaßbare Schöpferkraft ist schließlich die Quelle alles dessen, was an Milliarden Sonnen und Planeten durch den Kosmos wirbelt, bis herunter zu den unsichtbaren Atomen, in deren winzigen Körperchen noch die titanische Urkraft am Werke ist. Diese sichtbare Sonnen- und Planetenwelt ist aber nur der kleinste Teil der Schöpfung, über welchem nach den Lehren weit größere und feinere, für das menschliche Auge unsichtbare Regionen liegen.

Angesichts der Größe und Vielfalt der Schöpfung wäre es allzu naiv, wollte man annehmen, die alles durchdringende Gottheit wäre zur Durchsetzung ihrer Absichten auf einen einzigen Sohn und Sendboten beschränkt, welcher der ringenden Menschheit die »gute Botschaft« bringen könnte. Vielmehr sagen die unverfälschten Lehren, die Welt bleibe nie ohne solche Gesandte, die den Menschen guten Willens den Weg zurück in die angestammte Heimat ermöglichen, denn kein gewöhnlicher Sterblicher könne durch die schwarze Festung des Unbekannten Einen dringen, ohne von einem solchen »Soter« hindurchgeführt zu werden. Im Klartext heißt das, niemand kann ohne die Hilfe eines solchen Führers in das Reich des Vaters gelangen.

Die in der Genesis verschlüsselt niedergelegten Geheimnisse wurden zur Zeit des Mose und viele Jahrtausende zuvor in den ägyptischen Tempeln gehütet, aber es wird versichert, daß die Lehre schon alt war, als sie nach Ägypten kam. Manche sagen, daß halbgöttliche Lehrer von den großen atlantischen Inseln kamen, die vor Zehntausenden von Jahren bis auf einen kleinen Rest versunken seien, von dem die ägyptischen Priester dem Solon erzählten, wie Plato in seiner Atlantissage berichtet. Andere berichten, die Heimat der Lehre liege im Fernen Osten, in einem Reiche, das bestand, bevor die Himalayas sich zu ihrer heutigen Größe emportürmten — in einem glücklicheren Zeitalter, von dem keine Geschichtsbücher mehr berichten.

Es ist bezeichnend für die isolierte Sonderstellung der christlichen Kirchen, daß seit den Zeiten Konstantins und Augustinus zwischen der christlichen Lehre und den indischen Überlieferungen offenbar keine Verbindung mehr besteht. Dagegen gibt es zahlreiche bis in die Details gehende Übereinstimmungen zwischen den indischen und den jüdischen Lehren. Vor allem in den kabbalistischen geheimen Lehren spiegelt sich die indische Wissenschaft von der Schöpfung und den darin wirksamen Gesetzen, aber vom Christentum wurde die indische Weisheit nach der Anerkennung als römische Staatsreligion beiseitegeschoben und durch einen vernunftwidrigen Dogmatismus ersetzt, dessen fatale Auswirkungen auch heute noch nicht überwunden sind. Selbst das technische Zeitalter vermochte bis heute die Lethargie des Denkens nicht zu überwinden, so daß wir späten Nachfahren der großen Lehrer in Wahrheit in einer bestürzenden Unkenntnis der Zusammenhänge in der Schöpfung dahinleben.

Zur Übereinstimmung zwischen indischen und jüdischen Lehren ein kleines Beispiel:

Wie die hebräische Genesis erzählt, schufen im Anfang die Elohim »die Himmel und die Erde«, desgleichen den Menschen nach ihrem Bilde. Über diese Geschehnisse machen die kabbalistischen Schriften nähere Angaben. Danach war die Erde zuerst ohne Form und leer, und der Geist der Elohim schwebte über den Wassern usw. Dann wird erzählt, daß sechs Elohim unter ihrem Anführer »B'raishit« die Erde neu erschufen, nachdem sie zuvor für zwölf Stunden (Zeitalter) gänzlich verwüstet gewesen war, und nun in der dreizehnten wiederhergestellt wurde. »Alles wird erneuert werden wie zuvor, und alle jene Sechs (Elohim) werden andauern wie zuvor.«[3]

Ferner ist dort in verschleierter Form die Rede von den vierzehn (nicht dreizehn) Perioden der Erde, die unter der Herrschaft von vierzehn »Manus« stehen, wie diese Herren der Intelligenz in den indischen Lehren genannt werden, die während eines großen Zeitraumes über die Erde regieren, nämlich während einem »Tag des Brahma« oder 4,32 Milliarden Jahren, der ganzen aktiven Periode des Planeten. Diese umfaßt tausend Mahayugas oder große Zeitalter von je 4,32 Millionen Jahren, von denen jedes aus einem goldenen, silbernen, bronzenen und eisernen Zeitalter besteht, die sich stets wiederholen.

Und nun, als Gegenstück zur Genesis, eine zusammengefaßte Wiedergabe des ältesten bekannten Schöpfungsberichtes, genannt: »Die Strophen des Dzyan.«

---

[3] Siphra Dtzenioutha, nach der GHL I/204.

1. Die Vorgeschichte der Evolution.

»Die ewige Mutter hatte in ihren unsichtbaren Gewanden wieder einmal während sieben Ewigkeiten (Äonen) geschlummert.«

»Es gab keine Zeit, denn sie lag schlafend im Schoße der unendlichen Dauer. Das Universalgemüt war nicht vorhanden, denn es gab keine schöpferischen Wesen, es zu entfalten. Die sieben Wege zur Seligkeit existierten nicht. Die großen Ursachen des Leidens waren nicht vorhanden, denn es war niemand da, sie hervorzubringen oder in sie verstrickt zu werden. Dunkelheit allein erfüllte das All, denn Vater, Mutter und Sohn waren wieder einmal Eins, und der Sohn war noch nicht erwacht für das neue Rad und seine Wanderung auf demselben.« (Vater = Geist − Mutter = Ursubstanz − der Sohn = das Weltall.)

»Die sieben erhabenen Beherrscher und die sieben Wahrheiten hatten aufgehört zu sein und das Weltall, der Sohn der Notwendigkeit (des ewigen Gesetzes) war untergetaucht in das absolute Wesen, um wieder ausgeatmet zu werden im Anfang des neuen Manvantara« (Schöpfungsperiode).

»Nichts war! Allein, erstreckte sich die eine Form des Seins, unendlich, unbegrenzt, unverursacht, in traumlosem Schlafe; und das Leben pulsierte unbewußt im Weltenraume durch seine Allgegenwart.«

»Wo waren die Bauleute, die leuchtenden Söhne des aufdämmernden Manvantara? Die Sieben (Söhne) waren noch nicht geboren, und Swabhavat, die schöpferische Essenz aus Vater-Mutter war im Dunkel. Das Weltall war noch im Gottesgedanken und im göttlichen Busen verborgen.«

2. Die Entfaltung.

Die letzte Schwingung der siebenten Ewigkeit durchdringt die Unendlichkeit. Die Schwingung breitet sich aus, sie berührt mit ihrem raschen Flügel das ganze Weltall und den Keim (des Lebens) der in der Dunkelheit wohnt, die über den schlummernden Wassern des Lebens atmet. Aus der Dunkelheit strahlt das Licht in die Wasser (Urmaterie), die mütterliche Tiefe; es durchdringt das jungfräuliche Ei und erzeugt den nicht-ewigen Keim, der sich zum Weltenei verdichtet. Das leuchtende Ei, das in sich selbst drei ist (aus drei Komponenten zusammengesetzt), gerinnt und verbreitet sich in milchweißen Flocken durch die Tiefen des Raumes. Die Wurzel des Lebens war in jedem Tropfen des Ozeans der Unsterblichkeit enthalten, und der Ozean war strahlendes Licht aus Feuer, Wärme und Bewegung. Das Dunkel verschwand in seinem eigenen Wesen, dem Körper aus Geist und Stoff, und war nicht mehr!

Vater-Mutter spinnen ein Gewebe, dessen oberes Ende am Geiste, dem Lichte der einen Finsternis befestigt ist, und dessen unteres am schattenhaften Ende, der Materie. Und dieses Gewebe ist das Universum, gesponnen aus den zwei Komponenten, aus Geist und Stoff, verbunden zu einer Einheit. Diese breitet sich aus, wenn der Atem des Feuers (Geist) auf ihm haftet; sie zieht sich zusammen, wenn der Atem der Mutter (Stoff) es berührt. Dann trennen sich die Söhne (die einzelnen Welten) und zerteilen sich, um am Ende des großen Tages (einer Schöpfungsperiode) zurückzukehren in den Schoß der Mutter und wieder Eins mit ihr zu werden.

Höret, was wir, die Abkömmlinge der ursprünglichen Siebenheit, die wir aus der Urflamme geboren sind, von unseren Vätern gelernt haben: Aus dem Glanze des Lichtes, das aus dem Dunkeln strahlte, entsprangen im Raume die wiedererwachten Energien: die Essenzen, die Flammen, die Elemente, die Baumeister, die Zahlen, das Formlose, die Form und die Kraft oder der Gottmensch — die Gesamtsumme. Und vom Gottmenschen emanierten (strahlten aus) die Formen, die Funken, die heiligen Tiere und die Botschafter der heiligen Väter im Inneren der heiligen Vier.

3. Der Aufbau des Sonnensystems.

Die ursprünglichen Sieben (die Söhne aus den Gliedern Brahms), die ersten sieben Atemzüge des Drachens der Weisheit (Brahm) erzeugen durch ihre heiligen kreisenden Atemzüge den feurigen Wirbelwind. Dieser schnelle Sohn ihres Willens, Fohat, geht wie ein Blitz durch die feurigen (atomaren) Wolken. Er erhebt seine Stimme, er ruft die unzähligen Funken (Atome) zusammen und vereinigt sie. Er ist ihr führender Geist und Leiter; wenn er sein Werk beginnt, so trennt er die Funken des unteren Reiches, welche freudezitternd in ihren strahlenden Wohnungen schweben (in der Elektronenhülle), und bildet aus diesen die Keime der Räder (Planeten). Er stellt sie in die sechs Richtungen des Raumes, und eines in die Mitte (die Sonne), das Hauptrad. Ein Herrscher der Söhne des Lichtes (Bauleute,

Elohim) steht in jedem Winkel, und die Aufzeichner des Karma (Lipika) in dem mittleren Rad.

Wie werden die Räder (Planeten) von Fohat erbaut? Er sammelt den feurigen Staub. Er macht Kugeln von Feuer, läuft durch und um dieselben herum und versieht sie mit Leben. Dann setzt er sie in Bewegung, diese in dieser, jene in jener Richtung. Sie sind kalt, er macht sie heiß. Sie sind trocken, er macht sie feucht. Sie leuchten, er fächelt und kühlt sie ab. So arbeitet Fohat von einer Dämmerung zur anderen durch sieben Ewigkeiten.

4. Die schöpferischen Herren.

In der vierten (Runde) wird den Söhnen (Brahms) befohlen, ihre Ebenbilder zu schaffen. Ein Dritteil weigert sich; sie werden in der Vierten geboren werden; sie werden leiden und Leiden verursachen. Dies ist der erste Kampf. Es fanden Kämpfe statt zwischen den Schöpfern und den Zerstörern, und Kämpfe um den Raum. Der Same erschien und erschien beständig von neuem.

Siehe den Anfang des fühlenden formlosen Lebens: Zuerst das Göttliche aus dem Muttergeiste (Atman), dann das Geistige. Die drei von dem Einen, die Vier und die Fünf, von welchen (wiederum) drei, fünf und sieben emanieren. Diese sind die dreifachen und die vierfachen abwärtssteigenden, die aus der Seele geborenen Söhne des ersten Herrn (Brahm), die leuchtenden Sieben. Der eine Strahl vervielfältigt die kleineren Strahlen. Das Leben ist eher da als die Form (die körperlich materielle Welt), und das Leben überdauert das letzte Atom. Durch die unzähligen Strahlen zieht sich der Lebensstrahl, der Eine, wie ein Faden durch viele Juwelen.

5. Flamme und Funken.

Die Wurzel ist es, welche nie stirbt, die dreizüngige Flamme der vier Dochte. (Siehe Erläuterungen Kap. 5/80.)

Der Funke hängt von der Flamme an dem feinsten Faden von Fohat (Lebensfaden) herab. Er durchwandert die sieben Welten der Maya (Natur). Er hält in der ersten an und ist ein Metall und ein Stein. Er wandert in die zweite, und siehe, er ist eine Pflanze. Die Pflanze wirbelt durch sieben Veränderungen und wird ein geweihtes Tier. Von den vereinigten Eigenschaften dieser wird Manu, der Denker, gebildet.

Von dem Erstgeborenen an wird der Faden zwischen dem schweigenden Wächter und seinem Schatten mit jedem Wechsel (Wiedergeburt) stärker und leuchtender. »Du bist mein eigenes Selbst«, sagt die Flamme zum Funken, »mein Ebenbild und mein

Schatten.« Ich habe mich in Dich gekleidet, und Du bist mein Vahan (Fahrzeug) bis zum Tage »sei mit uns« . . .

❋

Soweit für jetzt die Schilderung des Dzyan über die »Erschaffung der Welt«. Manches daraus wird uns dunkel und verworren erscheinen, weil wir mit der Symbolik der alten Lehren nicht vertraut sind — und weil wir durch den tief verhüllten Schöpfungsbericht unserer Bibel allzu kläglich über die wirklichen Schöpfungsvorgänge unterrichtet sind. Dennoch läßt der dunkle Text der Strophen unbekannte Saiten in uns erklingen, die tief in unserem Unbewußten noch auf solch vergessene Kunde ansprechen, als eine Ahnung von Dingen, die wir möglicherweise in längst versunkenen Zeiten und Existenzen einmal kannten.

❋

Kapitel 2

Leben vor der Materie

In der eindrucksvollen Schilderung des Dzyan von der Erbauung der »Räder«, der Planeten und Sonnensysteme sind grundsätzliche Feststellungen enthalten, die es verdienen, etwas eingehender behandelt zu werden. Da ist vor allem der Satz: »Das Leben ist eher da als die (körperlich-materielle) Form, und es überdauert das letzte Atom.«

Diese Auffassung sollte eigentlich die selbstverständliche Basis jeder Philosophie und Religion, jeden Strebens nach Erkenntnis überhaupt sein, denn welcher Sinn könnte darin gefunden werden, wollte man den Ursprung des Lebens erst in der bereits kristallisierten Materie suchen, in der doch von allem Anfang das phantastische Spiel der Atome stattfindet. Das wäre dem anderen fundamentalen Irrtum vergleichbar, der Mensch denke mit dem Gehirn! Dabei kann doch dieses komplizierteste menschliche Organ — vor allem Denken — nur von intelligenten Kräften »erschaffen« worden sein, damit es den verschiedensten Funktionen diene — aber gewiß nicht, um damit zu denken. Vielmehr sind es innere Antriebe aus tieferen und feineren Schichten, die vom Gehirn in praktische Tätigkeit umgesetzt werden, seien es körperliche Reaktionen oder sogenannte »geistige« Arbeit, die aber in Wahrheit zunächst und zumeist dem Mentalwesen entstammt und mit Geist im eigentlichen Sinne nur noch sehr weitläufig verwandt ist. Natürlich gibt es auch die Reflektionen auf Sinneseindrücke, mit Überlegungen gepaart, aber auch das hat mit Denken im eigentlichen Sinne wenig zu schaffen.

Das Denken entsteht nicht im Körper und ist auch keine Absonderung des Gehirns, so wie etwa die Leber Galle absondert (Pauwels und Bergier). Im Evangelium steht zu lesen: Es ist der Geist, der lebendig macht; und das andere Wort: Im Anfang war das WORT (Logos), aus dem alles hervorging, was gemacht ist. Goethe hat es ähnlich formuliert: Im Anfang war die Kraft! Diese schöpferische Kraft wird als von Ewigkeit her bestehend vorausgesetzt, obwohl es unserem Denken schwer vorstellbar ist, eine Kraft anzunehmen, die keinen Anfang nahm! Aber noch schwerer wäre die andere Vorstellung zu akzeptieren, daß diese offensichtlich vorhandene Schöpferkraft irgendwann aus dem Nichts entstanden wäre. Und das widerspräche auch den Naturgesetzen.

Geben wir es also zu: schon diese Frage übersteigt unser Begriffsvermögen! Das wird aber verständlich, wenn man weiß, daß unser Denkwesen nicht der höchsten, sondern einer erheblich tieferen Stufe der absteigenden Schöpfungskräfte entstammt. Aber davon später.

Über Entstehen und Vergehen in der Schöpfung schreibt HPB: »Eine unendliche Wesenheit existiert von aller Ewigkeit her, die wechselweise passiv oder aktiv ist. Nach alter östlicher Lehre gibt es keinen persönlichen höchsten Schöpfer, sondern nur unendlich viele schöpferische Kräfte, welche aus jener ewigen Substanz hervorgehen, deren Wesenheit unerforschlich ist. (Schöpferische Kräfte, die sich jedoch jederzeit als persönliche »Herren« manifestieren können. Verf.) Mit dem Beginn einer aktiven Periode dehnt sich die göttliche Wesenheit aus (ihr Wille beginnt zu wogen, wie die Meister sagen), und das sichtbare Weltall ist die letzte Wirkung der langen Kette kosmischer Kräfte, die fortschreitend in Bewegung gesetzt werden. Auf gleiche Weise findet beim Beginn des passiven Zustandes eine Zusammenziehung der göttlichen Wesenheit statt; das sichtbare

Universum wird zersetzt, sein Material zerstreut — und Finsternis, einsam und allein, brütet wieder einmal über dem Chaos.«

»Um ein Gleichnis der Geheimbücher anzuwenden: das Ausatmen der unbekannten Wesenheit ruft die Welt hervor, ihr Einatmen läßt sie wieder verschwinden. Das Erscheinen und Verschwinden von Welten ist wie regelmäßige Gezeiten von Ebbe und Flut. Dieser Vorgang fand statt seit aller Ewigkeit, und unser gegenwärtiges Weltall ist nur eines in einer unendlichen Reihe, die keinen Anfang hat und kein Ende haben wird.«[1]

Wenn man sich Gedanken macht über die Entstehung der Welt, dann mag es gut sein, sich das soeben skizzierte grandiose Bild vor Augen zu halten. In dieses Bild gehören aber noch viele konkrete Einzelheiten, um ihm Farbe und plastische Konturen zu verleihen, worauf es doch letztlich ankommt. Es handelt sich ja nicht einfach um ein summarisches Entstehen und Vergehen der gesamten Schöpfung schlechthin; vielmehr gibt es eine Vielfalt von Welten und Regionen, die jeweils unter eigenen Gesetzen stehen. Da ist zunächst ein mehrstufiges oberes Großreich, zu dem auch das Reich des Vaters gehört. Hierauf folgt das mittlere Großreich — Brahmand — mit seinen vier Regionen, und schließlich das physische Universum mit seinen Galaxien aus Milliarden Sonnen und Planeten.

Das Entstehen und Vergehen der Welten wird ja auch in den Worten Jesu angedeutet: »Himmel und Erde werden vergehen.« Es handelt sich dabei um verschiedene Auflösungen, wovon es zwei Arten gibt: die kleineren beziehen sich auf die drei unteren Welten, das sichtbare Universum sowie die astrale und die mentale Region mit ihren Paradiesen und Reinigungsorten. Ebenso wie die Himmel dieser Bereiche werden also auch die Höllen und Purgatorien aufgelöst! Die weitaus seltener stattfindenden großen Auflösungen umfassen alle vier Regionen Brahmands, also alle Welten unterhalb vom Reiche des Vaters. Schon für die kleinen Auflösungen ist in Zeiträumen von Milliarden Jahren zu rechnen, während die großen nur nach unvorstellbar langen Zeiträumen stattfinden. Was aber nach den Worten des Nazareners nicht vergeht, ist das WORT, der Logos oder Schöpfergeist, das heilige NAM der östlichen Lehre. Diese strömende Schöpferkraft enthält somit die gesamte Schöpfung potentiell in sich, wie im Prolog des vierten Evangeliums festgestellt wird —

---

[1] Aus der Einleitung zur Geheimlehre von H. P. Blavatzki.

und wenn sie zurückgezogen wird, verschwinden die Welten aus dem Dasein, »wie eine Schriftrolle, die man zusammenfaltet; und ihre Stelle ward nicht mehr gefunden«, bis nach der festgesetzten Zeit eine neue Schöpfung ihren Anfang nimmt.

Aber noch vor der Erschaffung der Welten ging aus dem göttlichen Wesen jene geheimnisvolle Kraft und Substanz hervor, die als Sophia oder Sapientia, die göttliche Weisheit, in den Sprüchen des Alten Testamentes besungen wird:

Aus dem Munde des Höchsten ging ich hervor
vorlängst, vor der Erschaffung der Welt.

Diese Sapientia, die C. G. Jung als die Gemahlin Gottes bezeichnet, kann man als Seelensubstanz verstehen, als eine weibliche oder mütterliche geistige Kraft, welche in einzelnen Funken die Lebewesen beseelt. Nach den Lehren ist diese Substanz Maha Chetan, oder überbewußte Energie und die mütterliche Komponente des Geistes, das »Vater-Mutter« der Dzyan-Strophen. Den Lehren der Meister ist zu entnehmen, daß die Seelen in einem frühen Stadium der Schöpfung durch die verschiedenen Stufen und Regionen absteigen mußten, wobei sie mit den diversen Hüllen — mental, astral und körperlich — umgeben und ausgestattet wurden. Jede dieser Hüllen oder Körper ermöglicht es der Seele, sich in einer der drei Welten aufzuhalten und zu betätigen, körperlich auf der Erde, astral in der ersten und mental in der zweiten Region.

In den Strophen des Dzyan wurde gesagt: »Die Wurzel ist es, welche nie stirbt, die dreizüngige Flamme der vier Dochte.« Damit sind die drei höheren Prinzipien und die vier niederen Komponenten des Menschen gemeint, wie noch näher auszuführen sein wird. Es gibt somit zwei Ebenen menschlicher Fähigkeiten, die vor allem durch die Seele und das Denkwesen charakterisiert sind. Das letztere ist die zentrale Kraft der niederen Ebenen, deren Gebrauch über unseren Weg, über Aufsteigen oder Absinken entscheidet. Das Denk- oder Verstandeswesen steht ja in der Mitte zwischen Seele und materieller Welt oder zwischen Geist und Natur und damit zwischen göttlicher Eingebung einerseits und den Sinneseindrücken anderseits. Daher wird der Weg des Menschen, je nachdem er den seelischen Antrieben Beachtung schenkt oder nach den Launen der Sinne handelt, nach oben oder nach unten tendieren. Unser Handeln wird ja überwiegend vom Verstandeswesen bestimmt, obwohl dasselbe eigentlich keine eigenständige oder kreative Fähigkeit ist, sondern als eine Schöpfung der unteren Ebenen seine Aktionsenergie von der Seele bezieht, der es als ein Werkzeug zu dienen bestimmt wurde. Dennoch spielt der Verstand (mind) in aller Regel die Rolle des launischen Despoten gegenüber der Seele, d. h. er ist von einem guten Diener im Laufe ungezählter Inkarnationen zu einem schlechten Herrn geworden, der die Seele in verhängnisvoller Weise tyrannisiert.

Auf ihrer eigenen Ebene — die weit über derjenigen des Denkens liegt — benötigt die Seele keinerlei vermittelnde Werkzeuge; sie ist aus sich selbst bewußt und wissend, also zu unmittelbarer Verständigung befähigt. Solche Werkzeuge benötigt sie jedoch auf den unteren Ebenen in Form des Denkwesens, wobei im irdisch-materiellen Bereich auch noch das Gehirn mit seinen zahllosen Zellen und Nervenbahnen erforderlich ist, um die Befehle des Denkwesens auszuführen. Die Sinne als die Tore zur Außenwelt sind dabei im Astralkörper lokalisiert, ebenso das Gefühlsleben oder die Emotionalschicht, also unsere Wünsche, Begierden und Emotionen. Ohne die Kenntnis dieser Grundzüge der Lehre vom Menschen würde es kaum möglich sein, den Plan und die Funktion der Schöpfung zu verstehen, vielmehr müßte unsere Vorstellung davon farblos und mehr oder weniger abstrakt bleiben.

Aber zurück zur Entfaltung der Schöpfung.

Alles, was gemacht wurde, ist aus der Kraft und dem Geist einer höchsten Wesenheit hervorgegangen. Der wogende Wille dieser Wesenheit verdichtet sich nach den Meisterlehren über mehrere Stufen zu einem ungeheuren Energiezentrum, dem der höchste schöpferische Herr vorsteht, Sat Purush nach den indischen Schriften, den wir als Vater im Himmel aus den Worten des Nazareners kennen. Dieser »wahre Gott« repräsentiert den eigentlichen Schöpfungsmittelpunkt, aus dem die Kräfte stufenweise in die mittleren und die unteren Regionen weiterfließen und sich dabei der Reihe nach zu feinstofflichen Substanzen und grobstofflicher Materie verdichten. Es findet also zu Beginn der Schöpfung gewissermaßen eine Trennung der göttlichen Wesenheit statt, indem ein Teil ihrer Kraft aus dem Reich des reinen Geistes in die tieferen Regionen strömt und zur treibenden Naturkraft wird. Die Bhagavad Gita sagt hierüber, es seien zwei purusha, von denen der eine »zu den Dingen ward«, während der andere, Sat Purush oder der wahre Herr in seinem unnahbaren Reich »wie auf einem Fels beharrt«.

Es wäre daher ein großer Irrtum, anzunehmen, Gott als höchste Wesenheit habe sich gewissermaßen in seiner eigenen Schöpfung aufgelöst und sei von den Galaxien des Universums und ihren Lebewesen absorbiert worden. Ohne Zweifel strömen zwar die schöpferischen Kräfte ununterbrochen durch alle Regionen und ihre Lebewesen, doch sind diese Kräfte nicht dem Verschleiß und der Abnützung unterworfen. Wenn je, so gilt hier das Gesetz von der Erhaltung der Kraft! Diese lebendige Energie fließt ja nicht nur von der göttlichen Wesenheit aus, sondern auch wieder in dieselbe zurück; ein Kreislauf ohne Verlust, wenn man so will. Die Bhagavad Gita sagt dazu ausdrücklich: »Mit einem Bruchteil meines Seins erschuf ich die Welt.«

Diese Energieströme bilden in den tieferen Regionen weitere Kraftzentren, so schließlich auch in der Astralregion, wo sich das Energiereservoir und die Verwaltung der sichtbaren Welten befindet. Unsere Wege spielen sich ja seit dem Abstieg, dem »Fall« der Seelen in die Materie normalerweise zwischen Erde und Astralregion ab, über die hinauszugelangen nicht ohne weiteres möglich ist. Daher sind die Gesetze der astralen und physischen Bereiche und unsere Möglichkeiten darin für uns von besonderem Interesse. Unsere Schicksale stehen unter dem karmischen Gesetz, das von den Herren der Astral- und der Mentalregion verwaltet wird. Aber auch die Aufsicht und Leitung der Naturreiche mit ihrer Evolution und Devolution erfolgt aus diesen Bereichen; es sind die Götter und Herren, von denen Paulus im Korintherbrief spricht, die Elohim der hebräischen Genesis, die leuchtenden Söhne und ihre Abkömmlinge nach den Strophen des Dzyan, die Kumaras und Prajapatis nach der indischen Lehre. Dazu gehört natürlich auch die Hierarchie der Erde, als deren Herr Sanat Kumara und seine Mitregenten oft erwähnt werden, sowie der Alte Heilige als königlicher Richter nach der Bibel.

Aber zurück zum Dzyan.

Nach dem Bericht der Strophen wirbelte die Erde während dreißig Karors (300 Mio. Jahren) durch den Raum und erbaute während dieser Zeit verschiedene Lebensformen: Pflanzen, Insekten und andere kleine Lebewesen. Danach drehte sie sich um, d. h. sie änderte die Neigung der Erdachse, wie das später noch öfters geschehen und auch gegenwärtig wieder in Gang sein soll. Zu dieser Zeit war die Erde aber anscheinend immer noch von Wasser bedeckt, denn »sie brachte Wassermenschen hervor, schrecklich und böse«, sowie andere wenig vollkommene menschenähnliche Formen. Dies wird damit begründet, daß sie »aus ihrem eigenen Schoße schuf«, und keine Söhne der Weisheit vom Herrn des strahlenden Antlitzes (der Sonne) verlangen wollte. Mit anderen Worten, die vorhin erwähnte höhere Hierarchie hatte sich ihrer noch nicht angenommen, so daß ihre frühe Entwicklung unter niederen Naturgeistern erfolgte.

Auch im Rig-Veda wird gesagt, daß die Pflanzen drei Zeitalter vor den Göttern auf unserer Erde ins Dasein traten, was ebenfalls dem Zeitraum von 300 Mio. Jahren entspricht. Die halb menschlichen, halb tierischen Ungeheuer, wie die erwähnten Wassermenschen etc., werden auch im ägyptischen Totenbuch und im chaldäischen Schöpfungsbericht erwähnt. Die Göttin, welche diese ursprünglichen Ungeheuer gebar, war nach dem Bericht des Berosus — dem babylonischen Priester um 280 v. Chr. — Thallat oder Thallassa, die See. Auch bei Berosus werden solche Urwesen, Centauren und Kinnaras, Menschen mit Pferdeköpfen erwähnt.[2]

Diese urtümliche Schöpfung auf Erden fand jedoch nicht den Beifall der Herren der Weisheit. Nach den Schilderungen des Dzyan kamen sie mit ihren Dienerscharen, um Ordnung zu schaffen. »Sie erschlugen die Bockmenschen, die zwei- und viergesichtigen Menschen und die hundsköpfigen mit Fischkörpern. Als sie zerstört waren, verblieb Mutter Erde bloß (leer). Sie verlangte, getrocknet zu werden. Aber Mutter Wasser, die große See, weinte.«[3]

Nach diesen Umwälzungen und der Vernichtung der frühen halbmenschlichen Formen begann eine neue Entwicklungsphase unter der Leitung der »Herren der Weisheit« mit ihrem Oberhaupt:

»Der Herr der Herren kam. Von ihrem (der Erde) Körper trennte er die Wasser; und dies war der Himmel oben, der erste Himmel. Die großen Chohans riefen zu den Herren des Mondes, der luftigen Körper: Bringet hervor Menschen, Menschen von eurer Natur.«

Der Bericht des Dzyan erinnert an die Genesis, wo im Schöpfungswerk des zweiten Tages Gott das Wasser unter der Feste und über der Feste schied: »und Gott nannte die Feste Himmel«. Interessanterweise spricht der Dzyan von den »luftigen Körpern«

---

[2]) HPB: Geheimlehre.
[3]) Dzyan, II/7—8.

der Mondherren, worunter man nur astrale Formen verstehen kann. So heißt es denn auch sinngemäß weiter: »Gebt ihnen — den zukünftigen Menschen der Erde — ihre Formen im Innern (Astralkörper). Sie (die Erde) wird Hüllen aufbauen außen« (Körper von Fleisch und Blut).

Damit ist klar genug gesagt, daß astrale Menschenformen bestanden, lange bevor auf Erden entsprechende Körper zu deren Inkarnierung entwickelt und aufgebaut waren. In der Antike jedenfalls waren die Weisen und Denker ebenfalls der Ansicht, daß der Mond eine Art Zwischenstation der entkörperten Seelen, also auch der Astralkörper sei, die von ihnen nach dem Tode zuerst einmal erreicht werden müsse.

Doch zunächst noch einige grundsätzliche Anmerkungen.

Schöpfung bedeutet im Grunde Zweimachung, die Trennung der ursprünglichen Einheit in zwei polare Komponenten, die am Ende der Tage wieder zur Einheit zurückgebracht werden müssen. So schuf Gott nach der Genesis am ersten Tage das Licht, und schied es von der Finsternis, am zweiten Tag das Wasser vom Land, Tag und Nacht usw. Im verborgenen Zahlensinn der ersten Schöpfungsworte nach dem hebräischen Text ist dieses Prinzip der Entfaltung und Zurückführung bereits lapidar niedergelegt in dem Schema 1-2-1, wie Weinreb erläutert.

Es handelt sich im Grunde um eine absteigende Differenzierung und Entfaltung der ursprünglichen Kraft, die aus geistigen Energiezentren strömt, dargestellt im Logos, dem höchsten Prinzip in der Schöpfung. Von diesen geistigen Zentren entspringt nach den alten Lehren der siebenfache Strahl des Lichtes, aus welchem die sieben Regenten (des Sonnensystems) hervorgehen, welche ihrerseits wieder Scharen von Bildnern und Bauleuten vorstehen.

HPB schreibt:

»Nur durch den siebenfältigen Strahl des Lichtes, durch den Demiurgen, erhalten wir Kenntnis vom Logos; wir betrachten den Demiurgen als den Schöpfer unseres Planeten mit seinen vier Reichen — mineralisch, pflanzlich, tierisch, menschlich — den Logos aber als die führende Kraft des Schöpfers der Naturreiche, welch letzterer gut und böse ist zur selben Zeit, der Ursprung des Guten und Bösen (d. h. er ist polar organisiert, im Gegensatz zur Einheit des Logos; ob aber der Ursprung des Bösen, darüber kann man verschiedener Meinung sein, Verf.). Der Schöpfer-Demiurg ist weder gut noch böse an sich, sondern seine differenzierten Aspekte in der Natur lassen ihn den einen oder den anderen Aspekt annehmen.«[4])

Es handelt sich also darum, daß der »Vater« oder Sat Purush als unvergängliche Instanz über der gesamten Schöpfung waltet, unter dessen Führung die Demiurgen verschiedener Rangstufen auf allen Ebenen tätig sind und abgegrenzte Aufgabenbereiche zu verwalten haben. Auch wenn man nur einen einzigen »Naturschöpfer« als Statthalter des Vaters voraussetzt, gilt ein prinzipielles Unterscheidungsmerkmal, das HPB anführt: »Es besteht ein großer Unterschied zwischen dem Logos und dem Demiurgen, denn der eine ist Geist und der andere ist Seele.« Damit ist gesagt, daß der Logos ungeschaffen und selbstexistierend ist, während die Seelen, auch die »großen Seelen« der höchsten Statthalter »aus dem Munde des Höchsten« hervorgegangen sind, wie dies auch für die »kleinen Seelen« der irdischen Menschen und für alle Lebewesen überhaupt zutrifft. Große wie kleine Seelen bestehen gleichermaßen aus jener ersterschaffenen überbewußten Energie, die als göttliche Weisheit in verschiedenen Texten des Alten Testaments besungen wird.

In diesem Bild vom Logos und dem Demiurgen mag sich die Auffassung der Gnostiker wohl einfügen, bei denen das alte Wissen um die Zeitenwende gehütet und gepflegt wurde. Sie sagten, daß die sichtbare Welt, insonderheit die Erde, von niedrigen Engeln, den unteren Elohim erschaffen wurde, deren einer der Gott oder Herr von Israel war.[5])

Wenn also der Dzyan berichtet, daß der Herr der Herren kam und die Wasser von der Erde trennte, so handelt es sich dabei nicht um den Vater im Himmel, sondern um den Demiurgen, dessen Herrschaftsbereich weit unter dem Reich des Vaters liegt. HPB zitiert eine Stelle in den Puranen, wo es heißt: »Als die Welt ein einziger großer Ozean geworden war, da schloß er, der Herr, daß innerhalb des Wassers die Erde liege, und im Verlangen, sie emporzuheben (Wasser und Land zu trennen), schuf er sich selbst in einer anderen Form.« Wie man sieht, eine andere Parallele zum elohistischen Schöpfungsbericht der Genesis, wo der Herr sagt: es erscheine trockenes Land.[6])

Daß diese Schöpfungsvorgänge bei vielen Völkern aller Zeiten

---

[4]) Geheimlehre: II/28—29.
[5]) Geheimlehre: II/65.
[6]) Geheimlehre: II/79.

rund um den Erdball bekannt waren, ergibt sich aus folgendem Bericht der Geheimlehre:

»Menschen, oder vielmehr ganze Menschheiten, die von der gegenwärtigen verschieden waren, werden in allen alten Lehren und Legenden erwähnt. In dem alten Quiche-Manuskript (dem Popol Vuh) werden die ersten Menschen als Wesen beschrieben, deren Blick unbegrenzt war und die alle Dinge sofort kannten. Sie hatten eine göttergleiche Erkenntnis und nicht den eng begrenzten Horizont der heutigen Sterblichen mit ihren grobmateriellen Körpern. Auch nach dem Pymander nehmen die ursprünglichen Menschen alle an den Eigenschaften der sieben Lenker oder Herrscher (des Sonnensystems) teil, die den Menschen lieben, der ihr eigener Wiederschein war, geschaffen nach ihrem Bilde« (nämlich nach dem feinstofflichen Astral-Modell). Weiter schreibt HPB:

»Diese alten Lehren kann man auch in den nordischen Legenden finden, wo Asgard die Wohnung der Götter war und die Asen diese Götter selbst sind. Die Asen, die Beherrscher einer Welt, welche der unseren vorausging, sind in wörtlicher Übersetzung die ›Säulen der Welt‹ und somit identisch mit den griechischen Kosmokratoren, den sieben Rektoren des Pymander, den sieben Pitris (Vorväter) von Indien, den sieben chaldäischen Göttern, den sieben kabbalistischen Sephirot und selbst den sieben Planetengeistern der christlichen Mystiker. Die Asen erschaffen die Erde, die Meere, den Himmel, die Wolken und die ganze sichtbare Welt aus den Überresten des erschlagenen Riesen Ymir, aber sie erschaffen nicht den vollständigen Menschen, sondern bloß seine Form (den Körper) aus dem Eschenbaum. Odin begabt ihn mit Leben und Seele, nachdem ihm Lodur Blut und Knochen gegeben hat . . . Und schließlich gibt ihm Hönir den Intellekt und die bewußten Sinne. Die nordische Esche, aus der die Menschen der dritten Wurzelrasse geschaffen wurden, und der Tzite-Baum im Popol Vuh, aus dem die mexikanische dritte Rasse erschaffen wurde, sind identisch, ebenso der indische Ashatta, der hellenistische Baum des Lebens, der tibetanische Zampunbaum und schließlich der Baum im Garten Eden.«

Aus diesem Sachverhalt zieht HPB die folgenden Schlußfolgerungen:

»Überall ist es dasselbe. Die schaffenden Kräfte bringen den Menschen hervor, aber sie erreichen nicht das angestrebte Ziel, ihn mit bewußtem unsterblichem Geist zu begaben. Den Kirchenvätern blieb es vorbehalten, das anschauliche Spiel zu entstellen — teils aus Unwissenheit und teils mit Absicht. Sie machten sich die Allegorien in den alten Religionen zunutze, sie zu ihrem eigenen Vorteil zu drehen. So wurde die Schlange der Weisheit und die Stimme der Vernunft dem Fürsten der Hölle zugeordnet, die Frucht vom Baume der Erkenntnis aber wurde zur verderblichen Speise, welche den Ausschluß aus dem Paradies zur Folge hatte und hat. Die christlichen Theologen gestatten keinen anderen Gott als die sekundären Mächte (die Schöpfer der Naturreiche, Verf.), welche das sichtbare Weltall ausgearbeitet haben.«[7])

Soweit Helena Blavatzki.

Um der Wahrheit willen muß man aber festhalten, daß die Stimme der Vernunft zwar nicht dem Fürsten der Hölle, aber doch dem Herrn der Naturreiche (Brahm) zugeschrieben werden muß, und daß die Frucht vom Baume der Erkenntnis, der einseitig überzüchtete Verstand (mind) uns dennoch, wenn nicht vom Paradiese der Astralregion, so doch vom Aufstieg in das Reich des Vaters auszuschließen droht, wie wir noch sehen werden. Es ist nach den Meisterlehren tatsächlich das Denk- oder Verstandeswesen, welches die Menschen dazu verführt, in ungebührlicher Weise vom »Baum der Erkenntnis« zu essen und darüber den »Vater« beiseite zu setzen, der ihnen alles gab, was sie brauchen. Auch die Bibel sagt dasselbe in der Genesis: der Geist Gottes, die Eins, bringt aus sich selbst die Zwei hervor, deren höchste Möglichkeit der Entfaltung und Zerstreuung durch die Zweihundert symbolisiert wird, worauf die Rückführung kommen wird — und sei es durch Zerstörung oder Auflösung der niederen Regionen — wodurch die Eins, die ursprüngliche Einheit wieder hergestellt wird. Dies ist — nach Weinreb — in dem Zahlenschema der ersten Worte der Genesis »Bereshit bara Elohim«, als Schöpfungsprinzip niedergelegt.

Zu den Ausführungen H. Blavatzki's über die schaffenden Kräfte bleibt noch zu bemerken, daß diese logischerweise nicht in der Lage sind, den Menschen mit unsterblichem Geiste (der Seele) zu begaben, da sie ja selbst Geschöpfe dieses tätigen Geistes sind, wenn auch höheren Grades als die sterblichen Menschen, aber in ihrer Essenz mit diesen identisch.

Ohne hier allzu großes Gewicht auf die detaillierte Organisa-

---

[7]) Aus der Einleitung zur Geheimlehre.

tion der verschiedenen Bereiche und ihrer Herren zu legen, ist es doch unerläßlich, sich den prinzipiellen Aufbau der Schöpfung in etwa klarzumachen, wenn man zu einem einigermaßen zutreffenden Bild gelangen will. Da sind einmal die schöpferischen Kräfte, aus denen die materielle Welt hervorgeht, und anderseits die bewußten Seelen, die nach dem Willen des Vaters die Schöpfung beleben. In Wahrheit sind also nicht nur die Menschen, sondern die Lebewesen insgesamt Kinder Gottes, mit derselben Lebensessenz ausgestattet — wenn auch mit graduell abgestuftem Bewußtsein. Aber nur für den Menschen gilt das Wort des Nazareners: »Steht nicht geschrieben, ihr seid Götter?« Die Aussendung der »Funken« zu Beginn eines Schöpfungszyklus bedeutet, daß diese in niederen Lebensformen ihren Weg beginnen und durch zahllose Inkarnationen zu wandern haben — in Übereinstimmung mit der körperlichen Evolution — bis sie schließlich das menschliche Stadium erreichen. Erst dann eröffnet sich ihnen die Möglichkeit, die »schreckensvolle Spirale« mit der Rückkehr zum Ursprung zu beenden.

Es ist also keineswegs so, daß wir nur eine einzige Erdenwanderung — gleichsam als einmalige Probezeit — bekämen, wie man uns fälschlich vorgibt: ganz im Gegenteil: Und im dunklen Schoße dieser Wanderungen durch die Zeitalter sind zahllose Möglichkeiten beschlossen — und nicht nur erfreuliche!

Es hätte wenig Sinn, die Augen vor diesen Dingen zu verschließen, die schließlich durch alle ernstzunehmenden Lehren, auch die jüdischen — bezeugt sind — ausgenommen durch die pseudo-christliche. Siehe Daniel 4/29—30: »Dir, König Nebukadnezar wird gesagt: man wird dich von den Menschen verstoßen und du sollst bei den Tieren auf dem Felde gehen und Gras essen wie die Ochsen, bis daß sieben Zeiten über dir um sind.« Aber auch der Nazarener lehrte mit Sicherheit nichts anderes, wie zu seiner Zeit die Wiedergeburt in neuen Körpern auch bei den Juden eine bekannte und anerkannte Lehre war — nicht nur bei den Essenern. Eine solche Sicht unterscheidet sich allerdings grundlegend von dem eher kleinkarierten Bild unserer Tage von den Dingen auf der »anderen Seite«, sofern und soweit bei uns im Westen überhaupt von einem Bilde oder einer Vorstellung der Realität hinter dem Vorhang gesprochen werden kann. Man nehme als Beispiel etwa unsere christliche Erlösungstheorie, bei der niemand zu sagen weiß, wovon wir eigentlich erlöst wurden — denn die Sünde besteht ja unverändert weiter in der Welt, wie C. G. Jung zutreffend feststellt, und wie jeder unschwer selbst nachprüfen kann.

Erlösung oder Befreiung bezieht sich aber auf das endlose Rad der Wiedergeburt, auf die zahllosen Inkarnationen, denen die Seelen unterworfen sind, bis sie den Ausweg aus diesem Zyklus finden — und auf nichts anderes. Da die inkarnierten Seelen Funken oder Tropfen aus der göttlichen Essenz sind, die zu Beginn der Schöpfung ausgesandt wurden und zu gegebener Zeit wieder in diese Essenz zurückkehren sollen und müssen — wie kann man dann von ewiger Verdammnis sprechen?

Aber das ist nicht der einzige unlösbare Widerspruch unserer theologischen Wissenschaft. Denken wir z. B. an die totale Fehlinterpretation des alttestamentlichen Satan, der in der christlichen Lehre zum Teufel und Höllenfürst »umfunktioniert« wurde, um ein bezeichnendes Wort unserer Tage zu gebrauchen. Und das, obwohl Satan im Buche Hiob unter den »Kindern Gottes« vor dem Herrn (nicht dem Vater) erscheint und seine Forderungen anmeldet, die auch prompt akzeptiert werden. Dieses anscheinend so schwierige Thema wird also ebenfalls noch näher zu erörtern sein, und es ist möglich, daß der wahre Sachverhalt erheblich von der kirchlichen Lehre abweicht.

Aber nun zum weiteren Verlaufe der Entwicklung auf unserem Planeten, nach den Dzyan, nachdem der Herr der Herren das Wasser vom Festland geschieden hatte. Wie bereits erwähnt, erging der Auftrag an die Mondherren, das astrale Modell des Menschen zur Erde zu bringen: »Die großen Chohans (Planetenregenten) riefen zu den Herren des Mondes, der luftigen Körper: bringet hervor Menschen von eurer Natur; gebt ihnen ihre Formen im Innern. Sie (Mutter Erde) wird Hüllen aufbauen außen. Sie (die Mondherren) gingen ein jeder in sein zugewiesenes Land: sieben von ihnen, ein jeder an seine Stelle. Die Herren der Flamme blieben zurück. Sie wollten nicht gehen, sie wollten nicht schaffen.« (Diese Herren der Flamme, die Kumaras, wollten sich nicht mit einer primitiven Entwicklung des Körpers abgeben, weshalb sozusagen eine zweite Garnitur von »Elohim«, die Prajapatis oder die »Abkömmlinge« mit dieser Aufgabe betraut wurden, nach dem Kommentar.)

Und so schildert der Dzyan die Erschaffung des Menschen:

»Wie werden die Manushya (Menschen) geboren? Die Väter riefen zu ihrer Hilfe das Feuer, welches das Feuer ist, das auch in der Erde brennt. Der Geist der Erde rief zu seiner Hilfe das

Sonnenfeuer. Diese drei brachten durch ihre vereinten Anstrengungen ein gutes Rupa (Körper) hervor.«

»Der Atem (die Monade) brauchte eine Form; die Väter gaben sie. Er brauchte einen groben Körper; die Erde formte ihn. Der Atem brauchte den Geist des Lebens; die Sonnen-Lhas (Geister) hauchten ihn in seine Form (die Elohim der Genesis). Der Atem brauchte einen Spiegel seines Körpers (ein astrales Modell); wir gaben ihm unseren eigenen, sagten die Dhyanis (sie trennten Substanz von ihrem eigenen Astralkörper ab). Der Atem brauchte einen Träger der Begierden (Kama Rupa); er hat ihn, sagte das Feuer der Leidenschaft und der tierischen Instinkte. Aber der Atem braucht auch ein Gemüt, um das Weltall zu umfassen! ›Wir können dies nicht geben‹, sagten die Väter. ›Ich hatte es nie‹, sagte der Geist der Erde. ›Die Form würde verzehrt, würde ich ihm meines geben‹, sagte das große Feuer. So blieb der werdende Mensch ein sinnloses Wesen ohne Verstand und höhere Fähigkeiten — ein leeres, sinnloses Bhuta (Schatten).«

»So haben die Knochenlosen Leben gegeben jenen, welche Menschen mit Knochen wurden in der (späteren) Dritten (Menschenrasse).«

Nach den östlichen Lehren wurden die Menschen bis zu einem gewissen Grade von den »Mondvätern« aufgebaut, die jedoch im Frühstadium nur in die »luftige« astrale Form gekleidet waren. Sie waren nur »Schatten«, wenngleich von hohen geistigen — nicht intellektuellen — Fähigkeiten, welche nach der Einkörperung weitgehend verloren gingen oder doch nur durch große Anstrengungen wieder aktiviert werden konnten. Eines scheint jedenfalls festzustehen: daß es eine langwierige und schwierige Aufgabe war, den Menschen in seiner heute bekannten Form zu vollenden — womit nicht gesagt sein soll, daß er nicht schon einen höheren als den heutigen Stand innehatte.

Auf dem langen Wege seiner Entwicklung erschien — nach den Strophen — auf der dritten Stufe die Menschenrasse der Eigeborenen, die wir ja heute noch sind. Es wird dort berichtet vom Ei der zukünftigen Rasse, vom Menschenschwan der späteren Dritten (Rasse), zuerst mannweiblich, dann Mann und Weib:

»Wie handelten die Manasa, die Söhne der Weisheit? (Höhere schöpferische Potenzen, die den Menschen mit ›Manas‹, dem Denkwesen zu begaben hatten.) Sie verwarfen die Selbstgeborenen (die astralen Schatten). Sie sind nicht bereit. Sie verschmähten die (späteren) Schweißgeborenen. Sie sind nicht ganz bereit. Sie wollten nicht eintreten in die (noch unvollkommenen) ersten Eigeborenen. Als aus den Schweißgeborenen die Eigeborenen hervorgingen, die starken mit Knochen, da sprachen die Herren der Weisheit: Nun werden wir schaffen.«

Soweit der Bericht des Dzyan über die Menschwerdung.

Nach der Darstellung von HPB fand die Entwicklung des Menschen in der Reihenfolge statt: zuerst geschlechtslos, wie alle ersten Formen sind; dann durch einen natürlichen Übergang ein »solitärer Hermaphrodit«, also ein doppelgeschlechtliches Wesen, und schließlich teilte er sich und wurde Mann und Weib.

Weiter schreibt HPB:

»Was sagen die alten Weisen, die philosophischen Lehrer des Altertums zu diesem Thema? Aristophanes sagt im Gastmahl des Plato: Unsere Natur war in alter Zeit nicht dieselbe, wie sie jetzt ist. Sie war androgyn (doppelgeschlechtlich). Form und Name gehörten und waren beiden gemeinsam, dem Mann und dem Weib. Ihre Körper waren rund und die Art ihres Laufens war kreisförmig. Sie waren furchtbar an Kraft und Stärke und hatten gewaltigen Ehrgeiz. Daher teilte Zeus (Brahm) einen jeden von ihnen in Zwei und machte sie so schwächer. Apollo, unter seiner Anleitung, schloß die Haut zu.«

Weiter schreibt HPB:

Die ersten Menschen waren somit eine Hervorbringung aus den Elohim, wie es auch die Genesis berichtet. Dann kamen »Adam und Eva« oder Jod-Heva, zunächst Androgyne, welche sich später trennten (als der »Herr« das Weib aus der Seite Adams nahm, Verf.). Diese waren in frühen Zeiten noch die Träger angeborener Weisheit, welche den Enochs (Henoch), den Sehern der Menschheit eigen war. Die späteren, welche vom Baume der Erkenntnis gekostet hatten, waren schon vermischt mit irdischer, daher unreiner Intelligenz. Infolgedessen konnten sie die frühere Weisheit nur noch durch Einweihung und schweren Kampf erlangen. (!) Die Lehre, daß die erste Rasse der Menschheit aus den Astralbildern der Väter (Pitris) gebildet wurde, wird auch im Zohar bestätigt, wo es heißt: »Nach dem Tzelem, dem Schattenbilde der Elohim, machte er Adam« (Adam Kadmon).[8]

---

[8] Geheimlehre: II/142—145.

Und damit sei dieser aufschlußreiche und erregende Bericht aus alter Zeit über die Formung der Planeten und die Erschaffung des Menschen zunächst beendet.

☆

Kapitel 3

Logos oder Schöpferkraft

Am Aufbau der ungeheuren Vielfalt der sichtbaren und der für unsere Augen verborgenen Schöpfung waren und sind nicht nur verschiedenartige Kräfte höherer und niedrigerer Grade beteiligt, sondern auch deren persönliche Herren und Aufseher, wie es die alten Lehren und heiligen Bücher bezeugen. Zum Verständnis dieses gewaltigen Werkes sollte man sich nicht auf eine einzige, gar noch verschlüsselte und deshalb kaum verständliche Darstellung beschränken, sondern die verschiedenen Berichte der großen Religionen und Kulturen zu Rate ziehen und vergleichen, soweit sie uns noch — oder wieder — zugänglich sind. Dann wird es sich erweisen, daß die Schöpfung nicht als ein einmaliger Akt gesehen werden kann, wie man aus dem unzulässig verkürzten biblischen Bericht schließen könnte, sondern als eine Entfaltung des schöpferischen Geistes oder Logos durch verschiedene Regionen und über mancherlei Stufen, von feinstofflich-subtiler Erschaffung der Lebensformen bis zur materiellen Kristallisation derselben auf unserer irdischen Ebene.

Abstieg, Differenzierung und Formgebung durch die Urkräfte erfolgte demnach über viele Stufen, deren letzte das sichtbare Universum darstellt, worin unsere Erde, wie es heißt, einen ziemlich niedrigen Rang einnimmt. Die Ausformung der Naturreiche, der Mineral-, Pflanzen- und Tierwelten und des Menschen wurde dabei keineswegs von »Gott selbst« durchgeführt, sondern von seinen Beauftragten, den Regenten der Sonnensysteme und der einzelnen Planeten, von den Elohim verschiedener Grade, den Bildnern und Bauleuten bis herab zu den Wesenheiten, die den Naturkräften auf unserer Ebene vorstehen, wie dies u. a. im Buch Henoch anschaulich geschildert wird.

Es gibt aber auch in der Bibel noch einen zweiten Schöpfungsbericht, in welchem der Uranfang und der weitere Verlauf der
Entfaltung, speziell auf den Menschen bezogen, geschildert wird
— weit kürzer und prägnanter noch als in der Genesis, nämlich
der Bericht des Johannes im vierten Evangelium. Dort heißt es:
»Im Anfang war der Logos (das WORT). Der Logos war bei
Gott, und Gott selbst war dieser Logos, oder Schöpfergeist. Alles,
was gemacht ist, wurde durch ihn gemacht.«

Obwohl dieser Prolog des Johannesevangeliums wohlbekannt
ist, gibt man sich vielleicht doch zu wenig Rechenschaft, daß hier
die eigentliche Urschöpfung in ihrem innersten Kern beschrieben
wird. Darin wird im Grunde geschildert, wie die wogende Urkraft durch alle Regionen zu strömen begann und dabei unsere
materielle Welt als letzte erschaffen wurde. Diese Urkraft strömt
weiter bis in unsere Gegenwart, wodurch wir selbst und alle
Lebewesen in ihrer körperlichen Existenz ins Dasein gerufen und
darin erhalten werden. Aber auch die Kräfte des Mineralreiches,
die schwingende und vibrierende Energie der Atome mit ihren
Elektronen oder die unermeßliche und in ihrem eigentlichen
Wesen immer noch unbekannte Elektrizität in der Atmosphäre
sind Aspekte und Wirkungskräfte des WORTES, auf der phy-
sikalisch-materiellen Ebene. Die Urkraft des Logos, dem alles
Leben und alle Kräfte der Natur entstammen, ruht niemals seit
Anbeginn der Schöpfung und wird weiterströmen, bis daß
»Himmel und Erde vergehen«.

In den genauen Kommentaren der östlichen Lehrer wird allerdings zwischen »Gott selbst« und dem Logos unterschieden. Der
Höchste Vater verläßt nach diesen Erläuterungen niemals das
reingeistige obere Reich, in dem sich Gott in seiner Vollkommenheit befinde; vielmehr wirken unterhalb desselben nur seine
Kräfte, die Kraft des tätigen Geistes, dessen Energieströme von
Gott als der höchsten Wesenheit ausgehen, aber nur ein Teil-
aspekt derselben sind.

Die Bhagavad Gita sagt es mit eindeutigen Worten:
      Es sind zwei Purusha (Schöpferpotenzen):
      der Eine zu den Dingen ward
      der Andre wie auf einem Fels beharrt.
Und der Ewig-Unveränderliche sagt von sich selbst:
      Mit einem Bruchteil meines Selbst
      erschaffe ich die ganze Welt.

Es wäre daher — wie schon im letzten Abschnitt kurz erwähnt — ein Irrtum, wollte man annehmen, »Gott selbst« habe sich gewissermaßen in seiner eigenen Schöpfung aufgelöst und seine — angezweifelte — Allmacht sei von dieser selben Schöpfung absorbiert worden, wie manche zu glauben scheinen. Der Logos Sankt Johannes erweist sich also, genau genommen, als die geistigen Energieströme, die in den Regionen unterhalb vom »Reich des Vaters« tätig sind und alles hervorbringen, was gemacht ist, d. h. sie vermischen sich absteigend immer mehr mit der Materie, die sie zuvor aus ihrem eigenen Potential hervorbringen, wie man annehmen muß.

Dem schöpferischen Logos ist seinerseits die Idee der zu erschaffenden Formen und der Formwille selbst vom höchsten Vater eingeprägt, wie es u. a. die kabbalistischen Lehren andeuten und wie man logischerweise schließen muß. Nur so konnte ja aus dem Logos »alles gemacht werden, was gemacht ist«, d. h. die Formen der Lebewesen hervorgehen, nachdem zuvor die atomaren und molekularen Voraussetzungen geschaffen waren.

Schöpfung bedeutet — nach Weinreb — im Grunde Zweimachung. So gehen in der beschriebenen Weise aus dem Höchsten die Kräfte oder Energieströme hervor, die sich dann weiter differenzieren und entfalten. Der Höchste oder »Vater im Himmel« ist in der Lehre Indiens »Sat Purush« oder der wahre Purusha, während derjenige, der »zu den Dingen ward«, als Prakriti, die Urkraft der materiellen Schöpfung bezeichnet wird.

Von Sat Purush, dem Vater, gehen aber nicht nur die weltschöpferischen und formbildenden Naturkräfte aus, sondern auch die Lebensfunken, die den erschaffenen Formen das bewußte Leben vermitteln. Auch dieses entscheidende Faktum ist im Prolog des vierten Evangeliums mit einem einzigen Satz festgestellt: »In ihm (dem Logos) war das Leben, und das Leben war das Licht der Menschen.« Und wiederum sind hier die Meisterlehren genauer und vor allem ausführlicher; nach ihnen ist die Lebenskraft und das Bewußtsein aller Lebewesen in den Seelenfunken enthalten, die der göttlichen Wesenheit selbst entstammen. Diese »Funken« sind also nicht mit den Kräften der Bewegungs- und Formungsenergie gleichzusetzen, die man unter dem Begriff der Prakriti zusammenfaßt.

In der (apokryphen) Weisheit Salomos und in den Sprüchen des Jesus Sirach wird vom Ursprung der »göttlichen Weisheit« (Sapientia oder Sophia) berichtet:

Aus dem Munde des Höchsten bin ich hervorgegangen vorlängst, vor der Erschaffung der Welt.

In den alten Lehren, so auch im Dzyan, wird der Urgrund und die Triebkraft der Schöpfung als »Vater-Mutter« bezeichnet; dies weist auf eine doppelte Potenz hin, die man als Geist und Seele oder als den Vatergeist und seine Gemahlin, die göttliche Weisheit, verstehen kann, nach der allegorischen Darstellung der Apokryphen. Nach den Meisterlehren sind die Seelen »Maha Chetan« oder überbewußte Energie, reine Geistsubstanz; sie werden als die himmlischen Prinzessinnen dargestellt, als Funken aus der göttlichen Wesenheit, die vom Vater (Geist) abgetrennt und ausgesandt wurden, damit sie in den unteren Regionen die durch »Prakriti« erschaffenen Formen beleben.

Wenn hier von »Meistern« und Meisterlehren die Rede ist, dann sind damit in der Regel Persönlichkeiten gemeint, die in den letzten Jahrhunderten bis zur Gegenwart gelebt haben oder noch leben, deren familiäre Herkunft, Geburts- und Sterbedaten etc. bekannt und bezeugt sind, wobei deren geistige Qualifikation, Sendung und Lehre mit derjenigen großer Meister einer ferneren Vergangenheit (z. B. Zoroaster, Jesus v. Nazareth etc.) als identisch angesehen wird. Es muß hier aber auch klargestellt werden, daß der eigentliche »Meister« als eine direkt vom »Vater im Himmel« ausgehende und daher unbeschränkte geistige Kraft zu verstehen ist, mit der die jeweiligen irdischen Verkörperungen in lebendigem Kontakt stehen, wozu die Weitergabe der Sendung durch den Vorgänger erfolgen muß. Es ist also zu unterscheiden zwischen den körperlich sichtbaren Gesandten, die kommen und gehen, und der ewigen und unveränderlichen Kraft Gottes, die sich in ihnen manifestiert, wie man auch bei den gewöhnlichen Sterblichen unterscheiden muß zwischen der irdischen Persönlichkeit und der ewigen und unsterblichen Seele. Solche grundlegenden Vorstellungen und Begriffe sollten ja einem »Christen« nicht schwerfallen.

Die hier öfters zitierten Meister und ihre Lehren haben somit keinerlei Bezug zu den »Meistern« der theosophischen und anthroposophischen Gesellschaften, wie sie auch in den Arkanschulen und in verschiedenen Logen bekannt sind und gelehrt werden, in denen Christus manchmal als der unsichtbar auf unserer Erde weiterwirkende Weltlehrer dargestellt wird. In der vorliegenden Arbeit wird dagegen »Christus« als die göttliche Kraft oder Wesenheit verstanden, die einstmals im Menschen

Jesus wirksam war, dessen persönliches »Selbst« nach seinen eigenen Worten zum Vater zurückkehrte, als der damalige Körper von ihm verlassen wurde.

Über die jeweils auf Erden lebenden Meister als den Gesandten des Vaters sagt Maharaj Charan Singh: »In Wirklichkeit gibt es keinen Unterschied zwischen dem Vorgänger und dem Nachfolger. Jeder (neue) Meister verschmilzt (merges) in seinen Vorgänger (d. h. in dessen geistige Wesenheit), und ihre Schüler verschmelzen in die Wesenheit des Meisters. So sind die Meister und ihre Schüler Eins, das heißt, eine Herde und ein Hirt (Joh. 10/16).[1])

Aber nun zum Aufbau der Schöpfung nach den Meisterlehren.

Um den göttlichen Bauplan bis zu dem gewissen uns zugänglichen Grade zu verstehen, sollte man die Abstufungen der Regionen in großen Zügen kennen.

Das Reich des Vaters ist der untere Teil des dreistufigen oberen Großreiches, dessen rein geistige Regionen ohne jede materielle Beimischung sind. Es ist diejenige Stufe, in welcher die vollkommene Gottheit sich am konkretesten manifestiert, und von der aus die schöpferischen Kräfte in die tieferen Regionen strömen, wie bereits erwähnt. Außer dem Reich des Vaters sind für uns Irdische aber zunächst und vor allem die Regionen des mittleren Großreiches von Bedeutung, insbesondere da wir von den Theologen über dieselben nicht unterrichtet worden sind. Die nächsten zwei Regionen unter dem Reich des Vaters sind immer noch durch hohe Geistigkeit und einen geringen Anteil an feinster Materie ausgezeichnet und dienen reinen und glücklichen Seelen zum Aufenthalt.

Als dritte Stufe unter dem Reich des Vaters, der zweiten über dem physischen Universum, folgt die feinstofflich-materielle Mentalregion, die auch das Reich des universellen Verstandes genannt wird, und schließlich die Astralregion, in welcher die feinstoffliche Materie als schon dichter und von geringerer Geistigkeit beschrieben wird.

Die Seelen als »Funken« aus der Wesenheit des Vaters wurden aus dem oberen Reiche ausgesandt und in der Mentalregion mit dem »Denkwesen« zu einer unlöslichen Gemeinschaft verbunden, der höchsten Fähigkeit der drei unteren Welten. Beim weiteren Abstieg in die astrale Region wurde die schon vom

---

[1]) Maharaj Charan Singh: St. John, the great Mystic, p. 92.

Denkwesen und Kausalkörper eingehüllte Seele in eine weitere feinstoffliche Hülle gekleidet, den Astralkörper, in welchem die Sinne mit ihren Wünschen und Begierden verwurzelt sind, die uns im Verein mit dem Denkwesen die Freuden und Schönheiten der Erde erschließen — und uns oft nur zu sehr in dieselben verstricken.

In Trikuti, der Mentalregion, wird der Seele außer dem Denkwesen auch der sogenannte Kausalkörper beigegeben, in dem ihr späterer Lebensweg auf der irdisch-materiellen Ebene vorgezeichnet ist. So ausgestattet, wird die bisher doppelt — mental und astral — umhüllte Seele in den Embryo, das werdende irdische Menschlein, herabgezogen und damit die Kombination der menschlichen Schichten oder Prinzipien vervollständigt und abgeschlossen.

Erstaunlicherweise ist bei uns im technisch hochstehenden Westen vielfach noch immer nur der letzte Teil dieser Kombination, nämlich der Körper aus Fleisch und Blut, bekannt. Zwar wissen wir wohl, daß von irgendwo die Gedanken, die Wünsche und Begierden in uns auftauchen, aber das Rätselraten über deren Herkunft scheint noch zu keinem konkreten und praktisch verwertbaren Ergebnis geführt zu haben.

Unser Schicksal als die wandernden Jivas — die in den genannten subtilen Körpern eingekleideten Seelen — untersteht den Herren der beiden subtilen Regionen, aus denen diese Körper stammen. Der Herrscher dieser beiden Regionen, wie auch des sichtbaren Universums ist nach der östlichen Lehre Brahm, im AT als »der Herr der Herren« oder der »Allerhöchste« bekannt. Ihm unterstehen die Herren der tieferen Regionen und Planeten, wie es schon die Strophen des Dzyan schildern.

Dieser »Herr der drei Welten« (mental, astral und physisch) wird in den Meisterlehren als die Negative Macht bezeichnet, als Gegenpol der Positiven Macht, dem Vater im Himmel. Ihr unterstehen die feinstofflichen und materiellen Bereiche, also die genannten »drei Welten«, sowie die Verwaltung und Überwachung der Wege aller Lebewesen in diesem Bereiche, sowohl während ihrer irdischen Einkörperung als auch zwischen den Inkarnationen in den feineren Bereichen des Lebens, die wir als die andere Seite bezeichnen. Diese Wege sind jedoch nicht dem Zufall ausgesetzt und überlassen, sondern werden nach unfehlbar genauen Spielregeln geordnet, die im karmischen Gesetz, dem Naturgesetz von Ursache und Wirkung niedergelegt sind, dessen stets gegenwärtiges Instrument im Menschen der vorher genannte Kausalkörper ist. So werden nach der Bilanz jeden irdischen Lebensweges entweder paradiesische Freuden oder notwendige Erziehungsmaßnahmen zugeteilt, wie der Fall gerade liegt. Auf jeden Fall wird aber jeder das ernten, was er gesät hat — nicht mehr und nicht weniger.

Damit ist zugleich gesagt, daß die Naturgesetze nicht auf den irdisch-materiellen Bereich beschränkt sind; ihr Ursprung befindet sich vielmehr in der höchsten feinstofflichen Region, in Trikuti, und die Negative Macht (Brahm, der Herr der Herren) ist zugleich der Herr der Naturgesetze. Deshalb ist auch das Denk- oder Mentalwesen eine Schöpfung der feinstofflichen Natur, im Gegensatz zur Seele, die als reines Geistwesen göttlichen Ursprungs ist. Hier gilt es, klar zu unterscheiden zwischen dem mentalen Menschengeist als einer Fähigkeit und Kraft der Natur einerseits und dem göttlichen Geist als der Quelle allen Lebens, der sich in der Seele manifestiert. Der erstere entstammt der zweiten himmlischen Region, der höchsten Stufe der »Natur«, die letztere dagegen der fünften Stufe, dem Reich des Vaters.

Dieser Aufbau der menschlichen Kräftekombination ist der Schlüssel zum Verständnis der Geheimnisse des Lebens und zum großen Spiel der Gottheit, in welchem der Mensch am anderen Pole steht. Paracelsus, einer der größten Mystiker unseres Jahrtausends im Westen, kannte noch den Tatbestand der elementaren Polarität im Menschen sehr genau, wenn er sagt: »Der Spiritus (Verstand) ist der heimliche Feind und die Verderbnis der Seele, denn durch ihn kommt die Sünde und der Tod.« In der Tat ist dies der Sinn der Paradiesgeschichte vom Baum des Lebens und der Frucht vom (mentalen) Baum der Erkenntnis, deren Genuß den (geistigen) Tod bringt, wenn man die allegorische Geschichte in den Klartext überträgt.

Die menschlichen Fähigkeiten entstammen also verschiedenen Stufen der Schöpfung, von der fünften Region bis herab zur grobstofflichen Erde. Das sind — mit dem sichtbaren Universum — sechs große Regionen, von denen jede wiederum in verschiedene Unterstufen aufgeteilt ist. So befinden sich nach den Meisterlehren zwischen der Erde und dem Astralreich noch sechs Zwischenstufen (die Erde ist ja ein Planet niedrigster Ordnung, nach den Lehren), die mit den sechs Chat-Chakras oder Energiezentren im astralen Körper des Menschen (vom rectum bis zur Stirne) korrespondieren und durch entsprechende Meditationsarbeit aktiviert werden können, während sie ohne diese Arbeit in latentem Zustande verbleiben. Diese sechs Chakras sind seit vielen Jahrtausenden bekannt, und Patanjali hat sie vor mehr als zweitausend Jahren in seinen Yoga-Sutras (Lehrsätzen) beschrieben.

Außer diesen unteren Chakras gibt es aber noch sechs höhere, die sich von der Stirn bis zur Scheitelhöhe im Gehirn befinden, genauer gesagt im astralen Modell desselben, in der »Matrix« des Körpers aus Fleisch und Blut. Diese Zentren stehen in Beziehung zu den Regionen des mittleren Großreiches und ihren Gottheiten (denn es gibt viele Götter und viele Herren, 1. Korinth. 8/5), das höchste davon aber korrespondiert mit dem Reich des Vaters, der Heimat der Seelen.

In dem Buch über die »Wissenschaft von der Seele« (The Sience of the soul) heißt es:

Die ersten sechs Chakras schmücken Pinda (das Universum)
die nächsten drei zieren Brahmand (das mittlere Reich)
die höchsten drei kennt niemand;
dorthin gehen nur die Heiligen allein (die Meister).[2]

Dazu sollte man wissen, daß sich über den drei Regionen Brahmands noch eine meist ungenannte Zone undurchdringlicher Dunkelheit befindet, die als »Maha-Sunn«, die Region Maha-Kals bekannt ist. Diese Dunkelzone kann nach den Lehren nur von den Gesandten des Vaters im Aufstieg überwunden werden — und von denjenigen, die von einem solchen Meister (Heiligen) hindurchgeführt werden. Das bedeutet, daß die Meinung absolut illusorisch ist, des Menschen Seele werde ohne langdauernde und besondere Anstrengung im Schoße des Vaters landen, um dort ewige Seligkeit zu genießen. Ganz im Gegenteil besteht das große Spiel darin, daß die im Anfang der aktiven Schöpfungsperiode ausgesandten und abgestiegenen Seelen sich durch die Reiche der Pflanzen, Tiere und schließlich des Menschen emporzuarbeiten haben; erst dann, im Status der »Krone der Schöpfung« eröffnet sich den Jivas die Möglichkeit, aus dem Zyklus der Wiedergeburten in immer neuen Körpern zu entkommen — nicht ohne beharrliche und zielstrebige Anstrengung, denn »das Himmelreich leidet (erfordert) Gewalt, und nur die Gewalt brauchen — sich anstrengen — reißen es an sich«.

In der Kombination Mensch sind also viele Kräfte vereinigt.

---

[2] Sardar Bahadur Maharaj: The Sience of the soul.

Nach der Seele und dem Denk- oder Mentalwesen, den elementaren Fähigkeiten der beiden Ebenen, sind die Pranas oder Lebenswinde die feinsten dieser Kräfte; sie repräsentieren die vitale Energie und die materiellen Kräfte im Menschen. Aus ihnen entspringen alle anderen Kräfte der materiellen Welt, die drei gunas (Trigunas) als Eigenschaften oder Qualitäten der Materie ebenso wie die fünf tattwas (Elemente), in denen die Grundkräfte der Materie enthalten sind. Die Meisterlehren unterscheiden sechs Stufen der materiellen Welten, denen sechs himmlische oder geistige Regionen folgen, die alle mit den menschlichen Chakras oder Energiezentren in Beziehung stehen und in aktive Verbindung gebracht werden können. Alle diese Regionen und Stufen unterstehen einem besonderen Herrn, wobei für uns Menschen — außer dem Vater im Himmel — besonders die Stellung des Herrn der zweiten Region als Statthalter des Vaters von konkreter und aktueller Bedeutung ist.

Die Wege und Wanderungen der Seelen spielen sich ja seit ihrem Abstieg im Rahmen der »drei Welten« ab, die unter dem Oberbefehl Brahms stehen. Das bedeutet konkret, daß die Jivas (Seelen) nach dem irdischen Tode seinem Richterspruch unterstehen, denn er ist der Herr, der von sich selbst sagt: Mein ist die Rache, ich will vergelten Aug um Aug und Zahn um Zahn etc. Dieses »Jüngste Gericht«, das nach jeder Erdenrunde fällig ist, wird also keineswegs vom »Vater im Himmel« durchgeführt, auch nicht von Christus, dem Sohn, sondern vom Statthalter des Vaters und dessen Beauftragten, denen die Prüfung der Erdenwege und die Neufestsetzung des Karmas für die nächste Runde obliegt. Die Seelen der gewöhnlichen Sterblichen werden also in aller Regel in einer der Zwischenstufen landen, wo sie das ihnen zustehende Los erwartet; aber selbst wenn hervorragende Geister bis zur zentralen Astralregion oder sogar in die Mentalreiche durch eigene Anstrengung gelangen, so bleiben sie doch immer noch weit unter der ursprünglichen Heimat der Seelen und müssen früher oder später zu neuen Geburten und Erdenrunden zurückkehren.

Aus allen diesen nach der Lehre dargelegten Umständen geht hervor, daß unser Schicksal auf der anderen Seite weder ewige Seligkeit (außer in den noch zu erläuternden Sonderfällen) noch viel weniger ewige Verdammnis sein kann, wie es manchmal in allzu menschlich-sadistischer Art dargestellt wird. Dennoch gibt es in der astralen Region Paradiese und Reinigungsorte verschiedenen Grades und es bleibt der Vorstellungskraft des Einzelnen überlassen, sich dieselben auszumalen. Die zweite oder mentale Region dagegen wird in den meisten alten Lehren als »der große Himmel« beschrieben und angesehen, in dem schon eine hohe Seligkeit — in Übereinstimmung mit ihrer Struktur — zu erwarten sei. Dazu wäre noch zu sagen, daß die meisten Religionen keine höheren Regionen gekannt haben, und für sie die Negative Macht (Brahm oder Jehova etc.) der höchste Gott war oder immer noch ist.

Auf dem Hintergrund dieser Lehren werden die Aussagen des vierten Evangeliums gewiß besser verständlich. Danach war das Leben im WORT oder Logos und das Leben wurde zum Licht der Menschen. Es scheint wie zu allen Zeiten im Menschen, doch ist es durch die drei Umhüllungen normalerweise nicht mehr wahrnehmbar. Es scheint deshalb in der Finsternis und wir können es nicht erkennen (1/5). Ein Mann wurde von Gott gesandt (Johannes). In ihm war das Licht nicht verdunkelt, weil er vom »Vater« kam und nicht aus dem gewöhnlichen Zyklus der Wiedergeburten. Er sollte Zeugnis geben, denn er stand in ungebrochenem Kontakt mit dem Licht (dem Vater) (1/8—9).

Johannes war also zweifellos ebenso ein »Sohn Gottes«, wie nach ihm Jesus. Dies wird zwar in Vers 1/20 in Abrede gestellt, obwohl zuvor in 1/6 die göttliche Sendung des Täufers bezeugt wird. »Christus« ist aber der Gesalbte oder Gesandte Gottes, und die ganze Erzählung über den Vorläufer — richtiger »Vorgänger« — von Jesus mit der in allen vier Evangelien geschilderten »Taufe« des Nachfolgers Jesus hat ja nur den einen Sinn, die Weitergabe der Meisterschaft von einem Gesandten zum anderen darzustellen. Das angebliche Zeugnis des Täufers in Vers 1/20, er sei nicht der Christus, ist deshalb widersinnig und unglaubwürdig; es dürfte sich dabei um eine spätere, absichtlich irreführende Einschiebung handeln, wie dies für verschiedene andere Stellen auch zutrifft.

Natürlich war Johannes nicht »das Licht«, vielmehr war es in ihm inkarniert, wie in jedem Meister oder Gesandten des Vaters. Die Welt ist durch das Licht gemacht, aber sie erkannte es nicht. Dies ist die Verdunklung der Seele im Menschen durch das Mentalwesen und die Sinne; doch die ihn aufnahmen (Johannes), denen gab er Macht, Kinder Gottes zu werden!

Weiter wird gesagt, daß kein Mensch Gott je gesehen habe außer dem eingeborenen Sohn, der in des Vaters Schoß ist, d. h.

der mit dem Vater in lebendigem Kontakt ist. Dies wird von Jesus mehrfach unzweideutig bezeugt: »Wahrlich, wir (Söhne) reden, was wir wissen und bezeugen, was wir gesehen haben« (3/11). Und dieser Hinweis ist so konkret, wie man es sich nur wünschen kann!

Wie bereits anhand der Meisterlehren festgestellt, wurden alle Lebewesen mit Seelen begabt — sonst würden sie nicht leben! Wenn die Seelen sich bis zur menschlichen Form emporgearbeitet haben, setzt sich der Vater, die unbeschränkte geistige Wesenheit des Alls, durch seine besonderen Gesandten mit ihnen in Verbindung, um sie immer wieder über die Zusammenhänge im großen Spiel zu unterrichten, von denen wir infolge unseres Unvermögens, in die höchsten Regionen vorzudringen, auf keine andere Art und Weise Kenntnis erhalten könnten. Die Meister höchster Grade zeigen uns, wie wir das Ziel unserer Wanderungen in den unteren Welten erreichen und in die angestammte Heimat zurückkehren können. Dies kann jedoch nur auf eine ganz bestimmte Weise geschehen, nämlich durch die Hilfe der Gesandten des Vaters, die zur Rückführung der Seelen beauftragt und ermächtigt sind.

Im Gespräch mit Nikodemus sagt Jesus: »Der Wind (Geist) weht, wo er will; du hörst sein Sausen wohl, aber du weißt nicht, woher er kommt und wohin er geht.« In Wahrheit ist es diese Tonschwingung, die aus dem göttlichen Licht hervorgeht, durch die alles gemacht wurde, was gemacht ist, wie das Evangelium sagt. Es ist Bina, der Samenton aus Sach Khand, dem Reich des Vaters.

Die Seele hat zwei Fähigkeiten: zu sehen und zu hören, wie die Meisterlehren besagen. Die Kraft des Logos manifestiert sich ebenfalls auf zwei Arten: als Klang und Licht, zwei Ausdrucksformen derselben Kraft. Diese beiden Komponenten des einen Logos sind in allen Menschen ohne Ausnahme vorhanden, obwohl wir sie nicht wahrnehmen. So besteht in der Tat der paradoxe Zustand, daß sowohl die göttliche Seele als auch ihr Herr und Schöpfer (NAM, die lebendige Kraft des Geistes) nebeneinander im Menschen wohnen, beide aber keinen Kontakt miteinander haben.

Im Adi Granth wird gesagt:
> Ein großes Wunder ist dies:
> Im selben Körper (Haus) leben die zwei,
> die Seele und ihr Herr

jeder in des anderen Gesellschaft
und doch, wie sonderbar
sie sprechen nie miteinander.

Damit ist das eigentliche Geheimnis und die Aufgabe der Meister angesprochen: sie besitzen den Schlüssel und die Ermächtigung des Vaters, vom jeweiligen Vorgänger weitergegeben, damit sie den markierten Jivas den bewußten Kontakt zwischen Seele und NAM, dem Schöpfergeist, vermitteln. Dadurch wird dem so Initiierten, die Wahrnehmung der Tonschwingung und des Lichtes ermöglicht, die dann entsprechend den Meditationsfortschritten in den verschiedenen Abstufungen bewußt empfangen werden können. Dieser Vorgang wird in der Bibel als die Wiedergeburt im Geiste bezeichnet und bedeutet konkret den Beginn des Aufstieges auf dem »Pfad«, der zurück zum Reich des Vaters führt.

Leider ist diese eigentliche Mission der Gesandten des Vaters im Christentum wie offenbar in allen organisierten Religionen und Sekten längst in Vergessenheit geraten oder wird wenigstens nicht anerkannt. Dafür lehren die Kirchen eine Erlösung aus zweiter Hand durch die Priesterschaft, obwohl es dieser bekannt sein muß, daß sie weder den Schlüssel dazu oder gar den lebendigen Kontakt zum Vater besitzen — unerläßliche Voraussetzungen für die Befreiung anderer aus dem Zyklus der Wiedergeburten.

Der Abstieg der Seelen in die tieferen Regionen und in die materiellen Bereiche entspricht dem Sündenfall der Stammeltern nach der allegorischen Darstellung der Bibel. Zwischen diesem »Fall« und unserer Rückkehr liegen die ungeheuren Zeiträume der pflanzlichen und tierischen Evolution und des Auf- und Abstieges der menschlichen Rasse im Rhythmus der Zeitalter auf unserem Planeten. Der Einsichtige wird sich daher bemühen, den Regeln dieses großen Spieles auf den Grund zu gehen, um den möglichen Ausweg aus dem Kreislauf zu finden.

Aber nun ein paar Worte über die Hierarchie der Herren in den unteren Regionen. Unter der Aufsicht Brahms (Jehovas), des Herrn der drei Welten, stehen nach dem Dzyan die sieben »großen Cohans«, die Regenten der sieben heiligen Planeten in unserem Sonnensystem, zu denen auch unsere Erde gehört. In den Büchern von Helena Blavatzki und Alice Bailey wird Sanat Kumara als der Herr der Erde genannt, einer der reinen Jünglinge aus den Gliedern Brahms nach der allegorischen indischen

Lehre. Dagegen berichtet das Buch Henoch ausführlich, wie der »Hochbetagte« die Sintflut beschloß, nachdem — lange vorher — die zweihundert verschworenen Engel die Menschen in allerlei Künsten unterrichtet hatten, woraus in der Folge viel Unheil auf Erden entstand.

Dieser Betagte, der bei Daniel kurz »der Alte« genannt wird (Daniel 7/9—10), entspricht recht genau dem »Königsrichter« Dharam Rai der Meisterlehre, dem das Gerichtswesen und damit die Regelung der karmischen Angelegenheiten untersteht — wozu ja auch die Sintflut gerechnet werden muß. Die Belange unseres Planeten mit seinen zahllosen Lebewesen werden jedenfalls nicht nur von einem einzigen Herrn, sondern von einer kompletten und vielgestaltigen Regierung verwaltet, deren Abstufungen bis auf die Ebene der dienenden Scharen herabreichen, in denen wir gewöhnlichen Sterblichen uns selbst wiederfinden, ohne uns allerdings dessen bewußt zu sein. Man darf ja wohl mit gutem Grund annehmen, daß unsere irdischen Verwaltungen samt Gerichtsbarkeit und Strafpraxis in Wahrheit nur mangelhafte Abbilder der Systeme höherer Ebenen sind und nicht unabhängig von vollkommeneren Vorbildern entstanden sind. In Kenntnis solcher Zusammenhänge konnte daher Plato sagen, wir seien ja noch größtenteils der Götter Puppenspiel.

Solche alten Lehren mögen uns Aufgeklärten zwar eher wie sagenhafte Legenden erscheinen, doch sind sie das Gerüst aller fundierten religiösen Vorstellungen und der Offenbarungen — und wie will man diese in der richtigen Perspektive sehen, wenn man keinen Begriff von der zugrunde liegenden Schöpfungslehre hat!

Über die Vorgänge auf der höheren (astralen) Ebene berichtet das Buch Henoch sehr anschaulich:

»Mein Geist sah ein Haus, um dessen vier Seiten Ströme lebendigen Feuers liefen. Ringsherum waren Seraphim, Cherubim und Ophanim; dies sind die nimmer Schlafenden, die den Thron seiner Herrlichkeit (des Herrn der drei Welten) bewachen. Ich sah unzählige Engel, tausendmal Tausende und zehntausendmal Zehntausende jenes Haus umgeben. Daraus traten hervor Michael, Gabriel, Raphael und Phanuel (die Engel des Angesichts), und mit ihnen unzählige heilige Engel. Mit ihnen kam der Betagte; sein Haupt war rein und weiß wie Wolle und sein Gewand unbeschreibbar.«

Und weiter:

»Einen dieser Engel hörte ich Fürbitte einlegen für die Bewohner des Festlandes (der Erde), den anderen hörte ich, wie er die Satane abwehrte und ihnen nicht gestattete, vor dem Herrn der Geister die Bewohner des Festlandes zu verklagen. Dort schaute ich auch, wie alle Sünder dort vertrieben wurden, die den Namen des Herrn verleugneten. Sie können dort nicht bleiben infolge der Strafe, die von dem Herrn der Geister ausgeht. Danach sah ich alle Geheimnisse des Himmels, wie die Handlungen der Menschen gewogen werden.«

Das sind gewiß bemerkenswerte Hinweise, die man nicht einfach in den Wind schlagen sollte. Es ist ja eine altbekannte Lehre, daß beim irdischen Tod der »Todesengel« (Yama) die Seele in ihren subtilen Hüllen in eine feinere Welt entführt, wo ihr jetzt astraler Körper die natürlichen Bedingungen für seine nächste Existenz findet. Der griechische Weise Sokrates schildert rund 400 Jahre v. Chr. humorvoll, daß der Weg in die andere Welt kein einfacher Fußweg sei, sondern seine Verzweigungen und Hindernisse habe, weshalb ja gerade die Begleitung eines Führers notwendig sei. Dort, auf der anderen Seite, werde die Seele zum Orte des Gerichtes geführt, wo das Gute und das Üble gegeneinander abgewogen und danach das Urteil gesprochen wird, dem sich die Verständigen ohne Widerspruch fügen. Aber auch die Uneinsichtigen würden zur Annahme des Spruches gezwungen, wenn sie es nicht freiwillig tun.

Das »Wiegen« der irdischen Handlungen bietet nach der Lehre keinerlei Schwierigkeiten, da ein jeder in seinem Kausalkörper alle wesentlichen Impulse und Handlungen aufgezeichnet hat, die sich dort eingeprägt haben und so wieder abgelesen werden können wie Aufnahmen auf einem Tonband oder einem Film. Außerdem gibt schon die Aura der subtilen Körper einen Gesamteindruck vom Entwicklungsstand seines Besitzers, so daß dort in der Tat nichts verborgen bleibt — im Gegensatz zu den irdischen Verhältnissen.

Diese kurze Übersicht sollte zeigen, daß man in den alten Lehren aller Länder und Völker, vom Fernen Osten bis zum Mittelmeer, diese Zusammenhänge bestätigt finden kann. Nur sind sie leider in den verschiedensten Schriften verstreut und meist noch in symbolischen Redewendungen verschleiert, mit denen wir nicht viel anfangen können, weil wir ihren genauen Sinn nicht kennen. Es ist daher von unschätzbarer Bedeutung, daß die heute wieder bekannt werdenden Lehren der östlichen

Meister das für die Suchenden wichtige und notwendige Wissen in einfacher und klarer Sprache vermitteln.

Ein anderes wichtiges Problem für unsere Wege auf beiden Seiten des Vorhanges wurde in dem Henoch-Zitat kurz gestreift. Es ist die Stellung und Aufgabe Satans und seiner Agenten in der Hierarchie und im gesamten göttlichen Spiel. In den kirchlichen Lehren wird dieser »Störer« als Höllenfürst und potenzieller Gegner Gottes dargestellt — einer der größten Irrtümer christlicher Prägung. Auch in den Meisterlehren wird diese Potenz (Kal) als Störenfried charakterisiert, aber nicht etwa aus einer Gegnerschaft gegen den Willen des Höchsten, sondern gemäß der ihm zugeteilten Aufgabe im Bereich der Negativen Macht. Auch im Buch Hiob erscheint ja Satan unter den Kindern Gottes vor dem Herrn, um Bericht zu erstatten und Anträge zu stellen, und desgleichen sind die Satane nach dem Buch Henoch Ankläger der Seelen vor dem Herrn der Geister. Es ist jedoch sicher nicht deren Aufgabe, die Unglücklichen im Höllenfeuer zu quälen, die auf ihre trickreichen Machenschaften hereingefallen sind, oder gar dem Willen der Gottheit entgegenzuarbeiten. Die Rolle Satans und seiner Agenten ist es vielmehr, die Menschen ein wenig auf die Probe zu stellen, wie der Nazarener seinen Jüngern sagte: Satan hat verlangt, euch prüfen zu dürfen! Und Jesus selbst wurde von dieser Prüfung nicht ausgenommen. Es dürfte daher gut sein, sich vorzusehen!

Unsere jeweiligen Schicksale hier und auf der anderen Seite werden durch das karmische Gesetz geregelt und bestimmt, auf dessen Programmierung wir durch unser Verhalten jedoch wesentlichen Einfluß nehmen können. Dieses Gesetz ist so alt wie die Schöpfung und war auch zu allen Zeiten bekannt seit es Menschen gibt, ebenso wie die Wiedergeburten in immer neuen Körpern. Den Dogmatikern der christlichen Kirchen blieb es vorbehalten, diese Stellen aus den Lehren zu entfernen und dafür den einmaligen Erdenweg des Menschen zum Dogma zu erheben, nach dem dann die Würfel ein für allemal gefallen seien: entweder ewige Seligkeit oder ewige Verdammnis. Dieser logische Unsinn ist eine völlige Verdrehung des Schöpfungsplanes und eine Verfälschung der ganz anders lautenden »guten Botschaft«, die der Nazarener im Auftrag des Vaters der Menschheit gebracht hatte. So wurde auch die Lehre von der Wiedergeburt und von der Existenz der Seelen seit Bestehen der Schöpfung auf dem Konzil im Jahre 553 zu Byzanz unter Justinian I. für häretisch erklärt. Der damalige Beschluß der »Väter« lautet in wohlbekannter paulinischer Manier:

»Wer eine fabelhafte (!) Präexistenz der Seele . . . lehrt, der sei verflucht!«

Und dieses ungereimte Postulat eines Herrschers, dessen Heerführer Belisar und Narses die Ostgoten in Italien vernichteten und dessen Gattin eine Dirne war, lassen wir uns bis auf den heutigen Tag als Glaubenswahrheit vorsetzen!

Die kirchliche These vom einmaligen Erdenweg, nach dem dann die Seligkeit oder Verdammnis von der priesterlichen Sündenvergebung abhängig ist, eröffnete natürlich dem Machtstreben gewisser Kleriker alle Möglichkeiten nachdrücklicher Einflußnahme. Das Seltsame daran ist aber, daß diese Verfälschungen bis auf den heutigen Tag nicht aufgeklärt und berichtigt wurden, obwohl doch die richtige Lehre nicht mehr unbekannt ist. Wenn wir uns aber nicht um die Wahrheit kümmern und weiterhin gleichgültig dahinleben, könnte das anschauliche Spiel für uns bald einmal tragische Aspekte annehmen, denn wie Patanjali sagt: Unwissenheit ist das größte Übel. Und die Konsequenzen haben wir selbst zu tragen!

Kapitel 4

Die Wege der Seelen diesseits und jenseits der Schwelle

Wir gewöhnlichen Sterblichen haben es schwer; wieviele Erdenrunden auch hinter uns liegen mögen, wir wissen nichts davon. Wie noch die Antike wußte, müssen die neu ins Erdenleben tretenden Seelen zuerst den Fluß Lethe durchqueren, der das Bewußtsein ihrer Vergangenheit auslöscht, so daß davon nur tief im Unbewußten eine dunkle Ahnung zurückbleibt. Diese poetische Darstellung der »Alten« verdeutlichen die geheimen Lehren folgendermaßen:

Die Seele als unsterbliche Wesenheit, zu Anbeginn der Schöpfung aus der Kraft Gottes hervorgegangen und im Anfang eines Manvantara herabgestiegen aus dem oberen Reich, sieht während ihres Aufenthaltes in den feineren Naturreichen zwischen den Inkarnationen zumindest ihre jüngste Vergangenheit und ihre nächste Zukunft, ehe sie aufs neue verkörpert wird. Sie weiß also, was sie im Verein mit dem Denkwesen (mind) in der Vergangenheit falsch gemacht oder versäumt hat und kann auch einen Blick tun auf das ihr vorgegebene Schicksal in der neuen Runde, das ihr aufgrund der vergangenen Handlungen und Wünsche zugeteilt wird. Sie sieht und erkennt die Wirkungsweise des unbestechlichen karmischen Gesetzes noch während der neue Körper im Mutterleib heranwächst und bittet zufolge dieser Kenntnis den Schöpfer, daß ihr das Bewußtsein ihrer göttlichen Abkunft im neuen Körper nicht genommen werde, damit sie dort nicht versäume, den rechten Weg zur Rückkehr in die angestammte Heimat einzuschlagen.[1]) Das kann ja nur geschehen während ihrer Erdenwanderung, nach dem Wort der Schrift: »Wirket, solange es Tag ist.«

Das karmische Gesetz ist jedoch unerbittlich genau, und das Denkwesen, vom Herrn der »drei Welten« der Seele beigegeben, hat von diesem die Anweisung, die Seele von ihren Bestrebungen zur Rückkehr in die wahre Heimat nach Möglichkeit abzulenken und sie mit den Eindrücken der Außenwelt so zu beschäftigen, daß der neue Mensch alsbald und schon in jungen Jahren seine göttliche Herkunft vergißt. Nur gerade eine schwache Mahnung steigt aus den Tiefen unseres Wesens bis herauf in unser Wachbewußtsein und es liegt an uns, ihr Beachtung zu schenken oder sie zu ignorieren. Wer sich bemüht, wird sie nach und nach klarer vernehmen, auch wenn viele Jahre oder selbst viele Wiedergeburten vergehen, bis das unbestimmte Suchen zur bewußten Arbeit auf dem Pfade werden kann. Wie die Lehren sagen, gibt es nur den einen Weg zurück zum Vater, und Zeit ist hier ein relativer Begriff. Hier gilt, was Lessing in seiner Erziehung des Menschengeschlechtes gesagt hat: Was habe ich denn zu versäumen? Die ganze Ewigkeit ist mein! Nur, man kann hier sehr viel versäumen, obwohl letzten Endes jeder einmal ans Ziel gelangen kann und wird, einer früher, der andere später. Darüber kann nicht der geringste Zweifel bestehen!

Wenn man über solche Dinge redet, kann man stets die Frage hören: warum hat denn der Vater, der doch die Liebe selbst sein soll, die Seelen zu ihrem Abstieg und zu den Erdenwanderungen gezwungen, wenn es doch nur ein endloser Leidensweg durch ganze Zeitalter sein soll? Dazu ist vom Standpunkt der mensch-

---

[1]) Sardar Bahadur: Sience of the Soul.

lichen Intelligenz zu sagen, daß die Schöpfung mindestens oberhalb des ersten — mineralischen — Naturreiches sich nicht hätte entfalten können, würden die Reiche der Pflanzen, Tiere und Menschen nicht durch die abgestiegenen Seelen belebt. Das Ziel und die Krone der Schöpfung ist ja ihr höchstes Produkt, der Mensch — auch wenn es nicht immer so aussieht — und ohne die höheren Lebensformen wäre die Schöpfung gesamthaft ohne Sinn und Zweck. Daß dies ein Spiel mit hohem Einsatz ist, darüber sollte man sich klar werden, auch wenn wir es mit unserer Intelligenz nicht zu durchschauen vermögen.

Es wird gesagt, der menschliche Verstand, das Denkwesen, sei für seine Aufgaben im irdischen Bereich ausgelegt worden und deshalb durchaus unfähig, das göttliche Spiel in den höheren Zusammenhängen zu durchschauen. Wir müssen uns also entweder mit dem bescheiden, was unserer Denk-Anlage nach möglich ist — oder unsere höheren Fähigkeiten aktivieren und entwickeln, die weit über die verstandesmäßige Intelligenz hinausgehen. Davon ist im vierten Evangelium die Rede, wenn vom Tröster, dem Geist der Wahrheit gesprochen wird, »der euch in alle Wahrheit einführen wird« (Joh. 16/13). Und das bedeutet ganz einfach, daß die wahre Einsicht nur durch den im letzten Abschnitt beschriebenen Kontakt mit dem »Logos« möglich ist, der jedoch an ganz bestimmte Voraussetzungen gebunden ist.

Der zweite Teil der Frage, warum die Erdenwege dann solche Leidenswege sind, beruht auf einem Irrtum und auf der Unkenntnis der Ursachen unseres Schicksals. Zwar war der Abstieg der Seelen unvermeidlich, obwohl manche sagen, daß sie dazu bereit waren. Sei es so oder anders, sicher war der menschliche Weg in den frühen Zeitaltern kein Leidensweg. Das Leben auf Erden war zwar niemals vollkommen und soll es auch gar nicht sein; das Reich Gottes auf Erden in einem solchen Sinne ist eine irreführende Vorstellung, die mit den Lebensbedingungen in den grob-materiellen Bereichen unvereinbar ist. Dennoch war das Leben in früheren Zeitaltern ein Weg relativ unbeschwerten Daseins, ohne Existenzsorgen, mühsame Arbeit und Krankheiten. Seine lange Dauer war verbunden mit hoher Erkenntnis und frei von Furcht vor dem Tode, der für die Einsicht jener Menschen keine Schrecken barg. So sagen es die Berichte vom Sat Yuga, dem goldenen Zeitalter.

Aber die Jivas, die inkarnierten Seelen in Verbindung mit dem so klugen und ruhelosen Denkwesen, verschlechterten ihre karmischen Bedingungen durch ihre zunehmend im Äußerlichen Befriedigung suchende Sinnesart von Runde zu Runde immer mehr, und so haben wir statt dem goldenen, dem silbernen und kupfernen nun das schwarze oder eiserne »Yuga«, in dem die üblen Früchte unserer eigenen Fehler geerntet werden müssen, wie es der Nazarener gesagt hat. Von ihm stammt auch das Wort, kein Haar falle von unserem Kopfe ohne oder gegen den Willen des Vaters, womit die unfehlbare Genauigkeit des Karma betont wird, nach dem nur das geschieht und geschehen kann, was wir uns selbst zuzuschreiben haben — das aber unausweichlich.

Es ist eine alte und schwierige Frage, wie das Böse in die Welt kommen konnte, wenn doch alles von einem liebenden Vater seinen Ausgang nahm und zu ihm zurückkehren soll — insbesondere die Seelen. Aber alle alten Lehren sagen: das Böse ist keine eigenständige Macht, sondern resultiert aus der Entfernung von Gott, aus dem schwindenden Kontakt und der Entfremdung, die zur Mißachtung seines Willens und seines Gesetzes führt, nach dem doch schließlich die Schöpfung verläuft. Diese Entfremdung müßte wohl nicht zwangsläufig vor sich gehen, scheint aber praktisch doch unvermeidlich und dürfte sich in ähnlicher Weise stets wiederholen.

Die Einsicht, auf einem falschen Wege zu sein, wird sich meist erst dann einstellen, wenn die Menschen nicht mehr weiter wissen, wenn die technischen und zivilisatorischen Triumphe in eine Katastrophe zu münden drohen, wie wir es heute — wieder einmal — erleben. Aus dem Wunsche geboren, dem Teufelskreis zu entrinnen, mag dann bei manchen die Erkenntnis Gestalt annehmen, daß die Lehren der Gottessöhne konkrete Wahrheiten enthalten, und die Mutigen unter den Suchenden werden sich auf den Weg in die angestammte Heimat machen — zur Rückkehr der verlorenen Söhne nach dem Gleichnis der Bibel.

Nun ist allerdings dieser »Weg zurück« nicht durch bloßes Wunschdenken oder unbestimmtes Streben nach Befreiung oder Erlösung zu realisieren; seine Verwirklichung erfordert im Gegenteil gezielte Anstrengung und bedeutet einen langen Weg über viele Stufen, die nach und nach zu immer höheren Zielen führen. Es ist ganz einfach Unwissenheit und Illusion, anzunehmen, durch ein einigermaßen sittliches Leben oder gar nach einem Leben nach Lust, Willkür und Laune könne dann plötzlich die ewige, unvergängliche Seligkeit zugeteilt werden — allenfalls nach etwas Reue über begangene »Sünden« und ein paar Jährchen Purgatorium.

Einer der ersten Schritte auf dem Wege könnte das Bemühen sein, unser Bewußtsein auf ein höheres Niveau zu bringen, in einen Zustand, in dem die dem Leben zugrunde liegenden Wahrheiten besser in ihrem großen Zusammenhang erkannt werden können, nicht nur einzelne Aspekte derselben, die dann auf Kosten anderer überbewertet und deshalb falsch eingeschätzt werden. Sri Aurobindo bezeichnet die erste Stufe auf dem Weg zu einer umfassenderen Erkenntnis als das »höhere Mentale«, ein trainiertes Bewußtsein also, das weniger auf einem System von logischen Schlüssen beruht, sondern auf die Erkenntnis der ewigen Wahrheit hinzielt.

Dazu bedarf es nach seiner Darstellung des Willens, durch den die Vorstellung eines höheren Urbildes gewissermaßen unserem ganzen Wesen eingeprägt wird. Die Vorstellung dieses Urbildes gebäre die Kraft und die Form, die ihr entspreche und präge sie dem Stoff unseres Denkens (dem subtilen Mentalkörper, Verf.), des Vitalen (astralen) oder des Körpers auf. Das seien die ersten Wirkungen des gezielten Höherstrebens, durch das die Grundlagen gelegt würden für die innere Umwandlung.[2])

Das Schwierigste sind immer die ersten Schritte auf einem neuen Wege und in unbekanntes Neuland. Was hier Aurobindo beschreibt, sind Schritte in Richtung auf ein höheres, spirituelles Menschentum. Ein solches kann aber nur durch Yoga erreicht werden, Yoga im Sinne einer regelmäßigen Konzentration auf jenes Urbild, das in unserer Vorstellung Gestalt annehmen muß, um die erwarteten Wirkungen hervorzubringen. Sentimentales Wunschdenken und gelegentliche gedankliche Exkursionen sind praktisch wirkungslos, vielmehr kann nur gezielte Meditation eine allmähliche Umformung zustande bringen; das sei hier nachdrücklich festgestellt.

Folgen wir aber noch weiterhin der meisterhaften Darstellung eines spirituellen Weges, wie ihn Sri Aurobindo vorgezeichnet hat:

»Die nächste Stufe auf dem Wege ist das erleuchtete Mentalwesen, welches nicht in erster Linie über das Denken arbeitet, sondern über die Schau. Das menschliche Denkbewußtsein, das sich hauptsächlich auf den Gedanken stützt, hält das Denken für das höchste oder wichtigste Verfahren, um Erkenntnis zu ge-

---

[2]) Sri Aurobindo: Stufen der Vollendung.

winnen; auf der spirituellen Ebene ist das Denken jedoch ein untergeordneter Vorgang, der nicht unentbehrlich ist. Ein Bewußtsein, das auf Schau beruht (die Quelle der Seher), stellt eine mächtigere Quelle des Wissens dar als das Denken. Die Kraft innerer Schau ist größer und direkter als die Kraft aus dem Denken; sie ist ein spiritueller Sinn, der etwas von der Substanz der Wahrheit erfaßt, und nicht nur ihr Abbild. Sie fängt zwar das Bild auch ein, erfaßt aber zugleich dessen Bedeutung und kann sie in feineren und kühneren Umrissen darstellen, als die Gedankenvorstellung es vermag.«

»Die beiden genannten Stufen beziehen ihr Wissen aus einem höheren Bereiche, nämlich von dort, wo das Wesen der Intuition wohnt, die dem ursprünglichen Wissen näher und inniger verwandt ist. Die Erkenntnis der Intuition ist mehr als Schau; sie dringt immer wie die Klinge eines Schwertes oder wie ein Strahl des höheren Lichtes in uns ein, jedoch wird dieses Licht durch die Denksubstanz verändert, so daß es abgeschwächt und ziemlich blind geworden in unser Bewußtsein tritt. Auf ihrer eigenen Ebene jedoch ist die Intuition rein und unvermischt, daher voll und ganz wahrhaftig. Seine Strahlen werden im Sanskrit mit einer See von ruhenden Blitzen verglichen, die als ein Spiel von erleuchtenden Strahlen in unser Bewußtsein herabkommen können — wenn wir dieses auf eine höhere Stufe gebracht haben, oder einen guten Verbindungsweg zu ihr gefunden haben.«

Weiter schreibt Aurobindo:

»Solange aber das Bewußtsein die Intuition nur ausnahmsweise zu benutzen vermag, kann das Ergebnis nur vermischtes Wissen-Nichtwissen sein. Diese Zwischenstufe ist ein gefährlicher Bereich, und für Irrtümer besonders anfällig. Die intuitiven Blitze dringen in eine große Masse des Unwissens ein, was viele Möglichkeiten zu Mißverständnissen in sich birgt. Es kommt zu scheinbaren Eingebungen und Inspirationen, die aus einer dunklen und gefährlichen Quelle stammen. Dann muß wiederum die tiefer stehende Vernunft entscheiden, was echte und was scheinbare Eingebung war — und das setzt den Wert der Intuition herab, denn wenn sie der Nachprüfung durch die Vernunft bedarf, hört sie auf, Intuition zu sein. Für die Vernunft gibt es keine innere Quelle der unmittelbaren Gewißheit. Aus den genannten Gründen ist es erforderlich, eine weitere Stufe zu ersteigen: die Übermentale.«

»Die Umwandlung des in den drei bisherigen Stufen Erreichten in das Übermentale ist der letzte Schritt der Erhebung des Geistes auf der spirituellen Denkebene. Es gibt noch höhere Ebenen, aber sie liegen auf der ›oberen Hemisphäre‹ und somit über dem Denken oder Mentalen (Aurobindo nennt es ›das Super-Mentale‹). Aber schon die Erreichung der Übermentalen Stufe gibt dem Bewußtsein die universale Weite und die Kraft zu einem harmonischen Zusammenklang des Wissens. Dies bedeutet die Vollendung der Möglichkeiten der ›unteren Hemisphäre‹, deren Wirkung aber immer noch auf der Wechselwirkung und auf dem Spiel mit verschiedenen Möglichkeiten beruht, wo der Einbruch der umliegenden Unwissenheit immer noch möglich wäre. Um diese Gefahr und die Anziehungskraft der äußeren Welt (Maya) auszuschalten, ist die vollständige Umformung unseres Wesens zu supramentaler Erkenntnis erforderlich. Das aber kann nur geschehen, wenn wir Kontakt mit unserer Seele und ihrem schweigenden Wächter aufnehmen — Jivatman!«

»Dieses Geheimnis bleibt uns aber verschlossen, wenn wir uns nur mit äußerem Lernen und Tatsachenwissen beschäftigen, wenn wir uns mit äußeren Freuden und Vergnügungen zufrieden geben. Der spirituelle Mensch ist ein Mensch, der seine Seele entdeckt hat; er lebt in seinem Selbst und ist sich dessen bewußt — und deshalb braucht er nichts Äußerliches mehr für die Fülle seines Daseins.«

Das sogenannte Übermentale ist nach den weiteren Erläuterungen Aurobindos eine Grenzzone zwischen der niederen und der höheren Hemisphäre, die Welt der großen Götter und der göttlichen Schöpfer (oder Herren). In der höheren Hemisphäre befinden sich die Ebenen des Seins, des Bewußtseins und der Seligkeit — Sat-chit-ananda oder Mahas im Sanskrit; die Seele selbst wird ja als Maha-Chetan, überbewußte Energie, definiert. Die untere Hemisphäre dagegen besteht aus den Ebenen des Mentalen, des Vitalen und der Materie oder der Körper. In der Meditation, im Yoga, muß sich das Bewußtsein über die unteren Stufen erheben und zu den Ebenen der unreflektierten, echten Wirklichkeit vordringen, in der es keine Täuschungen, keine Veränderung und in den höchsten Bereichen auch keine Auflösung gibt; sie liegen über den Ebenen, von denen gesagt wurde: Himmel und Erde werden vergehen! Aber für diesen Weg ist die Hilfe eines Führers unerläßlich, ohne den das Ziel nicht zu erreichen ist!

Was die Wissenschaft und die Technik des Yoga, der auf Erkenntnis gerichteten Meditation betrifft, so bedarf es dazu der kompetenten Führung, sofern man in die tieferen (oder höheren) Schichten vorzudringen wünscht. Solche Meister hat heute der Westen noch kaum aufzuweisen und es wäre eine Selbsttäuschung, zu glauben, daß unsere eigene Seele denselben ersetzen könnte, wie es manchmal dargestellt wird. Diese Schichten sind für uns Westliche ein unbekanntes Land voller Gefahren, und es wäre unverantwortlich, hier auf gut Glück eindringen zu wollen. Ein wenig Überlegung sagt uns, daß wir auf diesem Gebiete fast keine Erfahrung haben, weil die echte Meditation (im Christentum) nur vereinzelt geübt wurde, etwa in gewissen Mönchsorden. Im ganzen gesehen, wurde die echte Lehre des Nazarener Meisters, die sich ohne Zweifel hierauf bezog, schon von Paulus in eine Theorie der Erlösung durch das Blut und den Tod des »Meisters« umgemünzt, und diese These ist das Rückgrat der kirchlichen Lehren seit bald zweitausend Jahren bis auf den heutigen Tag.

Um aber auf das Bewußtsein und die Stufen seiner Entwicklung zurückzukommen, sind es immer die ersten Schritte, die für die weitere Richtung oder überhaupt für einen Fortschritt auf der Leiter der Erkenntnis entscheidend sind. Bevor jedoch überhaupt ein Höhersteigen stattfinden kann, muß zuerst einmal der Wunsch und das Interesse vorhanden sein oder geweckt werden, tiefer in die Geheimnisse der Schöpfung einzudringen — und selbst dazu gehört noch eine Vorstufe, nämlich unseren modernen Wissensstand zu überdenken und die Schlußfolgerungen daraus unter die Lupe zu nehmen. Man wird dann bald einmal feststellen, daß in unserer modernen Welt die stichhaltigen Schlußfolgerungen in bezug auf das Wesentliche des Lebens fehlen, selbst in den (sogenannten) Geisteswissenschaften, die uns die Frage nach dem Leben auf der anderen Seite nicht beantworten können. Dies ist so, obwohl es Aufgabe der Philosophie sein sollte, nach der ursprünglichen Wahrheit zu forschen, nämlich nach der unveränderlichen Wirklichkeit über der dualistischen materiellen Welt. Es ist ja nicht so, daß diese Grundwahrheit noch nie bekannt gewesen wäre; Leibniz sagt von ihr, daß sie uns von den Alten überliefert worden sei, und Jaspers spricht von dem Gespräch der wenigen großen Denker über die Zeiten hinweg. Aber mit »Denken« allein ist die große Wahrheit nicht zu erfassen, und deshalb kennt sie unsere moderne Intelligenz nicht!

Als Grundlage einer höheren Erkenntnis wird es also zuerst erforderlich sein, die Irrtümer und die Oberflächlichkeit unserer gängigen Vorstellungen zu erkennen, und je klarer das Echte vom Unechten unterschieden, die Spreu vom Weizen getrennt wird, um so solider wird die Basis für den weiteren Aufstieg sein. Diese Vorarbeit wird allerdings meist viele Jahre in Anspruch nehmen; es ist ein eher mühsamer Weg für uns, die wir uns mit scharfem Verstand bemühen, eine höhere Stufe des Bewußtseins zu erreichen.

Dieser verstandesmäßige Weg ist jedoch nicht die einzige Möglichkeit; die zweite besteht darin, einen kompetenten Führer zu finden, der seine Schüler über die beschriebenen Stufen bis zur Realisierung des Lichtes der Seele, jener überbewußten Energie, führen kann, der also diese hohe Stufe selbst schon früher erreicht hat. Daß die höheren Stufen nicht mehr mit theoretischem Wissen, sondern nur mit praktischer Meditation zu erreichen sind, wurde bereits gesagt. Aurobindo sagt: »Haben wir Kenntnisse hinter uns gelassen, werden wir Erkenntnis haben.« Einen solchen Führer zu finden, wird zwar — besonders im Westen — noch ein eher seltener Glücksfall sein; aber es wäre falsch, anzunehmen, daß solche Dinge sich aus purem Zufall ereignen könnten. Sie sind das Ergebnis des karmischen Gesetzes und einiger anderer Faktoren, worunter einer der wichtigsten vom Nazarener Meister genannt wird: »Suchet, so werdet ihr finden.« Und das kann auf viele Arten geschehen.

Nach den vorstehenden Ausführungen über die erreichbaren Stufen des Bewußtseins anhand der Darstellung Sri Aurobindos nun noch zwei andere Beiträge, ebenfalls von östlichen Autoren, die in diesen Dingen noch lange unsere Lehrer sein dürften. Zunächst ein paar im Rahmen dieser Arbeit interessierende Grundgedanken aus einem Vortrag über »Zen-Buddhismus und Psychoanalyse« den der »bedeutendste Vertreter des Zen-Buddhismus im Westen«, D. T. Suzuki, vor einigen Jahren gehalten hat. Darin wird gezeigt, daß der menschliche Verstand eine Fähigkeit ist, die aus weit mächtigeren Quellen gespeist wird, die Suzuki »das kosmische Unbewußte« nennt. Wenn seine Darlegungen auch vielleicht nicht bis zur selben Höhe wie die Aurobindos gehen, zeigt sich doch die grundsätzliche Übereinstimmung beider, die ja aus denselben Quellen östlicher Weisheit schöpfen.

Hier der Auszug:[3])

»Das große oder kosmische Unbewußte ist (für den Verstand) zweifellos das Geheimnisvolle, das Unbekannte, und deshalb unwissenschaftlich oder vorwissenschaftlich. Das heißt jedoch nicht, daß es außerhalb der Reichweite unseres Bewußtseins liegt und etwas sei, mit dem wir nichts zu tun hätten, vielmehr ist es im Gegenteil das uns Vertrauteste, und gerade deswegen läßt es sich so schwer greifen, wie auch das Auge sich selbst nicht sehen kann. Um sich daher des Unbewußten bewußt zu werden, muß das Bewußtsein besonders geübt werden.«

»Das Bewußtsein wurde irgendwann im Laufe der Menschwerdung aus dem Unbewußten erweckt. Ohne das Unbewußte könnte das Bewußtsein gar nicht funktionieren, denn es würde seine Funktionsgrundlage verlieren. Das ist der Grund, warum das Zen erklärt, Tao sei der Alltagsgeist des Menschen, denn Tao ist das Unbewußte, welches fortwährend in unserem Bewußtsein wirkt. (Tao, das eine Prinzip, das sich beim Abstieg in die Schöpfung in die zwei Pole Yin und Yang teilt; diese sollten im Menschen stets ausgewogen sein, um sein Wesen in Harmonie zu erhalten.) Unser Alltagsgeist, unsere tägliche Erfahrung oder unsere instinktiven Handlungen sind als solche ohne Bedeutung; diese erlangen sie nur in bezug auf das kosmische Unbewußte, denn dieses ist der Urquell aller schöpferischen Möglichkeiten.«

Im Vergleich zu den Bewußtseinsstufen bei Aurobindo scheint das »kosmische Unbewußte« Suzukis etwa der dritten Stufe, dem Bereiche der Intuition zu entsprechen, wo alles klar und rein, also voll und ganz wahrhaftig ist, wie es Aurobindo formuliert. Suzuki spricht auch von dem instinktiven Unbewußten, welches nicht über das von Tieren und Kindern hinausgehe, weshalb sich der reife Mensch ein anderes, trainiertes Unbewußtes zulegen müsse.

»Mit der Entwicklung des Verstandes hat dieser vom Bereich der Sinne Besitz ergriffen, wodurch die Naivität (oder Spontaneität) der Sinneserfahrung verloren ging. Alle unsere Handlungen werden daher mit Verstandesarbeit vermischt, welche sich als der Herr des Unbewußten aufspielt, das nun nicht mehr unmittelbar in den Bereich des Bewußtseins gelangen kann. Im biblischen Mythos ist dies als Verlust der Unschuld, als die Sünde der Stammeltern bekannt (das »essen« vom Baum der

---

[3]) Aus: Zen-Buddhismus und Psychoanalyse. Szczensy-Verlag, München.

Erkenntnis). Das Zen verlangt nun vom reifen Menschen, sich von dieser affektiven Seuche zu reinigen und sich vom Dazwischentreten des Verstandes zu befreien. (Das ist das zentrale Problem jeder Meditation.) Wenn diese Befreiung stattfindet, wirkt das trainierte Unbewußte im Bereich des Bewußtseins — und wir wissen dann, was der ›Alltagsgeist‹ des chinesischen Weisen (Laotse) ist.«

Die Rolle des Verstandes im Spiel der menschlichen Fähigkeiten wird von Suzuki noch näher erläutert. Im Bemühen um eine Höherentwicklung des Bewußtseins ist die Kenntnis dieser Rolle von so entscheidender Bedeutung, daß es unerläßlich ist, sich darüber klar zu werden.

Dazu Suzuki:

»Die Wahrheit ist, daß das, was die Totalität menschlicher Existenz umschließt, nicht Sache des Verstandes, sondern des Willens im primärsten Sinne ist. Der Verstand mag alle möglichen Fragen aufwerfen, aber von ihm irgend eine endgültige Antwort zu erwarten, hieße ihn überfordern, denn das liegt nicht in seiner Natur. Die Antwort liegt tief unter den untersten Schichten unseres Wesens verborgen (nämlich in der Seele, Verf.). Diese Schichten aufzubrechen, erfordert die elementarste Willensanspannung. Wenn man dies fühlt, öffnen sich neue Tore des Begreifens und es bietet sich ein neuer Ausblick, wie man ihn sich bisher nicht träumen ließ.«

»Was wir auch sagen mögen über den Verstand, schließlich ist er nur oberflächlich, etwas, das an der Oberfläche des Bewußtseins dahintreibt. Die Oberfläche muß durchbrochen werden, um das Unbewußte zu erreichen; aber solange wir dieses in das Gebiet der Psychologie rechnen, kann es keine Erkenntnis im Sinne des Zen (und Aurobindos, Verf.) geben. Der Verstand ist überaus nützlich, denn er dient im täglichen Leben verschiedenartigen Zwecken; aber er löst nicht das letzte Problem, vor das jeder früher oder später in seinem Leben gestellt wird. Es ist das Problem von Leben und Tod — und dies betrifft den Sinn des Lebens. Stehen wir vor diesem Problem, muß der Verstand bekennen, daß er nicht imstande ist, damit fertig zu werden. Hier helfen nicht intelligente Tricks oder logische Kunstgriffe, sondern unser ganzes Wesen ist nötig, um hindurchzudringen.

Wir sind uns im allgemeinen dieser Tatsache nicht bewußt, bis wir uns schließlich an einem Punkt befinden, von dem aus es nicht weitergeht. Aber eine solche persönliche Erfahrung ist notwendig, um die Ganzheit unseres Wesens zu erwecken, da wir für gewöhnlich mit den Errungenschaften unseres Verstandes nur allzu leicht zufrieden sind — obwohl sie sich letzten Endes doch nur mit der Peripherie, mit der Randzone des Lebens befassen.«[4])

Das Wesen des östlichen Denkens besteht darin, von der Dualität auf unserer stofflichen Ebene zum »einen Prinzip«, zur schöpferischen Einheit vor seiner Zweimachung, vor der Trennung in seine zwei Pole vorzudringen. Dieses Eine ist das Tao des Laotse und das Zen im (japanischen) Buddhismus, was Suzuki am Beispiel der Erforschung einer Blume oder anderer lebender Objekte nach westlicher Art und nach Art des Zen anschaulich beschreibt.

Hier eine Zusammenfassung aus Suzukis Darstellung:

»Das Unbewußte des Zen ist nicht dasselbe, was die Psychoanalytiker darunter verstehen. Es ist über-wissenschaftlich, vor-wissenschaftlich oder gar anti-wissenschaftlich. Die Einstellung der Wissenschaft zur Wirklichkeit zeigt sich darin, daß sie einen Gegenstand beschreibt und alles festhält, was sie mit den Sinnen, dem Verstand und den technischen Hilfsmitteln wahrnehmen kann. Ihre Methode besteht darin, den Gegenstand zu töten, den Leichnam zu sezieren, dann die Teile wieder zusammenzusetzen und den ursprünglichen lebendigen Körper wiederherzustellen, was in Wahrheit unmöglich ist.

Das Zen nimmt das Leben so, wie es gelebt wird, anstatt es in Stücke zu zerhacken und dann zu versuchen, es mit Hilfe des Verstandes wieder zum Leben zu erwecken oder in Gedanken die zerbrochenen Stücke zusammenzuleimen. Im Gegensatz zu den Wissenschaften, die sich mit Abstraktionen befassen, taucht das Zen in die Quelle der Schöpfungskraft, aus der alles Leben strömt. Diese Quelle ist das Unbewußte des Zen.

Die Methode des Zen besteht darin, in den Gegenstand selbst einzudringen. Die Blume kennen, heißt selbst zur Blume werden, die Blume sein. Wenn mir das gelingt, so spricht die Blume zu mir und ich kenne alle ihre Geheimnisse, gleichzeitig aber auch alle Geheimnisse des Universums, einschließlich meines eigenen Ich, das mir bisher ausgewichen war, weil ich mich in eine Dualität, in Verfolger und Verfolgte, in den Gegenstand und

---

[4]) D. T. Suzuki: Zen-Buddhismus und Psychoanalyse.

seinen Beobachter geteilt hatte. Kein Wunder, daß es mir niemals gelang, mein Ich zu erfassen!

Diese Art der Wirklichkeit gegenüberzutreten nenne ich die Methode des Zen, die vor-, über- oder sogar antiwissenschaftlich ist.« Soweit D. T. Suzuki.

Wer einige Kenntnis in den Yoga-Sutras von Patanjali hat, wird feststellen, daß die von Suzuki beschriebene Methode, einen Gegenstand, eine Pflanze etc. »von innen« kennenzulernen, einem hohen meditativen Zustand entspricht: dem Samadhi. Und dieser Zustand liegt ebenfalls tief unter den oberen Schichten unseres Wesens, doch ist es die Frage, ob diese Schichten mit »elementarer Willensanspannung« allein aufzubrechen sind. Wenn dies aber gelingen sollte, bleiben immer noch weitere Schritte, denn Samadhi ist ein Zustand oder Vorgang im Bereich der subtilen Naturkräfte, und Einer ist über aller Natur: »Er, der Purusha«, nicht der Herr des Naturreiches, sondern der Region des reinen Geistes.

Alle geschilderten Bemühungen zur Erlangung einer höheren Bewußtseinsstufe haben letztlich ein und dasselbe Ziel: die Realisierung des »einen Lichtes«, die geistige Befreiung. Das kann, wie schon gesagt, erfolgreich nur durch Yoga, durch gezielte Meditation und die ergänzenden Übungen, verbunden mit entsprechender Lebensweise geschehen, wie dies u. a. Patanjali vor mehr als zweitausend Jahren in klassischer Weise formuliert hat.

Dazu nun ein paar Gedanken des bekannten indischen Professors C. G. Pande, dem wir grundsätzliche Feststellungen zum Problem der wahren Selbstverwirklichung des Menschen verdanken.

Hier ein Auszug:[5])

»Ein solcher geistiger Prozeß (Yoga) ist vieldimensional und verläuft auf unterschiedlichen Ebenen, auf deren höchster er Wort und Gedanken zu überschreiten versucht. Yoga bleibt im wesentlichen ein nur durch Erfahrung erfaßbares Wissen, dessen Gewißheit von praktischer Überprüfung und nicht von Argumenten oder Dogmen abhängt. Die menschliche Psyche (Seele) wirkt zwischen den beiden Polen Natur und Geist. Das menschliche Verstandeswesen ist ein Produkt der Natur (des Herrn der drei Welten, Verf.), und das Merkmal der Natur ist Unselbständigkeit. Der (göttliche) Geist dagegen wird durch Subjek-

---

[5]) C. G. Pande in: Yoga heute.

tivität (d. h. Persönlichkeit) und Freiheit gekennzeichnet. In seiner höchsten Möglichkeit handelt der Mensch stets danach, wahrhaft er selbst zu sein; dieses Streben nach Vollkommenheit gehört zu seinem Wesen. (Jesus: seid vollkommen, wie euer Vater vollkommen ist.) Es ist in Wirklichkeit das Bestreben, das natürliche Ich zu überschreiten und das geistige Selbst zu erfahren, zu einer zeitlosen und unmittelbaren Erkenntnis zu gelangen.«

»Die Schwierigkeit liegt darin, daß es im Menschen auch Gegenströmungen gibt, die in entgegengesetzte Richtung führen, und hier besonders die ›natürliche‹ Strömung. Die durchschnittliche Menschheit treibt die meiste Zeit im ›natürlichen‹ Strom. Die unbewußte Natur und der menschliche Geist (die Seele) stehen jedoch in einem unversöhnlichen Konflikt. Das tiefliegende Unbehagen im Menschen des technischen Fortschritts verstärkt sich immer mehr, weil er seine eigene Natur falsch versteht. Er identifiziert sich mit dem unaufhörlichen Strom der Natur, und das Wissen um die Vergänglichkeit seiner äußeren Existenz ist für ihn tiefste Schmerzempfindung.«

Und weiter:

»Leid und Tod haben eine gemeinsame Wurzel — die Unwissenheit, die aus der Gleichsetzung von Geist (oder Seele, Verf.) und Verstand hervorgeht. Durch diese Gleichsetzung wird die Flut der äußerlichen Erfahrungen dem Geist überlagert, womit die Quelle allen Lebens und allen Wissens aus unserem Bewußtsein verdrängt wird — und nur das bekannte dunkle Unbehagen als Merkmal der Unwissenheit bleibt.«

Soweit C. G. Pande.

Es dürfte inzwischen klar geworden sein, was das östliche Denken oder den östlichen Weg vom westlichen unterscheidet. Der Westen geht in aller Regel vom Naturwissen, von der Verstandes- und Sinnenwelt aus, die im Osten schon vor vielen tausend Jahren als trügerisch und oberflächlich erkannt wurde. Dort hat man durch viele Generationen gelernt, die tieferen Schichten und damit die Ganzheit des Seins aufzubrechen oder aufzuschließen, während der Westen sich — mangels gründlicher Unterrichtung — meist mit der materiellen Hälfte des Lebens begnügt, die seelisch-geistige aber nur noch in Form von Bildern und Symbolen kennt.

Der von Suzuki erwähnte Alltagsgeist entspricht den Naturkräften, die allen Wesen in gleicher Weise dienen, Guten und Bösen, Gerechten und Ungerechten. Was aber davon »radikal verschieden« ist (Hauer), das ist der Purusha, der wahre Gott oder Vater im Himmel. Seine Zeugen sind die lebendigen Seelen als Lebensfunken der körperlichen Formen des Naturreiches. Somit sind auf unserer Ebene die beiden Pole der Schöpfung, vereinfacht ausgedrückt, Natur und Seele.

Auch in den Erläuterungen zu Aurobindos »Stufen der Vollendung« heißt es: »Der Purusha ist das wahre Wesen. Im gewöhnlichen Menschen ist er jedoch durch das unwissende Spiel der prakriti (Natur) verdeckt und bleibt verschleiert als ein Zeuge, der das Spiel der Unwissenheit beobachtet. Wenn er aber hervortritt, zeigt er sich als der souveräne Meister der prakriti. Das Zutagetreten des Purusha (der Seele) bedeutet den Anfang der Befreiung.«

Damit nun nicht der Eindruck entsteht, wir Europäer hätten noch nie genauere Kunde von den alten Lehren vernommen, seien zum Abschluß noch einige Sätze von Paracelsus angeführt, welche zeigen, daß auch in unseren Landen das geheime Wissen nicht ganz unbekannt geblieben ist.

In den Schriften des Paracelsus kann man lesen:

»Weil nun Gott in seinem Wesen dreifaltig ist, so hat er auch uns also geschaffen, nämlich ein corpus, ein spiritum (Verstand) und die Anima (Seele); und die Anima kommt vom Himmel, der spiritus von der Luft und das corpus von der Erde.«

Und weiter:

»Der spiritus (Verstand) ist ein heimlicher Feind der Seele; darum sehe jeder wohl zu, daß der Verstand die Seele nicht in die Verdammnis führe, denn der Verstand ist die corruptio (Verderbnis) der Seele, und durch ihn kommt die Sünde und der ewige Tod.«

Dazu ist zu sagen, daß das Verstandeswesen natürlich nicht aus der »Luft« stammt, sondern aus dem feinstofflichen Bereich einer höheren Ebene; aber man darf auch annehmen, daß Paracelsus darüber sehr wohl Bescheid wußte, auch wenn er den Ausdruck »Luft« dafür verwendet hat. Im übrigen haben wir hier eine genaue Entsprechung zur Paradiesgeschichte der Bibel, nicht etwa nach dem äußerlichen Wortlaut, sondern nach der verborgenen Bedeutung derselben, denn der »spiritus« des Paracelsus ist die kluge Schlange, die den Menschen verführte und verführt, vom »Baume der Erkenntnis« zu essen, das heißt, auf die Klugheit des Verstandes zu bauen und dadurch »wie Gott zu werden«. Die Herrschaft des Verstandes ist ja in der Tat die

Ursünde, nicht nur der Stammeltern, sondern auch und vor allem unsere eigene.

Paracelsus beschreibt dann die verschiedenen Trennungen beim Tode des Menschen. Die erste sei die Trennung der Seele und des Verstandes vom Körper, die zweite die zwischen Verstand und Seele, sofern dies der Seele gelingt. Der unreine Verstand als ein stoffliches Wesen könne nicht in den (höheren) Himmel aufsteigen, und wenn (oder solange) keine Trennung erfolge, müsse auch die Seele unter dem Himmel bleiben, in dem Element, aus dem die Substanz des Verstandes stamme.

Diese Darstellung entspricht genau den Meisterlehren, nach denen die Seele nicht höher aufsteigen kann als in die feinstoffliche Region, aus welcher das Mentalwesen stammt, solange keine Trennung zwischen beiden erreicht wird. Und das ist einer der fundamentalen Sätze der Lehre überhaupt.

Kapitel 5

Der Mensch, ein Kind der Elohim

Vor rund hundert Jahren gab eine kämpferische Frau, die Autorin der »Geheimlehre« den folgenden Kommentar zur Erschaffung des Menschen:

»Der Mensch ist weder das vollkommene Produkt Gottes, des Herrn, noch könnte er es jemals sein; sondern er ist das Kind der Elohim, die so willkürlich zur Einzahl umgewandelt worden sind (indem in der Bibel für die hebräischen Elohim ›Gott der Herr‹ gesetzt wurde, Verf.). Die ersten Dhyanis (Elohim, Herren des Lichtes, Aufseher der Evolution), denen aufgetragen war, den Menschen nach ihrem Bilde zu schaffen, konnten bloß ihre Schatten werfen als ein zartes Modell, welches die Naturgeister des Stoffes ausarbeiten mußten. Der Mensch ist ohne Zweifel aus dem Staube (den Atomen) der Erde geformt, aber seiner Schöpfer und Zurichter waren viele.«[1]

Dieselbe Autorin betont, daß nach der Lehre des Ostens die Materie ewig und die Grundlage für die Entfaltung der schöpfe-

---

[1] H. P. Blavatzki: Geheimlehre I/246.

rischen Ideen ist. Nach ihrer Darstellung gibt es keine zwei Arten von Materie — anorganische und organische — und die diesbezügliche Unterscheidung der Wissenschaft sei ebenso unbegründet wie willkürlich und unvernünftig. Die letztere Auffassung wird auch von anderen großen Denkern vertreten, so von dem »größten und berühmtesten Occultisten Europas«, nämlich von Theophrast Paracelsus von Hohenheim (1492–1541). Nach seiner Meinung lebt der Mensch zum Teil in einer übersinnlichen Welt, ohne sich dessen bewußt zu sein. Von der Natur sagt er, sie sei ein einziges großes Ganzes, ein Organismus, in dem alle Dinge miteinander harmonieren oder übereinstimmen. In ihr gibt es nichts Totes; alles ist organisch und lebendig. Es gibt nichts körperliches, das nicht auch einen Geist und damit Leben in sich hätte:

»Es hat nicht nur das allein Leben, was sich regt und bewegt, wie die Menschen und die Tiere, sondern auch alle ›corporalischen‹ (körperlichen) und wesentlichen Dinge. Denn Gott hat im Anfang der Schöpfung kein einziges corpus ohne einen spiritum geschaffen, den es verborgen mit sich führt.

Der corpus kann zerstört werden auf mancherlei Art, der spiritus aber nicht, er bleibt allentwegen ein Geist und lebendig. Aber in der Zerstörung des Körpers wird er von ihm abgesondert und geschieden; er läßt das corpus tot liegen und geht wiederum an den Ort, von dannen er hergekommen ist, nämlich zum oberen oder auch unteren Firmament. Daraus sehen wir, daß gar mancherlei spiritus sind, wie auch vielerlei corpora sind. Denn es sind spiritus coelestis, spiritus infernales, spiritus hominis, spiritus metalli etc. (also gute, himmlische und auch böse Geister, Geister der Menschen, der Metalle, Pflanzen, Mineralien usw.). Deshalb sollt ihr auch wissen, daß der spiritus eigentlich das Leben und der Balsam aller corporalischen (körperlichen) Dinge ist.«[2])

Es dürfte im Atomzeitalter in der Tat ein schwieriges Unterfangen sein, zwischen belebter und »unbelebter« Materie eine Grenze zu ziehen. Die Physiker haben seit einigen Jahrzehnten das Wunder der Umwandlung von Energie in Stoff entdeckt und kennengelernt, wobei eine gewisse Intelligenz und Eigenwilligkeit in diesen Umwandlungen zutage trat. So stellt sich uns heute

---

[2]) Paracelsus: Magia naturalis.

die Frage in einem neuen Licht, ob die Materie wirklich ewig sei, wie HPB die östliche Lehre interpretiert — oder nur kristallisierte Energie.

Wie bereits erwähnt, sprechen die östlichen Lehren von wechselnden Schöpfungsperioden, solche der Aktivität, die von passiven abgelöst werden, und dem entspreche der aktive oder passive Zustand der Materie oder der Atome, die nach herkömmlicher Auffassung in der Ruheperiode aufgelöst im Raume schweben. Dabei ist die Annahme folgerichtig, daß die Materie nicht aus sich selbst aktiv werden kann, sondern von einem Willen oder einer Idee (und der zugehörigen Energie) angetrieben und geleitet wird. Diese Antriebskraft wird von HPB als Universalgemüt bezeichnet, dem die formgebenden Ideen (von denen Plato spricht) ihre Weisungen einprägen, welche letztlich dem Gottesgedanken und dem wogenden Willen des namenlosen Einen entströmen. Es ist also die höchste Wesenheit, aus der die formenden Ideen entspringen, die sich dem »Universalgemüt« einprägen und sodann zunächst in der subtilen Materie des mittleren Reiches ausgearbeitet werden.

Um diese Vorstellung deutlicher zu machen, wäre zunächst der Begriff des »Gemütes« näher zu definieren. Das menschliche Gemüt ist nach der Meisterlehre die Summe der Fähigkeiten, welche in seinen beiden subtilen Körpern — dem astralen und dem mentalen — gespeichert sind. Entsprechend wäre das Universalgemüt eine Zusammenfassung der Eigenschaften und Fähigkeiten, die in den beiden subtilen Regionen des mittleren Reiches vorherrschen, also in der astralen und der nächst höheren mentalen Region, welche die Region des universellen Verstandes genannt wird.

In diesen beiden Regionen werden die feinstofflichen Urbilder der Naturformen ausgearbeitet, und dort entspringen auch die höheren Naturkräfte, die den physikalischen vorausgehen. Diese beiden Regionen bilden mit dem physischen Universum zusammen die drei Welten unter der Herrschaft der Negativen Macht, welcher es im Verein mit ihren Dhyan Cohans (Planetenherren), Bauleuten und Elohim obliegt, die schöpferischen Ideen auszuarbeiten, zuerst in dem ätherischen oder fluidischen Stoff als Urbilder oder Modelle, die dann in den irdisch-materiellen Bereichen als Wesen von Fleisch und Blut, als Kristalle, Pflanzen und Tiere mit ihren mannigfachen Übergangsformen erscheinen oder vielmehr aufgebaut und entwickelt werden.

Dazu sagt die Geheimlehre:

»Das Weltall wurde nach einem idealen Plan entwickelt, welcher von Ewigkeit in dem höchsten Geiste (Parabrahman) enthalten war. Alles was ist, war und sein wird, ist ewig, sogar in den zahllosen Formen, welche vergänglich in ihrer irdisch sichtbaren Form sind. Sie existieren als Ideen in der Ewigkeit, und ohne diese Vor- oder Urbilder kann keine Form oder Gestalt in der Natur entstehen, weder die Form des Menschen, noch die des Tieres, einer Pflanze oder eines Steines ist jemals ›erschaffen‹ worden, sondern alle haben nur auf unserer Ebene begonnen, sich zu vergegenständlichen, das heißt, sich von innen nach außen auszubreiten, von der allerfeinsten übersinnlichen (subtilen) Wesenheit zu ihrer gröbsten (materiellen) Erscheinung«.

»Daher haben unsere menschlichen Formen in den höheren Regionen als astrale oder ätherische Vorbilder existiert. Nach diesen Modellen entwickelten die geistigen Wesen oder Götter (Elohim), deren Pflicht es war, sie in gegenständliches Leben und irdisches Dasein zu bringen, die protoplasmischen Formen (die Träger der Lebenssubstanz) der zukünftigen Egos aus ihrer eigenen Wesenheit. (Einfacher gesagt, die Götter-Elohim erschufen das astrale Modell des zukünftigen Menschen aus ihrer eigenen astralen Wesenheit.) Danach begannen die natürlichen irdischen Kräfte auf diese übersinnlichen (feinstofflich-astralen) Formen einzuwirken, wodurch sie die Elemente aller vergangenen pflanzlichen und zukünftigen tierischen Formen erhielten. Daher durchlief die äußere menschliche Schale jeden pflanzlichen und tierischen Körper, bevor sie menschliche Gestalt annahm« (GHL I/302 etc.).

Diese Darstellung von H. P. Blavatzki besagt nicht mehr und nicht weniger, als daß die menschliche Grundform, das feinstoffliche Modell desselben, zwar nach den Pflanzen, aber vor den Tieren auf unserer Erde erschien, und daß dieses Modell durch alle tierischen Formen hindurch, also über hunderte Millionen Jahre das Ziel der Evolution war, als die wahre Krone der Schöpfung auf Erden.

Dies mag zunächst einigermaßen erstaunen und einer gewissen Skepsis begegnen, obwohl die Behauptung altbekannt und vertraut ist. Die Skepsis gegenüber der »Krone der Schöpfung« beruht aber darauf, daß sich der moderne Mensch immer mehr von der Gottheit entfernt und in seine eigenen Angelegenheiten verliert, was nicht ohne negative Folgen auf sein Selbstverständnis bleiben kann, denn wenn er die bewußte Verbindung zu seinen tieferen Schichten und seinem Ursprung verliert, fühlt er sich notwendigerweise abgeschnitten und verlassen, als ein Lebewesen mit unnötig großen Fähigkeiten, mit denen er nichts Rechtes anzufangen weiß.

Jedenfalls sagt die Lehre der Jahrtausende, daß der Mensch in der Tat eine Sonderstellung in der Schöpfung — nicht nur in der irdischen Natur — einnimmt, denn seine Zusammensetzung enthält Möglichkeiten, die weder den Engeln noch den Göttern verliehen sind, die man doch als weit über uns stehend anzusehen pflegt. So sagt z. B. Plato, der Mensch sei noch zumeist der Götter Puppenspiel; aber obwohl diese Aussage vollauf berechtigt sein dürfte (sie sind ja die »Herren« auf den höheren Ebenen, die Macht und Einfluß auf die Menschenwelt haben), sind sie uns doch nicht grundsätzlich übergeordnet, vielmehr sind sie den gleichen menschlichen Weg dereinst gegangen und haben ihren gegenwärtigen höheren Status auf Grund ihrer Verdienste erworben.

Sie befinden sich zwar auf einer der beiden höheren Ebenen über dem physischen Universum, aber noch immer innerhalb der »drei Welten« der Negativen Macht und somit im Bereich der Wiedergeburten und Inkarnationen. Anders gesagt, befinden sie sich gegenwärtig am oberen Ende des Rades, und wir am unteren, doch steht es in unserer eigenen Macht, über kurz oder lang ebenfalls in eine obere Stellung aufzusteigen. Es ist das Gesetz der drei Welten, daß alle Wesen innerhalb derselben wieder verkörpert werden, sobald ihr jeweiliges Guthaben auf paradiesische Freuden aufgebraucht ist; und wohin sie nach einer neuen Erdenrunde gelangen, ob sie tiefer fallen oder höher aufsteigen, das hängt von ihren Handlungen während dieser Runde ab. Darum heißt es: wirket, solange es Tag ist (solange ihr auf Erden seid).

Das ist jedoch nicht allein die Sonderstellung des Menschen, daß er sich den Status der Götter durch sein irdisches Wirken erwerben kann, sondern die nur ihm verliehene Möglichkeit, mit einem Meister des Wortes, einem Gesandten des Vaters in Verbindung zu treten und mit dessen Hilfe die drei Welten zu übersteigen und den Zyklus der Wiedergeburten zu durchbrechen, was den Göttern nicht gelungen ist, weshalb sie aufs neue das bekannte Rad zieren werden. Diese Möglichkeit der Befreiung vom Rad der Wiedergeburten ist der Kern der »guten Botschaft«

(Evangelium), die einst der Nazarener Meister als Gesandter des Vaters verkündete.

HPB schreibt: »Es gibt keine solchen bevorzugten Wesen im Weltall, wie die christliche und die jüdische Religion es von den Engeln lehren. Selbst ein Dhyan Cohan (Planetenregent, Erzengel) muß sich diese Stellung verdienen. Er kann nicht als ein vollendeter Engel geboren werden oder plötzlich auf der Ebene des Lebens erscheinen, sondern ist in Wahrheit ein Mensch minus dem physischen Körper. Götter, die als solche geschaffen wären, würden durch ihr Gottsein kein persönliches Verdienst an den Tag legen, und das wäre angesichts der leidenden und ringenden Menschheit das Symbol einer ewigen Ungerechtigkeit. Es wäre eine Gesetzwidrigkeit und eine Unmöglichkeit in der Natur« (I/242).

Auch die Lehre der Meister besagt, daß die Engel entkörperte Menschen sind, seelisch-geistige Wesenheiten in ätherischen Körpern, also nicht-inkarnierte »Jivas«, die ihr Guthaben aus irdischen Wegen in (unteren) himmlischen Regionen zugeteilt erhielten, daß sie aber ebenso wie alle anderen (Menschen) wiedergeboren werden müssen, bis sie endgültige Befreiung von den drei Welten erlangen.

Nach dem vierten Evangelium ist es der Logos, das WORT, aus dem alles gemacht wurde, was gemacht ist. Nach der Geheimlehre von HPB gibt es einen höchsten oder ungeoffenbarten Logos, dem der geoffenbarte oder schöpferische Logos folgt, eine abwärts steigende Stufenfolge bis in die materiellen Bereiche. Ein Kommentator drückt es so aus: Gott ist kein Gemüt, sondern die Ursache, daß ein Gemüt ist; kein Geist, sondern die Ursache, daß der Geist ist, kein Licht, sondern die Ursache, daß das Licht ist.

Ähnlich ist es in der Bhagavad Gita formuliert, obwohl es für uns Westliche nicht immer leicht zu unterscheiden ist, von welcher Stufe jeweils die Rede ist:
Als Seele wohn ich allen Wesen ein
Ihr Ende bin ich, ihr Beginn und ihre Mitte, ich allein
Ich bin der Wesen Anbeginn, der Same jeden Dings
Ich bins, der alle Wesen trägt, denn ohne mich kann nichts bestehn
Was immer in der Welt erscheint, ein Bild von Schönheit, Pracht
Das wisse, ist entstanden stets — aus einem Teile meiner Macht
Genug, was brauchst du fürderhin zu wissen noch, mein Held
Mit einem Bruchteil meines Seins — durchdringe ich die ganze Welt. (X/20/42)

Und weiterhin:
Es kennen meinen Ursprung nicht die Götter, noch der Seher
Schar
Weil ich der Götter Urgrund bin, und früher als die Seher war.
Wer mich als uranfänglichen und höchsten Herrn der Welt er-
kennt
Von dem ist aller Täuschung Wahn und aller Sünden Schuld
gebannt.
Ich bin der Ursprung dieses Alls; aus mir stammt alles, was je
ward
Verzückt sind alle, denen sich mein wahres Sein geoffenbart.
(X/2—8)
Auch die Teilung der Einen Ursache in zwei Kräftepole als
Beginn schöpferischer Entfaltung wird in der Gita erwähnt:
> Zwei Purushas sind in der Welt:
> Der eine zu den Dingen ward,
> Der andere wie auf einem Fels
> stets unerschütterlich beharrt. (XV/16)

Um es mit einfachen Worten auszudrücken: Der Wille des
Namenlosen (Gottes) offenbart sich nur über eine vielsprossige
Stufenleiter von sich differenzierenden Kräften mit ihren göttlichen und halbgöttlichen Aufsehern in den feinstofflichen Bereichen und in der sichtbaren Schöpfung der materiellen Welten;
die Lehre sagt, daß das ganze Weltall von intelligenten und
halbintelligenten Kräften beherrscht wird, die ersteren als persönliche Regenten und Bauleute, die letzteren als Kräfte der
Materie, der Atome, Moleküle und Zellen.

H. P. Blavatzki und die von ihr gegründeten theosophischen
Gesellschaften teilen die Stufen oder Prinzipien der menschlichen Komposition in eine obere Dreiheit und eine untere Vierheit ein:
Die obere Dreiheit: Geist, Seele und höheres Manas
untere Vierheit: niederes Manas, Astral-Äther und physischer
Körper.

Rudolf Steiner, der einige Jahre Generalsekretär der 1902
gegründeten deutschen theosophischen Gesellschaft war und etwa
zehn Jahre später die anthroposophische Gesellschaft gründete,
gibt eine ähnliche Einteilung, die er jedoch mehrmals änderte:
1. physischer Körper
2. ätherischer Doppelleib
3. Seelenleib (Astral)

4. Verstandesseele
5. Geist-Selbst (höheres Manas, Denkwesen)
6. Lebensgeist (Seele)
7. Geistmensch

Ähnliche Einteilungen geben auch Annie Besant, Franz Hartmann, Max Heindel und andere Repräsentanten von Theosophie und Anthroposophie.

In der Kabbalah sagt Rabbi Simeon zum Aufbau und zur Entwicklung des Menschen: »O, Genossen, der Mensch als eine Emanation (aus den Elohim) war zugleich Mann und Weib, Adam Kadmon (der ursprüngliche Mensch) fürwahr. Das ist der Sinn der Worte: Es werde Licht! und das ist der zwiefache Mensch« (GHL I/236 — Zohar 13—15). Dabei dürfen die kabbalistischen Vorstellungen nicht isoliert gesehen werden, sondern wurden aus den älteren ägyptischen und chaldäischen Lehren übernommen und zur jüdischen Lehre umgeformt, wie die Geheimlehre erläutert.

In den Strophen des Dzyan wurde gesagt: »Die Wurzel ist es, die nie stirbt, die dreizüngige Flamme der vier Dochte.« Diese dreizüngige Flamme ist die vorher erwähnte »obere Dreiheit« oder Triade, die vier Dochte dagegen die niedere Vierheit. Ferner heißt es in den Strophen:

»Siehe den Anfang des fühlenden (aber noch) formlosen Lebens. Zuerst das Göttliche, das Eine von dem Muttergeiste. Dann das Geistige; die Drei von dem Einen, die Vier von dem Einen und die Sieben. Diese sind die dreifachen und die vierfachen Abwärtssteigenden, die aus der Seele geborenen Söhne des ersten Herrn, die leuchtenden Sieben.«

Es handelt sich dabei wiederum um die dreifachen und die vierfachen Kräfte und Komponenten des Menschen, die vom Schöpfer ausgehend durch die verschiedenen Regionen abwärtssteigen und im Menschen als dem Mikrokosmos zusammengefaßt sind.

Diese flüchtig skizzierten Linien eines in Wahrheit überaus komplexen Gemäldes können hier nicht weiter ausgearbeitet werden, wozu sich der Verfasser auch in keiner Weise als kompetent erachtet. Es sollte jedoch hier die Symbolik der im 1. und 2. Kapitel zitierten Dzyan-Strophen einigermaßen verständlich gemacht werden, soweit dies im Rahmen dieser Arbeit geschehen konnte. Ohne ein Urteil über die Herkunft und die »Echtheit« der Dzyan-Strophen abzugeben, wie sie der Geheimlehre vorangestellt sind, kann doch kaum bestritten werden, daß es sich dabei um den faszinierendsten und vollständigsten Schöpfungsbericht handelt, der je im Westen bekannt wurde. Ein so hochstehendes Epos, in dem so viele Grundwahrheiten der Schöpfung enthalten sind, hat sich gewiß niemand »aus den Fingern gesogen«, vielmehr kann man es nur als eine Komposition aus jahrtausendealtem Wissen und hoher seherischer Erfahrung vieler Generationen verstehen.

In diesem Sinne bedürfen die »Strophen« gewiß keines Verteidigers, denn sie sprechen für sich selbst. Es ist auch unbestreitbar, daß Helena Blavatzki und ihre engeren Mitarbeiter vor bald hundert Jahren zum erstenmal einem weiteren Kreise westlicher Menschen das esoterische Wissen Indiens, Tibets und anderer alter Kulturländer zur Kenntnis gebracht haben, und dafür zumindest gebührt ihnen Anerkennung.

Zur Abrundung und Ergänzung der bisher wiedergegebenen Schilderungen der Geheimlehre sollen noch einige bemerkenswerte Feststellungen derselben folgen. So wird dort geschildert, daß alle Planeten unseres Sonnensystems, also auch die Erde, siebenfach vorhanden und in einer sogenannten Planetenkette angeordnet seien, wobei sich diese sieben Kugeln um einen Mittelpunkt bewegen würden, wie die sichtbaren Planeten um die Sonne. Jeder Planet hätte dabei seine Entfaltungsstufen über gewisse subtile Zustände verschiedener Dichtigkeit bis zur sichtbaren Kristallisation der Materie, die einen in absteigender, die anderen in aufsteigender Folge. In diesem Zyklus habe die Erde gegenwärtig ihren stärksten materialistischen Zustand erreicht, worauf sie allmählich wieder zu feineren und geschmeidigeren Zuständen übergeführt werden solle, und in Übereinstimmung damit auch die körperliche Organisation des Menschen, dessen ganze Veranlagung gegenwärtig den Tiefpunkt der materialistischen Einstellung erreicht habe.

Nach der erwähnten Quelle hatte unser Globus in der ersten von sieben Runden oder Umwandlungen keine Festigkeit, keine Form, keine Farbe, ausgenommen eine kalte Helligkeit. Mit der zweiten Runde begann die Erde ihre wirkliche Existenz, indem sie intelligentes fühlendes Leben entwickelte. Die dritte Runde entwickelte das (gasförmige?) Wasser, und in der vierten wurde dieser Dampf (ed in der hebräischen Genesis?) in das flüssige Wasser und die plastische (schwammige) Form unseres Globus in die harte, verkrustete Kugel verwandelt, auf der wir leben.

Die Entwicklung hatte somit die Reihenfolge: Feuer, Luft, Wasser, Erde (I/280).

Die Autorin zieht folgende Schlußfolgerung:

»Die Erde, wie wir sie jetzt kennen, existierte nicht vor der vierten Runde — vor Hunderten von Millionen Jahren. (Angesichts des heutigen Standes der Geologie müßte man sagen: vor mehreren Milliarden Jahren, denn die Verkrustung soll ja vor 4—5 Milliarden Jahren stattgefunden haben.) Die Kugel war — nach einem zitierten Kommentar — feurig, kühl und strahlend wie ihre ätherischen Tiere und Menschen während der ersten Runde, leuchtend, dichter und schwerer während der zweiten und wässerig während der dritten Runde. Kurz gesagt, keines von den sogenannten Elementen war in den drei vorhergehenden Runden so, wie es heute ist« (I /273).

Diese Darstellung eröffnet überraschende und faszinierende Perspektiven; man muß hier aber immer bedenken, daß sich solche Umwandlungen in ungeheuren Zeiträumen ereignet haben müßten, wie sie nach der Lehre des Ostens ein Tag oder ein Jahr des Brahma darstellen. Ein Tag des Brahma dauert danach 4,32 Milliarden Jahre, ein Zeitraum, in dem vierzehn Manus über die Erde regieren, oder tausend große Zeitalter (Maha Yugas) ablaufen, die je vier kleine umfassen, das goldene, silberne, bronzene und eiserne, welche sich stets wiederholen. Zu den 4,32 Milliarden kommt die gleiche Dauer der Nacht des Brahma hinzu, zusammen also 8,64 Milliarden Jahre. Ein Jahr enthält 360 solcher Tage und Nächte, und das ganze Zeitalter des Brahma besteht aus hundert solcher Jahre. Ein Jahr sind 3 110 400 000 000, und hundert Jahre 311 040 000 000 000 Jahre (GHL II/73).

Nimmt man die Kommentare zu den Strophen des Dzyan als Grundlage für die stattgehabte Entfaltung der Schöpfung an, so kann man zumindest die konsequente Übereinstimmung nicht übersehen, die in der Schilderung von der Herkunft des Menschen als eines astralen und »luftigen« Wesens von den Rishis oder Mondvorfahren mit dem ebenfalls »ätherischen« Zustand des Planeten liegt — ein Objekt des Studiums für solche Forscher, die das Ungewöhnliche schätzen und zu ergründen suchen. Immerhin gibt es auch noch gewisse Parallelen zu der vorstehenden Darstellung in der hebräischen Genesis, die der Beachtung wert erscheinen. Lassen wir deshalb noch einmal HPB zu Worte kommen, die erklärt, daß die Genesis offenkundige Widersprüche und unwissenschaftliche Behauptungen enthalte, sofern man sie nicht »esoterisch« zu lesen verstehe:

»Man trenne das erste vom zweiten Kapitel (Mose), lese das erstere als eine Schrift der Elohisten, und das letztere als eine der viel späteren Jehovisten; trotzdem findet man, wenn man zwischen den Zeilen liest, dieselbe Ordnung, in der die geschaffenen Dinge erscheinen — nämlich Feuer, Luft (Licht), Wasser und Mensch (oder Erde). Denn der Satz im ersten Kapitel (dem elohistischen): ›Am (oder im) Anfang erschuf Gott Himmel und Erde‹ ist eine unrichtige Übersetzung: es ist nicht Himmel und Erde, sondern der zweifache oder doppelte Himmel, die oberen und die niederen Himmel, oder die Trennung der ursprünglichen Substanz, welche Licht in ihrem oberen und Dunkel in ihrem unteren Teile, dem geoffenbarten (physischen) Weltall war, in ihre Zweiheit des unsichtbaren (also feinstofflichen) und des sichtbaren, grobmateriellen oder irdischen Zustandes. ›Da schied Gott das Licht von der Finsternis‹, und dann machte er die Feste (Luft). ›Es werde eine Feste zwischen den Wassern und die trenne die Wasser von den Wassern, nämlich: Die Wasser, welche unter der Feste waren (unser sichtbares Weltall) von den Wassern, welche über der Feste waren (den unsichtbaren Ebenen des Seins).‹«

»Im zweiten Kapitel (dem jehovistischen), werden Pflanzen und Kräuter vor dem Wasser erschaffen, geradeso wie im ersten das Licht vor der Sonne hervorgebracht wird. Gott (der Demiurg, Verf.) machte die Erde und die Himmel und jede Pflanze auf dem Felde, bevor sie in der Erde war, und jedes Kraut auf dem Felde, bevor es wuchs; denn Gott der Herr hatte noch nicht regnen lassen usw., was eine Sinnwidrigkeit wäre, wenn man nicht die esoterische Erklärung annimmt.

Und diese Erklärung lautet: »Die Pflanzen wurden erschaffen, bevor sie in der Erde waren — denn es gab damals keine solche Erde, wie sie jetzt ist — und dasselbe gilt von dem Kraut, das auf dem Felde wuchs.« (d. h. alle diese Dinge wurden zuerst auf den oberen, feinstofflichen Ebenen erschaffen, von wo sie später auf die Erde übertragen wurden, Verf.)

Diese Darstellung der Geheimlehre, daß auch in der Genesis mehrere Schöpfungen erwähnt seien, die sich stufenweise entfalten, und auf verschiedenen Ebenen vor sich gehen, wird auch von anderen Autoren bestätigt. So schreibt ein jüdischer Kenner der Bibel und der dazugehörigen Überlieferung und sonstiger Kommentare über den Schöpfungsbericht des Mose:

»Viele Bibelleser sind der irrtümlichen Auffassung, die Bibel sei eine ›nationale Historia‹ des jüdischen Volkes. Aber die darin mitgeteilten Ereignisse stimmen nicht immer miteinander überein und decken sich auch nicht mit der Geschichte der umliegenden Völker. Die Maße der Bibel sind keine geschichtlichen Maße, und so werden auch keine festen Daten gegeben, etwa wann David geboren wurde oder wann die Sintflut stattfand. Wenn z. B. die Überlieferung erzählt, daß Salomo König war über die ganze Welt, und daß er auch die Sprache der Tiere verstand, so zeigt uns dies, daß die Bibel kein Geschichtsbuch ist. Man muß vielmehr daraus schließen, daß es sich bei ihren Schilderungen nicht immer um gleiche Zeiteinheiten handelt, sondern ihre Erzählungen spielen sich auf verschiedenen Ebenen ab, ja sogar in verschiedenen Welten, obwohl auf die eine oder andere Art offenbar unsere irdische Welt die Bühne darstellt.«

Und weiter:

»Die Ereignisse in der Bibel zeigen, daß diese — und damit auch das Zeitmaß — stets mit Veränderungen im Weltall zusammenhängen. (Also mit den astronomischen Konstellationen, Verf.) Ausführlicher werden diese Zeitveränderungen in der Überlieferung behandelt. Diese teilt mit, daß nach dem Essen der Frucht vom Baume der Erkenntnis ein Stern aus dem Weltall weggenommen wurde, wodurch sich die Verhältnisse auf der Erde, die Maßstäbe, vollkommen veränderten. Zur Zeit der Sintflut sollen sogar zwei Sterne weggenommen worden sein, wodurch eben jene Flut entstehen konnte. Noch deutlicher spricht die Überlieferung dort, wo sie mitteilt, wie der Abstand zwischen Himmel und Erde sich stets änderte. Natürlich sind das astronomische Greuel im Sinne der Wissenschaft, jedoch die Bibel kennt die astronomische Kontinuität nicht. Sie kann deshalb auch die Jahre nicht zusammenzählen; das darf man nur mit gleichen Maßen.«[3]

Nach diesen grundsätzlichen Feststellungen Weinrebs über den Inhalt der Bibel nun ein konkretes Beispiel aus dem Schöpfungsbericht des Mose. Darin steht der erste Tag im Zeichen des Lichtes, während der zweite Tag mit »Wasser« (Materie) zu tun hat.

---

[3] Fr. Weinreb: Der göttliche Bauplan der Welt.

Weinreb schreibt:

»Die Schöpfung beginnt am ersten Tag mit den Worten: es werde Licht! Dieses Licht bestimmt den Charakter des ersten Schöpfungsberichtes (und des 1. Kapitels), welcher sich durch das Vorherrschen des Lichtes ›schnell‹ abspielt. Der Schöpfungsprozeß breitet sich kreisförmig oder vielmehr schalenförmig aus über enorme Abstände. In diesem Kern geschieht alles mit Blitzesschnelle, in einer Sphäre, in der unser Begriff ›Zeit‹ keine Rolle spielt. Darum kommt in der Bibel immer wieder die Angst zum Ausdruck ›Gott zu sehen‹. Ein Kontakt mit dieser Welt der Konzentriertheit und der unvergleichlichen Schnelligkeit würde einen Menschen augenblicklich verzehren. Licht hat eine große Geschwindigkeit, verglichen mit dem Wasser. Alles, was von der irdischen Zeitdauer beherrscht wird, ist träge gegenüber der überirdischen Geschwindigkeit des Lichtes.«

»Während also im 1. Schöpfungsbericht das Licht im Vordergrund steht, beginnt der zweite mit dem wässerigen Dampf, und das Wasser spielt darin die Hauptrolle. In I/Mose 2—6 heißt es: ›Aber ein Nebel ging auf von der Erde und näßte alles Land.‹ Es handelt sich jedoch nicht um Nebel — oder einen Wasserschwall, wie andere übersetzt haben — sondern um Dampf, ›ed‹ im hebräischen Text. Dieses ›ed‹ hat die Zahlenwerte 1—4. (Diese Struktur tritt natürlich nur im hebräischen Text zutage, was zeigt, daß jede Übersetzung den Text *wesentlich* ändert.)«

Schöpfung bedeutet — nach Weinreb — Zweimachung, d. h. die Eins, die nicht die kleinste Zahl ist, sondern alle Zahlen in sich enthält, teilt sich in zwei Teile, und das ist der erste Schritt zur Entfaltung. (Die Zwei in der biblischen Systematik entspricht somit den zwei Purushas der Gita, oder Purusha und Prakriti, die zusammen die Schöpfung hervorbringen, Verf.) Wenn man die Zwei potenziert, ergibt sich $2 \times 2 = 4$, was der höchsten Möglichkeit der Entfaltung auf unserer Ebene entspricht, wobei die 40 und die 400 als Möglichkeiten auf höheren Ebenen hinzukommen. Die Vier — als Potenz der Zwei — ist im Hebräischen die Basis eines Systems, das dem Aufbau der ganzen Welt zugrunde liegt; dies wird symbolisiert durch ihre Auflösung, nämlich $4 + 3 + 2 + 1 = 10$, und diese Zehn bedeutet den Abschluß und die Vollendung.

Weinreb erläutert weiterhin:

»Der Begriff Dampf oder ›ed‹ gibt im Bilde an, daß die erste Erscheinung etwas an sich hatte, das wir gasförmig nennen würden, und so das erste Anzeichen einer Formung in dieser Welt erkennen läßt, während es in einer anderen Welt (nämlich auf den feinstofflichen Ebenen, Verf.) mit anderen Eigenschaften, schon im Wesen bestanden hätte. Die zweite Schöpfungsgeschichte drückt das so aus, daß das Wesen nicht durchbrechen konnte, solange nicht dafür eine Grundstruktur bestand. Die Basisstruktur bekundete sich als die Erscheinung des Wesens in dem, was wir heute als Wasser und Regen kennen, und die erste Erscheinung davon war eben Dampf, ›ed‹. Als dieser den Erdboden näßte, konnte das Übrige, das schon in einer anderen Welt bestand, auch hier seine Form erhalten. Dieses leicht begreifliche Bild zeigt, daß die Welt der Erscheinungsformen nicht in hartem, schwerem Gestein seine erste Basis fand, sondern in einer beinahe unsichtbaren, sehr leichten Basis (Substanz), welche später in schwere Materie überging« (p. 160).

Mit diesem Beispiel aus dem Schöpfungsbericht der Bibel, das sich im wesentlichen nur auf den einen Satz vom aufsteigenden Dampf bezieht, öffnet sich für uns die Tür zu dem verschlossenen und verschlüsselten Sinn der Genesis einen kleinen Spalt breit. Von diesem Bericht sagt Hieronymus: »Das schwerste und dunkelste der heiligen Bücher ist die Genesis; es enthält so viele Geheimnisse als Worte, und jedes Wort hat davon mehrere.«

Mit den einführenden Erläuterungen Weinrebs kommt endlich etwas Licht in eine Schöpfungsgeschichte, die man in ihren nichthebräischen Übersetzungen nur als eine Kindergeschichte für Zehnjährige bezeichnen kann. Wenn wir dagegen die Systematik und Symbolik des hebräischen Schöpfungsberichtes und die Erläuterungen der zugehörigen Schriften kennenlernen, so sehen wir mit Erstaunen eine detaillierte Schilderung von der Entfaltung und dem Herabsteigen der schöpferischen Kräfte, die zumindest in den wesentlichen Zügen mit den östlichen Darstellungen übereinstimmt.

Eines der Geheimnisse der Genesis liegt in den Zahlenwerten des hebräischen Alphabetes, deren Verwendung im Text mit wenigen Buchstaben bedeutungsvolle und mathematisch genaue Aussagen ermöglicht, wie dies bei Zahlen selbstverständlich ist, die somit Fehlinterpretationen und Zweifel über die Auslegung ausschließen. Im hebräischen Buchstaben-Zahlensystem ist die Eins (das Aleph) gleichbedeutend mit dem Ursprung, mit Gott; sie ist nicht die kleinste Zahl, sondern enthält alle Zahlen in sich, die im Grunde nur Teile der Eins sind. Somit bedeutet die Zwei die Teilung der Eins, die Zweimachung oder Schöpfung. (Purusha und Prakriti im Osten.)

Weinreb erläutert:

»Der hebräische Schöpfungsbericht beginnt mit der Zwei, dem B (Beth): ›Bereshit bara Elohim.‹ (Im Anfang schufen die Elohim.) Dieses erste B wird stets größer geschrieben, womit noch weiter betont wird, daß hier eine Geschichte der Zwei, der Zweimachung beginnt, zugleich als eine Gegenüberstellung zur ursprünglichen Einheit, die vor dieser Zweimachung, der Aufteilung der göttlichen Macht in zwei Komponenten, bestand. Dieses 1-2-System bezieht sich in erster Linie auf den ersten Schöpfungsbericht, den des 1. Kapitel Mose, der vom Licht geprägt ist und also einer höheren Stufe angehört als der Bericht des 2. Kapitels, welcher das Kennzeichen des Wassers (der Materie) trägt.«

Der zweite Schöpfungsbericht der Bibel beginnt mit dem schon erwähnten Dampf — ed —, einem Wort mit dem Zahlenwert 1–4, wobei vier (4) die höchste Möglichkeit der Zwei als deren Potenz darstellt. Die Vier symbolisiert somit die Entfaltung in der Materie, auf unserer materiellen Erde. Da nicht »Gottselbst« zur Erde herabsteigt und sich als handwerklicher Baumeister betätigt, bedeutet die 1–4 auf unserer Ebene konkret Seele und Körper, denn die Seele stammt in der Tat von Gott selbst, der Körper aber von der Erde.

Im Mittelpunkt der Schöpfung steht der Mensch, hebräisch Adam, 1-4-40 in Zahlen, ebenfalls eine Konkretisierung von Seele und Körper (1–4), und außerdem noch die 40 als Symbol des (feinstofflichen) Körpers auf einer höheren Ebene, was besagt, daß Adam (Adam Kadmon) zuerst in einer höheren Welt, auf einer höheren Ebene erschaffen wurde. Läßt man aber im Wort »Mensch« (Adam, 1-4-40) die Eins weg, bleibt »dam« übrig (4-40), das Wort für Blut. Der Mensch ohne Seele, ohne die Eins, ist also nur noch Blut — und kein Mensch mehr. Ähnlich verhält es sich mit dem Wort »Wahrheit«, hebräisch emeth, in Zahlen ebenfalls 1-4-40; nimmt man die Eins weg, bleibt »meth«, was Toter oder tot bedeutet.

»Hieraus geht die Bedeutung der Verbindung mit der Eins, mit Gott oder mit der Seele hervor, deren Fehlen die Situation radikal ändert: der Mensch ohne die Eins ist nur Blut, und Wahrheit ohne Gott ist tot« (Weinreb p. 51).

Im Garten Eden stehen zwei Bäume, der Baum des Lebens und der Baum der Erkenntnis des Guten und Bösen. Das Verhältnis

dieser beiden Bäume zueinander steht ebenfalls im Zahlenver-
hältnis 1—4, so daß der Baum des Lebens den Ursprung, der
Baum der Erkenntnis dagegen die Erfahrung des Menschen in
der materiellen Welt symbolisiert. Auch hier bedeutet das Weg-
lassen oder Vergessen der Eins — Gottes — und das Nehmen
oder »Essen« von der Vier allein, dem Baume der Erkenntnis,
den Tod, nämlich das Sterbenmüssen, das dem Menschen mit
seinem Abstieg in die materielle Welt und der Verstrickung in
deren Angelegenheiten beschieden wurde. Selbst in der leiblichen
»Kristallisation« des Menschen erkennen wir noch die 1-4-Struk-
tur; der Daumen der Hand steht wie eine 1 gegenüber den vier
Fingern und ist ja besonders typisch für den Menschen. Und der
gesamte menschliche Leib zeigt dieselbe Struktur: der Kopf als 1
gegenüber den 4 Teilen des restlichen Körpers — Rumpf, Ober-
schenkel, Unterschenkel und Füße (p. 52/53).

Dies sind natürlich nur einige kleine Beispiele, aber sie zeigen
doch schon einiges von der Systematik des Schöpfungsberichtes
der Bibel, die eben nur im hebräischen Text enthalten ist und
somit aus keiner Übersetzung in eine andere Sprache entnommen werden kann. Außerdem gehört zur Ergründung des vollen
und genauen Sinnes der verschiedenen Bücher der Bibel (etwa 60
an der Zahl) noch die Kenntnis der Überlieferung, die in der
Kabbala niedergelegt ist — Kabbala bedeutet Überlieferung —
und der verschiedenen zugehörigen Schriften, der Halacha,
Agada, Midrasch und Targum. Wie der Autor sagt: »Ohne
Kenntnis der Halacha ist die Bibel nicht zu begreifen. Um den
Sinn der Halacha zu erfassen, ist es jedoch nötig, daß man die
Einsicht in den Aufbau des Wesentlichen besitzt.« (Und das
kann nur heißen, daß man die elementaren Wahrheiten der Lehre
zuvor kennen sollte.)[4]

Es trifft sicher zu, daß die Genesis im äußerlichen Text Widersprüche und unwissenschaftliche Behauptungen enthält, wie H. P.
Blavatzki dies an einigen Beispielen gezeigt hat; ebenso ist es
wahr, daß man diesen Bericht anders lesen muß, nicht nur »zwischen den Zeilen«, sondern in Kenntnis des hebräischen Buch-
staben-Zahlen-Systems und insbesondere der »Schlüssel«, ohne
deren Kenntnis die genauen Einzelheiten der Genesis nicht zu
ergründen sind, die ohne Zweifel darin enthalten sind. Diesen
oder die Schlüssel dürfte aber kaum ein Nichtjude kennen, schon

---

[4]) Friedrich Weinreb: Der göttliche Bauplan der Welt.

gar nicht unsere Theologen, die sich deshalb vergeblich bemühen, das Geheimnis hinter dem Text herauszufinden. Dies zumindest sollte aus dem Vorstehenden klar geworden sein.

Nicht umsonst bekennt Eusebius Hieronymus, dem wir die Vulgata verdanken (um 400), daß die Genesis am schwersten zu verstehen sei. Wie gut oder wie wenig er in die Geheimnisse derselben einzudringen vermochte, wissen wir nicht, sicher ist jedenfalls, daß die Vulgata uns eine kindliche Geschichte von der Schöpfung erzählt, eine Quelle ungezählter Fehlinterpretationen durch alle Jahrhunderte des christlichen Zeitalters.

Deswegen brauchen wir aber nicht für weitere Jahrhunderte die »Einfältigen« zu bleiben, die nicht zwischen der Schale und dem Kern oder dem Gefäß und seinem Inhalt zu unterscheiden vermögen. Es gibt glücklicherweise in unserer Zeit noch andere Quellen, und der Umstand, daß diese jetzt nur im Fernen Osten sprudeln, mindert ihren Wert in keiner Weise — ganz im Gegenteil. Überhebliche und selbstgefällige Ignoranten sollten nicht vergessen, daß die jüdisch-christliche Religion und Lehre nicht in Europa oder dem Abendlande entsprang, sondern in Kleinasien oder dem »mittleren« Osten, oder wenn man die Herkunft des Mose zugrunde legt, aus dem ägyptischen Afrika. Gerade wir — sogenannten — Christen sollten die elementare Wahrheit nicht vergessen, daß alle Menschenkinder in ihrer unsterblichen Wesenheit, der Seele, von einem Vater geschaffen und ausgesandt wurden, und daß es nur die körperliche Komponente ist, die sich in verschiedenen Rassen und Völkern manifestiert.

Kehren wir zu den beiden Schöpfungsberichten, dem der Bibel und dem der Dzyan-Strophen zurück. Es kann bei einiger Kenntnis beider keinem ernsthaften Zweifel unterliegen, daß sie in den Grundzügen weitgehend übereinstimmen; wie genau diese Übereinstimmung ist, können wir dagegen nur schwer feststellen, weil wir viele verborgene Bedeutungen beider zu wenig kennen, und insbesondere zur Genesis die Schlüssel nicht besitzen. Der Dzyan spricht von einer Schwingung, die den Keim (des Lebens) berührt, und vom Strahl des Lichtes, der in die mütterliche Tiefe dringt und die Wasser (Materie) in Bewegung setzt (oder hervorbringt). Es sind also zwei Komponenten, Schwingung und Licht, die man als die Manifestation von Wille und Gedanke des Höchsten ansehen kann. Es ist das verborgene »WORT« des vierten Evangeliums, das im Anfange bei Gott und Gott selbst war. Es sind die vom Höchsten ausgehenden tönenden und harmonisch abgestuften Energieschwingungen — oder Ströme, die im Verein mit dem Licht, dem Gottesgedanken oder den schöpferischen Ideen alle Dinge und Wesen hervorbringen und beleben.

Diese fundamentale Wahrheit wird ausgesprochen im Rig Veda, wo es heißt: Als weder Etwas noch Nichts war, als Finsternis sich über Finsternis wälzte, was existierte: »ES« existierte, ohne Vibrationen (ohne Energieschwingung).

Heute weiß die modernste Physik und Atomwissenschaft, daß die Atome nichts anderes sind als zusammengeballte Energie, daß also Materie nur eine Ansammlung geladener Energiepunkte ist, deren Kraftfelder durch Schwingungen »elektrischer« Energie erzeugt werden. Aber leider ist die Elektrizität in ihrem Wesen noch immer unbekannt und man ist auf Vermutungen angewiesen, ob etwas »Unbekanntes« darin schwingt und ob die elektromagnetischen Wellen Substanz besitzen oder nicht. Diese Ungewißheit dürfte auf die bis heute noch nicht entdeckten »feinstofflichen« Substanzen der höheren Ebenen und der ersten Schöpfung zurückzuführen sein.

Von hier aus wäre es interessant, den neueren Erkenntnissen der Naturwissenschaften im Bereich der Elementarteilchen und der Energiequanten etwas nachzugehen. Aber lange vor jeder wissenschaftlichen Kenntnis der Umwandelbarkeit von Energie und Stoff wußte man recht gut Bescheid. Sogar Goethe, der Fabulierer, deutet die Grundkonzeption richtig: »Wem es nicht zu Kopfe will, daß Geist und Materie die beiden Doppel-Ingredienzien des Universums sind, die gleiche Rechte für sich fordern und deshalb wohl als Stellvertreter Gottes angesehen werden können — wer sich zu dieser Vorstellung nicht zu erheben vermag, der könnte sich begraben lassen!«

Eine der Grundfragen lautet: war die Materie immer da, und wird sie nur zeitweise durch die Schwingungen aus dem höchsten Willen in Bewegung gesetzt — oder wird sie beim Beginn jeder Schöpfung tatsächlich aus den Energiewirbeln erschaffen, und verschwindet damit wieder, wenn diese Energie zurückgezogen wird? Der neueste Stand der Naturwissenschaften scheint die letztere Auffassung zu bestätigen und Demokrit zu widerlegen, der die Atome als etwas Festes, Unteilbares und Konstantes ansah, und Plato und den alten indischen Weisen recht zu geben, die schon vor Jahrtausenden die Materie als eine Zusammenballung von Energiewirbeln ansahen. Damit wäre unsere so feste sichtbare Welt und alle körperlichen Dinge im Grunde nur eine Täuschung, die nur durch die strömende Energie in jeder Sekunde in ihrer sichtbaren Form erhalten wird.

Abschließend noch ein paar Worte zu der Darstellung der Geheimlehre von den Planetenketten oder den sieben Erden, die in beständiger Umwandlung begriffen sein sollen, von einem ätherischen Stadium über verschiedene Dichtigkeitsgrade bis zum festen Zustand, und sich ebenso wieder in leichtere und geschmeidigere Zustände zurückverwandeln, bzw. umwandeln würden. Es gibt in der Tat verschiedene Berichte, die von einem einstmals ätherischen oder »luftigen« Zustand der Erde und ihrer Bewohner sprechen. Alle Entwicklung im materiellen Bereiche verläuft ja langsam und kontinuierlich, denn die Natur macht bekanntlich keine Sprünge, und so wäre die fortschreitende Verfestigung ursprünglich plastischer und schmiegsamer Formen sehr wohl vorstellbar.

Es stellt sich uns auch immer noch die Frage, wo unser feinstofflicher (astraler) Körper vor unserer Geburt sich aufhielt, und wohin er nach dem irdischen Tode zu gehen hat, wo also die Astralregion konkret zu suchen ist. Die Vorstellung liegt nahe, daß es sich dabei um ebensolche oder ähnliche Planeten wie den unseren, nur aus entsprechend feinerem und reinerem Material handelt, den Inseln der Seligen, von denen in alten Berichten viel die Rede ist. Unsere Erde wird ja meistens als die »Lehmschwelle« der Schöpfung angesehen, die mit den höheren Welten nicht zu vergleichen sei.

Das könnte die »obere Erde« sein, von der Sokrates spricht (im Phaidon des Plato), die demnach von uns zwischen den irdischen Einkörperungen bewohnt würde. Ein Gedanke, der eigentlich nicht so weitab liegt und gewiß nicht von der Hand zu weisen ist. Plato berichtet in seinem Gastmahl auch von der Natur der früheren Menschheit, von welcher Aristophanes sagt, daß sie androgyn (doppelgeschlechtig) gewesen sei, wobei die Form eines jeden Einzelwesens gerundet gewesen sei, indem sie den Rücken und die Seiten wie in einem Kreise hatten, und die Art zu laufen kreisförmig war! »Sie waren schrecklich an Kraft und Stärke und von gewaltigem Ehrgeiz; daher, um sie schwächer zu machen, teilte Zeus sie in Zwei, und Apollo, unter seiner Anleitung, schloß die Haut zu« (GHL II/187).

Wenn wir dann noch vernehmen, daß die »Männin«, das erste Weib Adams, nicht aus einer Rippe, sondern ganz einfach aus seiner Seite genommen wurde, so wird bereits deutlich, daß dies die Trennung einer doppelten mannweiblichen Form in zwei getrennte Körper bedeutet, die ja nicht von einem Tag auf den anderen erfolgt sein muß.

Aber nun noch einige Worte aus der klassischen Erzählung des Sokrates über die »obere Erde«:

»Es werden alle Menschen nach dem Tode, nachdem schon im Leben ein jeder einem Daimon (Engel) zugeteilt gewesen ist, von ihm zu einem Platz geführt, wo die Versammelten sich dem Gerichte unterwerfen. Danach wird jede Seele bedingungslos an einen Ort versetzt, wie er ihr gebührt, und so die Seele, die lauter und besonnen den Lebenspfad durchschritt, auf jener oberen Erde, die ihr zusteht. Und zwar sind auf dieser oberen Erde viele und wundervolle Regionen, und überhaupt ist ihre Art und Größenordnung ganz anders, als jene denken, die über sie zu lehren pflegen; das hab ich mir von einem Kenner sagen lassen. (!)

Die eigentliche Erde also, die liegt rein im reinen Raum des Alls, in dem die Sterne sind — bekanntlich pflegten ihn die meisten Kenner als Äther anzusprechen. Diese Erde also trete als ein einziges farbenprächtiges Gesamtbild in Erscheinung, von großer Herrlichkeit, und dem entsprächen auch die Gewächse, die dort wachsen: die Bäume, Blumen und die Früchte. Auch die Gebirge und die Steine seien an Glätte, Schein und Farbe prächtiger. Von ihnen stammten als Splitterchen unsere Edelsteine, wie Karneol und Jaspis und Smaragd, und wie sie alle heißen. Und dort sei nichts, was nicht ebenso, ja noch viel schöner wäre. Jene eigentliche Erde sei mit dieser ganzen Pracht, dazu mit Gold und Silber, und was es sonst an Kostbarkeiten gibt, verschönt. Das trete alles frei zutage, an Zahl und Größe überwältigend, allüberall, so daß der Anblick dem Auge selige Lust gewähre. Und Lebewesen gebe es in großer Zahl auf ihr, auch Menschen. Die wohnen teils im Binnenland, teils aber auch auf Inseln, die — nicht allzuweit — von Luft umflossen seien.

Ganz kurz gesagt: Was uns das Wasser und das Meer für unsere Bedürfnisse bedeutet, das ist in jenem Bezirke die Luft. Und was für uns die Luft, das ist dort der Äther. Das Klima aber sei bei ihnen derart ausgeglichen, daß dort die Menschen ohne Krankheit sind und weitaus länger leben als bei uns. Und ferner seien sie durch ihre Fähigkeiten, wenn man den Grad der Lauterkeit ermißt, von uns genau so himmelweit geschieden wie die Luft vom Wasser und wie Äther von der Luft.

Und schließlich gebe es bei ihnen auch Haine und Heiligtümer, in denen leibhaft Götter wohnten, die sich ihrem Auge zeigten, und so entstehe wechselseitige lebendige Beziehung. Und Sonne, Mond und Sterne erblickten sie in ihrer wirklichen Gestalt und dieser hohen Seligkeit entspreche auch ihr sonstiges Glück!«

Mit dieser Beschreibung der ersten himmlischen Region, die von anderen Meistern der Lehre als zutreffend bestätigt wird, sei dieser erste Teil beendet; es handelt sich dabei um das »Paradies« der meisten Religionen, dem jedoch noch viele und vollkommenere Regionen und Himmel übergeordnet sind.

ZWEITER TEIL

Kapitel 6

Griechische Denker, persische Eroberer

Wie sah das Weltbild der geistigen Elite in den Mittelmeerländern und weiter im Osten fünfhundert Jahre vor Christi Geburt aus, und welches waren ihre Vorstellungen von der Schöpfung und den dahinterstehenden Kräften?

Die bekanntesten Zeugen aus jener Zeit sind bei uns die griechischen Weisen und Philosophen, deren große Namen die Jahrtausende überdauert haben. Karl Jaspers gibt uns Auskunft über die Quellen, wie sie der Geisteswissenschaft eines Plato und anderer im vierten vorchristlichen Jahrhundert zur Verfügung standen: »Da waren die Kosmos-Vorstellungen der milesischen Philosophie des Anaxagoras und Empedokles; das Ethos des griechischen Adels und der sieben Weisen (darunter auch Solon, dessen Bericht uns immer wieder fasziniert), und die bis heute gültigen Seinserhellungen des Heraklit und Parmenides. Ferner gab es die orphisch-pythagorischen Seelenlehren, die Lehre von der Unsterblichkeit der Seele und deren Wiederkehr in neuen Geburten.«[1])

Einige wenige Sätze können uns die charakteristische Grundeinstellung jener Denker deutlich machen: Parmenides unterschied zwischen der äußeren Erfahrungswelt, der er keinen echten Wert beimaß, und dem wahren Sein, das er als etwas Ewiges, Unveränderliches und Unzerstörbares verstand, das aus sich selbst heraus besteht und die sichtbaren Erscheinungen hervorbringt.

Heraklit sprach vom »Weltfeuer« als dem Urzustand der Materie und vom darin wirkenden Weltgeist. Aus diesen beiden Kräften formt sich die vielfältige, spannungs- und gegensatzgeladene Welt der Erscheinungen, der Kosmos, der nach ewigen Gesetzen von Entstehen und Vergehen wieder zurücksinkt in den Urzustand, wenn die Zeit gekommen ist. Nichts ist bestän-

---

[1]) Karl Jaspers: Plato, Augustin, Kant.

dig (auf der materiellen Ebene), alles fließt; überall ist Spannung und Kampf.

Wie im ersten Teil bereits ausgeführt, teilt sich im Anfang einer Schöpfungsperiode die schöpferische Kraft in zwei Pole oder Energiezentren. Es bleibt der höchste Purusha als supremer Schöpfer in seinem hohen Reiche, während ein Teil seiner Energie als Urkraft der Natur — Prakriti — in absteigender Stufenfolge die Welten erschafft und erhält. Diese Urkraft entspricht dem Weltfeuer des Heraklit, dessen Kennzeichen Polarität und Spannung ist, ohne die keine Naturkräfte wirksam werden könnten.

Nur wenige Jahrzehnte vor Heraklit und Parmenides war ein anderer großer Lehrer der Menschheit im griechischen Kulturkreis erschienen: Pythagoras, dessen Seelenlehre uns heute noch zu faszinieren vermag, insbesondere auch deshalb, weil unsere kirchlich-theologischen Lehren ihr nichts vergleichbares an die Seite zu stellen vermögen. Außerdem wurde an seiner Schule auch das praktische sittliche Leben gefordert und geübt, so die vegetarische Ernährung nach dem Grundsatz, »du sollst nicht töten«, auch nicht die Tiere, um deren Fleisch aufzuessen! Und auch darin ist die Kirche dem großen Vorbild nicht gefolgt, obwohl auch der Nazarener und das Essener Johannesevangelium die vegetarische Lebensweise unzweideutig fordern — und dasselbe schon im Schöpfungsbericht der Bibel niedergelegt ist. Kein Fortschritt also nach der Etablierung der Kirche als Institution im praktischen sittlichen Leben, eher ein bedauerlicher Rückfall in kannibalische Gewohnheiten. Nur die Jünger des Nazarener Meisters und für einige Jahrzehnte die frühen Christen, sowie einige Mönchsorden lebten nach den sittlichen Satzungen aller Meister der Lehre, wie sie im Osten über viele Jahrtausende selbstverständlich gewesen waren.

Hundert Jahre nach Pythagoras, über dessen Seelenlehre noch ausführlicher zu reden sein wird, taucht ein anderer berühmter Name auf: Sokrates, der Meister des Dialoges mit seiner bekannten Forderung an den denkenden Menschen: erkenne dich selbst, aber übe auch Selbstzucht und Selbstbeherrschung. Kaum vierzig Jahre später erschien sein späterer Schüler und Interpret, der Begründer der Akademie in Athen: Plato. Und abermals vierzig Jahre später Aristoteles, dessen Stärke die Naturwissenschaften waren, und den wir als Lehrer des jungen Alexanders von Mazedonien wiederfinden, wo auch Aristoteles zu Hause war. Das Hauptanliegen des Plato aber war die Arethe, die Tugend und das Gute; und Sokrates gibt uns Hinweise über die Wege der Seele und die Wirksamkeit des Karma, die nichts an drastischer Anschaulichkeit vermissen lassen. Beide, Plato und Sokrates, darf man als große Eingeweihte in die geheimen Lehren betrachten, deren tiefere Mysterien niemals einer breiteren Öffentlichkeit bekannt gemacht wurden.

Es erhebt sich hier die Frage, woher die großen griechischen Denker ihr Wissen erhielten, denn niemand ist ja imstande, ohne Einführung und ohne die Kenntnis der geheimen Überlieferungen wirklich in das Geheimnis einzudringen, das für die Menschen des eisernen Zeitalters so tief unter den Schleiern verborgen liegt. Manche Interpreten sind der Meinung, daß die Lehre Echnatons noch bis in die Zeit des Zoroaster (der aber offenbar lange vor Echnaton lebte) und Platos auf geheimen Wegen weitergegeben worden sei; aber die Erklärung, welche HPB in der Geheimlehre gibt, scheint doch weitaus naheliegender:

»Daß Plato ein glühender Bewunderer des Pythagoras war, wird niemand bestreiten und es ist unleugbar, daß Plato aus denselben Quellen wie der samische Philosoph (Pythagoras) seine Lehre geerbt und seine Weisheit geschöpft hat. Die Lehren des Pythagoras aber sind orientalisch, und zwar brahmanisch (indisch), denn dieser große Philosoph wies immer auf den Fernen Osten als auf die Quelle, aus der er sein Wissen herleitete. Und Plato bekennt in seinen Briefen dasselbe, wenn er sagt, daß er seine Lehrsätze alten und heiligen Überlieferungen entnommen habe.«

Pythagoras war etwa dreißig Jahre alt, als der Perserkönig Kyros d. Gr. Babylon eroberte (539) und den Juden die Freiheit gab, nach Palästina zurückzukehren, mit der Auflage, den Tempel in Jerusalem wieder aufzubauen. Nebukadnezar hatte rund fünfzig Jahre früher (587) Jerusalem zerstört und die Juden in die (babylonische) Gefangenschaft geführt. Aber diese hatten sich in dem halben Jahrhundert offenbar recht gut dort eingelebt und sich bereits mit ihrer besonderen Gabe im Finanzwesen arrangiert, so daß nur verhältnismäßig wenige das Angebot des Perserkönigs wirklich annahmen. Babylon war ja unter der Perserherrschaft zum Nabel der Welt geworden, von dem aus die Handelswege bis nach Indien im Osten und Ägypten im Westen offen waren; es bot somit unbegrenzte Möglichkeiten, wogegen Jerusalem nie viel mehr als ein befestigter Ort mit einem Tempel gewesen war — und jetzt war es ein überwachsenes Ruinen- und Trümmerfeld, das den Talenten des »auserwählten Volkes« keine verlockenden Möglichkeiten bot.

Kaum zwanzig Jahre nach der Eroberung Babylons durch Kyros unterwirft sein Nachfolger Kambyses II. Ägypten (525) und erwirbt sich durch seine blutigen Grausamkeiten einen üblen Ruf. Sein Schicksal ereilt ihn bereits auf dem Rückweg nach Persien, und Darius I. wird sein Nachfolger. Dieser dringt im Westen bis Makedonien vor und erobert im Osten das Industal. Gegen die Griechen haben die persischen Eroberer wenig Glück. Die Athener siegen bei Marathon (490) und zehn Jahre später unterliegt Xerxes gegen die Flotte Athens (480). Die Kämpfe flackerten immer wieder auf, bis schließlich der junge Alexander seinen Rachefeldzug gegen die Perser beginnt, der mit der Eroberung Persiens und des Industales endet, während sich Ägypten dem Mazedonier kampflos unterwirft.

Dies ist der äußere Rahmen des Geschehens in den rund fünf Jahrhunderten vor der Zeitenwende; nach Alexanders Sieg über Persien war dessen Angriffslust offenbar gebrochen und nach seinem frühen Tod begnügten sich Alexanders Nachfolger mit aufgeteilten Herrschaftsgebieten im Nahen Osten, bis sie von den aufkommenden Römern abgelöst wurden. Die eigentliche Geschichte der Römer geht ja ebenfalls etwa auf das Jahr 500 v. Chr. zurück, nachdem die Etrusker schon Jahrhunderte früher große Teile Italiens besiedelt und beherrscht hatten, gegen deren Widerstand die »Latiner« um fünfhundert die altrömische Republik mit der Stadt Rom als Mittelpunkt gründeten. Den Süden Italiens und Teile Siziliens besiedelten zu jener Zeit die Griechen, welche auch in Kleinasien eine Anzahl Städte bewohnten. Diese weite Verbreitung der hellenischen Kultur kam manchem ihrer Großen zugute, so auch Pythagoras, der als ein Verfechter des Elite-Gedankens und der Aristokratie nach dem Sieg der Demokraten in der Griechenwelt, der zu seiner Zeit erfolgte, langen Verfolgungen ausgesetzt war.

Besonders zu erwähnen wären noch die Ptolemäer, die nach Alexander über Ägypten herrschten bis etwa 30 v. Chr. mit Residenz in Alexandria. Auf einen dieser Ptolemäer geht die sogenannte Septuaginta zurück, nämlich die Übersetzung des jüdischen Alten Testaments durch siebzig gelehrte Rabbiner in die griechische Sprache. Ein anderer Ptolemäer erscheint auch im Alten Testament, in der Makkabäergeschichte.

Im zweiten nachchristlichen Jahrhundert entwirft ein anderer bekannter Grieche, der Astronom und Mathematiker Claudius Ptolemäus, das nach ihm benannte geozentrische Weltsystem. Es war seine Theorie, daß sich die Erde im Mittelpunkt des Planetensystems befinde und die Form einer Scheibe habe. Das war das astronomische Weltbild dieses späten Nachfahren so vieler großer Männer, deren Geschichte mindestens dreitausend Jahre vor unsere Zeitrechnung zurückgeht. Diese eher kleinkarierte Wissenschaft des Ptolemäus wurde dann auch prompt zur abendländischen Weltvorstellung durch das ganze Mittelalter, bis Kopernikus, Galilei und Kepler im 16. und 17. Jahrhundert neuerdings Licht in die tatsächlichen Gegebenheiten der Astronomie brachten — gegen den erbitterten Widerstand der Kirche, den besonders Galilei zu spüren bekam.

Doch auch außerhalb griechischer Geistesblüte gab es in den vorchristlichen Jahrtausenden große Lehrer der Menschheit, so vor allem den berühmten Meister der unverfälschten geheimen Wissenschaft, Zoroaster oder Zarathustra, der nach unseren modernen Geschichtsbüchern etwa um das Jahr 600—700 v. Chr. gelebt haben soll. Aber die Historiker der Antike geben eine ganz andere Datierung seines Erdenlebens, nämlich etwa 6000 Jahre v. Chr.; Aristoteles und Eudoxus geben ihm sogar sechstausend Jahre vor Plato, der 347 v. Chr. starb. Andere vorchristliche Zeugnisse nennen allerdings spätere Daten bis etwa auf 2000 v. Chr. herab, doch ist das darauf zurückzuführen, daß eine ganze Reihe weiterer persischer Meister auf Zarathustra folgten, die sich nach dem großen Vorbild Zarathustrathema nannten, was offenbar später zu Verwirrungen führte.[2])

Die indische Überlieferung weiß zu berichten, daß dreizehn weitere Meister auf Zarathustra folgten, die sich alle mit ihrem Namen als seine Nachfolger kennzeichneten. Auch nach der indischen Überlieferung lebte und lehrte Zarathustra 6000—7000 Jahre vor der Zeitenwende, so daß die Zeitangaben unserer modernen Geschichtsbücher in dieser Sache in einem sonderbaren Lichte erscheinen. Diese enorme Zeitdifferenz läßt dann allerdings die Philosophiegeschichte in einer ganz anderen Reihenfolge erscheinen, so daß z. B. nicht Zoroaster die Lehren Echnatons übernommen haben kann, wie Orthband vermutet, sondern

---

[2]) J. A. Ezekiel: Sarmad.

umgekehrt sogar die altägyptische Ptah-Lehre auf Zoroaster zurückgeführt werden könnte.

Die Lehre vom weisen Herrn (Ahura Mazda) und seinem angeblichen Gegenspieler (auf niedrigerer Stufe, Verf.) war jedenfalls zur Zeit der Eroberungszüge des Kyrus die anerkannte persische Staatsreligion, wenn auch mit Sicherheit in den dazwischenliegenden Jahrtausenden erheblich modifiziert und dem Verständnis des Volkes wie auch den Wünschen der herrschenden Schicht angepaßt, wie dies später mit der Lehre des Nazareners geschah. Die strenge und reine Meisterlehre ist ja schwerlich als Volksreligion durchführbar — aus verschiedenen Gründen, die hier nicht näher zu erläutern sind.

Die Lehre des Zarathustra von dem lichten und dem dunklen Geist oder Herrn entspricht der indischen Lehre, nach welcher sich die Kraft des Höchsten scheidet in Purusha und Prakriti. Der Höchste — Vater im Himmel — verbleibt in seinem Hohen Reiche, während Prakriti, die Urnatur, in den tieferen Regionen wirkt. Aus diesen Naturkräften entsteht schließlich das Reich des Demiurgen (Ahrimann nach Zoroasters Lehre) in dessen »drei Welten« die Polarität als treibendes und bewegendes Element am Werke ist — die gegensatzgeladene Welt, von der Heraklit spricht.

Die Lehren des Zoroaster kamen also, wenn auch in modifizierter Form, mit der Perserherrschaft um 500 v. Chr. in den Mittelmeerraum und auch nach Griechenland, dessen großen Philosophen — wie Sokrates und Plato — sie wohlbekannt waren. Vor allem übten diese Lehren aber ihren Einfluß in den Zentren des neuen persischen Großreiches aus, besonders in Babylon, wo die Juden noch immer zahlreich und nunmehr erst recht in guten Positionen waren, denn nach der persischen Eroberung waren sie dort offenbar wohlgelitten. Die persisch-zoroastrische Lehre hatte ja viele gemeinsame Berührungspunkte mit der jüdischen Thora, und so ist es leicht erklärbar, daß die späteren jüdischen Vorstellungen von den zoroastrischen Lehren mitgeformt wurden.

Um dieselbe Zeit (um 500 v. Chr.) verließ im Fernen Osten Prinz Siddharta seinen väterlichen Palast, um bei den weisen Vätern seines Landes nach der Wahrheit und dem reinen Leben zu forschen, das zur Befreiung führt, denn das sorgsam behütete Wohlleben im väterlichen Palaste vermochte seinen hohen Sinn nicht zufriedenzustellen. Zu dieser Zeit war die brahmanische oder Hindulehre und die Art ihrer praktischen Ausführung offenbar auf einen nicht sehr überzeugenden Stand herabgesunken, wie es mit allen Religionen zeitweilig zu geschehen pflegt. So fühlte sich also Prinz Siddharta bewogen, die alten und unvergänglichen Wahrheiten wieder neu zu entdecken; wie es heißt, erlangte er nach sieben Jahren der Askese die Erleuchtung — was immer darunter verstanden werden soll — und verkündete sodann seine Erkenntnis zuerst in Benares. Sie habe gelautet: Alles Leid hat seinen Ursprung in der Lebensgier, die überwunden werden muß.

Was die oft angeführte Askese betrifft, erfordert das Voranschreiten auf dem spirituellen Pfade zu allen Zeiten ein einfaches und genügsames Leben und eine zunehmende Distanzierung von irdischen Freuden und Interessen, aber keinesfalls die Abtötung des Körpers, die im Gegenteil den Fortschritt hemmen würde. So sagen Kenner des Lebensweges Buddhas denn auch, daß er die Erleuchtung erst erreichte, nachdem er die strenge Askese aufgegeben habe. Echte Erleuchtung bedeutet in jedem Falle den Durchbruch in eine höhere Ebene, doch kann darunter der Einbruch des Lichtes der astralen oder auch einer höheren Stufe ins Bewußtsein verstanden werden — wobei es sich jedoch nicht nur um »Licht« handelt, sondern um die konkrete Einsicht in die Wirklichkeit höherer Welten. Der ekstatische Tanz Buddhas unter dem Baume, wo er diesen Durchbruch erstmals erreichte, läßt entsprechende Schlüsse zu. Solche Dinge ereignen sich jedoch zu allen Zeiten und sind vielfach bezeugt, wenn auch die Öffentlichkeit nichts davon erfährt, weil Publikationen eigener Erfahrungen bei den Fortgeschrittenen auf dem Pfade nicht üblich sind.

Der auf Prinz Siddharta oder seine Schüler zurückgehende Buddhismus wurde auch als Exportform der Hindulehren bezeichnet (Glasenapp), als eine Art Reform der brahmanischen Religion, denn beide wie auch andere Hochreligionen gehen im Grunde auf dieselben Wahrheiten zurück, die von Zeit zu Zeit neu entdeckt werden müssen, wenn sie wieder einmal in äußerlichen Ritualen und Zeremonien versunken sind.

Buddhas Lehre wurde später besonders von König Ashoka (um 250 v. Chr.) gefördert und zu seiner Staatsreligion gemacht. Es handelte sich zu dieser Zeit noch um die Lehre vom »kleinen Fahrzeug«, während späterhin die ursprünglichen Erkenntnisse des Erleuchteten von zahllosen Ritualen und Formalitäten überwuchert wurden, wie das auch in anderen formalen Religionen zu geschehen pflegt.

Nachdem die persische Herrschaft um 320 v. Chr. im Mittelmeerraum zu Ende gegangen war und auch die griechischen Heere von ihrem Zug nach Persien und Indien zurückgeflutet waren, kam als eine Woge ganz anderer Art von Indien die Lehre Buddhas vom kleinen Fahrzeug (Hinayama) und dem wunschlosen Leben, die man sehr wohl mit der späteren Lehre des Nazareners vom »schmalen Pfad« vergleichen kann. Diesmal waren es aber keine Kriegsheere, sondern die friedlichen Sendboten König Ashokas, welche die Lehre Buddhas bis in die Länder am östlichen Mittelmeer verbreiteten. Sie sollten die »Lehre vom Wesentlichen« den Menschen aller bekannten Länder bringen und hatten die strenge Weisung, andere Ansichten mit der größten Achtung zu respektieren und nur auf die Überzeugungskraft der Lehre selbst zu vertrauen. Diese Missionare hatten also die Entscheidungsfreiheit jedes Einzelnen über allen Bekehrungseifer zu stellen — ein einmaliges Ereignis in der ganzen Geschichte, das um so heller aus der Vergangenheit herstrahlt (Orthband), wenn man damit die christliche Unduldsamkeit vergleicht.

Die Geschichte der gewaltsamen Bekehrungen durch die Jahrhunderte, etwa der Sachsen durch Karl den Großen oder die Kreuzzüge — bis hin zu den Reformationskriegen und den Folterprozessen der Inquisition, die bis ins 19. Jahrhundert andauerten, sind ja nicht nur ein Fleck, sondern eine unauslöschliche Schande für die Kirche. Solches war ohne jeden Zweifel das absolute Gegenteil dessen, was der Nazarener wollte und lehrte, den Nächsten zu lieben wie sich selbst. Wer sich einmal in seinem Leben ernsthaft mit der echten Lehre beschäftigt hat, der weiß, daß die Liebe darin das höchste Gebot, das Alpha und Omega und somit der Prüfstein jeder wahren Religion ist.

So waren also um die Zeitenwende die Lehren Buddhas, wie die des Zoroaster in den Mittelmeerländern längst bekannt, und sie hatten sich vermischt mit der viele tausend Jahre alten Tempelweisheit Ägyptens, die Echnaton um 1350 v. Chr. reformiert und revolutioniert hatte.

Unsere Kenntnis von der Herkunft des Schöpfungsberichtes endet ja meistens bei Moses, aber um dessen Weg und Lehre zu verstehen, muß man sie im Zusammenhang mit seinen Vorgängern sehen, denn Moses brachte keine neue Lehre, sondern hat die seit undenklichen Zeiten bekannte neu formuliert und in entsprechende Gesetze für »sein« Volk zusammengefaßt. Zu seiner historischen Existenz sagt Orthband:

»Alle alttestamentlich über Mose erzählten Berichte sind als sagenhaft und legendär erwiesen; dennoch kann der Mose-Erzählung ein historischer Tatbestand zugrunde liegen, wie ja in dem Abschnitt Exodus II/2—10 sogar ein Stück alt-ägyptischen Osiris-Horus-Kultes wiedergegeben ist, angewendet auf Moses. Vorausgesetzt also, Moses sei um 1290 v. Chr. — der Zeit des Auszuges der Juden aus Ägypten — etwa achtzig Jahre alt gewesen, wie das Alte Testament sagt, dann kann der junge Moses unter Echnaton eine glänzende Karriere gemacht haben.«[3]

Damit ist der wahrscheinlich unmittelbare Vorgänger des Moses in der Lehre angesprochen, nämlich Pharao Echnaton, mit richtigem Namen Amenhotep IV., der sich nach dem Lichtgott Aton selbst Echn-aton nannte, was bedeutet, Aton will es. Echnaton bestieg um 1370 oder 1350 den ägyptischen Thron als Vierzehnjähriger und soll etwa zwanzig Jahre regiert haben. Nach Orthbands Darstellung wurden in den Jahrhunderten vor Echnatons Regierung die Pharaonen als die Verkörperung des Lichtgottes angesehen (Re und Amun oder Re-Horus). Der jeweilige König hieß deshalb offiziell »der lebendige Gott«, und seine Mutter galt als Gottesmutter.

Nachdem Echnaton den Pharaonenthron bestiegen hatte, verurteilte er die Gottkönigs-Staatslehre als Wahngebilde, Blendwerk und Lüge. Anfänglich hatte er noch den »großen Namen« seiner Vorgänger geführt, der ihn selbst mit dem Lichtgott identifizierte. Dann proklamierte er sich als den von Aton Beauftragten, aber schließlich gab er sich einen anderen Namen, den er bis zuletzt führte, mit der Bedeutung: »Der von der Wahrheit lebt.« Diese Wahrheit bestand darin, daß sich der allgegenwärtige Gott jedermann ohne Ansehen des Standes offenbare. Ebenso oder ähnlich huldigten später (!) Zoroaster, hellenische Pythagoreer und jüdische Essener dem Gott des Lichtes und der Weisheit (Orthband, p. 30—31).

Orthband führt dann weiter aus:

»Merkwürdigerweise hielt Echnaton den Anspruch aufrecht und betonte sogar, daß er Gottes eingeborener Sohn sei (wobei die Bedeutung des Wortes ›eingeboren‹ noch zu ergründen wäre,

---

[3] Eberhard Orthband: Geschichte der großen Philosophen.

Verf.). Da er die bisherige Staatsform beseitigt hatte, konnte er nicht aus ihr seine Gottessohnschaft herleiten. Es scheint, als habe er sich für den ersten (?) echten Gottessohn gehalten, und zwar kraft der Wahrheit und der Lehre. Nun ist aber Gott — zufolge dieser Lehre — auch der Vater aller Menschen und aller Lebewesen überhaupt. Insofern wäre also Echnaton der Höchstgeborene oder Erstgeborene unzähliger Brüder und Schwestern (gewesen). Jedenfalls unterscheidet sich seine Ansicht (!) vom ›Vater im Himmel‹ beträchtlich von der früheren, die auf Amun-Re bezogen war. Für Echnaton . . . bezeichnete Gott die Liebe, nämlich diejenige schöpferische Liebe, welche die ganze Welt ins Leben ruft, durchdringt und erhält; er ist somit der Urgrund aller Dinge.«

Dazu wäre zu sagen, daß es gerade wichtig ist, zu wissen, *worin* der Unterschied zwischen einem echten Gottessohn und den anderen Menschen, die auch Kinder Gottes sind, besteht. Im übrigen stimmt die Definition des »Vaters im Himmel« als dem Ursprung alles Geschaffenen und aller Lebewesen mit dem Prolog des vierten Evangeliums überein.

Orthband stellt dann fest, daß die Grundgedanken der Lehre Echnatons schon 2000 Jahre früher bekannt waren. Eines der ältesten Schriftstücke der Menschheit, das auf 3400 v. Chr. datiert werde, stamme aus Memphis und handle vom Lichtgott Ptah — und zweifellos sei Echnaton tief beeindruckt worden von jener so ganz andersartigen Welterklärung, die man im alten Memphis lehrte. Orthband vermutet in dem aufgefundenen Ptah-Text den 6000jährigen Urtext alttestamentlicher Gottesverkündigung, wie sie hauptsächlich im gleichsinnigen Geistesgut vieler Psalmen hervortrete, wovon besonders der 104. Psalm beredtes Zeugnis ablege. Das zeige, daß die durch Echnaton neu formulierte Lehre und sein Lobgesang an die Gottheit sinngemäß oder sogar wörtlich in das Alte Testament eingegangen sei; jedenfalls gehe die jüdische Auffassung von der Natur als einem Werke, in dem sich die Güte des Schöpfers ausdrückt (des Demiurgen, Verf.) auf die entsprechenden ägyptischen Gesänge zurück: Du, der in Licht sich hüllt wie in ein Gewand . . . Du, der die Quellen entsendet in die Täler; zwischen den Bergen fließen sie dahin und tränken alle Tiere des Feldes . . . an ihnen wohnen die Vögel des Himmels usw.

Der uralte Eingott-Glaube, der in den Jahrhunderten vor Echnaton offenbar zu machtpolitischen Zwecken mißbraucht und verfälscht worden war, wurde also von ihm aufs neue aufgerichtet und dem ganzen Volke gelehrt, jedoch nicht durch die seitherige Priesterschaft, die vielmehr ihres Amtes enthoben und dadurch »heimat- und brotlos« gemacht wurde, wie Orthband schreibt. Echnatons Regierungszeit scheint nicht viel länger als 20 Jahre gedauert zu haben, und nach seinem Tode wurden die von ihm angeordneten Reformen nach und nach wieder rückgängig gemacht. Seine neuerbaute Stadt Amarna wurde dem Erdboden gleichgemacht und sein Name und Andenken so gründlich ausgetilgt, als hätte er nie existiert. Die Rache der Priesterschaft war offenbar vollständig; wie Echnaton früher überall die Zeichen von Amun-Re entfernen und abmeißeln ließ, so wurde nun jede Spur von Echnaton und Aton ausgemerzt und sogar seine Regierungszeit aus den Annalen herausoperiert, also die Geschichte Ägyptens systematisch gefälscht — ein lehrreiches Beispiel des Kampfes zwischen Wahrheit und organisierter Priesterschaft. Es scheint sich damals schon das gleiche abgespielt zu haben, was später der Nazarener mit den Worten andeutete: Es kommt der Fürst der Welt! Und dieser Fürst läßt jeweils keine Stunde ungenützt dahingehen, sondern schmiedet stets das Eisen, solange es noch warm ist!

Wenn man sich die geschilderten Vorgänge vor Augen hält und bedenkt, daß Moses all dies in seinen jüngeren Jahren möglicherweise sogar als aktiv Beteiligter miterlebte, dann bekommt man sicher einen realistischeren Eindruck von der Herkunft seiner Lehre, als ihn die Geschichte vom Herrn des Sinai vermittelt. Nach Orthbands Darstellung wurde Hosarsiph, der spätere Moses, von den wieder zur Macht gekommenen reaktionären Kräften Ägyptens seines Amtes enthoben, denn die Bekenner Atons wurden nach dem neuerlichen Umschwung als Ketzer gebrandmarkt und verfolgt, und »wir dürfen sicher sein, daß Moses ein solcher Ketzer war« (p. 44).

Der ägyptische Name des Moses war Hosarsiph, wie aus dem Bericht Platos in »Manethon« hervorgeht. Er war der Sohn der Schwester von Ramses II., einer königlichen Prinzessin also. War er ihr natürlicher oder ein Adoptivsohn? Man hat es nie gewußt, schreibt Schuré. Ramses II. war der Pharao, unter dessen Herrschaft die Juden in Ägypten Frondienst »in Lehm und Ziegeln« leisten mußten. Die biblische Erzählung Exodus 2/1—10 macht aus Moses einen Juden aus dem Stamme Levi, also aus dem Priesterstamme. Dagegen behauptet Manethon, der ägyptische Priester, daß er ein Priester des Osiris war, und der Geschichtsschreiber Strabo, der aus ägyptischen Quellen schöpft, bestätigt es ebenfalls. Die ägyptische Quelle hat mehr Wert als die jüdische, denn die Ägypter konnten kein Interesse daran haben, aus Moses einen der ihren zu machen, wenn er es nicht wirklich war. Doch selbst das Alte Testament erkennt an, daß Moses in Ägypten erzogen und von dessen Regierung zum Oberaufseher in Gosen ernannt wurde.

Schurè schreibt: »Dies ist die wichtigste Tatsache, die eine Herkunft der Lehre des Moses von der ägyptischen Einweihung feststellt. Auch Clemens von Alexandrien glaubte, daß Moses tief eingeweiht war in die Wissenschaft Ägyptens, und ohne diesen Umstand wäre das Werk des Schöpfers von Israel tatsächlich unverständlich.«[4])

Nach der Schilderung des Alten Testaments mußte Hosarsiph, der Vetter des Sohnes von Ramses II., aus Ägypten fliehen, nachdem er einen Aufseher der Juden erschlagen hatte. Der Pharao scheint diesem Schwestersohn ohnehin als einer potentiellen Gefahr für seinen eigenen Sohn mißtraut zu haben, der ein eher schwächlicher Anwärter auf den Königsthron gewesen zu sein scheint. So zog es Hosarsiph vor, nach Midian am Roten Meer zu fliehen, wo er im Tempel des Jethro Aufnahme fand, der zu jener Zeit dort als »Raguel« oder Aufseher Gottes waltete. Jethro soll ein Nachkomme der einstmals hochstehenden und weithin herrschenden schwarzen Rasse gewesen sein, und Moses heiratete eine von dessen sieben Töchtern, Zippora, sofern man den Bericht des Alten Testaments wörtlich nehmen darf. Solche »Familiengeschichten« der Bibel haben ja mit Sicherheit immer noch eine andere, tiefere Bedeutung.

Nachdem Ramses II. gestorben war und sein Sohn den Thron bestiegen hatte — der erwähnte Vetter des Moses-Hosarsiph — erhielt Moses vom »Herrn« den Auftrag, die Israeliten aus der ägyptischen Gefangenschaft herauszuführen, was ihm auch gelang, wie das Alte Testament zu berichten weiß.

Die in ihrem eigentlichen Gehalt durch Echnaton wiederhergestellte Lehre mußte also dem Moses als Tempelpriester und königlichem Prinzen bekannt sein, als er auf seiner Flucht vor Pharao nach Midian kam, zu Jethro, dem Aufseher des dortigen Tempels. Diese Kenntnis der Lehre wurde von Moses später an

---

[4]) Ed. Schurè: Die großen Eingeweihten.

die ausgesuchten Juden weitergegeben, nachdem er das kleine Volk aus Ägypten herausgeführt hatte. Seine verhüllten Lehren gingen jedoch in den Wirren der nächsten Jahrhunderte in ihrem umfassenden Gehalt möglicherweise zum Teil verloren, so daß die Texte bis auf unsere Tage eine Quelle des Streites über die richtige Auslegung geblieben sind.

Es ist ja kein Geheimnis, daß die Überlieferungen, auf denen das Alte Testament beruht, im Laufe der wechselvollen Geschichte der »Beni Jakob« wiederholt verloren gingen und neu aufgeschrieben werden mußten, wobei das Einsickern von Fehlern kaum zu vermeiden war. So ist das »Buch der Bücher« heute wahrscheinlich keine reine Quelle der alten Lehren mehr, aber dennoch scheinen die großen Wahrheiten noch verborgen darin enthalten zu sein. Der offene, wörtliche Text des Alten Testaments kann allerdings den Eindruck erwecken, die Juden seien nach ihrer Herkunft eine spezielle Schöpfung Gottes und von ihm besonders bevorzugt gewesen. Dieser äußerliche Anschein der »Thora« scheint nach der Rückkehr aus der babylonischen Gefangenschaft von der jüdischen Priesterschaft mit Absicht verstärkt worden zu sein, um dem schwer zerrütteten Volks- und Stammesbewußtsein einen neuen Halt und nie versagende innere Sicherheit zu geben. Dadurch wurde aber auch der verhängnisvolle Glaube im jüdischen Volke geboren und entwickelt, sie seien zur Herrschaft über alle anderen Völker von Gott berufen und auserwählt, und dieser absurde Gedanke ist auch heute noch lebendig, sowohl bei den Juden als auch bei den christlichen Völkern, wie sich leicht feststellen läßt.

So war es möglich, daß ein kleines Volk von halsstarrigen »Sandwanderern« aus dem mißverstandenen oder falsch ausgelegten Testament des Moses die Überzeugung herleitete, die Thora sei die einzige göttliche Urkunde und der Beweis der Auserwähltheit des jüdischen Volkes. Um die Zeitenwende war es offenbar die herrschende Auffassung bei den Tempelherren und ihrem Anhang, alle Völker des Erdballes seien durch göttlichen Ratschluß den Juden zum Dienste verpflichtet. Für sie waren die »Heidenvölker« nur Vieh, aus dem Tierreich hervorgegangen, während die Israeliten von Gott selbst erschaffen worden waren.[5]

So also sah die Selbsteinschätzung der herrschenden Schicht

---

[5] siehe auch C. G. Jung: Antwort auf Hiob.

des Judentums aus, als der Nazarener Meister auf der Weltbühne erschien und den Menschen guten Willens vom Vater im Himmel zu erzählen begann. Den Rabbinern und Pharisäern aber sagte Jesus ins Angesicht, daß sie keineswegs die Auserwählten des Vaters, sondern die Söhne der dunklen Gottheit seien, nach deren Gelüste sie zu tun wünschten.

Dies trifft zwar nach den Lehren für alle Menschenkinder zu, so lange es ihnen nicht gelingt, sich von der Vorherrschaft des Herrn der drei Welten zu befreien; aber bei dem übersteigerten Selbstgefühl der jüdischen Priesterschaft und ihrem Anhang führte diese Feststellung zu einer grimmigen Todfeindschaft gegen den Künder der unvergänglichen Wahrheiten und gegen seine Jünger, die mit dem bekannten Prozeß Jesu vor dem hohen Rat und Pilatus ihren dramatischen Höhepunkt erreichte. Dabei ist bezeichnend, daß Pilatus als römischer Statthalter sich bis zum Äußersten sträubte, die von der Priesterschaft geforderte Todesstrafe zu sanktionieren, denn nach römischem bzw. juristischem Recht konnte gegen den Nazarener allenfalls ein geringfügiges Vergehen formeller Art geltend gemacht werden; dafür gestattete Pilatus den Juden schließlich, dem Angeklagten siebzig Hiebe zu geben, aber die Juden hüteten sich wohl, ihm diese zu verabreichen, weil sie damit das Urteil des Pilatus anerkannt hätten und dadurch eine weitere Verfolgung ihrer angeblich todeswürdigen Anklagen unmöglich geworden wäre. Aber schließlich konnten die jüdischen Schriftgelehrten alte verbriefte Vorrechte ins Spiel bringen, die noch auf ihre Freundschaft mit den persischen Herrschern im Mittleren Osten zurückgingen und die durch spätere Regenten bestätigt oder doch niemals außer Kraft gesetzt worden waren.

Gegen diese verbrieften Rechte war Pilatus schließlich machtlos und mußte den Juden den Angeklagten zur Vollstreckung der Todesstrafe überlassen. Dabei distanzierte sich Pilatus ausdrücklich von diesem Urteil, das nach römischem Recht völlig unbegründet war, indem er sich demonstrativ die Hände wusch, um zu zeigen, daß er diese Hinrichtung als einen willkürlichen Racheakt der jüdischen Priesterschaft durchschaute.

Dieser Jesus, Joschua oder Jesat Nassar war ja ein seit vielen Jahren weithin berühmter Arzt und Wohltäter der Kranken und Hilfsbedürftigen, und nicht ein armer, unbekannter Wanderprediger, von dem man nicht gewußt hätte, woher er kam. Nicht umsonst ist seine Herkunft nur in legendärer Ausschmückung in die christliche Lehre aufgenommen und Jahrzehnte seines Wirkens unterschlagen worden. Solche Vertuschungen und Verfälschungen hatten ohne Zweifel ihren Grund, sei es, daß seine Herkunft nicht so rein jüdisch war, wie die offiziellen Quellen es haben wollen, sei es, daß er seine Kenntnis der Lehre in einem ganz anderen Lande erworben hatte. Auf jeden Fall zeigt aber der Prozeß vor Pilatus, daß die Hypothese, Jesus sei ein politischer Revolutionär gewesen und als solcher verurteilt worden, jeder realen Grundlage entbehrt.

Soviel vorläufig zum Bilde des Nazareners, das eine Reinigung von den verschwommenen und gefühlsbetonten Vorstellungen dringend benötigt; nur so kann die wahre Bedeutung seiner Person und Lehre aus dem Wust der Irrtümer und Fälschungen wieder herausgeschält werden.

Man könnte die Reihe der großen Lehrer der Menschheit vor der Zeitenwende noch durch andere bekannte Namen ergänzen, so besonders durch den des chinesischen Weisen Laotse, der von 395 bis 305 v. Chr. gelebt haben soll. Laotses Lehre vom großen Tao, der namenlosen höchsten Wesenheit, und den beiden daraus hervorgehenden Kräften Yin und Yang besagt ebenfalls, daß aus dem Einen Prinzip die weltschöpferischen Kräfte hervorgehen. Yin und Yang sind die bewegenden polaren und dualen Kräfte des Naturreiches, die stets in harmonischer Ausgeglichenheit gehalten werden sollten. Wenn das geschieht, dann ist die Welt in Ordnung, weil sie sich in Übereinstimmung mit dem Naturgesetz befindet; je mehr jedoch die eine oder andere der beiden Kräfte einseitig überwiegt, um so größer wird die Disharmonie des Lebens. Die richtige Abstimmung der beiden gegensätzlichen Kräfte hat deshalb große Bedeutung in allen Bereichen, in den gesellschaftlichen ebenso wie im Leben jedes Einzelnen, so auch für die Gesundheit des Menschen, die in direkter Beziehung zur Ausgeglichenheit der beiden Faktoren Yin und Yang in der aufgenommenen Nahrung stehen soll.

Laotses Lehre erfuhr in den beiden letzten vorchristlichen Jahrhunderten eine weitere Verbreitung, und seine aphoristische Schrift »Tao Te King« ist seither eines der unvergänglichen Juwele der Weltliteratur. Es ist eines jener Werke, von denen Karl Jaspers sagt, daß ihre Bedeutung nicht auszuschöpfen sei. Laotse selber sagt, daß seine Worte leicht zu verstehen seien, wenn man die dahinter stehende Wirklichkeit verstehe. Hierzu der siebzigste Vers des Tao-Te-King:

Meine Worte sind leicht zu verstehen, leicht zu befolgen.
Doch keiner vermag sie zu verstehen und zu befolgen.
Die Worte haben einen Urheber:
nur weil dieser nicht verstanden wird,
deshalb werde ich nicht verstanden.
Wenige verstehen mich, und demgemäß werde ich geschätzt.
Daher: Der heilige Mensch kleidet sich in Wolle
und birgt Jade (Edelsteine).

Zusammenfassend kann man sagen, daß die bekannte Welt zur Zeit Christi schon seit mindestens fünfhundert Jahren nicht nur für Kriegszüge und Handelswege offen war, sondern auch für philosophische und religiöse Ideen und Lehren — und an solchen hat es gerade in jenen Jahrhunderten nicht gemangelt. Obwohl die griechische Herrschaft in den Mittelmeerländern allmählich von der römischen abgelöst wurde, blieben doch griechischer Geist und Philosophie in diesen Gebieten führend und bestimmend, bis der Einfluß der Griechen und Römer unter den unduldsamen byzantinischen Kaisern zunichte gemacht wurde. In den beiden letzten Jahrhunderten vor der Zeitenwende jedenfalls ergab die Verschmelzung von griechischem Geist mit religiösen und kulturellen Elementen des Vorderen Orients eine Einheitskultur im Raume Rom-Athen-Alexandrien, bis zur Zeit des römischen Kaisers Augustus, unter dessen Herrschaft die Geburt Jesu fällt. Aus dieser Zeit des Hellenismus als dem geistig-kulturellen Triumph des politisch verfallenden Griechentums erstanden die Männer, von deren geistigem Erbe wir heute leben (Seligmann).

Aus allen diesen geschichtlichen und geistesgeschichtlichen Tatsachen geht klar genug hervor, daß das »Licht der Welt« nicht erst mit dem Nazarener Meister auf Erden erschien, sondern ebenso in den vielen Jahrhunderten vorher von den »großen Meistern der Lehre« repräsentiert wurde. Die Lehre selbst war in allen Jahrtausenden bekannt gewesen, wenn auch immer nur »die Wenigen« genaueres davon wußten oder sie verstanden, um mit Lao-Tse zu sprechen. Mit dieser Feststellung ist keineswegs eine Herabsetzung des Nazarener Meisters verbunden, wohl aber eine Richtigstellung unhaltbarer Vorstellungen. Solche Boten des Vaters können in ihrer Bedeutung auch gar nicht herabgesetzt werden, denn sie sind das non plus ultra der Welt, und keine Zeit könnte ohne sie bestehen.

Das Licht der Erkenntnis scheint sich dagegen eher in den

Jahrhunderten der christlichen Ära zunehmend zu verdunkeln. Zwar waren in der ersten Zeit des Fische-Zeitalters auf beiden Seiten — der christlichen wie der sogenannten »heidnischen« — noch weitsehende und tolerante Männer hervorgetreten, wie Clemens von Alexandrien und sein Schüler Origenes auf christlicher, Plotin, Amonius Saccas, Porphyrios und Jamblichus auf der »heidnischen« Seite.

Wie K. Seligmann in seinem Buch feststellt, zeigt jedoch der Vergleich zwischen Christen und »Heiden« schon im dritten Jahrhundert (also noch vor der Anerkennung durch Konstantin als Staatskirche) bereits ein eigenartiges Bild, denn zahlreiche christliche Kleriker legten damals bereits eine Verderbtheit an den Tag, die in seltsamem Gegensatz zur moralischen Höhe der letzten heidnischen Philosophen stand. Schließlich, im Jahre 525, befahl Justinian, der oströmische (byzantinische) Kaiser, die Unterdrückung der alten Wissenschaft und Philosophie von Staats wegen. Die heidnische Kultur ging unter, wenigstens soweit Rom bzw. Byzanz herrschte, aber einer ihrer Zweige, nämlich die Alchemie, lebte im geheimen weiter, obwohl ihre Bücher schon unter Theodosius (im vierten Jahrhundert) verbrannt werden mußten.

Seligmann schreibt:

»Das Werk der Verfemten wurde jedoch im geheimen fortgesetzt, und Stephanos von Alexandrien stellte im siebten Jahrhundert den Übergang von der alten Alchemie zu der des neuen Europa her. Er war ein Kenner der Philosophie des Pythagoras und Platos, zugleich ein christlicher Mystiker; und bald darauf kompilierten byzantinische Mönche alte Schriften, die sie noch auftreiben konnten. Das Einsickern der alten Weisheit hätte jedoch Europa nicht davor bewahrt, im Dunkel der Unwissenheit zu versinken, wenn nicht die Araber auf ihrem Siegeszug die Wissenschaft des Altertums (erneut) nach Europa gebracht hätten.«[6])

Den letzten Satz dieses Zitates sollte man zweimal lesen, denn er besagt nicht mehr und nicht weniger, als daß die Kenntnis der Naturwissenschaften, also der Realitäten der Schöpfung, nur am Christentum, bzw. an der Kirche vorbei in das Abendland gelangen konnte. Dagegen markieren den Weg in die wissenschaftliche Dunkelheit während tausend Jahren so bekannte Namen

---

[6]) K. Seligmann: Das Weltreich der Magie.

wie Eusebios (270–340), den HPB einen Fälscher nennt, dann Hieronymus, den Vater der Vulgata und besonders Augustin, den man auch heute noch vielfach als den größten philosophischen und theologischen Denker jener Zeit bezeichnet. Aber vielleicht sollte man dieses schmeichelhafte Prädikat doch besser auf den theologischen Denker beschränken!

Sicher ist jedenfalls, wie unabhängige Kommentatoren bestätigen, daß Augustin mit seinem Werk »De Civitate Dei« (der Gottesstaat) dem Papsttum die Waffen geliefert hat zu seinem Kampf mit dem Kaisertum, und er blieb demzufolge auch — für die Kirche — die unbestrittene oberste Autorität des europäischen Geisteslebens bis ins hohe Mittelalter.

Um die Mitte des dreizehnten Jahrhunderts erst treten wieder freier denkende Männer auf, deren bedeutendste Albertus Magnus, Bischof von Regensburg und sein Schüler Thomas von Aquin sind, denen Kaiser Friedrich II., der gelehrteste Herrscher des Abendlandes, zuvor den Weg geebnet hatte. Diese beiden griffen die Lehre des Plato und Aristoteles wieder auf und strebten eine Synthese, einen Ausgleich zwischen der augustinischen und der antiken Vorstellungswelt an, was man als den Versuch eines Ausgleichs zwischen Glaube und Vernunft oder Glaube und Wissen bezeichnen kann. Glaube und Wissen müssen ja durchaus keine Gegensätze sein; wenn sie es aber dennoch sind, so dürfte in der Regel der Glaube falsch sein, vorausgesetzt, das Wissen sei tiefgründig genug, und nicht nur ein oberflächliches Scheinwissen.

Mit ihrer Rückkehr zur alten (heidnischen) Wissenschaft des Plato und Aristoteles haben die beiden großen Scholastiker, der deutsche Graf und der italienische Grafensohn, nach bald tausend Jahren — um 1250 — die Diskussion über die extrem einseitigen Vorstellungen des Augustinus wieder in Gang gebracht. Aber die nachfolgenden Jahrhunderte mit Galilei und Kepler, mit den Reformatoren, den Hexenverfolgungen und der Inquisition brachten einen erneuten und verstärkten Rückfall in die blutige Intoleranz der Kirche, die sich bis in die Neuzeit hineinzieht, einfach solange, als die Kirche die entsprechende politische Macht auszuüben vermochte — und die erforderlichen weltlichen Handlanger zu gebrauchen wußte.

Heute allerdings besteht — wenigstens im Westen — keine Gefahr für Leib und Leben Andersdenkender mehr, dafür hat jetzt das Pendel in das andere Extrem ausgeschlagen, nicht so sehr in Freiheit, Toleranz und Geistesblüte als vielmehr in Zucht- und Maßlosigkeit, in eine hemmungslose Sucht, sich auszuleben, das Leben zu »genießen«.

Das Licht der unvergänglichen Wahrheit aber scheint auch heute irgendwo in der Dunkelheit, nämlich in unserer eigenen inneren Dunkelheit, und wahrscheinlich sind es auch in unseren Tagen »die Wenigen«, die es in sich selbst zu erkennen vermögen.

Kapitel 7

Die Gnostiker

Einstmals, so sagten die Gnostiker unter den frühen Christen, fühlte sich die göttliche Weisheit (Sophia) bewogen, den präexistenten Christus zur Hilfe an die untergehende Menschheit auszusenden, von der Ildabaoth oder Jahwe und seine sechs Söhne, die niederen irdischen Engel, das göttliche Licht aussperrten. Daher stieg Christus, der Vollkommene, durch die sieben planetarischen Regionen herab, in jeder eine analoge Form annehmend, und trat in den Menschen Jesus im Augenblick seiner Taufe im Jordan ein. Von dieser Zeit an begann Jesus Wunder zu wirken; vorher war er gänzlich unwissend in bezug auf seine Sendung gewesen.

Zu diesem Zitat, das noch eine große Kenntnis der Zusammenhänge hinter dem Vorhang verrät, sind einige Bemerkungen angebracht. Zunächst einmal ist der Begriff der göttlichen Weisheit oder Sophia uns nicht sehr vertraut, vielmehr sind wir gewohnt, den »Vater« als denjenigen anzusehen, der den »Sohn« Jesus zur Erde sandte, nach dem Sprachgebrauch der Evangelien. Sophia oder Sapientia, die Weisheit, kann man als die handelnde Kraft des Vaters ansehen, als die weibliche Komponente der Schöpferkraft, wie ja in alten Evangelienschriften der Begriff »Vater-Mutter« noch öfter auftaucht, und so auch in den Strophen des Dzyan. Außerdem sind die »Söhne« oder Gesandten des Vaters in ihrer dominierenden Wesenheit — nach den Lehren der Meister — nicht »Seele« (Mutterprinzip), sondern Geist oder WORT (Logos) nach dem vierten Evangelium.

Ildabaoth-Jahwe und seine sechs Söhne haben wir bereits kennengelernt als »B'raishit« und seine sechs Elohim; es sind die konkreten Erbauer des irdischen Naturreiches, von denen die Kabbala spricht, wie bereits erwähnt (1. Kap. p. 24). Es ist der Anführer der Elohim, der im Buch Hiob spricht: »Ich habe dich ebenso erschaffen wie den Behemot, den König der Tiere.«

Es dürfte auch nicht ganz zutreffen, daß Jesus vor der Taufe im Jordan gänzlich unwissend über seine Sendung gewesen sei; vielmehr darf man annehmen, daß dies die Krönung einer langen Ausbildung war, wie gewisse Berichte noch zu erzählen wissen. Die Lehre sagt ganz einfach, daß zu allen Zeiten solche »Meister des WORTES« oder Boten des Vaters zur Erde kommen, um den Menschen, die zur Rückkehr bereit sind, den Weg in die angestammte Heimat zu öffnen; und die Autorisierung für dieses Werk müsse jeweils von dem vorhergehenden legitimierten Meister an den neuen übertragen werden, wie es bei der Taufe am Jordan zwischen Johannes und Jesus geschah.

Die Auffassungen der Gnostiker (welche die Erkenntnis über den blinden Glauben stellten) aus der frühchristlichen Zeit sind offenbar etwas widersprüchlich auf uns gekommen, doch sind sie immer noch faszinierend für uns. Dazu ein Beispiel:

Ildabaoth-Jahwe entdeckte, daß Christus seinem materialistischen Reich ein Ende (vielmehr Schaden) bereitete und erregte die Juden, sein eigenes Volk, gegen Jesus und er wurde hingerichtet. Als Jesus am Kreuze war, verließen Christus und die göttliche Weisheit (Geist und Seele) seinen Körper und kehrten in ihre eigene Sphäre zurück. Der Körper wurde der Erde übergeben, aber seine höhere Wesenheit, sein »Selbst«, wurde mit einem aus Äther gebildeten Körper bekleidet. Hinfort bestand er außer dem ätherischen Körper nur aus Seele und Geist. Während seines weiteren Verweilens auf der Erde durch achtzehn Monate empfing er von Sophia jene vollkommene Weisheit und wahre Gnosis (Erkenntnis), die er jenen Aposteln mitteilte, die fähig waren, sie zu empfangen.[1]

Dies ist nun geradezu ein Musterbeispiel der Vermischung von richtigen und falschen Vorstellungen, die man zuerst einmal klären muß. Zunächst ist klar, daß »Christus«, die geistige Wesenheit, und Sophia, die Seele, den Menschen Jesu verließen, als

---

[1] Geheimlehre: III/158.

er am Kreuze starb — vorausgesetzt, daß der Tod Jesu damals wirklich am Kreuze eintrat, was nach dem Essäerbrief aber nicht der Fall gewesen sein soll. Jeden Menschen verläßt ja die (geistige) Seele beim Tode, zusammen mit dem ätherischen (astralen) Körper, in den die Seele nach dem Austritt aus dem Körper gekleidet bleibt, wie schon zuvor im Körper aus Fleisch und Blut. Diese Stelle kann also eher als ein Hinweis auf die verschiedenen Schichten im Menschen — vor und nach dem Tode — angesehen werden.

Die andere Aussage jedoch, daß Jesus erst nach dem Austritt des Astralkörpers, also nach seinem körperlichen Tode, die vollkommene Lehre (Weisheit) erhalten habe, widerspricht der Lehre und auch dem vierten Evangelium vollständig, denn beide besagen, daß ein »Meister des WORTES« nur als körperlich lebender Mensch die Botschaft des Vaters den ausgewählten Schülern bringen könne, z. B. in dem Jesuswort: »Ich muß wirken, solange ich auf der Welt bin.« Anderseits sagt aber die Lehre, daß ein solcher Meister auch nach seinem Tode auf einer höheren Stufe den zu Lebzeiten angenommenen Jüngern erreichbar bleibt, um sie durch die Stürme und Klippen des Lebens und der »jenseitigen« Welten sicher ans Ziel zu bringen.

Für die bekannte Thomasgeschichte gibt es also zwei mögliche Erklärungen. Falls Jesus wirklich am Kreuze starb, fand sein Auftreten im Kreise der Jünger in astraler Form — vielleicht unter einer gewissen Materialisation — statt. Im anderen Falle ist die Erklärung eine irdisch-natürliche, daß sich Jesus nach seiner Abnahme vom Kreuze wieder von schwerer Bewußtlosigkeit erholte, unterstützt von den ärztlichen Künsten und den »Spezereien«, die sowohl im Evangelium wie im Essenerbrief erwähnt werden.

Vergleichen wir die verschiedenen Berichte mit den Lehren der Kirche, so finden wir dort mehr Zank, Streit und Ratlosigkeit als klare Kenntnisse darüber, was nun eigentlich Wahrheit und Irrtum an dieser Geschichte des angeblich einzigen Sohnes Gottes sei, des Meisters von Nazareth.

HPB schreibt in der Geheimlehre:

»Hat überhaupt die Kirche immer geglaubt, was sie heute glaubt oder zu glauben vorgibt, oder ist sie selbst durch die Wehen des Zweifels und des geheimen Unglaubens gegangen? Das jetzt unwiderrufliche Dogma lautet: Vermöge seiner Mutter war Jesus ein Mensch, vermöge seines Vaters ist er Gott. Ist er also Gott und Mensch zugleich? Hierin haben sich die Konzilien widersprochen und oftmals ihre Meinung geändert.«

»Auf einem Konzil in Antiochien im Jahre 345 erklärten die Eusebianer, daß Jesus der Sohn des Vaters und Eins mit ihm sei. Zwölf Jahre später, 357 in Sirmium, war der Sohn nicht mehr gleichen Wesens. Ein Jahr später, auf dem Konzil zu Ankyra, wurde dekretiert, daß der Sohn mit seinem Vater nicht gleichen Wesens, sondern nur in der Substanz ähnlich sei, und Papst Liberius bestätigte die Entscheidung. Auf dem Konzil zu Saragossa im Jahre 380 schließlich wurde verkündet, daß Vater, Sohn und Hl. Geist ein und dieselbe Person seien, während die menschliche Natur Jesu nur eine Illusion war — ein Widerhall der indischen Lehren, wonach alles körperliche letztlich »Maya« oder täuschende Illusion ist.«[2])

Um wieder auf die Gnostiker zurückzukommen, ist deren zitierte Meinung, Jahwe sei um sein materialistisches Reich besorgt gewesen und habe die Juden zur Hinrichtung aufgestachelt, im besten Falle eine Halbwahrheit. Das Letztere mag zwar durchaus seine Richtigkeit haben, denn alle Vorgänge äußeren Geschehens werden ja irgendwie an unsichtbaren Fäden zum vorgesehenen Ergebnis hingelenkt, wie nicht nur die Lehrer des Ostens, sondern auch die frühen Kirchenväter betonen. Sicher war (und ist) eine übertriebene Sorge der dunklen Gottheit um ihr materialistisches Reich aber weder damals noch heute begründet, denn die irdische Herrschaft des Fürsten der Welt ist in den Herzen der äußerlich orientierten Menschen so wohlbegründet, daß hier wirklich keine Gefahr droht. Die Erklärung jener Hinrichtung kann in Wahrheit nur im karmischen Gesetz gefunden werden, dessen Hintergründe wir im konkreten Falle nur vermuten können.

Was hat man überhaupt unter Gnosis zu verstehen? Sie wird definiert als eine Weisheitslehre zur tieferen Erkenntnis religiöser Wahrheiten durch mystische Innenschau, abseits des Volksglaubens. (Also durch eine höhere Bewußtseinsstufe im Sinne Aurobindos, die durch Meditation erreicht werden kann, Verf.) Von den Gnostikern stammt der Begriff des Pneuma und der Pneumatiker, worunter ein vom Geist Gottes Getriebener verstanden wird, eine geistige Menschenklasse, die allein zur wahren Gotterkenntnis fähig ist.[3])

---

[2]) Geheimlehre: III/144—145.
[3]) Nach K. Seligmann: Weltreich der Magie.

Nach K. Seligmann war die Gnostik auch im Christentum lebendig als ein Versuch der Synthese mit orientalischen (indischen) und hellenistischen Lehren; die Hauptvertreter der kirchlichen Richtung waren Clemens von Alexandrien und Origenes, dessen Schriften allerdings später — am Konzil 553 in Konstantinopel unter der Regie Kaiser Justinians — zum Teil für häretisch erklärt und er selbst als Ketzer verurteilt wurde.

Über diesen umstrittenen Fall schreibt Gontard:

»Dieser überragende Geist (Origenes), der große Lehrer und Vater der Bibelauslegung, stieß mit seinen Gedanken zu kühn von der Erde in den Himmel. Er sprach eine Elite an, wodurch sich der Klerus ausgeschlossen fühlte! Auch bemühte er sich, in der Nachfolge Christi zu leben (das einfache Leben), was viele herausforderte, die im Schatten des Kreuzes anfingen, Schätze dieser Welt zu bergen. Aber trotz aller Anschuldigungen blieb seine Stellung als Kirchenvater unerschütterlich, im Gegenteil, sie hat sich in der modernen Zeit erneuert und gefestigt.«[4]

Es dürfte um jene Zeit — in der ersten Hälfte des dritten Jahrhunderts — gewesen sein, also in den Tagen des Clemens von Alexandrien und Origenes, daß intensive Bemühungen im Gange waren, eine Synthese, einen Ausgleich zwischen den sogenannten heidnischen und den christlichen Vorstellungen zu finden, wie K. Seligmann es darstellt. Diesen Bemühungen war aber der Erfolg versagt, denn die toleranten Kräfte wurden mehr und mehr von unduldsamen Eiferern in die Defensive gedrängt und schließlich an Leib und Leben bedroht und verfolgt. Das Ergebnis war der »Gottesstaat« des Augustinus (zuvor schon von Eusebios von Cäsarea [270—340] entworfen), deren Vorstellungen für tausend Jahre und länger die kirchliche Lehre dominierten.

Während bei den vorchristlichen Denkern die Tugend noch als eine Auswirkung der eigenen höheren Wesenheit des Menschen, seiner geistigen Seele verstanden wurde, und auch die Gnostiker und Neuplatoniker das Gute im Menschen auf die Seelenkräfte zurückführten, ist diese uralte Grundvorstellung bei Augustinus sozusagen außer Kurs gesetzt und die Situation des Menschen völlig verändert.

Karl Jaspers schreibt hierüber:

»Augustinus kannte (zwar) noch nicht das Unheil, das die

---

[4] Friedr. Gontard: Die Päpste und die Konzilien.

116

Macht der Kirche in die Welt gebracht hat, raffinierter, konsequenter und grausamer als die anderen Weltmächte. Aber von ihm (Augustin) stammt der Satz: Außerhalb der Kirche ist kein Heil! Er stellte die Interpretation der Bibel unter die Autorität der Kirche, die somit entscheidet, was richtig und was falsch ist — und sie kann sich auch über die Bibel hinwegsetzen, sie beiseite schieben. Denn wird die Bibel als Quelle aufgefaßt, dann ist sie für die Kirche gefährlich, dient sie aber als ein Mittel, dann bestimmt die Kirche ihren rechten Gebrauch.«[5])

Über Augustin und die Kirche findet Karl Jaspers treffende Worte, denn obwohl Augustin die Kirche als höchste Instanz proklamiert (die über Heil oder Unheil der Seelen entscheidet, Verf.), fand er nicht die innere Ruhe und Sicherheit. Dazu Jaspers:

»Den Widersprüchen bei ihm (Augustin) entspricht die innere Spannung, besonders in bezug auf den ewigen Ratschluß bei Gott, der Prädestination jedes Einzelnen, unveränderlich entweder zur Gnade oder zur Verworfenheit bestimmt zu sein. Es überfällt ihn Ungewißheit, denn niemand könne seine Erwählung wissen. Man könnte meinen, Augustin verlasse sich nicht ganz auf die Garantien der Kirche!« Und in diesem Zusammenhang bezeichnet es Jaspers als einen ungeheuerlichen Anspruch, daß der Mensch (Augustin) den Menschen über Gott belehren will, wenn er doch selber nur ein irrender Mensch war und ist — nach menschlicher Erkenntnis und ohne Ausnahme.«

So zutreffend diese Feststellung in bezug auf Augustin sein mag, läßt sie doch gerade die »Ausnahmen« außer acht, die Boten oder Zeugen des Vaters, als die Johannes der Täufer und Jesus im vierten Evangelium geschildert werden, und danach Petrus, der Felsenmann, dem der Nazarener die Schlüssel der Meisterschaft weitergab, wie geschrieben steht. Es sind die Meister des WORTES (Logos), die nach der Lehre des Ostens die Menschen über den Vater unterrichten und belehren, so wie Jesus sagt: Wir (nicht ich) reden, was wir wissen — und bezeugen was wir gesehen haben. Gottmenschen, die den lebendigen Kontakt mit dem Vater haben, wie es das vierte Evangelium an vielen Stellen bezeugt. Und dieser bei uns unbekannte Tatbestand bedeutet in seiner Konsequenz allerdings, daß der Erlö-

---

[5]) Karl Jaspers: Plato, Augustin, Kant.

sungsanspruch der Kirche eine Anmaßung ohne höhere Befugnis, ohne tatsächliche Lösungsgewalt und Erlösungsauftrag ist. Bekanntlich leitet sie ihren Anspruch auf das Wort der Evangelien von den Schlüsseln des Himmelreiches her, die Jesus dem Petrus übergeben habe; aber diese »Schlüssel« bedeuten die Übergabe der Meisterschaft an den ausgewählten persönlichen Nachfolger und haben mit einem Auftrag an eine Institution oder überhaupt zur Gründung einer solchen nicht das Geringste zu schaffen.

Diese Auffassung vertraten auch Kirchenväter noch um 200 nach Christus. Gontard berichtet, daß Irenäus, der bekannte Bischof von Lyon Ende des zweiten Jahrhunderts in seinem Buche »gegen die Häresien« die Reihe der römischen Bischöfe bis zu seiner Zeit zusammengestellt habe, das heute noch als Dokument echter Überlieferung gelte. Ein anderer bekannter Kirchenvater seiner Zeit war Tertullian, der »älteste lateinische Kirchenvater«, wie ihn die Geschichtsbücher bezeichnen. Und Tertullian hielt sich in der Frage des römischen Bischofs an das Wort der Evangelien vom Schlüssel und dem Himmelreich; aber er sah darin eine persönliche Auszeichnung Petri, jedoch keine Stiftung eines Kirchenamtes, kein Primat, keine Gerichtsbarkeit (Gontard).

Nach den Aufzeichnungen des Irenäus habe um das Jahr 190 der Afrikaner Viktor I. das römische Bischofsamt übernommen. Gontard bezeichnet es als dessen Verdienst, die allmähliche Umwandlung der bisherigen Glaubens-, Liebes- und Opfergemeinden in die feste Form einer organisierten Kirche zustande gebracht zu haben. Dieses Verdienst wurde allerdings in unseren Tagen als das »1800jährige Mißverständnis der Kirche« eingestuft, von Theologen, die diese feste Institution offenbar nicht für eine glückliche Basis des Glaubens ansehen (Emil Brunner). Jedenfalls erhielt damals der Priesterstand seine Autorität und Opfergewalt von den Synoden (zugesprochen). Er befand sich damit neben und über den Christen, wie es bis heute geblieben ist. Aber noch lange sollte es dauern, ehe der römische Bischof als Papst der ganzen Kirche eine regierende, gesetzgebende und richterliche Gewalt übernahm, denn alle Landeskirchen blieben damals noch auf Jahrhunderte hinaus unabhängig von Rom.

Was die Evangelien selber betrifft, wußte man um das Jahr 100 nur von den »Erinnerungen der Apostel«, worüber sich Bischof Papias von Hierapolis äußert: »Matthäus schrieb die Worte Jesu in hebräischer Sprache auf, und jeder übersetzte sie, so gut er konnte. Markus war der Dolmetscher des Petrus und schrieb sorgfältig alles auf, was Jesus getan und geredet hatte, aber aus dem Gedächtnis und nicht der Reihenfolge nach, denn er hat den Herrn nicht selbst gehört und war ihm auch nicht nachgefolgt. Petrus aber hat seinen Unterricht nach dem Bedürfnis der Zuhörer gegeben und die Reden Jesu nicht geordnet. Darum hat Markus keine Schuld, wenn er einiges aus der Erinnerung berichtet.[6])

Erst gegen Ende des zweiten Jahrhunderts, im Anschluß an die Auseinandersetzungen über das von Marcion neu geschriebene Einheits-Evangelium, einigten sich drei hervorragende Kirchenlehrer in ihrer Auffassung über die Lehre des Nazareners: Irenäus in Gallien (Lyon), Tertullian in Karthago und Clemens von Alexandrien. Sie anerkannten die vier Evangelien, wie wir sie bis heute besitzen — allerdings nach der Überarbeitung durch Hieronymus, dem wir die spätere »Vulgata« und andere zweifelhafte »Korrekturen« verdanken. Jedenfalls war aber Irenäus ein Eiferer und Gegner der gnostischen Vorstellungen und auch Tertullian zog gegen die griechische Philosophie zu Felde, so daß diese beiden gewiß nicht zu den toleranten Köpfen zählten, die einen Ausgleich mit der alten Weisheitslehre anstrebten. Einzig Clemens von Alexandrien, der berühmte Leiter der Katechetenschule und Lehrer des Origenes wandte sich gegen die Behauptung, die griechische Philosophie schade dem christlichen Leben. Er bezeichnete diese im Gegenteil als die Schwesterwissenschaft des Glaubens; nach ihm erzog die Philosophie die Griechen, wie der Glaube die Juden, um beide zu Christus zu führen. Mit dieser Formel wollte Clemens offensichtlich den einseitigen und unduldsamen Eiferern eine goldene Brücke bauen, über die sich alle hätten verständigen können. Aber wie man aus den Berichten über die Konzilien des dritten Jahrhunderts ersehen kann — und aus der weiteren Kirchengeschichte — hat die Toleranz darin keinen Platz gefunden. Man könnte sagen, je weniger stichhaltig die Argumente der Kirche waren, um so rigoroser wurden dieselben als alleinseligmachende Wahrheiten verfochten. Es ist aber eine Ironie der Geschichte, daß der streitbare Afrikaner Tertullian später die »wahre« Kirche verließ und so selber zum Ketzer und Häretiker wurde!

Eine wichtige Etappe auf dem Weg der Kirche im zweiten Jahrhundert stellen die Reformierungsbestrebungen des Reeders

---

[6]) Gontard: Päpste und Konzilien, p. 71.

Marcion dar, der ein Christentum nach seinen eigenen Vorstellungen begründen wollte. Seine Meinung war, die Apostel hätten bereits Christus mißverstanden — worüber sich allerdings auch der Nazarener selbst beklagte. Er untersuchte die evangelischen Schriften, um das eigentliche Original herauszufinden. Aus dem Seefahrer wurde ein Bibelforscher, doch scheint es ihm nicht gelungen zu sein, Klarheit über die echte Lehre zu gewinnen — und das noch vor dem Jahre 150, also nur runde hundert Jahre nach Christi Tod. Er kämpfte einen gigantischen Kampf gegen Fälschungen und fremde Einschaltungen und faßte schließlich alle neutestamentlichen Schriften zu einem einzigen Testament zusammen, das er den Presbytern in Rom vorlegen wollte. (Presbyter = urchristliche Gemeindevorsteher.)

Zum ersten Male in der Geschichte des römischen Christentums traten die Ältesten zusammen zu einer Synode, auf welcher Marcion erschien und seine Ansicht begründete. Für ihn schied der Gott des Alten Testamentes als Vater von Jesus Christus aus, denn er war ungeduldig, eifernd, hart, grausam, kriegerisch und wild, weshalb er denselben entthronen oder mindestens seinen Wirkungsbereich abgrenzen wollte. Diesem »unteren Gott« (Jahwe) stellte er den oberen oder Erlösergott gegenüber, den er auch als den Unbekannten Gott bezeichnete. Wie man sieht, stimmt seine Meinung bis dahin durchaus mit der Lehre der Meister und offenbar auch mit den Vorstellungen der Gnostiker überein. Nur scheint er weit über das Ziel hinausgeschossen zu haben, wenn er von den engstirnigen Aposteln sprach, deren Nachfolger nicht besser (als seine Zeitgenossen), sondern noch schlimmer seien, da sie nicht für die wahre Lehre des Christentums kämpften.

Es kam daher auf dieser ersten Synode zu flammenden Gegenreden, Erregung und Empörung; den schärfsten Widerspruch fand (erstaunlicherweise) die Lehre Marcions von dem oberen und dem unteren Gott — obwohl im Johannesevangelium diese Unterscheidung auch getroffen wird (Joh. 8/42—47) — aber dieses hatte zu jener Zeit ja noch nicht die heutige dominierende Stellung, und vielleicht auch nicht denselben Wortlaut, wie er uns vorliegt. Jedenfalls, die Presbyter verdammten ihn schnell und offenbar ohne auf die Entscheidung des römischen Bischofs achten zu müssen, sondern aus eigener Zuständigkeit. Sie schlossen Marcion aus der Kirche aus, gaben ihm seine einstige Spende von 200 000 Sesterzen zurück und nannten ihn den Apostel der

Dämonen, nachdem ihn schon Bischof Polykarp, ein Schüler des Apostels Johannes, den Erstgeborenen des Satans genannt hatte.[7]) Doch mit elementarer Kraft bäumte sich Marcion gegen den Kirchenbeschluß auf. Er begründete eine Gegenkirche. Christen gegen Christen im Kampf um das Heil der Seelen! Ihren Höhepunkt erreichte die Kirche Marcions in den Jahren 150 bis 190; der christlichen Kirche stand nun wirklich eine Gegenkirche gegenüber.

In der Auseinandersetzung mit dem Ketzer erneuerte sich die Kirche. Die großen Denker griffen Marcion an, aber sie nahmen auch seine Fragestellung auf, die sie in einem freieren Geiste untersuchten, um den Aufbau einer wahren Kirche sichern zu helfen. Von allen Seiten drangen gnostische — das heißt auf Erkenntnis (gnosis), und nicht auf Glauben beruhende Religionssysteme — auf die ersten Kirchengemeinden ein. Ihnen galt die kommende Auseinandersetzung; es sollte eine beispiellose Diskussion durch ein ganzes Jahrhundert werden, ein Drama unter Christen, die sich gegenseitig bekämpften. Und dieses Drama endete damit, daß einer der Ketzerbekämpfer (Tertullian) dem kirchlichen Christentum abtrünnig, der andere selbst der Ketzerei verdächtigt wurde (Origines).

Und hier hat Gontard den archimedischen Punkt erwähnt, von dem aus der unsinnige Gegensatz zwischen der einseitig und unduldsam orientierten Auffassung der Presbyter im zweiten und der Kirchenmänner im dritten und vierten Jahrhundert einerseits und den alten Weisheitslehren und den Gnostikern anderseits in ihrem eigentlichen Grunde sichtbar wird. Es ist der elementare Gegensatz zwischen blindem, sturem und keinen Vernunftgründen zugänglichem Glauben einerseits und dem Streben nach höherem Bewußtsein und Erkennen anderseits. Das Letztere aber war durch die ganze Kirchengeschichte ein todeswürdiges Verbrechen und wurde auch demgemäß geahndet, solange den Kirchenmännern die erforderliche Macht zu Gebote stand — und das war in manchen Ländern bis weit ins 18. Jahrhundert hinein der Fall! Aber immer noch ist nicht klar geworden, wem wir diese unduldsame Blindeglauben-Mentalität verdanken, und doch muß es eine entsprechende Persönlichkeit im Anfange des Fische-Zeitalters gegeben haben, der wir die über anderthalb Jahrtausende weiterrollende Lawine des Unheils letzt-

---

[7]) Gontard: p. 72–76.

lich zuzuschreiben haben. Und hier kommt nur einer in Frage: Paulus. Aber bevor wir uns näher damit befassen, zuerst noch ein anderer Ausschnitt aus der wenig ruhmreichen und so tragisch bewegten Kirchengeschichte der frühen Jahrhunderte, aus der Zeit Konstantins des Großen.

Offenbar hatte die christliche Lehre zu Beginn des vierten Jahrhunderts schon eine große Verbreitung gefunden und viele Leute aus allen Schichten und auch viele Soldaten der römischen Legionen sympathisierten mit den echten Bekennern, die sich in immer neuen Verfolgungen standhaft erwiesen hatten.

Nach den Schilderungen Gontards hatte Konstantin als 23jähriger die letzte Christenverfolgung unter Diokletian miterlebt, die zehnte unter zehn Kaisern. Man hatte ihre Kirchen niedergerissen, die Gläubigen gefoltert und verbrannt oder auf andere bestialische Weise umgebracht. Für den jungen Fürsten war dies ein ruchloser Bürgerkrieg, den er verabscheute. Von Offizieren seiner Truppe ließ er sich in den folgenden Jahren über die christliche Lehre unterrichten, die hundert Jahre zuvor Origenes der damaligen kaiserlichen Familie erläutert hatte. Jedenfalls kannte Konstantin die Problematik der christlichen Lehre insbesondere in bezug auf den Wehrdienst, denn Origenes hatte gesagt: Aller Krieg ist menschliche Sünde, und der Christ kann ihn in keinem Falle bejahen. Und so war die allgemeine Auffassung unter denen, die ihr Bekenntnis ernst nahmen. Und das dürfte einer der Hauptgründe für die Verfolgungen gewesen sein, also das, was wir heute Wehrdienstverweigerung nennen.

Als Konstantin im Jahre 312 seinen Marsch auf Rom mit dem Sieg gegen Maxentius krönen konnte und damit Herrscher des Westreiches geworden war, wußte er, daß dieses nicht mehr ohne Berücksichtigung des Christentums regiert werden konnte. Deshalb waren seine Maßnahmen vorsichtig und ausgleichend. Keine Märtyrer mehr, auf keiner Seite. Er verbot die Kreuzigung, die Brandmarkung an Kopf und Gliedern, sowie das Zerbrechen der Gebeine. Er proklamierte, keiner dürfe den anderen belästigen, sondern wie sein Herz es will, so soll es jeder halten. Keiner darf mit dem, was er selbst als Überzeugung angenommen hat, einem anderen schaden.

Unwillkürlich erinnert man sich an die in geistigen und religiösen Dingen toleranten und großzügigen persischen Eroberer Kyros und Darius, die ebenfalls eine Verfolgung um des Glaubens willen in ihrem Herrschaftsgebiet nicht duldeten, ganz zu schweigen von König Ashoka, von dessen Gebot respektvoller Behandlung Andersdenkender wir gehört haben.

Schon ein Jahr nach seinem Regierungsantritt stattete Konstantin die Geistlichen der christlichen Kirche mit denselben Vorrechten aus wie die anderen anerkannten Priesterschaften: Befreiung von Steuern und öffentlichen Dienstleistungen, Anerkennung des bischöflichen Schiedsgerichtes, ferner Erbrecht der Kirche. Die christlichen Heiligtümer standen nun wie die Tempel der antiken Götter unter Asylrecht.

Als im Jahre 314 in Arles an der Rhonemündung unter Konstantins Leitung eine große Kirchenversammlung stattfand, revanchierte sich die Kirche für die Anerkennung, indem sie ihren Gläubigen gebot, sich dem Militärdienst nicht zu entziehen. Bisher war es den Christen untersagt gewesen, der Armee beizutreten, andernfalls sie ausgeschlossen wurden. Wer aber schon Soldat war und Christ wurde, der sollte wenigstens von den Waffen keinen Gebrauch machen. Nun war es anders; unter dem neuen Herrscher war die Kirche einverstanden, daß ihre Gläubigen das Schwert führten, ja man schloß jene, die den Dienst verweigerten, von der Kommunion aus. Die Gefallenen des Glaubens schienen vergessen, die Soldatenmärtyrer preisgegeben (Gontard).

Im Jahre 325 berief Konstantin das erste allgemeine Reichskonzil nach Rom ein, zu dem sich über dreihundert Bischöfe einfanden. Zwar war Konstantin vom christlichen Standpunkt gesehen ein Heide, aber offenbar regte sich kein Widerspruch, daß er die Leitung dieses Konzils in seine Hände nahm. Seine Eröffnungsrede machte deutlich, wie er über die Uneinigkeit der Väter dachte; ihm ging es um die Einheit von Staat und Kirche, das heißt um die Zusammenarbeit der Kirche mit dem Staat, um auf dieser soliden Basis erfolgreiche Politik betreiben zu können. Für ihn war die innere Spaltung der Kirche gefährlicher als Kriege und Schlachten, denn daraus konnte ein gefährlicher Funke für das ganze römische Reich werden. Konstantin war sich mit seinen Beratern darüber einig, was der Kirche mangelte: Ein Glaubensbekenntnis und eine Verwaltung. Nur die Einheit des Glaubens konnte die Einheit der Kirche wiederherstellen und damit auch die innere Einheit des Staates gewährleisten. Darum ging es auf dem Konzil zu Nicäa, darum kämpfte Konstantin.

Geduldig hörte er sich die Reden und Gegenreden an. Es war das alte Lied, das er schon als junger Kaiser vernommen hatte:

Spannungen, Störungen, Schwierigkeiten, Streitigkeiten über Rechtgläubigkeit, Verfälschungen kirchlicher Offenbarungen und ketzerische Ansichten.

Während einer Pause wurden ihm Bitt- und Klageschriften überreicht, ein Stoß von Eingaben, in denen sich vielfach Bischöfe gegenseitig beschuldigten. Konstantin versprach die Behandlung der Eingaben, aber nach ein paar Tagen gab er die uneröffneten Papiere zurück mit den Worten: Gott hat euch als Priester aufgestellt und Gewalt gegeben; ihr könnt nicht von Menschen gerichtet werden. Darauf ließ er alle Beschwerdeschriften verbrennen. Niemand sollte etwas über die Streitigkeiten der Väter erfahren!

Auf diesem Konzil wurde das Dogma von der Wesensgleichheit des Sohnes (Christus) mit dem Vater beschlossen, eine Formulierung, die von Konstantin selber stammen soll! Obwohl er ein ungetaufter weltlicher Fürst war — kein Christ also — nahm er hier die spätere Stellung des Papstes als Pontifex Maximus vorweg, und die Väter konnten damit zufrieden sein, wurden doch dank seiner starken Persönlichkeit für diesmal die endlosen Streitigkeiten überwunden. Wie es damit in den späteren Jahrzehnten bestellt war, haben wir aus dem Bericht über eine Reihe anderer (späterer) Konzilien desselben Jahrhunderts ersehen, von denen zu Beginn dieses Kapitels die Rede war. Sie dokumentieren weiterhin Streit und Ratlosigkeit über die »Sohnschaft« des Nazareners, und gegenseitige Beschuldigungen falscher Auffassung und Lehre. Dagegen vermißt man das Wesentliche jeden Glaubens, nämlich die Lehre von den Wegen der Seele, ihre Erlösung oder Befreiung vom Kreislauf der Geburten, was doch ohne jeden Zweifel Sinn und Zweck der Herabkunft Christi war. Über dieses zentrale Thema wurde anscheinend nach Origenes nicht mehr ernsthaft diskutiert, dafür wurde in den Redeschlachten um andere Dinge gekämpft, um irdische Vorteile, Ansehen und Machtstellungen, um die einzig richtige Ausübung von Ritualen und Zeremonien. Für die Gläubigen gab es ja die Sakramente und die kirchlichen Gnadeneinrichtungen.

Die Frage steht aber heute wie damals zur Diskussion, ob diese Gnadenmittel in Wahrheit irgend eine Wirksamkeit in bezug auf die Rückkehr der Seelen in das Reich des Vaters besitzen — oder ob die »Meister des Wortes« nicht vielmehr allein die Schlüssel zur Befreiung ihrer Jünger und die Ermächtigung des Vaters hierzu besitzen, solange sie »in der Welt wirken«, wie der Nazarener selber sagt. Niemals und nirgends wurde bescheinigt, daß diese Befähigung und Ermächtigung einer Institution übertragen werden könnte, deren Beauftragte sie auszuüben hätten. Konstantins schmeichelhafte Worte an die Bischöfe, sie seien von Gott selbst eingesetzt und mit Macht ausgestattet, waren ein großes Kompliment an die Hirten der Christenheit. Nur, diese Aussage enthält keinerlei Beweiskraft, und die Macht der Priesterschaft dürfte daher weit mehr irdischer als göttlicher Natur sein.

Der Satz des Nicäer Konzils von der Wesensgleichheit ist zwar eine gute Formulierung, aber es gibt keine nähere Erklärung dazu, wie jemand Gott und Mensch zugleich sein kann. Jesus hatte ja gesagt: wer mich sieht, sieht den Vater. Man darf jedoch annehmen, daß damit nicht seine körperliche Erscheinung, sondern die sogenannte »Strahlengestalt« der Meister gemeint war, mit der sich die Jünger auf einer höheren Stufe vereinigen können, wenn sie dieselbe erreichen. Dazu sagt Joh. 14/20: »An demselben Tage werdet ihr erkennen, daß ich in meinem Vater bin, und ihr in mir, und ich in euch.« Aber zu Konstantins Zeit scheint das Geheimnis für die »Väter« der Christenheit längst verloren gewesen zu sein!

Natürlich ist diese Strahlengestalt nicht das »Wesen«, sondern die astrale Erscheinungsform des Meisters. Der Streit ging ja jahrhundertelang auch darum, ob Jesus »Gott selbst« oder nur der Sohn Gottes gewesen sei. Dazu sagt die unverfälschte Lehre, Gott sei der Ozean der Liebe und Macht, ein Meer des Geistes; jeder Meister des Wortes sei eine Woge und jeder gewöhnliche Sterbliche ein Tropfen aus diesem Ozean. Wie könnte die unermeßliche Allmacht gesamthaft in der menschlichen Form inkarniert werden! Es handelt sich vielmehr um die aktive Verbindung eines Meisters mit der Wesenheit des Vaters, dem unerschöpflichen Kraftstrom des Geistes, worüber der »Sohn« verfügt. Wie Jesus sagt: »Ich und der Vater sind Eins — und: der Vater ist größer als ich. Und in der Bhagavad Gita sagt die Gottheit, daß nur ein kleiner Teil von ihrem Wesen in der Schöpfung tätig sei.

Die körperliche Erscheinung eines Gesandten auf der irdischen Ebene spielt in diesem großen Spiel nur eine untergeordnete Rolle als Instrumentarium zur Kontaktaufnahme zu den gewöhnlichen Sterblichen einerseits und den höheren Ebenen anderseits — wie bei jedem Menschen, der die entsprechende Technik gelernt hat. Es ist daher durchaus nebensächlich, ob ein solcher Meister »jungfräulich« oder auf natürliche Weise geboren wird, und der Streit hierüber ist vollkommen nutzlos. Über das Wechselspiel zwischen dieser und der anderen Welt sagt die Bhagavad Gita, daß ein nach dem Guten Strebender, wenn auch nicht immer standhafter Mensch nach seinem Tode zunächst zu den Frommen eingeht, dann wiederum auf Erden in einer frommen oder heiligen Familie geboren werde, mit demselben strebsamen Geist wie ehedem und dann vom früheren Stande aus um so eifriger nach Vollendung strebe. Die früher erworbene Erkenntnis reiße ihn selbst gegen seinen Willen fort, so daß er bald Befreiung erreiche.

Wenn also solches schon von einem gewöhnlichen Menschen guten Willens gilt, wozu dann die Sorge der Dogmatiker um die Familie, aus der ein echter Gottessohn körperlich geboren wird? Diese Sorge ist ganz und gar unbegründet! Daß eine persönliche Führung durch einen kompetenten Meister die Voraussetzung für den höheren geistigen Aufstieg und die schließliche Befreiung ist, bestätigt auch die Gita, wenn sie sagt:

Dazu befrage einen Meister
bediene und verehre ihn;
zur Wahrheit, die er selbst erschaut
führt er dich sicher hin.

(Glasenapp)

Zur Wahrheit, die er selbst erschaut! Das ist das entscheidende Faktum, denn ein Führer kann andere nur soweit leiten, als seine eigene Kompetenz reicht. Im anderen Falle gälte das Wort des Nazareners: wenn ein Blinder einen Blinden leitet, fallen beide in die Grube! Ein Wort, das man bedenken sollte.

Kapitel 8

Das Weltbild der Gnostiker

Das Ziel jeder spirituellen Bemühung ist die Entwicklung höherer Erkenntnis, das Fortschreiten vom Glauben zum Wissen. Zunächst wird es sich dabei zwar um Verstandeswissen handeln, aber der ernsthaft Suchende wird sich damit nicht zufrieden geben, sondern versuchen, durch gezielte Meditation zu wirklicher Erkenntnis zu gelangen, die nur im Kontakt mit den höheren Regionen zu erreichen ist. Die bekannte Forderung: »Erkenne dich selbst«, von Sokrates bis Descartes aufgestellt, kann nur auf diesem Wege erfüllt werden. Selbsterkenntnis aber ist die Voraussetzung zur Gotterkenntnis, und wenn wir zur ersten außerstande sind, wie könnten wir dann Gotterkenntnis erlangen!

Wenn man sich darüber im klaren ist, dann wird man die Gnostiker vor und nach der Zeitenwende richtig einschätzen, denn Gnosis bedeutet Erkenntnis, und zwar im metaphysischen und seelischen Bereiche. Bekanntlich sagt schon Patanjali in seinen Yoga-Sutras, die Welt sei für die Seelen erschaffen, und somit bedeutet Kenntnis der Schöpfungsgesetze zugleich das Wissen um die Fähigkeiten und die Wege der Seele.

Man kann sagen, daß undogmatische Erkenntnis das Anliegen der Gnostiker war, deren Tradition weit in die vorchristliche Zeit zurückreicht und die eine große Rolle in der geistigen Auseinandersetzung der ersten christlichen Jahrhunderte spielten. Sie waren es, die zwischen der orientalisch-hellenistischen Lehre einerseits und dem Christentum anderseits eine Synthese, einen Ausgleich zu finden suchten. Ihre bekanntesten Vertreter auf seiten der Kirche waren die schon erwähnten Kirchenväter Clemens von Alexandrien und Origenes, welch letzterer Jahrhunderte nach seinem Tode unter dem byzantinischen Kaiser Justinian als Ketzer verurteilt wurde — offenbar gerade deshalb, weil er die gemeinsamen Quellen der antiken und der christlichen Lehre noch sah und lehrte, während in der Kirche die paulinisch-pharisäische Unduldsamkeit immer mehr die Oberhand bekam, was zu den sattsam bekannten Ergebnissen führte.

Verständlicherweise paßte einer paulinisch-augustinisch orientierten Kirche die Lehre des Origenes von der Prä-Existenz der Seelen nicht ins Konzept, denn wenn die Seelen von Anbeginn der Schöpfung erschaffen sind, dann sind sie auch seitdem in derselben tätig, dann wandern sie durch immer neue Existenzen, dann ernten sie in immer neuen Inkarnationen, was sie in früheren gesät haben, wie es der Meister von Nazareth gesagt hat; und dann hat nicht die Priesterschaft über Lohn und Strafe zu entscheiden, sondern dann folgt dem Erdenweg eine unbestechliche Abrechnung Aug um Aug und Zahn um Zahn, wie der alttestamentliche Jahwe ganz richtig verkündete. Mit anderen Worten, Kirche und Klerus haben keinen »Schlüssel des Himmelreiches«, vielmehr fehlt diesem Anspruch die reale Befugnis und Ermächtigung, folglich jede Wirksamkeit.

Zu den nicht-christlichen Gnostikern schreibt E. Orthband: »Kirchengeschichtlich sind Gnostiker im engeren Sinne solche, die nicht bekennen wollten, daß sich der Logos in Jesus (allein) verkörpert habe und daß folglich die Erlösung nur über die christliche Gemeinde oder den christlichen Klerus möglich sei.«

Und hierin liegt des Pudels Kern, nämlich die Feindschaft der Kirche gegen diejenigen, die den Nazarener nicht für den einzigen Gottessohn halten und die Nachfolge des Petrus als die persönliche Weitergabe der Meisterschaft an diesen allein ansehen — und nicht als eine Aufforderung zur Gründung einer Kirche, die ohnehin erst hundertfünfzig Jahre nach Jesu Tod organisiert wurde. In der Tat ist es so, daß der aus den Gemeinden schwindende Geist durch immer mehr engherzige und kleinliche Reglementierungen ersetzt, schließlich durch Synoden- und Konzilsbeschlüsse in Dogmen gepreßte Glaubenssätze zementiert und der freien Entscheidung des Einzelnen der Todesstoß versetzt wurde. Und man geht kaum fehl, wenn man annimmt, daß die späte Verurteilung des Origenes ebenfalls aus diesen Gründen vorgenommen wurde. Hier haben nicht die Mühlen Gottes, sondern die der Kirchenmänner gemahlen, mit jener hochmütigen Demut und frommen Überheblichkeit, die Karl Jaspers so treffend beschreibt.

Unter diesen nicht-christlichen Gnostikern sind eine Reihe bekannter Namen, so Valentinus und Simon Magus, der angeblich ein Gegenspieler des Petrus gewesen und von diesem im Wettstreit um die stärkere magische Kraft besiegt worden sein soll. Lassen wir aber solche durchsichtigen Märchen beiseite und richten uns nach dem Weltbild, das uns von Simon Magus überliefert ist. Nach ihm hat der höchste Gott durch Emanation (Ausfluß) ein weibliches Zeugungsprinzip hervorgebracht (Sophia, die göttliche Weisheit, Substanz der Seelen, nach der »Weisheit Salomons«). Dieses Zeugungsprinzip gebar die höchsten Engel (die aus der Seele geborenen Herren des Dzyan), welche ihrerseits die sichtbare Welt erschufen.[1]) Und allein dieses Zitat zeigt die Übereinstimmung der gnostischen Lehren mit der des Fernen Ostens.

Von Valentinus wird gesagt, er sei der gelehrteste Doktor unter

---

[1]) Kurt Seligmann: Weltreich der Magie.

den Gnostikern gewesen, der in den verschiedenen Regionen und Hierarchien ausgezeichnet Bescheid wußte. Von manchen wird ihm sogar eines der bekanntesten Dokumente jener Zeit, die Pistis Sophia, zugeschrieben, die aber nach anderen Angaben vom Apostel Philippus auf Geheiß Jesu geschrieben worden sein soll. Wie K. Seligmann berichtet, finden sich in der Pistis Sophia viele Anspielungen auf Siegel, Zahlen und Symbole, die teils der jüdischen, teils der ägyptischen Religion entnommen sind. »Sie wiederholen sich in geheimnisvoller Folge und zeichnen sich durch unergründliche Dunkelheit aus. Sie enthält auch den größten Teil der Gebete Jesu; auf Bergen, auf der See und in der Luft ruft der Heiland, von seinen Jüngern begleitet, den Vater an, und diesen Gebeten gehen magische Formeln voraus. Jesus zelebriert auch ein Abendmahl mit Wein und Wasser. (Vielleicht Traubensaft mit Wasser gemischt?) Er erklärt dann den Einfluß des Tierkreises auf die Seele des Menschen wie auch die guten und bösen Einflüsse der Planeten, deren Namen anscheinend der magischen Religion des Zoroaster entnommen sind. Die Worte, die Jesus in den Mund gelegt werden, sind . . . ein sprachliches Gemisch von Hebräisch, Ägyptisch und Persisch, das immer wieder bis zur völligen Unverständlichkeit abgeschrieben wurde.«

Nach der Schilderung von Kurt Seligmann zu urteilen, handelt es sich bei der »Pistis Sophia«, so wie sie auf uns gekommen ist, um ein wenig zuverlässiges Zeugnis der gnostischen Lehren, obwohl Kenner der Symbolik geheimer Lehren vielleicht doch noch einige Geheimnisse alten Wissens daraus zu entnehmen vermöchten! Glücklicherweise sind diese Geheimnisse aber auch ohne jenes Dokument nicht verloren, sondern in der unverfälschten Lehre des Ostens überliefert. Deren Grundzüge tauchen ja auch heute noch deutlich genug in den gnostischen Fragmenten auf, die uns nur ein verzerrtes und verstümmeltes Bild vermitteln können. Das verdanken wir der sich etablierenden und organisierenden Kirche und ihren Repräsentanten, die mit allen Mitteln gegen die altbekannte Weisheit ankämpften, wovon schon die Angriffe des Irenäus gegen die Gnostiker beredtes Zeugnis geben.

Wie Aristoteles lehrte, umfaßt der Mensch als das höchstorganisierte Wesen die ganze Stufenreihe der Natur in sich. Er ist Materie, Pflanze, Tier, Seele und Geist zugleich, und daher ist er das Abbild des großen Kosmos im Kleinen, der sich aber mit einem Teil seines Wesens über die Natur erhebt zum außer und über der Natur stehenden göttlichen Geist (Orthband). »Für den religiösen Denker der Spätantike war aber damit nur die eine Hälfte der Welt gegeben. Über dem Menschenreich muß es Wesen geben, deren Seele und Geist nicht von der Last irdischen Stoffes bedrückt und behindert werden, reine, körperlose Seelen, und über diesen reine Geister und schließlich den einen vollkommenen Geist, welcher der Materie als ihr ewig unveränderlicher Gegenpol gegenübersteht (Purusha und Prakriti). Diese Wesen, die das Stufenreich des Kosmos über den Menschen hinausführen und vollenden, sind für den Gnostiker nicht nur Gedankengebilde, sondern wirkliche persönliche Kräfte und Mächte, die nicht nur dem Wert nach höher stehen als der Mensch, sondern auch innerhalb dieser Welt einen höheren Ort einnehmen.«[2])

Zu dieser Darstellung Orthbands wäre allerdings zu ergänzen, daß die Seelen in den beiden nächsthöheren Stufen nicht »körperlos« sind, sondern mit feinstofflichen Körpern versehen bleiben, wie sie den jeweiligen Regionen angepaßt sind: mit dem Astralkörper in der ersten, mit dem Mental- oder Kausalkörper in der zweiten Region über dem Universum. Erst darüber befreit sich die Seele von allen Bedeckungen, wie gesagt ist: dort werden die Gerechten leuchten wie die Sonne. Und das ist das reine Licht der Seelen.

Diese zu allen Zeiten bekannten und gültigen Vorstellungen wurden dann allerdings von Paulus nach seiner eigenen Idee umgedeutet und verändert. Für ihn ist die Schöpfung nicht das Werk des Vaters, sondern des Sohnes Christus, der sich im Menschen Jesus inkarnierte. Von ihm wurde — nach Paulus — alles hervorgebracht, was sich in der Schöpfung manifestiert, denn »durch ihn (Christus) ist alles erschaffen, das Sichtbare und das Unsichtbare, es seien Throne oder Herrschaften, Gewalten und Mächte oder Fürstentümer und Obrigkeiten«.

Hier haben wir eine kleine Probe pharisäischer Rhetorik, worin Worte und Begriffe ein wenig durcheinandergewürfelt werden; es wird damit der Eindruck erweckt, daß eigentlich der »Sohn« die Schöpfung hervorgebracht habe, und der höchste Vater wird dabei in eine Nebenrolle abgedrängt. Obwohl zwar der Sohn eines Wesens mit dem Vater ist — nach christlicher wie nach der Meisterlehre — werden hier doch die klaren Aussagen der Lehre durcheinandergebracht und verwirrt, und das wohl

---

[2]) Eberhard Orthband: Geschichte der großen Philosophen.

nicht ohne Absicht. Die spätere Kirche jedenfalls hat Paulus —
auch mit anderen unhaltbaren Interpretationen der Lehre und
Bedeutung Jesu — zu ihrem Kronzeugen erwählt, obwohl er kein
Jünger Jesu gewesen und diesem nie begegnet war und deshalb
die tieferen Geheimnisse der Lehre wahrscheinlich gar nicht
kannte.

Nach jeder ernsthaften Lehre umfaßt das Wesen des »Vaters«
die gesamte Schöpferpotenz, während der inkarnierte Sohn als
ein Teil dieser Potenz, als eine Woge aus dem unendlichen Ozean,
die sich in einem menschlichen Körper manifestiert, zu verstehen
ist. Deshalb das Wort Jesu: »Der Vater ist größer als ich.« Es
gibt auch kein Nacheinander von Vater und Sohn, keinen Vergleich mit der menschlichen Geschlechterfolge, und daher auch
keine Ablösung in der Herrschaft oder dergleichen, denn die
Wesenheit von Vater und Sohn ist nicht nur gleich, sondern
dieselbe. Es ist deshalb folgerichtig, daß jederzeit »Söhne« oder
Boten des Vaters mit einer bestimmten Aufgabe auf Erden erscheinen — nicht um die Menschheit durch ihr Blut zu erlösen,
sondern um die »markierten Seelen« zur Heimat zurückzuführen.

Orthband nennt als ein weiteres Kennzeichen des gnostischen
Weltbildes die Vorstellung von einem dunklen Feuerkreis, welcher die Erde nach oben abriegelt, wodurch das Problem der Erlösung entstehe. Der unteren (bösen) Welt steht ein reiner, in sich
ruhender Geist gegenüber. Die Ursache der Zweiteilung ist der
Schöpfungsprozeß, in dem die Entwicklung immer weiter von
Gott wegführt.

Hierzu wäre zu berichtigen, daß nicht der Schöpfungsprozeß
die Ursache der Zweiteilung ist, sondern die Zweiteilung ist die
Voraussetzung des Schöpfungsprozesses, und das ist nicht dasselbe. Richtig ist dagegen »daß die irdisch-materielle Entwicklung immer weiter von Gott wegführt« (auch die Genesis sagt
in ihrem verschlüsselten System unzweideutig dasselbe, nach
Weinreb), doch ist die treibende Kraft der Entfremdung nicht
so sehr die äußere Welt, sondern vielmehr das mit der Seele zu-
sammengeknotete ruhelose Denk- oder Mentalwesen, das stets
nach den Früchten vom Baume der Erkenntnis trachtet, aber allerdings nach den Früchten der äußeren materiellen Welt, und nicht
nach Erkenntnis der Gottheit und der Gesetze, nach denen das
göttliche Spiel geregelt ist. Es sind die zweifelhaften Früchte der
technischen Errungenschaften, die Sinnenfreuden oder selbst die
schöngeistigen Genüsse, durch die das Licht der Seele immer

mehr verhüllt und die echte Erkenntnis verdunkelt wird, so daß schließlich nur noch die sichtbare Welt als das Wahre und Beständige angesehen wird. Deshalb sagt schon Patanjali: Unwissenheit ist das größte Übel!

Zu dem vorher angeschnittenen Problemkreis bringt Orthband ein Zitat von Hans Leisegang, das hier gekürzt wiedergegeben sei:[3])

»Zu den bekannten Gegensätzen — reiner Geist und materielle Welt — stellt das Denken die Frage: Wie konnte der gute Gott diese böse Welt hervorbringen? Die Antwort liegt im Schöpfungsprozeß, der durch seine Entwicklung immer weiter von Gott wegführt. Gott bringt durch seinen Logos, der zugleich Schöpfungs-Wort und Schöpfungs-Gedanke ist, zuerst die reine Welt der Geister hervor. Die in ihr waltenden Geistkräfte, die teils unpersönlich als Ideen, teils persönlich als reine Geister gedacht werden, schaffen den sichtbaren Himmel mit seinen Sternengeistern und Planetensphären, die Erde und auch den Menschen als Ebenbild Gottes. Dabei aber ist unter den Geistern selbst ein Abfall von Gott erfolgt; sie haben die ihnen verliehene Freiheit der Selbstbestimmung mißbraucht! Unter Führung eines ersten von Gott abgefallenen Engels hat sich ein Teil von ihnen dem Irdischen zugewandt, ist in die Bande der Materie geraten und böse geworden. Durch sie kommt die Sünde zu den Menschen. Die (gefallenen) Geister drängen sich in der Sternenregion, in der sie herrschen, zwischen die irdische und die himmlische Welt. Der Mensch ist von Gott gänzlich getrennt. Eine Erlösung aus diesem Zustande der Gottentfremdung kann nur dadurch erfolgen, daß Gott selbst von außen in den Kosmos eingreift und den Erlöser aus Himmelshöhen durch die Reiche der guten und bösen Geister hindurch zu den Menschen schickt, um ihnen die Kunde von seiner unwandelbaren Güte zu bringen und ihnen den Weg zu zeigen, auf dem sie zu Gott zurückgelangen können.«

»In diesem Wissen um den Weg nach oben und um die Mittel, die anzuwenden sind, um ihn gehen zu können, besteht die Gnosis! Seine volle Erlösung aber erlangt der Mensch erst, wenn er dem ganzen Kreis der Schöpfung entflieht und in die außerhalb dieses Kreises liegende unendliche Ewigkeit eingeht, in der Gott selbst (der Vater im Himmel nach dem Nazarener, Verf.)

---

[3]) Hans Leisegang, dt. Philosoph, 1890–1951 † Berlin

thront. So vollzieht sich die Aufwärtsentwicklung in umgekehrter Stufenfolge wie die Schöpfung der Welt (die ja mit dem Abstieg der Seelen identisch ist, Verf.). Von der Erde kämpft sich der Mensch (die Seele in ihren feinstofflichen Hüllen) zum Monde empor, von dort durch die Planetensphären in den Fixsternhimmel hinein, dann steigt er auf in die reine Welt des Geistes, bis ihn der Logos selbst zu Gott zurückführt.« (Vielmehr der Gesandte, Sohn des Vaters, oder »Meister des Wortes«, Verf.)

Wenn man von dem »Abfall von Gott« (der nicht stattfand) einmal absieht, dann ist in dieser Schilderung gnostischen Gedankengutes kaum eine Differenz zu den Lehren des Ostens und der Meister festzustellen. Anders verhält es sich allerdings bei folgendem Passus:

»Wenn der Gnostiker vom Geist spricht, so versteht er darunter nicht unseren modernen, ganz abstrakten und unsinnlichen Geistbegriff. (Nicht das Denk- oder Verstandeswesen, wie man annehmen muß, Verf.) Für ihn ist Gott immer noch Stoff (?), wenn auch ein ganz feiner, und ganz leichter, ein Hauch, ein Fluidum, ein Duft oder ein Lichtglanz.«

Dazu kann man nur sagen, daß die Gnostiker bei ihrer sonst sehr genauen Kenntnis der Regionen und Stufen der Schöpfung und ihrer Herren sicher nicht die Vorstellung hatten, Gott sei in irgend einer Weise stofflicher Natur — obwohl auch »Stoff« oder Materie aus der Kraft Gottes hervorgeht. Die feinste stoffliche Substanz ist nach der Lehre das subtile Material der zweiten Region, aus dem das Denk- oder Mentalwesen und der Kausalkörper besteht. Zwischen Mentalwesen und Seele verläuft die Grenze des oberen und des unteren Reiches, zwischen Natur und Geist. Die »Substanz der Seele« hat nichts mit Materie zu schaffen. Seele ist eine Emanation des Geistes, dessen weibliches Prinzip nach gewissen Definitionen, und als solches das verbindende Glied zwischen Geist (männlich) und feinster Stofflichkeit. Dessen ungeachtet ist sie Geist — und nicht Stoff. Sie ist die himmlische Prinzessin, die in ihrer Verbindung mit den stofflichen Schichten den gemeinen Strolchen in die Hände gefallen ist.

Nach Orthband wurde auch im Neuplatonismus, einer gnostischen Variante, das Böse nicht absolut, sondern relativ verstanden, je nach der Gottesferne, aus der sich der Mensch jedoch zu lösen vermag, wenn er sich darum bemüht. Der bekannteste Wortführer des Neuplatonismus war Plotin (205—270), ein Schüler des

Ammonius Saccas in Alexandrien. Auch nach seiner Darstellung entspringt aus dem Ur-Einen der Weltgeist und die Weltseele. Zunächst strahlt aus dem Einen der Geist aus wie Licht und Wärme aus der Sonne. Er ist Denkendes und Gedachtes, Geist- und Ideenwelt zugleich. Er erzeugt die Seele, die Mittlerin zwischen Ideen- und Sinneswelt. Sie ist auf der einen Seite dem Geist zugewandt und erhält von ihm die Idee, auf der anderen Seite aber neigt sie sich der Materie zu, um aus ihr nach jenseitigen Urbildern die diesseitigen Abbilder der körperlichen Welt zu gewinnen. Gemäß dem Abstieg vom Ur-Einen bis zur Materie soll nun der Mensch in umgekehrter Richtung auf denselben Stufen emporsteigen.

Auf diesem Wege gilt es, über das Gebiet des Wissens hinauszueilen und niemals vom Pfade abzubiegen, der zur Einswerdung mit dem Ur-Einen führt, sondern abzulassen vom wissenschaftlich Faßbaren. »Ich rede und schreibe, um mittels der Worte die Schau zu erwecken und um demjenigen den Weg zu zeigen, der solcher Schau teilhaftig werden will« (Plotin, nach Orthband, p. 208).

Orthband schreibt weiter, daß es sich bei der von Plotins Schüler Porphyrios berichteten Vereinigung Plotins mit dem Ur-Einen nicht um eine plötzliche Entrückung gehandelt habe, dergleichen im Neuen Testament öfter berichtet wird, sondern um den Erfolg beharrlicher Läuterung und Denkarbeit(!). (Wozu wieder gesagt werden muß, daß hierzu nicht Denkarbeit, sondern gerade deren Ruhigstellung und gezielte Meditation führen kann, allerdings auch beharrliche Läuterung.) Sollte aber Plotin diese Vereinigung mit dem »Vater« wirklich erreicht haben, so konnte das erstmals nur unter Führung eines Meisters geschehen, der diesen Weg zuvor selbst gegangen ist. Nachdem Porphyrios berichtet, daß sein Meister diese Vereinigung mehrfach erreicht habe, gibt es hierfür nur eine Erklärung: Plotin war selbst ein Meister des WORTES, und diese Meisterschaft kann nach Lage der Dinge nur von Ammonius Saccas an ihn weitergegeben worden sein.

Diese Stufen des Aufstieges können jedoch keineswegs durch »empordenken« verwirklicht werden, wie es Orthband wiederholt darstellt. Die Lehre besagt, daß die Seele zuerst im Astralkörper in die astrale Region gelangt, wo sie denselben beim weiteren Aufstieg zurückläßt, wie den irdischen Körper auf der Erde. Als nächstes folgt die Mentalregion, in welcher die Seele nur noch vom Mentalkörper umhüllt ist. Dort bleibt auch dieser zurück, und die Seele steigt ohne jede Verhüllung, sozusagen nackt, zur nächsten Region auf, von der geschrieben steht: »Dort werden die Gerechten leuchten wie die Sonne«, und das ist das unverhüllte Licht der Seele. Zwischen dieser dritten und der nächsten Region breitet sich die undurchdringliche Zone absoluter Finsternis aus (Maha Sunn), die von keiner führerlosen Seele überwunden werden kann.

Man kann annehmen, daß es sich bei dieser undurchdringlichen Zone um den »dunklen Feuerkreis« der Gnostiker handelt, von dem vorhin die Rede war. In der Pistis Sophia wird berichtet, daß Christus bei seinem Aufstieg zum Vater die verirrte und weinende »Sophia« dort gefunden und hindurchgeführt habe; mit anderen Worten, die Seelen (Sophia) brauchen auf diesem Wege die Führung des vom Vater gesandten Meisters, welcher allein den Weg kennt.

Die bekannten Gnostiker der christlichen Ära — jedoch Nichtchristen — waren also Simon Magus und Valentinus, dazwischen noch der sagenumwobene Apollonius von Tyana, mit Simon Magus ein Mann des ersten Jahrhunderts, während Valentinus um 160 gestorben sein soll. Von Apollonius sagt HPB, daß es kaum einen Kirchenvater der ersten sechs Jahrhunderte gebe, der ihn unbeachtet gelassen hätte. Nur waren »ihre Federn wie üblich in die schwärzeste Tinte theologischen Hasses, der Intoleranz und Einseitigkeit getaucht«! Er soll besonders die höheren Gesellschafts-Klassen unterrichtet haben und darin hätte er sich von Jesus unterschieden, dem er im übrigen — auch bezüglich der Wunder — durchaus gleichgekommen sei. Auch er war ein Feind äußerer Frömmigkeit und aller Entfaltung nutzloser religiöser Zeremonien, von Frömmelei und Heuchelei.[4]

Die zweite Dreiheit wäre Plotin, sein Schüler Porphyrios und wiederum dessen Schüler Jamblichus. Letzterer soll ein Gegner der inzwischen hoffähig gewordenen Kirche gewesen sein und großen Einfluß auf Kaiser Julian gehabt haben, welcher um 360, also nicht lange nach Konstantins Tod, den antiken Götterkult wieder einzuführen versuchte; er wurde jedoch wenige Jahre später in Persien schwer verwundet und starb 32jährig, so daß sein Versuch scheiterte.

Damit dürfte die wichtige Rolle der Gnosis in der Geistesgeschichte klar genug geworden sein. Mit diesem echten Gedan-

---

[4] Geheimlehre: Esoterik p. 131.

kengut steht dagegen in krassem Gegensatz, was Orthband abschließend darüber berichtet:

»Es liegt im allgemeinen Gnosisbegriff die Überzeugung, daß man sich über gewisse Erkenntnisstufen zu Gott empordenken und mit ihm sich im eigenen Bewußtsein vereinigen könne (!). Vorausgesetzt wird aller philosophischen Gnosis als Glaubensgewißheit die Identität von Weltvernunft und Gottesgeist, weshalb das vernünftige (!) Erkenntnisdenken zugleich Gottesdenken ist. (Nichts könnte in Wirklichkeit falscher sein, Verf.) Anschließend an die postulierte Gotteserkenntnis . . . fällt es relativ leicht, den vermeintlichen (!) Gottesplan einzusehen und ihm gemäß über Vergangenheit, Gegenwart und Zukunft des Weltganzen zu spekulieren. Solche Gnosis liegt jeder spekulativen Philosophie zugrunde; die meisten großen Philosophen des Abendlandes sind sinngemäß als derartige (falsche) Gnostiker aufzufassen, so z. B. Spinoza, Leibniz, Herder, Fichte, Schelling, vor allem Hegel . . .! Insbesondere ist jedem christlichen Logosdenker diese Art Gnosis unerläßlich (!) (Orthband, p. 207).

Diese letzten Darlegungen Orthbands wären völlig unverständlich — weil voller Irrtümer — es sei denn, er wollte mit diesem sonderbaren Gnosisdenken den »unteren Weg« charakterisieren, auf dem danach alle die genannten Denker des Abendlandes gewandelt wären — womit er vielleicht nicht so unrecht haben könnte. Der »obere Weg« dagegen, der Weg der endgültigen Erlösung, wurde zuvor von ihm selbst dahin interpretiert, daß man darauf über das Gebiet des Wissens und des wissenschaftlich Faßbaren hinaus eilen müsse — und diese Definition ist durchaus zutreffend, wie schon wiederholt dargelegt. Wie kann man — sozusagen im gleichen Atemzug — behaupten, in der Gnosis werde Weltvernunft und Gottesgeist gleichgesetzt! Das verstehe, wer kann.

Aber kehren wir zurück zum weiteren Ablauf der geistigen Strömungen nach der Unterdrückung der Gnostiker, deren letzter großer Repräsentant Jamblichus gewesen war. In den nächsten Jahrhunderten vollzog sich, langsam aber sicher, der Niedergang des römischen Imperiums, nachdem das Schwergewicht der Macht sich von Rom nach Byzanz verlagert hatte. Im siebten und achten Jahrhundert begann die Blütezeit der arabisch-hellenistischen Kultur parallel mit dem Vordringen des Islam vom Mittleren Osten bis nach China und im Westen über Nordafrika und Spanien bis fast zu den Pyrenäen. Im Gegensatz zur römisch-

christlichen Staatskirche war der Islam gegenüber Andersdenken-
den grundsätzlich tolerant, wenigstens gegenüber den Wissenschaften. So kam das antike Geistesgut schließlich nach Spanien,
und die vergessenen Schriften des Aristoteles und anderer wurden
auf diesem Wege der christlichen Scholastik um 1200 wieder
bekannt gemacht, wozu entscheidend Kaiser Friedrich II. beitrug.
Hierüber Orthband:

»Aufgewachsen unter griechisch und arabisch sprechendem
Volk in Palermo, wo sich damals noch Orient und Okzident
mischten, hatte er sich zum höchstgebildeten Herrscher des ganzen Mittelalters entwickelt. Zu seiner geistigen Unabhängigkeit
gegenüber allen christlichen Zeitgenossen verhalf ihm hauptsächlich die arabisch-hellenistische Wissenschaft und Philosophie.
Er ließ naturwissenschaftliche Werke des Aristoteles zum erstenmal ins Lateinische übersetzen und ausgewählten Gelehrten des
Abendlandes überbringen mit dem Befehl, diese schleunigst zu
studieren — und dieser Anweisung konnte man sich nicht wider-
setzen, obwohl die Werke des Aristoteles den christlichen Dogmen widersprachen. Hier die größten Widersprüche zu beseitigen,
einen Ausgleich zwischen dem Gedankengut der großen griechischen Denker und den Dogmen der Kirchenväter zu finden, stellte
sich Thomas von Aquin zur Lebensaufgabe.«

Begreiflicherweise konnte der kirchliche Glaube und die Dogmen nicht mit dem lückenlosen Weltbild der antiken Denker und
der Gnostiker in Übereinstimmung gebracht werden. Insbesondere war die kirchliche Auffassung von einem »absoluten Bösen«,
die sich in der augustinischen Vorstellung von der ewigen Verdammnis samt Höllenfürsten als Gegner Gottes kristallisiert
hatte, nicht mit der klaren und logischen Stufenlehre vom Abstieg und von der Rückkehr der Seelen ins »obere Reich« zu ver-
einbaren. So mußte der Versuch des Thomas ein Kompromiß
werden, in dem die Wahrheit ein wenig zurechtgebogen wurde.
Dessen ungeachtet wurde seine Theologie (die unvollendet blieb)
nach anfänglich heftigem Widerstand bald völlig anerkannt und
Thomas selbst (1322) heilig gesprochen. Erst viel später wurden
die alten Lehren in ihrem ursprünglichen Gehalt im Abendland
wieder bekannt und gewürdigt, ohne Vermischung mit kirchlichen und theologischen Glaubenssätzen.

Somit brachte Thomas (und vor ihm sein Lehrer Albert
Magnus) endlich wieder einen Schimmer geistiger Freiheit ins
düstere christliche Mittelalter. Aber im selben 13. Jahrhundert

formierte sich die Macht der Dunkelmänner erneut in der Einrichtung der Inquisition unseligen Angedenkens, dem ungeheuerlichen blutigen Schandfleck abendländischer Geschichte. Damit begann eine neue Phase des Kampfes um die »Rechtgläubigkeit«, die aber meistens von den äußeren Umständen und Machtverhältnissen abhing, denen sich das Volk zu fügen hatte, wenn es nicht mit Leib und Gut für seine abweichende Überzeugung büßen wollte. Im Jahre 1232 hatte der Papst den neugegründeten Orden der Dominikaner mit der Bekehrung bzw. Bekämpfung der Ketzer im Rahmen der Inquisition beauftragt, und die Ordensbrüder verstanden sich als die »Spürhunde des Herrn«. Die Folge war ein mit allen Mitteln geführter Kampf um Machtpositionen, wobei auch gegenseitige Absetzungen, Gegenpäpste und Gegenkaiser zur Gewinnung von Vorteilen eingesetzt oder zur Usurpation ermuntert wurden.

Es war eine neue Epoche christlicher Selbstzerfleischung, wie sie eigentlich seit dem Tode Konstantins nie aufgehört hatte. Ihre Grundlagen waren zunächst die Lehren des Eusebios von Cäsarea, welcher die Herrschaft oder das Königtum Christi auf Erden verwirklicht sehen wollte und als dessen Vorstufe das römische Imperium ansah. Nachdem 395 die Zweiteilung dieses Imperiums erfolgt war, gewann Ostrom-Byzanz die Vormacht und Theodosius wie seine Nachfolger nahmen diese stellvertretende Christusherrschaft für sich in Anspruch.

Sie waren — und blieben für viele Jahrhunderte — damit zugleich Kaiser und Pontifex, während der Bischof von Rom eher ein Schattendasein ohne konkrete Macht führen mußte. Da aber um 400 das römische Imperium, soweit seine Bewohner inzwischen Christen waren — echte oder scheinbare — keineswegs konfessionell geeinigt war, gab es dauernd kriegerische Auseinandersetzungen auch um religiöse Lehrmeinungen und Konfessionen. Aus solchen Verhältnissen heraus schrieb Augustin um 420 sein Hauptwerk über den Gottesstaat (De civitate Dei), wobei er im Gegensatz zu Eusebios das irdische (römische) Imperium als satanisch ansah, weshalb nur die Kirche selbst, mit ihren Rechtgläubigen, die Herrschaft Christi auf Erden verwirklichen könne. Die immer noch zahlreichen Nichtchristen und die Christen anderer Lehrmeinungen oder Konfession bezeichnete er als Todfeinde der »rechtgläubigen« Kirche und als Satansmenschheit, zu deren Bekämpfung man jedoch nicht auf die Hilfe des Staates verzichten könne. Diese »Rechtgläubigkeit« bezog sich aber nicht etwa auf die unverfälschte Lehre des Nazarener Meisters, sondern auf die Auslegung des Athanasius (295–375), den man den Vater der Orthodoxie nennt. Die lateinische oder (römisch-) katholische Kirche richtete sich in Zukunft weitgehend nach den Vorstellungen des Augustinus, die er in seinem Werk über den Gottesstaat formuliert hatte. Da Rom und das weströmische Reich als Machtfaktor um 476 von der Weltbühne verschwunden war, war es Ostrom-Byzanz leicht, den Alleinvertretungsanspruch (Primat) der römischen Kirche abzulehnen. Seine Herrscher setzten als Oberhaupt der Kirche ihren eigenen Patriarchen ein, doch kam es zur eigentlichen Spaltung in eine römisch-lateinische und eine griechisch-orthodoxe Kirche erst im Jahre 1054, wobei die letztere wiederum in verschiedene Landes- oder Nationalkirchen aufgegliedert wurde, doch mit gleicher Lehre, daß »Christus Gott und Erlöser ist«; ihre Selbstbezeichnung lautet daher: Eine, ungeteilte Kirche Christi.

Für die römisch-lateinische Kirche war es erforderlich, sich an die westlichen Herrscher anzulehnen, was in der Praxis die Abstimmung der beidseitigen Interessen bedeutete, die jedoch selten in friedlicher Übereinstimmung, sondern durch endlose Schachzüge und Intrigen auf beiden Seiten erfolgte, wie man aus jedem einschlägigen Geschichtsbuch entnehmen kann.

Nun aber, im 13. Jahrhundert, hatte der Papst das Instrument der Inquisition als eines »heiligen Amtes« zur Verfügung, das ihm direkt unterstellt war. Die Kirche setzte ihre Glaubenstribunale ein, wozu ihr das vierte Laterankonzil 1215 die Handhabe gegeben hatte, welches allgemeine Regeln für das Vorgehen gegen die Ketzer aufstellte und auch die Fürsten mit Exkommunikation und Länderentzug bedrohte, wenn sie sich weigerten, gegen die — von den Tribunalen bezeichneten — Ketzer vorzugehen. Die Inquisitoren wurden vom Papst ernannt und waren vornehmlich Dominikaner, aber auch Franziskaner, nachdem Franz von Assisi diesen Orden 1210 gegründet hatte. Albertus Magnus und Thomas von Aquin waren Dominikaner, ebenso Eckhardt, der mit seiner »gemäßigten Ketzerei« ebenfalls noch in das Räderwerk der Inquisition geriet. Andere große Denker des ausgehenden Mittelalters waren Franziskaner, so Roger Bacon und W. von Okham; es gab ja damals praktisch keine andere Bildungsmöglichkeit in Europa als die Klosterschulen, somit auch keinerlei Wahlfreiheit. Außerdem war es für jeden öffentlich Wirkenden geraten, sich einem der beiden einflußreichsten Orden anzuschließen, die ihre Mitglieder immerhin vor dem Schlimmsten bewahren konnten, wenn sie unter Anklage gerieten.

Die Grundfrage der Ketzerbekämpfung war die, ob Satan nur der Beauftragte Gottes, sozusagen seine Zuchtrute für die unbotmäßige Menschheit sei, oder ob er ein echter Gegner und Gegenspieler Christi und sogar Gottes selbst sei. Die Kirche hatte sich offenbar für das letztere entschieden — entgegen der Aussage im Buch Hiob und auch des vierten Evangeliums, wo der Nazarener bescheinigt, Satan habe verlangt, seine Jünger sieben zu dürfen — was doch ein festgelegtes Verhältnis zwischen »Gott« und den unteren Herren voraussetzt.

Satan wurde also von der Kirche als radikaler Gegner Gottes postuliert, und folglich durfte und mußte man in der Satansmenschheit (Augustin) die radikalen Gottesfeinde sehen; die Frage war nur, wie diese zu erkennen wären.

Die Antwort lieferte der »Hexenhammer«, ein grundlegendes Handbuch über das Hexenwesen, das von zwei Inquisitoren deutscher Herkunft um 1490 herausgegeben wurde, an dessen Richtigkeit später nicht einmal die Reformatoren zweifelten. Diese Hexenlehren waren allerdings nicht neu, denn auch Thomas hatte sie in seinem System ebenfalls schon aufgenommen. Sie sollten gewissermaßen die wieder aufkommende Forschung und die Naturwissenschaften aufhalten, die man eben auch als satanisch einordnete, da man sogar die Willensfreiheit des Menschen selbst leugnete, vielmehr annahm, wer durch eigenes Nachdenken — außerhalb der kirchlichen Lehren — Erkenntnis suche, könne diese nur von Satan erhalten, denn die gottgewollten waren ja in Verwahrung der Kirche!

So kam es also in den nächsten 300 Jahren zu den zahllosen Hexenprozessen; jeder Angeschuldigte konnte solange gefoltert werden, bis er das gewünschte Geständnis ablegte. Eine Verteidigung gab es nicht. Hatte er die Folterung überlebt und also gestanden, was man ihm vorwarf (Unzucht mit dem Satan, Verwandlung in ein Tier, Leichenfraß, Verhexung der Ernte und zahllosen anderen Unsinn), dann wurde er lebendig im Namen des Vaters, des Sohnes und des Hl. Geistes verbrannt (Orthband). Mancherorts gab es so viele »Hexen«, daß man Verbrennungsöfen bauen mußte, die den Andrang bewältigen konnten. Allein im 16./17. Jahrhundert betrug die Anzahl der so Verfolgten einige Millionen, da die Inquisition nicht nur gegen Hexen, sondern auch gegen Ketzer angewandt wurde. Nur in seltenen Fällen gelang es, dieser Prozeßmühle ein Opfer zu entreißen. So kam Galilei nach seinem Widerruf der kopernikanischen Lehre mit Hausarrest davon, und Kepler konnte seine alte Mutter nach sechsjähriger Kerkerhaft dank der Unterstützung von Freunden dadurch befreien, daß man sie als geisteskrank ausgab.

Mit Hilfe der Lehre vom Hexenwerk und der Inquisition beherrschten die unduldsamen Kräfte das öffentliche Leben und die Universitäten bis weit in das 18. Jahrhundert hinein, und teilweise sogar noch darüber hinaus. Immerhin begann sich mit den großen Denkern der neueren Zeit, wie Descartes, Newton und Kant, das Dunkel auch in Europa zu lichten und der blutige Nebel zu verziehen. Dennoch, auch heute noch sind bei uns Glauben und Wissen zwei getrennte Größen. Hierin ist unser Bewußtsein gespalten, zur Hälfte für das Glaubensgut, zur anderen für die Wissenschaft reserviert. Das ist die moderne geistige Situation, in der wir alle uns gegenwärtig befinden. So wenigstens sieht es E. Orthband nach seinem schon zitierten Werke.[5]

Im Rückblick auf diese kurze Übersicht fällt es nicht schwer, herauszufinden, wo das satanische Element dominiert: In der Unduldsamkeit, Verfolgung und Verleumdung derer, die sich eine eigene Meinung erlaubten. Dagegen ist selten ein Schimmer des göttlichen Lichtes wahrzunehmen, von dem der Nazarener gesprochen hatte. Wie christlich in dessen Sinne hatte dagegen noch der »Heide« Konstantin gehandelt mit seiner Anordnung: Keiner darf wegen seiner Überzeugung durch einen anderen belästigt oder ihm Schaden zugefügt werden; wie sein Herz es will, so soll es jeder halten! Und daran sollten sich alle Dogmatiker ein Beispiel nehmen.

Kapitel 9

Paulus, der Pharisäer

Die Frage bleibt weiterhin aktuell, was in unserer Alltagswelt nun »göttlich« und was »satanisch« genannt zu werden verdient.

---

[5]) Orthband: Geschichte der großen Philosophen, p. 234.
   Isaak Newton 1643–1727, Descartes 1596–1650, Kant 1724–1804.

Zwar läßt sich mit dem Merkmal der Toleranz auf der einen und der Unduldsamkeit auf der anderen Seite keine ausreichende Klarheit über das Problem gewinnen, doch sind die genannten entgegengesetzten Verhaltensweisen immerhin gewichtige Kriterien, die eine Beurteilung erleichtern, wo es sich um die noblere und wo um eine eher verwerfliche Gesinnung handelt. Wenn wir unter diesem Gesichtspunkt einige Äußerungen des für die Kirche weithin maßgebenden Völkerapostels Paulus ansehen, so bleibt an dessen zweideutiger Rolle in diesem großen Spiel kaum ein Zweifel möglich.

Paulus also spricht zu den Gemeinden folgendermaßen:

»So jemand den Herrn nicht liebt, der sei verflucht (1. Kor. 16/22).

Oder über das Evangelium:

»Es gibt kein anderes, sondern nur gewisse Leute, die euch verwirren und das Evangelium verdrehen wollen. Aber selbst wenn wir oder ein Engel vom Himmel euch ein anderes Evangelium predigen würden, als wir euch verkündet haben (wir, Paulus), der sei verflucht« (Galater 1/7—8).

Und an anderer Stelle:

»Ich habe beschlossen (über einen »Sünder«) im Namen des Herrn Jesus (!), ihn dem Satan zu übergeben zum Verderben des Fleisches, damit der Geist (die Seele) gerettet werde / am Tage des Herrn Jesu« (1 Kor. 5/4—5).

Solche Aussprüche, die jedem humanen Empfinden Hohn sprechen, durfte Paulus den nach Wahrheit und der guten Botschaft des Nazareners verlangenden Zeitgenossen ins Gesicht schleudern. Welch ungeheuerliche Anmaßung und Überheblichkeit eines Mannes, dessen frühere Aktivitäten alles andere als eine blütenweiße Weste dokumentieren, die er zudem noch ohne Scheu in seinen Briefen ausbreitet!

C. A. Skriver bemerkt zu diesen Stellen in den Paulusbriefen ganz richtig, daß das entsetzliche Geschehen kirchlicher Ketzer- und Hexenverbrennungen im späteren christlichen Abendland hier bereits seine biblische Begründung und Rechtfertigung fand. Und er stellt weiterhin fest, daß gewisse Textstellen (des Neuen Testaments) in einem paulinisch pharisäischen Geist geschrieben seien, aber gewiß nicht im Sinne des Jesus von Nazareth! »Die geist- und gewissenlose bloße Meinung des alten Saulus wurde der ganzen Heidenchristenheit durch die Bibel aufoktroyiert und von ihr kritiklos als ›Gottes Wort‹ geglaubt. Sie verursachte die

Blindheit des Bibelgläubigen auf diesem Fleck bis auf den heutigen Tag.«[1])

Nun war gerade Paulus, der ehemalige rabiate Christenverfolger, am allerwenigsten befugt, das allein richtige Evangelium zu verkünden und andere — wahrscheinlich besser fundierte — Interpretationen zu verfluchen und zu verdammen. Bekanntlich wurde Simon (Petrus) von Jesus als sein Nachfolger erkoren und es ist wenig wahrscheinlich, daß Petrus seinen steten Widerpart Paulus in die höheren Geheimnisse eingeweiht haben sollte. Daß dies nicht geschehen ist, beweisen gerade die unqualifizierten Äußerungen des letzteren zur Genüge. Anderseits kannte Paulus ohne Zweifel einige große Wahrheiten, die ihm aber schon durch seinen Pharisäerlehrer Gamaliel zugekommen sein mögen — oder durch seine Unterweisung in Damaskus nach seiner Vision auf dem Wege dahin.

Man muß hier jedoch klar und ohne Sentimentalität unterscheiden zwischen Kenntnissen und Fähigkeiten im Bereiche der »drei Welten«, die auch sehr erhabene Bereiche umfassen, dessen ungeachtet dem Statthalter des Vaters — dem Demiurgen — unterstehen, in dessen Bereich der Einfluß der negativen Mächte, damit auch derjenige Satans dominiert — und den oberen Regionen der reinen Geister, aus welchen der Nazarener nach seinem eigenen Zeugnis zur Erde herabstieg, wie es die Gnostiker ganz richtig dargestellt haben. Es kann gar keinem Zweifel unterliegen, daß Paulus in gewissen seiner Aussagen nicht aus der Kenntnis der höheren Wahrheiten, sondern unter dem Einfluß der niederen Mächte einerseits und seiner Schulung im jüdischen Pharisäertum anderseits gesprochen hat. Und dieser Umstand ist ohne Frage die tiefste Ursache der späteren Fehlentwicklung des (sogenannten) Christentums gewesen und bis heute geblieben. Später mag sich Paulus zu den höheren Wahrheiten durchgerungen haben, aber das Unheil nahm doch seinen Lauf.

Dieses markante Beispiel zeigt mit aller wünschbaren Deutlichkeit die Problematik der gegensätzlichen Begriffe »göttlich« und »satanisch«, denn in Wahrheit ist Satan entsprechend der Definition im Buch Hiob — wie nach der Lehre des Ostens — eine wichtige Potenz unter den Kindern Gottes, also keineswegs »teuflisch«, sondern selbst auch »göttlich«, wenn auch ein Fürst

---

[1]) C. A. Skriver: Die Lebensweise Jesu und der ersten Christen.
p. 113—114.

der unteren Regionen. Als solcher ist er in einem ganz un-teuflischen Sinne gewiß auch ein »Höllenfürst«, nämlich eine führende Größe unter den Anklägern und Richtern über die Zuteilung von Lohn und Strafe in den unteren himmlischen Regionen und den Strafabteilungen der tieferen astralen Bereiche.

Wir leben ja meist in der irrigen Vorstellung, daß »Gott« nach unserem irdischen Tode das Urteil über das weitere und endgültige Schicksal unserer Seele sprechen werde, und diese Meinung ist die Folge einer völligen Unkenntnis der Vielfalt der höheren Bereiche und ihrer Herren. Hier zeigen sich die Auswirkungen der Unterschlagung großer Teile der Lehre des Nazareners, die offenbar schon bald nach dessen Tod eingesetzt haben muß — aus welchen Gründen auch immer. Es sei deshalb wiederum gesagt, daß nach der Lehre die Seele im astralen Gewande zunächst nur bis zur ersten himmlischen Region aufsteigen kann, wo ihr das zustehende weitere Los von Beauftragten des Herrn der drei Welten zugeteilt wird. Um in das Reich des Vaters aufzusteigen, bedarf die Seele während vieler Einkörperungen einer steten Höherentwicklung, die schließlich unter Führung und Initiation durch einen Meister zum Ziele führen kann, wie das auch im vierten Evangelium unter Verhüllungen und Einschiebungen noch angedeutet ist.

Satan ist der alte jüdische Name für einen einflußreichen Herrn in der Hierarchie des mittleren Großreiches (Brahmand nach der östlichen Lehre) und man muß sich fragen, wie es zu der unheilvollen Zweiteilung durch die Kirche in eine »rechtgläubige« und eine Satansmenschheit innerhalb des Christentums selbst kommen konnte. Diese Unterscheidung in angeblich von Ewigkeit her Auserwählte und Verdammte, die sogenannte Prädestination für jeden Einzelnen, war ja die Basis und Grundlage des Kampfes aller gegen alle durch die christlichen Jahrhunderte, der in den Ketzer- und Hexenverfolgungen seine höchsten Orgien feierte. Und diese unsinnige Prädestinationslehre hat als erster wiederum Paulus in das Christentum hereingebracht, der sich selbst nicht zu Unrecht als einen zur Unzeit Geborenen bezeichnet! Und im Fahrwasser seiner Geisteshaltung hat schließlich Augustinus Jahrhunderte später jene unselige Wahnidee zur Grundlage seiner Vorstellungen vom Aufbau eines Gottesstaates auf Erden gemacht, den die Kirche — die Gemeinschaft der Rechtgläubigen — verwirklichen sollte. Und seine Vorstellungen waren für anderthalb Jahrtausende die Richtschnur für das Handeln der

Kirchen, leider aber vorwiegend nicht zur Verwirklichung des Gottesstaates, sondern zur Verfolgung und Vernichtung derer, die nicht in allen Punkten mit der offiziellen Lehrmeinung übereinstimmten.

Man fragt sich, wie es nur möglich war, daß zahllosen Menschen mit Witz und Verstand, die es doch in allen Jahrhunderten gab, ein solch barbarischer Unsinn eingetrichtert werden konnte, den selbst die Reformatoren im 16. Jahrhundert noch mit voller Überzeugung akzeptierten. Vor dieser Frage scheitert jeder rationalistisch-vernünftige Erklärungsversuch, und es bleibt dann nur die Möglichkeit, sie durch Einbeziehung anderer, außerirdischer oder »irrationaler« Einflüsse und Mächte zu beantworten. In der Tat hat es den Anschein, daß der alte Stammes- und Regionalgott der Juden hier noch einmal für ein ganzes Zeitalter durch die Person des Paulus und seiner Epigonen den Sieg über die Botschaft der Liebe des Vaters zu allen Menschenkindern, die der Nazarener verkündete, den Sieg davongetragen habe.

Was die in Wahrheit weitgehend paulinisch-jüdische Kirche seit bald 2000 Jahren demonstriert, ist eine heuchlerische und scheinheilige Verehrung der menschlichen Erscheinung des Nazareners und seines Leidensweges, aber keine praktische Verwirklichung seiner Anweisungen. Allerdings muß man sehen, daß diese für die Allgemeinheit nur in sehr beschränktem Maße in die tägliche Wirklichkeit umgesetzt werden könnten, und so muß man für die paar Brosamen, die uns heute von der eigentlichen Lehre geblieben sind, noch dankbar sein, denn sie ermöglichen dem Suchenden heute wieder den Einstieg in die vollen Geheimnisse dessen, was einstens den Jüngern Jesu vermittelt wurde.

Nehmen wir also an, Jahwe oder ein anderer »Fürst der Welt« habe die Botschaft Jesu zu Fall gebracht oder doch bis zur Unkenntlichkeit verdunkelt und verunstaltet, wie dies ja in Tat und Wahrheit geschehen ist. Auch dann bleibt noch die Frage nach den Gesetzen, die solchem Geschehen zugrunde liegen, denn es ist klar, daß das göttliche Spiel den willkürlichen Eskapaden untergeordneter Herren enge Grenzen setzt; Zufall und Willkür haben darin sicher wenig Spielraum und können in diesem Sinne aus den Überlegungen ausgeschlossen werden. Was bleibt, ist das karmische oder Schicksalsgesetz, das den Einzelnen wie den Gruppen und ganzen Nationen ihr Los entsprechend ihrer Aussaat in der Vergangenheit zuteilt. Und diese gesetzmäßigen Zusammenhänge zwischen dem sinnlich-irdischen Bereich und den höheren und feineren Stufen des Daseins sind der Schlüssel zum Geschehen auf dieser Erde, das man sonst nur als unvernünftig, widersinnig, ungerecht und unverständlich bezeichnen könnte.

Es ist auch heute noch eine häufig gebrauchte Redensart, es sei die Absicht und das Ziel Christi gewesen, das Reich Gottes oder den Himmel auf Erden zu verwirklichen. Möglicherweise hatten tatsächlich manche Kirchenväter die utopische Vorstellung, der Himmel ließe sich auf Erden verwirklichen, vielleicht gerade Augustinus, der Autor des »Gottesstaates«. Was dann aber wirklich aus dem geplanten Himmel auf Erden wurde, war allerdings alles andere als himmlisch, wie wir gesehen haben.

Wer aber die Lehre nur einigermaßen kennt, der weiß, daß zwar ein relativ paradiesischer Zustand auf Erden möglich wäre und auch in anderen Zeitaltern tatsächlich bestanden haben soll, daß aber ein Dasein ohne Mühe und Kummer hier nicht möglich ist, weil die Voraussetzungen dazu fehlen. Körper aus Fleisch und Blut sind nun einmal verwundbar und vergänglich; auch wenn in anderen Zeitaltern das Leben des Menschen hundertmal länger währte und tausendmal lebenswerter war als in unseren Tagen, so war es doch sicher niemals vollkommen. Die Voraussetzungen für ein Leben ohne Mühsal und körperlichen Tod sind dagegen auf der astralen Ebene schon eher gegeben, und dort befinden sich deshalb auch die sogenannten Paradiese mit den verfeinerten Sinnenfreuden, von denen wir Erdenmenschen so gerne träumen. Wer sich also einen langen Aufenthalt dort verdient hat, der hat sicher ein gutes Los gezogen. Nur, einmal ist auch das Guthaben auf die Freuden des Paradieses wieder aufgezehrt, denn sie dauern für den Einzelnen nicht ewig, sondern müssen mit einer neuen Erdenrunde vertauscht werden, wenn die Zeit gekommen ist. Außerdem werden jene unteren himmlischen Regionen mit der Erde zusammen nach gewissen astronomischen Zeiträumen der Auflösung verfallen, wie auch der Nazarener sagte: Himmel und Erde werden vergehen.

Anderseits kann es keinem Zweifel unterliegen, daß das Leben auf Erden tausendmal besser sein könnte, als es in diesem eisernen Zeitalter tatsächlich ist. Das allerdings kann nicht geschehen durch steigende Industrieproduktion und Wohlstandsgüter in beliebiger Menge, denn die dabei gewonnenen Vorteile werden mit Sicherheit durch mindestens ebensoviele Nachteile auf der anderen Seite eliminiert und wertlos gemacht. Das Gesetz von Ursache und Wirkung, das dem Geschehen auf Erden zugrunde liegt, ist ja eine Wechselbeziehung zwischen verschiedenen Regionen, in erster Linie zwischen der grobmateriellen (irdischen) und den feinstofflich-astralen, sowie den mentalen Bereichen. Was unsere Akademiker entweder noch nicht bemerkt haben oder nicht akzeptieren können und wollen, ist die elementare Tatsache eines Naturgesetzes, das nicht auf unserer Erde oder überhaupt im physikalischen Bereiche entstanden ist, sondern auf den höheren feinstofflichen Ebenen, und von dort aus in die materiellen planetarischen Bereiche hereinstrahlt und reflektiert wird.

Dieses »große Naturgesetz« oder »Universal Mind« der Lehre ist keine Ausscheidung komplizierter chemischer Vorgänge, wie selbst in unseren Tagen noch manche (Pseudo-)Wissenschaftler unentwegt verkünden, sondern es ist das Gesetz des Herrn der Herren oder höchsten Demiurgen, dem Statthalter des Vaters und Herrscher über die feinstofflichen Naturreiche. In seinem Machtbereich gibt es viele Götter, Göttinnen und Herren, wie Paulus richtig sagte, darunter auch die große Mutter der Natur, Shakti oder Mahamai bei den Indern, Isis im alten Ägypten, die Erdenmutter, von welcher der Nazarener im aramäischen Evangelium spricht. Es sind vor allem ihre Gesetze, die für uns Irdische von konkreter Bedeutung sind, deren Mißachtung uns in immer schwierigere Situationen bringt und schließlich in zunehmenden Katastrophen enden dürfte. Es ist erstaunlich genug, daß trotz Kirche und Bibel kaum jemand aus den Scharen von Theologen bemerkt zu haben scheint, daß das Gesetz des Mose, wie die Lehre Jesu zum großen Teil das Gesetz der großen Mutter zum Gegenstand hat. Aber freilich wurden die diesbezüglichen Lehren des Nazareners fast vollständig unterschlagen, und so leben wir allgemein in einer geradezu blamablen Unwissenheit über die Zusammenhänge und Gesetzmäßigkeiten im Kosmos.

Hier nun ein paar Sätze aus den Reden Jesu, wie sie zu seiner Zeit aufgezeichnet und in Sicherheit gebracht worden sein sollen, bevor sie den Fälschern in die Hände fielen:

»Wahrlich ich sage euch, der Mensch ist das Kind der Erdenmutter; aus ihr seid ihr geboren, in ihr lebt ihr und zu ihr werdet ihr wieder zurückkehren. Haltet daher ihre Gesetze, denn niemand kann lange leben und glücklich werden, es sei denn, er ehre seine Mutter und halte ihre Gebote. Im anderen Falle bleibt ihr euren Krankheiten ausgeliefert und könnt auf keine Art dem Tode entrinnen. Doch wer ihre Gesetze hält, dessen Leiden wird sie heilen und er wird nie mehr krank werden.«

Eines Tages fragten die Kranken Jesus: »Meister, welches sind die Gesetze des Lebens? Lehre uns, damit wir geheilt und rechtschaffen werden.« Und Jesus sprach:

»Wahrlich sage ich euch, keiner kann glücklich werden, es sei denn, er erfülle das Gesetz. Ihr sollt es aber nicht in den Schriften suchen, denn das Gesetz ist lebendig, die Schrift aber ist tot. In allem, was lebt, ist das Gesetz wirksam; ihr findet es überall, im Gras, in den Bäumen, im Fluß, doch suchet es vor allem in euch selber, denn wahrlich, alles was lebt ist näher bei Gott als die Schrift, die Menschenwerk und daher ohne Leben ist. Das Gesetz ist allgegenwärtig in der Luft, in der Erde, in den Pflanzen und den Lebewesen, und überall könnt ihr es hören und sehen, wenn ihr eure Augen und Ohren nicht verschließt. Der Geist des Menschenkindes wurde aus dem Geist des Himmelvaters geschaffen und sein Leib aus dem Leibe (den Kräften und Stoffen) der Erdenmutter. Liebet also euren Himmelvater, wie er euren Geist (die Seele) liebt, und eure Erdenmutter, wie sie euren Leib liebt. Achtet auch alle anderen Lebewesen, denn wahrlich alles Lebendige stammt von einer Mutter. Wenn ihr so eure wahren Geschwister und alle Lebewesen liebt, dann werden alle Übel und Sorgen von der Erde verschwunden sein. Und dann wird die Erde sein wie der Himmel, und das Reich Gottes wird kommen.«

Hier haben wir also den Himmel auf Erden, von dem der Nazarener sprach. Seine Verwirklichung beruht auf der Übung von Tugenden wie: einfach leben, essen, wohnen, niemandem schaden (auch keine Tiere umbringen), Zucht und Ehre hochhalten, nach Erkenntnis streben und die Gottheit ehren — alles Dinge, welche im Grunde von allen Religionen verlangt werden.

Niemand wird bezweifeln, daß bei solchem Verhalten alsbald paradiesische Verhältnisse auf Erden einkehren würden, weil sowohl die direkten Ursachen der lawinenartig anschwellenden Krankheiten wie auch die Bewirker schlechten Karmas beseitigt wären. Da wir aber nicht imstande sind, diese Grundforderungen auch nur im Ansatz zu verwirklichen (wohl aber das Gegenteil), wird unser Schicksalskarma nicht leichter, sondern zunehmend schwerer werden, und wir können daraus ein Bild der Zukunft ableiten. Es ist ja die karmische Schuld des Einzelnen wie der Gemeinschaften, die sich durch vergangene Jahrtausende angesammelt hat, die den negativen Mächten und in der Tat auch Satan die Macht (und Pflicht) verleiht, die Zornschalen der Gottheit über die Menschenkinder auszugießen und sie mit Krankheit und Kriegen, mit Inquisition und Hexenverbrennungen oder mit der Vergasung von Hunderttausenden zu quälen.

Diese inneren Ursachen können aber keine Rechtfertigung für die Verbrechen Einzelner oder von Institutionen (wie der Kirche) sein, die ebenso unweigerlich das ernten werden, was sie gesät haben — Aug um Aug, Zahn um Zahn, Glied um Glied und Folter um Folter, wie es das Gesetz des Herrn der drei Welten befiehlt.

Es ist unerläßlich zum Verständnis des Lebens in seiner Gesamtheit — diesseits und jenseits des Todes — das karmische Gesetz von Ursache und Wirkung etwas eingehender zu untersuchen. Dazu können einige Ausführungen von Rudolf Steiner von Nutzen sein, der diese Gesetze in einleuchtender Weise mit dem wachen und dem schlafenden Zustand vergleicht.

»Wenn der Mensch am Morgen erwacht, dann muß er an seine Handlungen von gestern anknüpfen, wenn sein Leben nicht sinnlos sein soll. Hätte ich alles vergessen, was gestern und früher war, so wäre ich gleichsam ein neuer Mensch und könnte an nichts anknüpfen. Es ist das Gedächtnis, das mich an die Wirkungen meines Tuns bindet. Der schlafende Körper dagegen unterliegt nur den physischen Gesetzen und kann deshalb niemals etwas vollbringen, was im Sinne der Vernunftgesetze liegt. Es ist das Denkwesen, das diese Gesetze in die physische Welt hineinträgt, und soviel es davon hineingetragen hat, soviel wird es wiederfinden, wenn es beim Erwachen den Faden seiner Tätigkeit wieder aufnimmt. So finde ich mich wirklich am Morgen als eine dreifache Wesenheit: den physischen Körper, der während des Schlafes den bloß physischen Gesetzen gehorcht hat, mich selbst als denkendes Wesen, das heute dasselbe ist wie gestern und heute ebenso vernünftig handelt wie gestern. Und alles das finde ich bewahrt im Gedächtnis — was meine ganze Vergangenheit aus mir gemacht hat.«

Damit haben wir zugleich ein Bild der dreifachen Wesenheit des Menschen. In jeder Verkörperung findet sich der Mensch in einem physischen Organismus, der den Gesetzen der äußeren Natur unterworfen ist. Und in jeder Verkörperung ist es dieselbe Seele, das Ewige in den mannigfachen Verkörperungen. Körper und Seele stehen einander gegenüber. Zwischen beiden muß etwas sein, wie das Gedächtnis zwischen meinen Taten von gestern und heute. Dies ist das Denk- oder Mentalwesen, dem der Kausalkörper beigegeben ist. Dieser Kausal- oder Ursachkörper (nicht die Seele selbst, wie Steiner schreibt!) bewahrt die

Wirkungen meiner Taten aus früheren Leben und bewirkt, daß der jeweilige Erdenmensch in seiner neuen Verkörperung als dasjenige erscheint, was vorhergehende Leben aus ihm gemacht haben.

In unserem Erdendasein bestimmt unser Vorleben in jedem Falle auch dann unsere Lebensumstände, wenn wir unsere Tätigkeit etwa in ein anderes Land verlegen. Auch dort handeln wir wieder nach den früher erworbenen Fähigkeiten, und unser Vorleben zieht gleichsam aus der ganzen Umwelt diejenigen Dinge an sich, die ihm verwandt und vertraut sind. Daß wir in einer neuen Verkörperung eine Umwelt vorfinden, die dem Ergebnis unserer vergangenen Taten entspricht, dafür sorgt die Verwandtschaft unseres neu inkarnierten Kausalkörpers mit den Dingen dieser Umwelt. Was führt uns in diese Umwelt hinein? Unmittelbar die Eigenschaften (oder Aufzeichnungen) meines Kausalkörpers bei der neuen Verkörperung. Aber diese Eigenschaften haben wir doch nur, weil die Handlungen unserer früheren Leben sie in den Kausalkörper eingeprägt haben. Diese (vergangenen) Handlungen sind also die wirkliche Ursache, warum wir in bestimmte Verhältnisse hineingeboren werden, und was wir heute tun, wird die Ursache dieser oder jener Verhältnisse sein, die wir in einem späteren Leben antreffen werden. So erschafft sich der Mensch in der Tat sein Schicksal. Dies erscheint nur solange unbegreiflich, als man das einzelne Leben für sich betrachtet und es nicht als Glied in der Kette aufeinanderfolgender Leben ansieht.

So kann man sagen, daß den Menschen im Leben nichts treffen kann, wozu er nicht selbst die Bedingungen geschaffen hat. Durch diese Einsicht in das Schicksalsgesetz — Karma — wird erst begreiflich, warum die Guten oft leiden müssen und die Bösen im Leben mehr Erfolg haben. Diese scheinbare Ungerechtigkeit des einen Lebens verschwindet, wenn der Blick erweitert wird auf viele Leben oder Verkörperungen. So einfach wie eine staatliche Justizpflege darf man sich allerdings das Karmagesetz nicht vorstellen, ebenso wie man sich Gott nicht als alten Mann mit weißem Bart vorstellen sollte.

Zwischen den Verkörperungen hat der Mensch — die Seele in ihren subtilen Körpern, Kausal-Mental-Astralhülle — keinen Anteil an der materiellen Welt und es ist klar, daß in die höheren Bereiche nichts von der physischen Welt einfließen kann, denn die Seele befindet sich ja außerhalb der physischen Welt. Was ihr während dieser Zeit begegnet, kann sie daher nur aus der überphysischen Welt schöpfen. Geblieben ist ihr aus der irdischen Welt nur das, was sich als eine Art Gedächtnis in ihrem Mental- oder Kausalkörper niedergeschlagen hat.

Die Seele mit ihren subtilen Hüllen hat im Körper gelebt und ist durch sie in Beziehung zur materiellen Umwelt getreten. Dies hat seinen Ausdruck in der Entfaltung von Begierden, Trieben und Leidenschaften gefunden, woraus wiederum äußere Handlungen hervorgingen, und diese Begierden und Handlungen formen den persönlichen Charakter. In jedem Menschen lebt eine Summe von Begierden und Wünschen, die sich im astralen Wunschkörper niederschlagen, der innig mit der physischen Existenz verbunden ist. Beim Tode verläßt die Seele mit den subtilen Hüllen den Körper, aber das Verlangen und die unbefriedigten Wünsche bleiben in den subtilen Körpern erhalten, die ja mit dem körperlichen Tode nicht zerstört werden, sondern für die Dauer der Inkarnationen bestehen bleiben, wie es heißt.

Diese Summe an unerfülltem Verlangen muß nach dem Tode erst einmal abklingen und gereinigt werden, was an dem dafür bestimmten Ort zu geschehen hat (Kama Loka), und diese Reinigung von allzu irdischen Wünschen wird um so länger dauern, je mehr der Mensch sich dem sinnlichen Leben verbunden fühlte.

Anders verhält es sich, wenn jemand seine irdischen Wünsche überwunden hat und deshalb keinen Überschuß an materiellem Verlangen mitbringt. Ein solcher Mensch wird begreiflicherweise ein besseres Los in höheren Bereichen (Devachan) gewinnen, ohne erst lange Zeit an den Orten der Reinigung verbringen zu müssen.

Bei seiner Entkörperung besitzt der Mensch auch eine Summe von Erfahrungen, die er ebenfalls in das übersinnliche Leben mitnimmt. Hat er beizeiten die Wünsche abgestreift, die ihn an das Erdendasein ketten, dann ist ihm die Frucht der Erfahrung geblieben, die dann von den unmittelbaren Einwirkungen des vergangenen Lebens befreit ist. So können diese Erfahrungen in neue Keime — Anlagen, Fähigkeiten etc. — für die künftige Einkörperung umgesetzt werden. Sie sind also nicht etwa verloren, sondern kommen dem Menschen in seinem neuen Dasein in vollem Maße zugute.

Soweit die Erläuterungen zum karmischen Gesetz in Anlehnung an die Aufsätze Rudolf Steiners zu diesem komplexen Thema.[2])

---

[2]) Rudolf Steiner: Re-Inkarnation und Karma 1903–1923
(teilweise im Sinne der Meisterlehren korrigiert, Verf.).

Vergleichen wir damit aber noch die Aussagen anderer Kenner der geheimen Lehre, so werden wir uns zumindest selbst ein einigermaßen fundiertes Urteil über die verborgenen Zusammenhänge hinter dem Vorhang bilden können und damit einen kleinen Schritt in der Erkenntnis vorankommen.

Zunächst verdient die Aussage der Bhagavad Gita Beachtung, die eines der maßgebenden heiligen Bücher Indiens ist. Dort wird gesagt, daß der Mensch mit Verdiensten nach seinem Tode zunächst für viele Jahre »zur Welt der Frommen« eingehe. Wenn er dann aufs neue geboren wird (was unvermeidlich ist), geschehe das unter solchen Umständen, die seiner früheren Entwicklung angepaßt und günstig sind, und die früher erreichten Einsichten erleichtern ihm den weiteren Fortschritt, ja sie reißen ihn selbst wider seinen Willen zu erneuter spiritueller Arbeit fort, so daß er bald »sogar die Veden hinter sich läßt«, was bedeutet, daß er alsbald in die höheren geistigen Bereiche vordringen werde.[3]

Nach der Lehre östlicher Meister gibt es drei Arten von Karma:

1. Sinchit, d. h. angesammeltes »Vorratskarma« aus früheren Erdenleben.

2. Pralabdh, d. h. dasjenige Quantum aus dem »Sinchit«, das uns für die gegenwärtige Erdenrunde als unser Schicksal zugeteilt ist.

3. Kriyaman, d. h. neues Karma, das wir im jetzigen Leben durch Handlungen und Wünsche bilden und dessen Früchte wir in späteren Erdenleben ernten werden.

Was wir in unserem gegenwärtigen Dasein erleben, ist nichts anderes als das zugeteilte Schicksalskarma (Pralabdh) aus dem von uns selbst in der Vergangenheit angehäuften Vorrat von Guthaben und Schulden. Wir werden also in der Zukunft ernten, was wir jetzt säen, und wir ernten in der Gegenwart, was wir in früheren irdischen Existenzen gesät haben. Daher ist unser gegenwärtiges Erdenlos das Ergebnis unserer eigenen Handlungen und Wünsche in der Vergangenheit und wurde uns nicht etwa willkürlich, sondern zu Recht zugeteilt. Wir sollten es darum als eine uns zustehende Aufgabe ansehen, der wir nicht ausweichen können und sollten sie so gut als möglich und mit Humor zu lösen versuchen.

Nach dem Rat der Meister sollte uns ein gutes Los nicht mit

---

[3]) Bhagavad Gita: Gesang 6/40—45.

Stolz erfüllen und ein schlechtes nicht deprimieren, noch kann es etwas nützen, wenn wir uns darüber ärgern und grämen. Das zugeteilte Karma wird nämlich nur dann restlos abgetragen und aufgelöst, wenn man es mit Gleichmut und ohne Groll annimmt wie es kommt, nach dem Grundsatz: »Dein Wille geschehe.« Nur auf diese Weise können wir verhindern, daß aus unserem Verhalten neue üble Folgen erwachsen, die uns irgendwann in der Zukunft wieder begegnen.

Nach dieser Meisterlehre, der wir ja auch in den Evangelien begegnen, sollte man zwei Dinge unbedingt beachten:

1. Keine schlechten Handlungen begehen, weil deren Folgen unweigerlich auf uns zurückfallen.

2. Gute Handlungen sollten ohne Erwartung einer Belohnung ausgeführt werden, weil solche noch unerfüllte Wünsche uns ebenso zu neuen Geburten zurückbringen, in denen der erwartete Lohn geerntet werden kann. Tun wir dagegen das Gute um seiner selbst willen und ohne Verlangen nach Lohn und Vergeltung, dann entfällt auch dieser Antrieb zur Wiedergeburt.

Dennoch bleibt uns auch bei einem vorbildlichen Verhalten gemäß der Lehre immer noch die letzte und schwierigste Aufgabe, das aus unzähligen Existenzen angehäufte Sinchit-Karma abzutragen, denn solange nicht »der letzte Heller bezahlt« ist, können wir dem Rad der Wiedergeburt nicht entkommen. Zur Lösung dieses Problems gibt es nur einen erfolgversprechenden Weg, die sogenannte »Wiedergeburt im Geiste«, von der im vierten Evangelium die Rede ist. Die Meisterlehre versteht darunter die Vermittlung des bewußten Kontaktes mit dem lebendigen Kraftstrom der Gottheit durch einen Beauftragten des »Vaters im Himmel«, Sat Purush, dem Herrn der fünften Region an die ausgewählten Schüler oder Jünger. Nur durch diese Initiation wird der Schüler in die Lage versetzt, in zielstrebiger Arbeit das Sinchit- oder Vorratskarma nach und nach abzutragen. Ohne diese Einweihung in NAM, den lebendigen Klangstrom des Schöpfers, wird das Sinchit in aller Regel immer noch mehr angehäuft statt vermindert und kann somit praktisch niemals liquidiert werden.

Wenn wir unsere tatsächliche Lage aufgrund der unzweideutigen Lehre einmal ernsthaft überdenken, wird uns sicher bald einmal klar, daß es für uns nichts Wichtigeres geben kann, als diesem Problem entschlossen zu Leibe zu rücken. So lautet denn auch der Rat berufener Lehrer, nicht zu zögern und die Lösung des Problems auf später zu verschieben, sondern hier und jetzt damit zu beginnen. Viele, wenn nicht die meisten, denken bei sich: »Ich will diese Dinge später, im Alter, in Ordnung bringen, dann ist immer noch Zeit genug dazu.« Doch diese Rechnung kann schon deshalb nicht aufgehen, weil eine solche Einstellung dem spirituellen Fortschritt im Wege steht.

Dazu sagt Swami Ji, ein Lehrer um die Jahrhundertwende:

»Unsere gegenwärtige Lage beruht auf dem Praladh-(Schick-sals-)Karma. Wenn wir in diesem kostbaren menschlichen Leben versäumen, mit NAM in Kontakt zu kommen und weiterhin gute und schlechte Handlungen ausführen, werden wir aufs neue und immer mehr im Zyklus der Geburten und Tode verstrickt. Die einzige Gelegenheit, diesem Gefängnis der 84 lakh's (8,4 Mio) Lebensformen der Schöpfung zu entkommen, bietet sich uns in der menschlichen Existenz. Aber wir beachten diese Wahrheit nicht und vergeuden unser kostbares Leben, das uns zum Zwecke der Verehrung des Schöpfergeistes (NAM-Bhakti) geschenkt wurde, um statt dessen weiterhin gute und schlechte Handlungen auszuführen. Aber unsere wirkliche Pflicht, uns um die Wieder-vereinigung mit Gott zu bemühen, lassen wir unbeachtet.«

Ein anderer Lehrer sagt:

Diese Welt ist eine Mischung von Gut und Böse, von Tugend und Sünde. Tugend bringt Glück, Sünden bringen Leiden. Un-vermischte Sünden führen zur Hölle, unvermischte Tugend in eines der Paradiese bzw. in den Himmel. Das menschliche Leben ist das Ergebnis einer Kombination von Tugend und Sünde, und deshalb ist es auch eine Mischung von Freuden und Leiden. Tugend bringt uns ein größeres Maß von Glück, kann uns aber nicht die ewige Befreiung (Erlösung) verschaffen. Man kann zum Ausgleich früherer Tugend unter glücklichen Umständen geboren werden, zu Reichtum und Wohlstand oder in herrschende und angesehene Positionen gelangen, aber Befreiung von der Wieder-geburt kann auf diesem Wege nicht erreicht werden. Auch unter den glücklichsten Umständen bleibt man im Gefängnis der unte-ren »drei Welten«. Der einzige Weg, diesem Gefängnis zu ent-rinnen und Befreiung zu erlangen, ist die Selbstaufgabe bzw. die Übergabe unseres Selbst an einen wahren Meister (Sat Guru), um von ihm das Geheimnis von NAM zu lernen und nach sei-nen Weisungen den Kontakt mit dem lebendigen Kraftstrom zu verwirklichen.«

Obwohl aber das karmische Gesetz unser Erdenschicksal bestimmt, hat der Mensch — und er allein — einen freien Willen und die Gabe der Unterscheidung, und deshalb kann er selbst beurteilen was recht und was falsch ist und auch danach handeln. Allerdings gilt das karmische Gesetz nicht nur für den Einzelnen, sondern auch für die Gesellschaft und für die Völker und diese Gruppenkarma muß der Einzelne mittragen. Es handelt sich also um ein äußerst dichtes Netz und komplexe Gesetzmäßigkeiten, in die unsere Einzelschicksale verwoben sind und es wäre leichtfertige Vermessenheit, aus eigener Kraft mit dem Problem der Befreiung vom Rad der Wiedergeburt fertig werden zu wollen. Vielmehr brauchen wir die Hilfe eines kompetenten Führers, der fähig ist, uns über den Bereich der Naturgesetze hinaus in die höheren Regionen zu geleiten. Nur dann können wir diese sich immer wiederholende Tragödie beenden und ein für allemal zum Abschluß bringen.

In diesen Dingen herrscht bei uns westlichen Menschen noch große Unkenntnis und es fehlt die Erfahrung in der praktischen Arbeit zur spirituellen Entwicklung. Dies hängt ohne Frage weitgehend mit der bei uns gültigen kirchlich-christlichen Lehre zusammen, die nur Bruchteile der echten Lehre bewahrt hat und diese noch falsch und dogmatisch interpretiert. Mit Sicherheit hat jedoch der Nazarener Meister einstmals seinen Jüngern dieselben unveränderlichen Gesetze der Schöpfung gelehrt, wie sie erst in jüngster Zeit bei uns wieder bekannt werden. Daß jener Meister dagegen ein Beauftragter des »Vaters« war, können wir in aller Deutlichkeit auch heute noch den Evangelien entnehmen. Im Gegensatz zur Situation im christlichen Bereich ist dagegen die echte und vollständige Lehre im Mittleren und Fernen Osten nie verlorengegangen, sondern immer — wenn auch manchmal im Verborgenen — lebendig geblieben.

Was das Gesetz unserer Ebene betrifft, sind es in Wirklichkeit die karmischen (Auslöse-)Kräfte, die das Leben auf Erden in Bewegung halten. Die Seele, die wie ein kostbares Juwel von mehreren Hüllen umgeben ist, könnte ohne die karmischen Einprägungen in der mental-kausalen Hülle überhaupt nicht im Körper inkarniert und tätig werden, weil ihr die Kräfte nicht zufließen könnten, die das irdische Leben in Bewegung halten.

Als Gruppenkarma formen diese Kräfte unter anderem den sogenannten Zeitgeist, indem sie das Denken derjenigen lenken, die großen Einfluß auf die öffentliche Meinung haben, oder sie bewirken eine revolutionäre und obstruktive Grundhaltung ganzer Bevölkerungsgruppen und verändern dadurch die seither bestehenden Vorstellungen und Wertmaßstäbe — zum Guten wie zum Schlechten — wie wir das in den letzten Jahrzehnten in frappanter Weise gesehen haben. Es wechselt dann auch die allgemeine Stimmung und neue Gewohnheiten bürgern sich ein und werden den Menschen zur zweiten Natur.

Was wir gesät haben, das werden wir ernten. Einstmals kannte und beherzigte man die Gesetze des Lebens noch besser und vermied es, sich mit üblem Gedankengut zu infizieren. Heute wird das Gift maßloser Genußsucht und Hemmungslosigkeit jedem ins Haus geliefert und vielfach wahllos konsumiert. Die karmischen Folgen sind unvermeidlich, und jeder muß sie mittragen. Doch gibt es zum Glück eine Möglichkeit, sich von der verhängnisvollen Abwärtsfahrt zu distanzieren und von der sich steigernden Tragödie zu lösen. Wie kann das geschehen?

Wir sollten uns zunächst darüber klar zu werden versuchen, daß es nicht unsere Aufgabe ist, die Welt zu verbessern. Im gegebenen Falle nach unseren Kräften das Gute zu tun, ist zwar eine selbstverständliche Forderung, jedoch ist es aus den geschilderten Gründen der karmischen Gesetzmäßigkeit nicht möglich, die Lebensumstände auf Erden entscheidend zu verbessern — es sei denn, die Völker würden sich in ihrer großen Mehrheit zu echter Tugend aufschwingen. Der Einzelne dagegen kann nicht viel tun, wie die Geschichte vieler edelmütiger und heroischer Idealisten der Vergangenheit zur Genüge beweist — auch ohne Kenntnis des karmischen Gesetzes. Dieses ist aber auch heute noch ebenso gültig wie zu Moses Zeiten, Aug um Aug und Zahn um Zahn. Bekanntlich hat Christus dieses Gesetz keineswegs außer Kraft gesetzt, sondern sich ihm unterzogen bis zu seiner eigenen Hinrichtung. Es ist das Gesetz des »Vaters«, das er den unteren Welten zugrunde gelegt hat und das für deren ganze Existenzdauer seine Gültigkeit behält.

Es gibt jedoch neben dem karmischen Gesetz noch ein anderes der höheren Regionen, dessen Anwendung und Durchführung jenen besonderen Gesandten übertragen wurde, derer Jesus einer war, ein Gesetz der Rückführung heimkehrwilliger Seelen, das nicht auf dem Prinzip genauer Vergeltung, sondern auf der Liebe und Gnade des Höchsten beruht und folglich weit über dem karmischen Gesetz steht. Dies ist ja gerade die »gute Botschaft«, die Jesus einstmals den Menschen seiner Zeit verkündete.

Es ist also unsere erste und wichtigste Aufgabe im Leben, die eigene Gleichgültigkeit und Gedankenträgheit zu überwinden und den wahren Sinn jenes Wortes von der »Wiedergeburt im Geiste« zu ergründen, ohne die wir nicht das Reich und die endgültige Erlösung erlangen können. In den »Verborgenen Worten Jesu« heißt es: »Wer sucht, soll nicht aufhören zu suchen, bis er gefunden hat. Und hat er gefunden, wird er staunen, staunend wird er das Reich erlangen und zur Ruhe kommen.«

Kapitel 10

Das harte Los der Seelen

»Unsere Seele ist in ihrer Essenz ein Tropfen vom großen Ozean der Höchsten Wesenheit (Sat Nam), dem Ewigen und Unbegreiflichen ohne Anfang und Ende, dem Ursprung aller Energie und allen Lebens. Nach der Trennung von ihrem Ursprung stiegen die Seelen des ganzen Universums zuerst in die Region des universellen Verstandes (Trikuti) herab, wo sie durch ihre Bindung an Verstand und Sinne in die Gefangenschaft der unteren Mächte gerieten. So verloren sie das Bewußtsein ihres göttlichen Ursprunges — und die Wünsche des Mentalwesens verstrickten sie immer mehr in die Angelegenheiten der materiellen Welt. Je mehr sich die Seele vom Pfad der lebendigen Kraft entfernte, verlor sie nach und nach all ihr Licht und ihren Glanz und vergaß endlich sogar, daß sie eine ewige und unsterbliche Seele sei — und begann sich mit ihren verschiedenen Hüllen zu identifizieren.«

So kennzeichnet ein großer Lehrer die Situation der auf Erden inkarnierten Seelen und fährt dann fort:

»Bei ihrem Abstieg wurde die Seele zuerst von dem Kausalmentalen Körper eingehüllt und alsdann noch von dem astralen Körper bedeckt. Als sie schließlich herabsank in die phänomenale (materielle) Welt, wurde sie zusätzlich noch im irdischen Körper wie in einem engen Gefängnis eingeschlossen. Je tiefer sie aber herabsank, um so trüber und schwächer wurde ihr Licht. Infolge dieser durch viele Zeitalter andauernden Trübung des göttlichen Lichtes gleicht nun alles, was wir auf dieser Welt beginnen und tun, den Aktivitäten eines Blinden, der sich in der Dunkelheit umhertastet. Die Dunkelheit und Unwissenheit entspringt aus der Verwirrung des Denkens, woraus wiederum Sorgen und Leid geboren werden. Weil aber die Seele seit ihrem Abstieg mit dem Mentalwesen verknüpft ist, muß sie sich ebenso den Irrwegen und Leiden desselben unterziehen.«

Und weiter:

»So ist nunmehr das menschliche Leben, das doch als die Krone der Schöpfung angesehen wird. Noch weit schlimmer sind jedoch die Lebensbedingungen der tiefer stehenden Arten. Jeden Tag werden Tausende von höheren Lebewesen aller Art getötet, um als menschliche Nahrung zu dienen. Wie jammervoll und kläglich sind deren Todesschreie, doch wir beachten sie nicht. Niemals haben wir auch nur einen Moment bedacht, wie wir uns an deren Stelle fühlen würden, wenn wir darauf warten müßten, abgeschlachtet zu werden. Oder wie vergeßlich und gefühllos sind wir gegenüber den Schmerzen, die wir den Tieren zufügen, wenn wir auf die Jagd gehen! Wie leiden sie Qualen, wenn sie verwundet sind und langsam sterben! Selbst die Pferde und andere Nutztiere, welche Lasten müssen sie tragen oder ziehen. Wenn sie alt und zur Arbeit unfähig geworden sind, erwartet sie das Messer des Schlächters. Bei wem können sie sich beschweren?«[1])

Sagt nicht auch der Nazarener Meister im Blick auf diese Dinge: »Wehe euch, ihr Hartherzigen, die ihr nicht hört, wie die Kreatur zu ihrem Schöpfer schreit und klagt!«?

Jagat Singh ergänzt dann das Bild unserer tatsächlichen Situation folgendermaßen:

»Man wird also feststellen, daß die Seele in allen Formen des Lebens und in allen Körpern wahrlich ein hartes Los ertragen muß. Eine Prinzessin von königlichem Geblüt, die sich normalerweise mit einem herrschenden Prinzen vermählt und als Königin herrscht, hat ihren hohen Ursprung vollständig vergessen und läuft mit gemeinen Kerlen herum, die sie zu niedrigen Arbeiten zwingen. Dennoch sind diese Burschen (Verstand und Sinne) nicht mit ihr zufrieden, sondern laufen beständig neuen Vergnügungen nach.«

Die Seele ist also in die Abhängigkeit von ihrem ersten Diener, dem Verstand, geraten, welcher ihr auf der materiellen Ebene überlegen ist. Der Verstand ist jedoch ebensowenig frei, denn durch seine Bindung an die Sinne wird er selbst von Wün-

---

[1]) Jagat Singh: Sience of the soul.

schen aller Art beherrscht und hat sich dadurch die Rückkehr in seine eigene Heimat verbaut, die auch der Seele die Freiheit bringen würde. Diesen Teufelskreis zu durchbrechen sollte unser wichtigstes Anliegen im Leben sein, zumal uns die Inkarnation in menschlicher Form keineswegs für alle Zukunft sicher ist. Und deshalb sind unsere Zukunftsaussichten vielleicht eher düster zu werten, wenn wir uns nicht ernsthaft bemühen.

Zum Verständnis des Schöpfungsplanes ist eine gewisse Kenntnis der verschiedenen Regionen und ihrer Herren unerläßlich. Zunächst sei jedoch noch ein Wort über die Avatare gesagt, die im Osten vielfach auch als Inkarnationen bezeichnet werden, nämlich Verkörperungen oder doch Beauftragte von Göttern oder Gottheiten der unteren himmlischen Regionen. Fr. Schuon bezeichnet in einem seiner Bücher den Nazarener als einen solchen Avatar, was eine Berichtigung erfordert.[2]

Die Bhagavad Gita sagt über die Avatare, deren einer Krishna oder Mahadev war:

»So oft ein Verfall des rechten Gesetzes (Dharma) und ein Überhandnehmen der Gesetzlosigkeit (Adharma) stattfindet, offenbare (verkörpere) ich mich selbst. Zum Heile der Guten und zur Vernichtung der Bosheit, zur Aufrichtung des Gesetzes werde ich geboren in jedem Yuga (Zeitalter)« (Gesang IV/7—8).

Die Aufgabe der Avatare ist also, dem Gesetz der Naturreiche oder des Demiurgen wieder Nachachtung zu verschaffen und zwar durch konkrete gesetzgeberische oder auch kriegerische Maßnahmen weltlicher Herrscher, die entweder selber solche Inkarnationen sind oder von einem solchen beraten und geführt werden, wie es bei dem Heerführer Arjuna der Fall war. Dagegen sind die Meister des WORTES oder Gesandten des Vaters zur Rückführung der vorbestimmten Seelen ermächtigt und beauftragt, zu deren Befreiung aus den selben drei Welten, in denen die Avatare ihren Wirkungsbereich haben. Auch HPB bezeichnet in der Geheimlehre die Avatare etwas irreführend als Heilande, aber man darf sie deshalb nicht mit den Gesandten des Vaters gleichstellen, deren Reich und Aufgabe nicht von dieser Welt ist, wie der Nazarener ausdrücklich bezeugt.

Vor wenigen Jahrzehnten hat es ein westlicher Gelehrter unternommen, die alten Lehren des Ostens, die sogenannten Meister-

---

[2] F. Schuon: Das Ewige im Vergänglichen.

lehren gründlich zu erforschen und kennenzulernen. Als Schüler und Eingeweihter eines großen Lehrers wurde ihm die Möglichkeit gegeben, das aus grauer Vorzeit überlieferte und bis in die Neuzeit stets geheimgehaltene Wissen über den Aufbau der Schöpfung und die Wege der Seelen in den abgestuften Regionen aus erster Hand kennenzulernen und die genaue und unverschleierte Lehre auch im Westen erstmals bekanntzumachen. Sein Buch »The Path of the Masters« gibt einen umfassenden Überblick über diese Lehre, die bis dahin im Abendlande allenfalls bruchstückhaft — und auch das nur in seltenen Fällen — bekannt gewesen war.

Aus der deutschsprachigen, stark vereinfachten und gekürzten Ausgabe »Der Pfad der Meister« nun einige Auszüge über die Organisation der höheren Welten und Regionen:

Über allen Welten und allen himmlischen Reichen befindet sich die Unendliche Wesenheit, der Unbekannte Eine. Er ist der formlose, unpersönliche, unendliche Ozean der Liebe. Alles Leben, alle Kraft und alle Wirklichkeit haben ihren Ursprung in ihm. Aus diesem Ozean des Geistes strömen periodisch die Schöpfungskräfte mit ihrem Gefolge von Formen, Lebewesen und Herren, die nach vielen Milliarden Jahren wieder aufgelöst werden, wenn der Namenlose die strömende Energie aus der Schöpfung zurückzieht — bis dereinst eine neue Schöpfungsrunde ihren Anfang nimmt und das Spiel von neuem beginnt.

Wenn der Wille dieser zeitlosen Wesenheit zu wogen beginnt, dann werden der Reihe nach die großen Energiezentren und Tätigkeitsbrennpunkte des oberen, des mittleren und des unteren Großreiches ins Leben gerufen und den Herren der großen Hierarchie unterstellt.

Die drei Großreiche und ihre Regionen:
1. Sat Desh umfaßt drei große Reiche:
    Agam Lok mit seinem Herrn Agam Purush
    Alakh Lok mit seinem Gebieter Alakh Purush
    Sat Lok ist das Reich Sat Purush's, des Vaters im Himmel.
2. Brahmand umfaßt vier bzw. fünf Stufen oder Regionen:
    Bhanwar Gupa, die Vorhalle zum Reich des Vaters
    Maha Sunn, die Zone absoluter Dunkelheit
    Daswan Dwar, die Region der zehnten Pforte
    Trikuti, das Reich Brahms und des universellen Verstandes.
    Sahans Dal Kanwal, das Astralreich.
3. Pinda, das physische Universum.

Über die zwei höchsten Regionen des oberen Großreiches kann wenig ausgesagt werden; sie liegen zu weit über und jenseits aller menschlichen Vorstellungskraft, so daß keinerlei Vergleich mit irdischen Dingen möglich wäre.

Wesentlich ist dagegen zu wissen, daß Sat Lok oder Sach Khand, die fünfte Region über dem physischen Universum, das uns dem Namen nach bekannte »Reich des Vaters« und die wahre Heimat der Seelen ist, von wo sie einstmals ausgesandt wurden.

Über das mittlere Großreich — Brahmand — schreibt Julian P. Johnson:

»Brahmand besteht vorwiegend aus geistiger Substanz, ist aber mit einem gewissen Anteil reiner Materie der feinsten Art vermischt. Aber die Geistigkeit läßt in den unteren Schichten immer mehr nach, während gleichzeitig die stoffliche Materie dichter und gröber wird. In der zweiten Region über dem physischen Universum — Trikuti — hat die sogenannte Negative Macht ihren Sitz, der höchste Demiurg und Herr aller tieferen Bereiche, zu denen auch unsere Erde gehört, die ein Planet der niedersten Ordnung ist. Im Vergleich zu uns Menschen ist die Negative Macht sehr erhaben, voller Güte, Licht, Weisheit und Macht, aber dennoch ist dieser Herr der Herren nicht frei von Unvollkommenheiten, die erst im Vergleich zur Positiven Macht, dem Vater im Himmel, deutlich und offenbar werden.«

Der körperliche Mensch ist natürlich ein Produkt der Erde, aber sein astraler Körper entstammt der ersten, sein Mental- und Kausalkörper sogar der zweiten Region über der materiellen Welt, dem Reich des universellen Verstandes. Unsere Intelligenz entstammt somit dieser zweiten Stufe, in der Brahm, die Negative Macht, ihren Sitz hat und regiert. Die abgestiegenen Seelen werden hier der Verwaltung dieses »Herrn der Herren« unterstellt und mit dem Mentalkörper umhüllt, um sodann weiter abzusteigen; sie werden dabei entsprechend den Stufen ihres weiteren Abstieges noch in den astralen und schließlich in den physischen Körper eingeschlossen und repräsentieren so den irdischen Menschen, dessen innere Schichten wir aber zumeist nicht mehr kennen.

Die so dreifach eingeschlossene Seele ist zwar der Lebensfunke und die treibende Kraft dieser zu einer Einheit verbundenen Komponenten, jedoch beginnen hier die äußeren Werkzeuge, Sinne, Intelligenz und materieller Körper zu wirken und sich den äußeren Dingen der Erde zu widmen, wobei der göttliche Funke in Vergessenheit gerät. Dennoch bleibt die Seele ein Teil der unvergänglichen Wesenheit und göttlichen Flamme, die ihre »Funken« überwacht und Sorge trägt, daß sie zu gegebener Zeit zu ihrem Ursprung zurückgeführt werden.

Die Herstellung des Kontaktes erfolgt über eine Reihe von Energiezentren oder Chakras, die sich in den subtilen Körpern befinden; davon gibt es sechs niedere, die Chat-Chakras, die den sechs Stufen im Universum entsprechen, und sechs höhere, die mit sechs himmlischen Regionen in Verbindung gebracht werden können, von der Astralregion (Sahans Dal Kanwal) bis hinauf zu Sat Lok, dem Reich des Vaters. Der Weg durch die unteren sechs Stufen wird der Pfad der Götter genannt, der Aufstieg durch die sechs himmlischen Regionen dagegen der Pfad der Meister.

Die gesamte zwölfsprossige Stufenleiter wird in »The Sience Of The Soul« wie folgt dargestellt:

Im ersten Lotus präsidiert Ganesha
Im zweiten residiert der unbefleckte Brahma
Im dritten schimmert Vishnus Glanz
Im vierten sind Shiva und Shakti zu finden
Jiv-Atma herrscht über den fünften Lotus
Während Parm-Atma Macht hat über den sechsten
Im siebten Lotus hat Kal seine Macht
Der achte liegt in Trikuti, wo Brahms Sonne strahlt
Der neunte bringt uns nach Daswan Dwar zu Par Brahm
Lotus »Achinta« ist zu finden in Maha Sunn (Dunkelzone)
Der elfte Lotus befindet sich in Bhanwar Gupha
Und der zwölfte schmückt Sach Khand (Sat Lok)
Die ersten sechs Zentren schmücken Pinda (Universum)
die nächsten drei zieren Brahmand
die höchsten drei kennt niemand
dorthin gehen nur die Heiligen (Meister) allein.

Julian P. Johnson gibt im Anschluß an die Darstellung über die Erschaffung der drei Großreiche noch folgende ergänzende Ausführungen:

»In Wirklichkeit war der Schöpfungsvorgang aber nicht so einfach, wie es nach dieser Darstellung den Anschein hat, sondern äußerst kompliziert. Es wurden nicht nur ein paar Großreiche erschaffen, sondern zahlreiche Unterabschnitte, Zonen und Unterzonen, Region nach Region und Ebene nach Ebene. Jede unterscheidet sich von allen anderen und wird von einem vom Schöpfer ernannten Herrscher oder Gebieter regiert, der über die Macht verfügt, die den ihm übertragenen Pflichten entspricht. Es gibt also eine große Anzahl einander nachgeordneter Welten; jede kreist um eine höhere Welt oder Region. Es besteht nicht nur ein physisches Universum, sondern zahllose, und jedes hat seinen eigenen Lenker. Es gibt also nicht nur eine Welt wie diese, sondern unzählige, die sich alle um ihre entsprechenden Sonnen drehen. Die Zahl der bewohnten Planeten ist so groß, daß niemand sie in tausend Leben zählen könnte, selbst wenn er sie sähe.«[3])

»Das unterste Glied in der Kette der Hierarchie ist der Herrscher eines einzelnen Planeten. Jeder einzelne Angehörige der großen Hierarchie ist Herrgott über den ihm unterstellten Bereich, und durch jeden von Ihnen geht alle Macht auf den nächsten unter ihm stehenden Herrn über. Auch auf jedem Planeten gibt es noch viele Untergebene, die unter der Befehlsgewalt des Planetenherrschers wirken. Am Fuße dieser großen Stufenleiter steht der Mensch. Jeder einzelne Angehörige des gesamten Menschengeschlechtes hat seinen ihm eigenen Tätigkeitsbereich. Von diesen Menschen hat der Planetenherr ganze Scharen zur Erfüllung bestimmter Aufgaben und Pflichten auserwählt. In der Regel wissen sie natürlich nichts von ihrer Berufung und Machtbefugnis. Trotzdem wirken sie aber — bewußt oder unbewußt — den Weisungen gemäß und müssen der höchsten Macht dienen, ganz gleich, ob sie es wollen oder nicht.«

»Die Welt treibt nicht einfach chaotisch dahin; sie bewegt sich in Übereinstimmung mit dem Willen des Allerhöchsten und muß das von ihm gewollte Endziel erreichen. Niemand kann seine Absichten vereiteln. Genau so sicher, wie die Planeten in ihrer Bahn kreisen, wird auch die Erde sich weiterbewegen, wie der Allerhöchste es wünscht. Kein Mensch und keine Nation kann die Welt zerstören. Es wäre töricht, sich zu beunruhigen.«[4])

Das Bild der großen Hierarchie und ihrer Herrschaftsbereiche, der planetarischen Stufen und himmlischen Regionen, das uns J. P. Johnson anhand der Meisterlehren vor Augen führt, ist so gewaltig und faszinierend, dabei aber gleichzeitig logisch und konsequent, daß schlechterdings kein anderes bekanntes an dasselbe heranreicht — ausgenommen vielleicht die Strophen des

---

[3]) + [4]) Julien P. Johnson: Der Pfad der Meister.

Dzyan, die aber uns Heutigen nur mehr schwer verständlich sind. Mit dieser Feststellung soll keineswegs der biblische Schöpfungsbericht herabgesetzt werden; das ist schon deshalb nicht möglich, weil wir seine wahre Bedeutung im Urtext heute gar nicht mehr kennen und es deshalb nicht möglich ist, ein Werturteil darüber abzugeben. Der uns bekannte Text in den europäischen Sprachen vermittelt uns ja nur eine Kindergeschichte, die für Zehnjährige zugeschnitten ist, aber keinen ernstzunehmenden Schöpfungsbericht für denkende Erwachsene darstellt. Hier muß man also in der Tat zuerst einmal die Kindergarten-Mentalität ablegen und nach besseren Informationen Ausschau halten.

Zur Ergänzung des grandiosen Schöpfungsbildes nach den Meisterlehren nun noch ein paar Worte über die »Negative Macht«, den Demiurgen (Brahm) und sein Reich der »drei Welten« nach J. P. Johnson:

Die Stellung der ›Negativen Macht‹ sollten alle Suchenden kennen und verstehen. Sie ist jenes Glied in der Rangordnung, das von seinem Hauptquartier aus in der zweiten Region oberhalb des physikalischen Universums über die drei Welten — Trikuti, Sahans Dal Kanwal und das physische Universum — herrscht. Ihr unterstehen viele Untergebene, die genau so ihre Pflicht erfüllen, wie der Herr der Herren selbst die Anordnungen seines Vorgesetzten, des höchsten Vaters, ausführt.«

»Früher wurde die Negative Macht als der höchste Gott aller Schöpfung angesehen. Diesen Fehler machten auch die Anhänger verschiedener Religionen; so ist die Negative Macht auch gleichbedeutend mit dem Gott Jehova des alten Testamentes. Wir Erdenbürger müssen uns also im Kampf um geistige Befreiung mit dieser Macht auseinandersetzen. Ihre Aufgabe ist es, uns in ihrem Herrschaftsbereich, den drei Welten, festzuhalten, unsere dagegen zu versuchen, ihm zu entkommen. Es sind die Gesetze der Negativen Macht, die wir als Naturgesetze bezeichnen; sie ist der Urheber derselben, denn sie ist der Schöpfer und Herr des physischen Weltalls. Die Himmel und Paradiese der heutigen Weltreligionen befinden sich ebenfalls in den Regionen Brahmands, dem mittleren Großreich, und die Höllen, Straf- und Besserungsanstalten für die auf andere Weise Unbelehrbaren sind desgleichen in den unteren Teilen Brahmands angeordnet.«

»Es läßt sich in der Tat feststellen, daß es viele Himmel gibt, einer über dem anderen, der eine jeweils schöner und größer als der darunter liegende. Diese Himmelswelten erstrecken sich über unermeßliche Weiten — aber sie sind nicht unvergänglich. Alles unter Sat Desh, dem oberen Großreich, unterliegt der Auflösung, deren es zwei Arten gibt. Die erste, einfache, umfaßt die beiden untersten Regionen von Brahmand und das Universum, also die drei Welten der Negativen Macht. Die zweite oder große Auflösung tritt nur nach unvorstellbar langen Zeiträumen ein und umfaßt außer dem Universum alle vier (bzw. fünf) Brahmand-Regionen. Nur Sat Desh, das obere Großreich, ist unsterblich und unvergänglich. Es erlebt niemals eine Auflösung. Die höheren Himmel dieser obersten Region aber sind nur den Meistern und den von ihnen geführten Jüngern erreichbar, während alle anderen sich mit den Regionen Brahmands begnügen müssen.«

Soweit J. P. Johnson in dem genannten Werke.

Diese kurzen Auszüge aus der Lehre der Meister haben uns viele erstaunlich genaue Angaben über die Organisation der oberen Welten vermittelt, von denen sich unsere westliche Schulweisheit und offenbar auch unsere Religionslehrer kaum etwas träumen ließen. Es gibt aber zu dem bisher nur in großen Zügen skizzierten Entwurf der Schöpfung noch viele nähere Einzelheiten, die das Bild noch weiter vervollständigen und immer plastischer hervortreten lassen. So wird der Kreislauf der Lebewesen im Zyklus der Wiederverkörperung auch als »das Rad der 84« bezeichnet, wobei »84« die Anzahl der erschaffenen Formen bezeichnet, nämlich 84 lakhs oder 84 x 100 000, also 8 400 000 erschaffene Arten von Pflanzen, Tieren, Menschen, Geistern, Göttern und Dämonen. Diese 8,4 Millionen Arten sind das weite Feld der möglichen Inkarnationen der Seelen vom Beginn der Schöpfung bis zur endlichen Befreiung vom Rad der Wiedergeburt nach unabsehbaren Zeitaltern der Wanderung durch die drei Welten Brahms, des Demiurgen und ihm nachgeordneten Herren.

Von diesen Wegen der Seele sprechen verschiedene Schriften, so auch die jüdische Kabbala und die Strophen des Dzyan, wo es heißt: »Der Funke (die Seele) hängt von der Flamme (Atma, Geist) an dem feinsten Faden von Fohat (dem Lebensfaden) herab. Er durchwandert die sieben Welten der Maya (der materiellen Bereiche); in der ersten hält er an und ist ein Metall und ein Stein. Er wandert in die zweite, und siehe, er ist eine Pflanze. Die Pflanze wirbelt durch sieben Veränderungen und wird ein geweihtes Tier. Von den vereinigten Eigenschaften dieser wird Manu, der Denker (der Mensch), gebildet.

Von dem Erstgeborenen an wird der Faden (die Verbindung)

zwischen dem schweigenden Wächter und seinem Schatten mit jedem Wechsel stärker und leuchtender.«

Damit werden gewisse Abstufungen in den Naturreichen (Mineral, Pflanze, Tier) in wenigen Worten angedeutet, was für die besser unterrichteten Menschen des Ostens vollauf genügen dürfte, denn dort sind diese Abstufungen noch weithin bekannt. Für uns Westliche ist das nicht so selbstverständlich, obwohl es von konkreter Bedeutung für uns alle wäre, wenigstens die Wertskala im Tierreich zu kennen, die mit der karmischen Verschuldung untrennbar verknüpft ist, die wir uns durch die gedankenlose Behandlung oder vielmehr Mißhandlung der Tierwelt einhandeln. Trotz einiger Rufer in der Wüste, die zur Schonung der Tier- und Pflanzenwelt eindringliche Appelle an die Einsichtigen richten, wird ja die Ausrottung und Tötung in großem Stil fortgesetzt.

Abgesehen von der Zerstörung der natürlichen Umwelt hat eine solche Verhaltensweise aber auch unabsehbare »innere« oder karmische Folgen, die unweigerlich in der Zukunft auszubaden sein werden — und kein noch so guter Grund unseres gegenwärtigen Verhaltens wird uns davon befreien können. Das grundlegende allgemeine Gesetz der Gottheit des Demiurgen oder der Erdenmutter lautet: Wer tötet, der wird wieder getötet und jeder Verstoß gegen Andere wird vergolten, Aug um Aug und Zahn um Zahn, wie es der »Herr« der Söhne Jakobs durch seine Propheten verkündet hat.

Die Wertskala der lebenden Wesen — einschließlich der Pflanzen — richtet sich nach dem Vorhandensein der aktiven (schöpferischen) Elemente in denselben, und danach auch die karmische Schuld, die mit der Schädigung oder Tötung verbunden ist. Es sind dies die vier Stufen des Lebens in der Natur:

Pflanzen, Gemüse, Früchte etc.

mit einem Element: Wasser

Reptilien, Würmer, Insekten

zwei Elemente: Erde und Feuer

Fische, Vögel   drei Elemente: Wasser, Feuer, Luft

Vierfüßler, Säuger vier Elemente: Erde, Wasser, Feuer, Luft

Der Mensch: zusätzlich noch Äther (Akasha)

Wie in der Natur gibt es auch in den seelisch-geistigen Bereichen bestimmte Abstufungen, und alles Leben strömt letztlich und wird erhalten aus dem Geist in seiner höchsten Form, Parmatma, wozu ein Aurobindo-Kommentator sagt:

»Atman oder Brahman ist der Geist, das wesentlich Göttliche; es offenbart sich unter zwei Aspekten: purusha und prakriti (auf unserer Ebene Seele und Natur). Die Seele (purusha) ist das wahre Wesen, das Selbst; gewöhnlich ist es jedoch durch unser Ego, das kleine Ich, und das Spiel der prakriti verdeckt und bleibt verschleiert als ein Zeuge, der das Spiel der Unwissenheit unterstützt und beobachtet. Wenn es hervortritt, wird es zuerst als ein ruhiges, unbewegtes Bewußtsein (oder Licht) wahrgenommen, das vom Spiel der Natur nicht berührt wird. Die Natur ist der äußere oder ausführende Aspekt der bewußten Kraft, die die Welten schafft und bewegt. Das Hervortreten des purusha — der Seele — bedeutet den Anfang der Befreiung.«

Nach den verschiedenen Andeutungen über das Verhältnis der »Flamme« zum Seelenfunken muß man schließen, daß die reine geistige Substanz nicht auf die grobmaterielle irdische Ebene herabsteigt. Manche sprechen deshalb auch von der »überschattenden Wolke« (Alice Bailey, Yoga), die auf einer gewissen spirituellen Entwicklungsstufe wahrgenommen werden könne. Andere wieder schließen aus den Darstellungen der alten Philosophen (z. B. Jamblichus)[5]), daß die Seele gar nicht ganz auf die Erde herabgestiegen sei. Offenbar ist es jedoch so, daß zwischen Einzelseele und Geist oder Überseele durch eine Art »Faden« oder Strahl eine Verbindung besteht, obwohl beide räumlich getrennt sein mögen. Die Seele jedenfalls ist »ganz« in den Körper herabgestiegen, wo sie ihren Wohnsitz in dem ihr bestimmten Zentrum, dem »dritten Auge« — Seite an Seite mit dem Denkwesen — innehat, von dem aus beide in den ganzen Körper ausstrahlen.

Es ist der Geist, der die Welten erschafft und in Bewegung hält; die Seele aber ist ein Funke dieser Urkraft und die Lebenssubstanz, ohne die keine bewußte Existenz im materiellen Bereiche möglich wäre, weder in den Pflanzen, noch in tierischen und menschlichen Lebewesen. Aus den vereinigten Eigenschaften der drei Naturreiche ist der Mensch gebildet, sagt der Dzyan: mineralisch (atomar-kristallin) die Grundsubstanz des Körpers, aus den Säften der Pflanzen unser Blut und Gewebe, die Körperfunktionen aus den Bauelementen des Tierreiches. Die menschliche Stufe zeichnet sich aus durch Manas, die erkennende Vernunft, die höchste Fähigkeit aus dem Reiche des Demiurgen. Den Lebewesen

---

[5]) Venanz-Schubert: Pronoia und Logos.

aller Stufen vermittelt die Seele das bewußte Lebensprinzip, das ihr selbst aus dem reinen Geiste zufließt.

Solche grundlegenden Kenntnisse von der Organisation der Welten und den darin wirkenden Kräften wie auch über die Wege der Seele sind auch heute noch weithin das Privileg des Fernen Ostens, genauer gesagt, dessen spiritueller Meister, deren Lehre erst in neuester Zeit einer noch kleinen Minderheit im Westen bekannt geworden ist. Diese Kenntnisse waren aber ohne Zweifel ebenso vorhanden im alten Ägypten, von wo sie Moses übernommen hat, und auch bei den griechischen Denkern fünfhundert Jahre vor der Zeitenwende, wie uns die Lehren des Pythagoras und anderer beweisen.

Über das Weltbild dieses Großen der Antike schreibt E. Schuré: »Pythagoras hatte genaue Kenntnisse von den großen Umwälzungen auf der Erdkugel. Die indische und die ägyptische Lehre kannte die Existenz des uralten australischen Festlandes, das die rote Rasse hervorgebracht hatte und eine mächtige Zivilisation, welche die Griechen die atlantische nannten. Von diesen Lehren wurde das aufeinanderfolgende Hervortreten und Versinken der Kontinente als von der Oszillation (Schwankung) der Pole verursacht angenommen, so daß auf diese Weise die Menschheit sechs Überflutungen durchgemacht habe. In einem solchen interdiluvianischen (zwischeneiszeitlichen) Zyklus findet das Übergewicht einer großen menschlichen Rasse statt.«

Dies bezieht sich wahrscheinlich nicht auf die Sintflut, von der uns aus der Noah-Geschichte der Bibel erzählt wird, und etwas ausführlicher im Buche Henoch, aber auch im Gilgamesch-Epos, sowie in vielen Flutgeschichten, die rund um die Erde verbreitet sind. Die sechs Überflutungen, von denen hier die Rede ist, beziehen sich jedoch jeweils offenbar auf eine universale Umwälzung auf der Erde, die das Ende der Vorherrschaft einer besonderen Art und das Aufkommen einer neuen Rasse (etwa der weißen) signalisiert. Die letzte große Flut dieser Art war nicht die biblische, die sich auf ein regionales Ereignis im Zweistromland bezieht und vor etwa 6000 Jahren stattgefunden haben soll, sondern auf die Flut des Vaivasvatu Manu, die vor hunderttausend Jahren den Großteil der damaligen Menschheit vernichtet haben soll, so vor allem den Großteil des sagenhaften atlantischen Kontinentes, dessen letzte große Insel dann vor etwa 10 000 Jahren versunken sein soll, wie Solon in seiner ägyptischen Erzählung berichtet.

Schuré schreibt:

»Aber auf dieser Kugel (der Erde), die wir für die unerschütterliche Grundlage der Welt halten und die doch selbst im Raume dahineilend schwebt, auf diesen Festlanden, die aus dem Meer emporsteigen, um wieder zu versinken, inmitten dieser vergehenden Völker und zusammenbrechenden Zivilisationen — was ist das große, das umfassende, das ewige Mysterium? Es ist die große Frage, die ein jeder und alle sich stellen: das Problem der Seele, die in sich selbst einen Abgrund von Finsternis und Licht entdeckt, sich mit einem Gemisch von Entzücken und Schrecken erkennt und sagt: Ich bin nicht von dieser Welt, denn sie genügt nicht, um mich zu erklären. Ich stamme nicht von der Erde, denn ich gehe anderswo hin. Aber wohin? Es ist das Geheimnis der Seele, das alle anderen enthält. Das Mysterium der Seele rührt an das Allerheiligste, an das Geheimnis der Geheimnisse.«

Dazu bleibt zu sagen, daß die Seele gewiß keinen Abgrund der Finsternis in sich entdeckt, denn sie ist aus jener strahlenden Lichtsubstanz geschaffen, von der es heißt, daß sie in den höheren Regionen — nach Ablegung der feinstofflichen Körper — ihr wahres Wesen enthüllt und alsdann leuchten wird wie die Sonne.«

Über Wesen und Wege der Seele schreibt Schuré weiter:

»Wenige vermuten heute, daß für die Eingeweihten die Wanderungen der Seele einen wissenschaftlichen Aspekt haben, daß sie unendliche Perspektiven eröffnen und der Seele göttlichen Trost geben können. Die Lehre des aufsteigenden Lebens der Seele durch die Reihenfolge der (irdischen) Existenzen ist der gemeinsame Zug der esoterischen Überlieferung und ich füge hinzu, daß sie für uns eine außerordentliche Bedeutung hat. Denn der heutige (denkende) Mensch verwirft die abstrakte und verschwommene Unsterblichkeit der Philosophen ebenso wie den kindlichen Himmel der Religionen. Die Menschenseele ist ein Teil der großen Weltenseele, ein Funke der großen Monade und des göttlichen Geistes. Aber um das zu werden, was sie in der gegenwärtigen Menschheit ist, mußte sie (nach ihrem Abstieg) durch alle Reiche der Natur schreiten (Mineral-Pflanze-Tier), die ganze Stufenleiter der Wesen hinauf, indem sie sich allmählich durch eine Reihe zahlloser Existenzen entwickelte. Die geistige Kraft der Seele lebt blind und undeutlich im Mineral, individualisiert in der Pflanze, polarisiert in der Sensibilität und im Instinkt der Tiere und strebt auf in langsamer Arbeit bis zum bewußten Zustand im Menschen.«

»Die Seelen, die in den unteren Reichen im Keimzustand enthalten sind, bewohnen diese ohne sie zu verlassen während ungeheuren Zeiträumen. Alles, was sie tun können während der Lebensdauer eines Planeten, sie können innerhalb der Artentwicklung höher aufsteigen. Was die Essenz eines jeglichen Menschen bildet, hat sich während Millionen von Jahren entwickeln müssen durch eine Planetenkette und durch die unteren Reiche hindurch, immer ein individuelles Prinzip behaltend, das ihm durch alle Daseinskreise folgt. Wieviele Reisen, wieviele Verkörperungen und planetarische Zyklen muß die so geformte Seele durchlaufen, bevor sie zum Ego des Menschen wird, den wir kennen (Vielmehr zu seinem wahren ›Selbst‹).«

»Gemäß den esoterischen Überlieferungen Indiens und Ägyptens haben die Individuen, welche die gegenwärtige Menschheit bilden, ihr menschliches Dasein auf anderen Planeten begonnen, auf denen die Materie viel weniger dicht ist als auf der Erde.«

»Der Körper des Menschen war damals beinahe gasartig, seine Verkörperung leicht und mühelos, und seine Fähigkeit zu unmittelbarem geistigem Schauen war in diesem frühen Stadium noch stark und subtil; dagegen befand sich sein Verstand in einem kaum entwickelten Zustand. In diesem halb körperlichen, halb geistigen Zustand schaute der Mensch die Geister, alles war Glanz und Herrlichkeit für seine Augen, Musik für seine Ohren. Nur indem der Mensch sich im Gleichschritt mit seiner Umgebung in immer dichtere Materie verkörperte, verlor er weitgehend seine geistigen Sinne, aber durch immer intensiveren Kampf mit der äußeren Welt entwickelte sich machtvoll Vernunft und Wille. Die Erde ist die letzte Stufe bei diesem Abstieg in die Materie, den Moses die Vertreibung aus dem Paradies nennt, und Orpheus den Fall in die sublunare Region.«

»Von hier aus kann der Mensch mühsam die Sphären wieder aufwärts steigen in einer Reihe neuer Existenzen und seine geistigen Sinne wieder erobern durch den freien Gebrauch seines Verstandes und seines Willens. (Vielmehr durch die Unterwerfung des Verstandes oder ›Mind‹ unter den Willen der Seele.) Dann nur, sagen die Jünger des Orpheus und des Hermes, erlangt der Mensch durch seine Tat (durch Einweihung und spirituelle Übung) das Bewußtsein und den Besitz des Göttlichen, dann nur wird er ein Gottessohn. Und diejenigen, welche auf Erden diesen Namen getragen haben, mußten, bevor sie erschienen, die schreckensvolle Spirale hinab- und wiederaufsteigen. Dies ist die schwindelerregende Vergangenheit der menschlichen Seele. Sie erklärt uns ihren gegenwärtigen Zustand und erlaubt uns, ihre Zukunft vorauszusehen.«

Soweit Edmund Schuré mit seiner großartigen poetischen Gestaltungskraft, in der exakte Kenntnis und bildhafte Darstellung verbunden sind.[6])

Wie die Strophen des Dzyan berichten, kamen die »luftigen Körper« der späteren irdischen Menschen vom Monde, und die Erde mußte »Hüllen aufbauen außen«, also die feinstofflichen (astralen) Modelle mit einem Körper aus Fleisch und Blut versehen. Weiter wird in der Geheimlehre von HPB erklärt, daß jeder Planet im Sonnensystem siebenfach vorhanden, aber jeweils nur einer davon sichtbar sei. Zur gleichen Frage sagt Schuré:

»Der Gedanke von ätherischen Sternen, unsichtbar für uns, die aber dennoch einen Teil unseres Sonnensystems bilden wie die sichtbaren und glücklichen Seelen als Aufenthaltsort dienen, findet sich oft in den geheimen Überlieferungen. Pythagoras nennt sie ein Gegenstück zur Erde, und Plato sagt, diese Planeten seien so leicht wie Luft und von einer ätherischen Atmosphäre umgeben.«

Erinnern wir uns dabei, was HPB über die beiden griechischen Denker sagt, daß Plato und Pythagoras ihre Lehren aus indischen Quellen geschöpft und daraus nie einen Hehl gemacht haben, so werden wir über die Zusammenhänge nicht im Zweifel sein.

In der Tat kann nicht ernsthaft bezweifelt werden, daß die Lehren seit unbekannten Jahrtausenden in Indien, im alten Ägypten und anderswo heimisch waren, wobei es ohne große Bedeutung ist, ob sie hier oder dort auf ein höheres Alter zurückgehen. Jedenfalls kommen die jüdischen Lehren aus diesen beiden Quellen, denn Abraham kam aus einem Lande fern im Osten, und Moses war ein Eingeweihter der ägyptischen Tempel, bevor er das kleine jüdische Völklein für die Weitergabe seiner Lehre auswählte. Als dritte Quelle treten die Lehren des Zoroaster in Erscheinung, deren Einfluß auf das späte Judentum und auf das Christentum von erheblicher Bedeutung war, wie wir gesehen haben.

---

[6]) Edmund Schuré: Die großen Eingeweihten, p. 286–290.

DRITTER TEIL

Kapitel 11

Die Evolution

»Wenn jemand versuchen will, die Evolution zu denken oder zu beschreiben, sollte er in eines der großen Museen gehen, wo in einigen Sälen das ganze Spektrum des Lebens zusammengetragen wurde, gerade nur, um sich beeindrucken zu lassen von dem, was ihn hier umgibt. Hier das Universum der Insekten, wo die ›echten‹ Arten nach Zehntausenden zählen. Dort die Mollusken, andere Tausende, unerschöpflich verschieden in der Art, wie sie gefleckt und eingerollt sind. Dann die Fische, so überraschend, so kapriziös und bunt wie die Schmetterlinge. Und dann die Vögel, kaum weniger phantastisch — alle erdenklichen Gestalten, Schnäbel, Farben. Dann die Antilopen mit allen möglichen Varianten von Fell, Wuchs und Stirnschmuck. Welche Vielfalt, welcher Ansturm, welches Gewirr! Und bei alledem haben wir nur die Überlebenden vor Augen. Was wäre erst, wenn wir auch die anderen sehen könnten! In allen Epochen der Erde, auf allen Stufen der Evolution dasselbe Gewimmel, dasselbe Wuchern. Die Hunderttausende von Namen in unseren Katalogen stellen nicht einmal ein Millionstel der Blätter dar, die bis heute am Lebensbaume gewachsen sind.«[1])

So eröffnet Teilhard seine grandiose Schau der Entwicklung und Entfaltung des Lebens auf der Erde, welcher wir nun zur Gewinnung einer gewissen Übersicht folgen wollen.

»Sehen wir uns zunächst einmal die Schicht der Säugetiere näher an, die unsere Gegenwart umgeben. Sie tauchen am Ende der Kreidezeit auf und leben also während des ganzen Tertiär, welches heute mit fünfzig Millionen Jahren angenommen wird, und noch etliches darüber, insgesamt rund achtzig Millionen Jahre. Bei der Familie der Säugetiere, welche sich erst im Tertiär voll entwickelt hat, lassen sich noch eine große Anzahl feinster Ansätze ermitteln. Aus der Geologie wissen wir es positiv: wenn

---

[1]) Teilhard de Chardin: Der Mensch im Kosmos.

im großen und ganzen die Menschheit eine noch unausgereifte Gruppe darstellt, so bilden ihr gegenüber die Säugetiere eine schon großjährige, aber doch noch frische Gruppe.«

»Die jüngste und fortgeschrittenste Gruppe der Säugetiere sind die sogenannten Plazentalier, also die Mutterkuchen bildenden Arten. Sie bilden eine büschelförmige Gruppe, deren Glieder von Geburt aus verwandt sind und sich auch im Kampf um Fortpflanzung und Verbreitung wechselseitig unterstützen.

Eine erste Welle von Säugetieren wurde durch Funde in einer Juraschicht (150—100 Mio) in England ans Licht gebracht: eine Welt kleiner Tiere, nicht größer als Ratten oder Spitzmäuse. Noch weiter zurück verliert sich die Geschichte der Säugetiere in der Nacht, wenn auch vielleicht noch ein anderes Büschel ganz am Ende des Trias (200—150 Mio) bestanden hat. Wenn sich der Zweig der Säugetiere unterhalb der Juraformation verliert, so geht er nicht im Leeren unter, sondern Arten von ganz anderem Aussehen tauchen auf: Dinosaurier, Ichthosaurier, Krokodilarten und noch so manch andere Ungeheuer, die dem in der Paläontologie nicht eingeweihten weniger bekannt sind.

Diese Welt der Reptilien muß, gemessen an ihrer Ausbreitung und Zusammensetzung, als mindestens ebenso wichtig wie die der Säugetiere angenommen werden. Jedenfalls verliert sie sich auf gleiche Weise in der Tiefe. Um die Mitte des Trias lassen sich die Dinosaurier noch erkennen (ca. 180 Mio Jahre). Doch auch sie tauchen ihrerseits wieder aus einer anderen Schicht auf: Derjenigen der Reptilien der Perm-Formation (über 200 Mio Jahre). Diese stellen ebenfalls ein besonderes Stadium des Lebens der Festlandwirbeltiere dar (Theromorphen). Sie haben vor den Säugetieren und vor den Sauriern alles Land bewohnt und besessen, soweit es nicht mehr vom Meere bedeckt war. Man kann sagen, daß sie die ersten Vierfüßler sind, plump und ungefüge, die sich auf dem trockenen Land angesiedelt haben.

Im Zeitpunkt, wo wir ihr Dasein bemerken, weisen sie schon eine Unzahl seltsamer Formen auf, Bewaffnung mit Hörnern, mit Kämmen, mit Stoßzähnen — was, wie immer, anzeigt, daß die Gruppe am Ende ihrer Entwicklung angelangt ist. Bei dieser Gruppe einerseits die unwandelbaren Schildkröten — und am anderen Ende Typen, die in ihrer Beweglichkeit und ihrem Schädelbau äußerst fortschrittlich sind. Aus diesen heraus entsprang, wie wir mit gutem Grund vermuten, aus langer Ruhe der Stamm der Säugetiere.

Unterhalb der Permformation (über 300 Mio?) ist die Erde nur mehr von Amphibien bevölkert, die im Schlamme herumkriechen. Auch hier eine höchst differenzierte Welt, mit der es beinahe zu Ende geht. An diesem äußersten Anfang ihres Lebens an der Luft zeigen sich die Wirbeltiere mit einem überraschenden Merkmal. Bei allen ist das Schema des Skeletts das gleiche und besonders in der Zahl und dem Plan der Glieder übereinstimmend, die zur Fortbewegung dienen.

Alle Amphibien, Reptilien und Säugetiere haben vier und nur vier Beine (die Insekten niemals weniger als sechs); vorn der eine Oberarmknochen, dann die beiden Knochen des Unterarms — und die fünf Strahlen der Hand. Ist das eine Kombination, die nur einmal gefunden wurde?

Verfolgt man also den ungeheuren und vielfältigen Fächer der gehenden Wirbeltiere bis zu seinen Ursprüngen, so faltet er sich zusammen und schließt sich zu einem einzigen Stiel oder Strahl: dem Stamm der Vierfüßler.

Aber diese ganze Welt der Tetrapoden bis zu den Amphibien ist nur ein Bruchteil des Lebens auf Erden, denn hinter den zweihundert oder dreihundert Mio Jahren, vor denen die Lebewesen dem Wasser entstiegen, liegt eine mindestens drei- bis viermal längere Zeitperiode des Lebens im Wasser: Lanzettfische, Manteltiere, Krustentiere, Stachelhäuter, Mollusken, Rädertierchen, Hohltiere etc. bis zu den Urtierchen (Protozoen) und den Bakterien.«

Soweit der Ausflug in das unermeßliche Reich des Lebens auf Erden nach der faszinierenden Darstellung Teilhards. Man ersieht daraus, daß das Leben schon vor einer, vielleicht auch vor eineinhalb bis zwei Milliarden Jahren auf unserem Planeten seinen Anfang genommen hat. Die Frage, welche zunächst auftaucht, ist die nach der Triebkraft dieses Ansturmes und es ist — auch nach Teilhard — nicht zu verkennen, daß die Entwicklung inneren, psychischen Antrieben entspringt und nur teilweise durch Umwelteinflüsse, die sogenannte Selektion oder Auslese, bestimmt und gelenkt wird. Insoweit dies der Fall ist, kann der Anstoß zur Veränderung und Anpassung aber wiederum nur über die innere Komponente verwirklicht werden, welche als empfindliches und intelligentes Element die äußeren Einflüsse und Erfordernisse wahrnimmt und denselben Rechnung trägt, indem sie neue Entwicklungen oder auch Entartungen steuert und neue »Büschel« von Formen hervorbringt, von denen die der Umwelt am besten angepaßten Zweige weiterleben, während die anderen nach und nach aussterben.

Diese Feststellungen bestätigen, daß ein »Erfindergeist« mit allen Attributen, die am vorläufigen Ende der Entwicklung auch der menschliche Geist aufweist, in der Evolution am Werke ist. Das bedeutet Sinn für Proportionen, Form und Schönheitssinn sowie hohes Können in funktioneller Hinsicht, wenn wir auch nur die einfachen Gliederfunktionen betrachten.

Man muß schon die gesamte Entwicklung des Lebens auf der Erde ins Auge fassen, um die für uns so faszinierenden Aspekte der menschlichen Herkunft in der angemessenen Perspektive zu sehen; wohlgemerkt, die Herkunft, denn die sogenannte »Abstammung«, von welchen frühen Tierformen auch immer, ist in Wirklichkeit eine Fiktion und ein Trugschluß und kann bis heute durch keine überzeugenden Fakten belegt werden.

Was sagten die Koryphäen des letzten Jahrhunderts, welche angeblich die Abstammung des Menschen von den Hominiden, den Menschenaffen als Knospen am Zweige der menschlichen Entwicklung entdeckt und gelehrt haben? Dazu der bekannteste jener Forscher:

»Unser Vorfahr war ein Tier, das Wasser atmete, eine Schwimmblase und einen unvollkommenen Schädel hatte und unzweifelhaft ein Zwitter war.« Vom selben Autor stammt aber auch der andere erstaunliche Satz: »Keine Tatsache ist so überraschend, wie die wiederholte Vernichtung der Erdbewohner!«

Diese lapidaren Feststellungen finden sich also nicht in einer geheimnisvollen Überlieferung, sie stammen vielmehr vom Altmeister der Abstammungslehre, Charles Darwin persönlich! Solche Äußerungen lassen erkennen, daß Darwin selbst keineswegs die Abstammung des Menschen von den Primaten verfechten wollte, was er übrigens an anderer Stelle noch deutlicher zum Ausdruck brachte, sondern dessen (körperliche) Herkunft aus einer Hunderte von Jahrmillionen zurückliegenden gemeinsamen Stammform mit den Primaten für wahrscheinlich hielt.

Der extreme und einseitige Affenrummel aus der Zeit Darwins wurde eher von anderen Abstammungstheoretikern jener Zeit verbrochen, etwa von Haeckel in Deutschland und Huxley in England. Deren einseitige Doktrin konnte anscheinend bis heute noch nicht auf das ihr zukommende vernünftige Maß reduziert werden, wie die stereotype Verquickung der Herkunft des Menschen mit den Hominiden zeigt. Man fühlt sich offenbar immer noch verpflichtet, seine Überzeugung von der Abstammung des Menschen von einem Vierbeiner zu beteuern, um nicht in den Verdacht der Rückständigkeit zu geraten. Gewiß kann man nicht an der Tatsache der Evolution selbst zweifeln, aber hinter der äußeren Entwicklung steht als treibende Kraft immer noch der Schöpfergeist und die verborgenen Kräfte der Natur, Purusha und Prakriti nach den alten Lehren; daran kann weder der Zufall noch die Notwendigkeit gewisser organischer Abläufe in den Körperzellen etc. auch nur das geringste ändern.

Wir Modernen als wissenschaftlich befähigte Menschheit sind vorläufig — trotz lawinenhaft ansteigenden Einzelerkenntnissen in Medizin und Biologie — auf absehbare Zeit noch vollauf damit beschäftigt, die Geheimnisse und die tieferen Zusammenhänge allein im körperlichen Bereiche der Lebewesen zu erforschen — und das gefährliche Spiel mit den Erbveränderungen wird mit Sicherheit in der Tragödie aller Zauberlehrlinge enden. Glücklicherweise zeigt es sich, daß wenigstens vor der »Erschaffung« neuer Lebewesen durch den Menschen unüberwindliche Barrieren gesetzt sind; so wird er also im positiven, schöpferischen Sinn nie »wie Gott werden«.

Wenn wir uns den Rückstand der menschlichen Wissenschaften gegenüber den schöpferischen Kräften vergegenwärtigen, deren Lebewesen in ihrer unabsehbaren Mannigfaltigkeit und Zahl täglich so mühelos erstehen, und unsere Mühe damit vergleichen, deren Körperfunktionen mit immer neuen Mitteln und Geräten zu ergründen, dann können wir zugleich den Unterschied zwischen menschlicher Intelligenz und der inneren Triebkraft bzw. den Baumeistern der Natur ermessen. Wir sind also immer noch und wahrscheinlich auch in Zukunft diejenigen, welche zu lernen haben; dessen sollten wir uns vielleicht etwas mehr bewußt werden.

Da auch Teilhard in seiner sonst großartigen und gewiß profunden Schilderung der Evolution den Hominiden den Ehrenplatz als Vorläufer der Menschheit einräumt, sei hier eine Stelle aus dem Buch der Kommentare zum Dzyan nach der Geheimlehre von HPB wiedergegeben:

»Als die dritte Rasse sich trennte (geschlechtlich), und durch die Erzeugung von Menschentieren in Sünde fiel, da wurden diese wild und die Menschen und sie füreinander verderblich. Bis dahin gab es keine Sünde, kein Leben ward genommen. Hierauf (nach diesem ›Sündenfall‹) war das Satya Yuga — das goldene Zeitalter – zu Ende. Der ewige Frühling wurde zu beständigem Wechsel und Jahreszeiten folgten. Die Kälte zwang die Menschen, Wohnungen zu bauen und Kleidung zu erfinden. Dann wendeten sich die Menschen an die oberen Väter; göttliche Könige stiegen herab und lehrten die Menschen Wissenschaften und Künste, denn diese konnten nicht mehr in dem Adi-Varsha, dem Eden der ersten Rassen, leben, welches sich in einen weißen, gefrorenen Leichnam verwandelt hatte.«

In diesen Sätzen ist eine ganze Anzahl wichtiger Hinweise enthalten, so auf eines der früheren Paradiese, das man demnach in den heutigen innerasiatischen Schneeregionen zu suchen hätte. Es soll auch gewisse alte Dokumente geben, hieroglyphische Karten etc., die den Garten der Weisheit in das Hochland des Pamir verlegen, mitten zwischen die höchsten Himalayaberge.

Dieses Hochland wird als das höchste in Zentralasien beschrieben, begrenzt durch die Ströme Oxus, Indus, Ganges und Silo, die alle aus einer gemeinsamen Quelle fließen (oder flossen), dem See der Drachen; und das wären somit die vier Ströme jenes frühen Paradieses.

Um aber auf das Thema Evolution zurückzukommen, seien hier noch einige andere Feststellungen der Geheimlehre wiedergegeben.

Die damaligen Tiere (der dritten Rasse), nach den Berichten von riesenhaften, affenartigen Formen, die vor vielen Millionen Jahren gelebt hätten, werden dort nicht etwa als die Ahnen der Menschen dargestellt, welche Äonen früher auf Erden lebten, wenn auch nicht in der späteren kompakten Körperlichkeit. Nach den alten Lehren ließen die Pitris, die Vorväter der Menschheit, aus diesen Tieren deren astrale Schatten »heraussickern« und bildeten um diese feinstofflichen Modelle den Körper des vollen Menschen, des geschlechtlich getrennten, des starken mit Knochen, wie es im Dzyan heißt, geeignet als das »Vahan« (Fahrzeug) der Herren der Weisheit.

Über die sogenannte Spitze der tierischen Entwicklung, die Primaten oder Herrentiere und die Anthropoiden, die man so gerne als die Knospen am Ast oder Zweig der menschlichen Entwicklung klassifiziert, sagt der Dzyan:

»Die Männer der vierten Rasse nahmen sich Weiber, die schön anzusehen waren, Weiber von den Gemütlosen, den Schwachköpfigen. Sie brachten Ungetüme hervor, auch Khado (in den jüdischen Schriften Lilith genannt) mit beschränkten Gemütern.

Und ihre Nachkommen blieben schweigend, eine Rasse von krummen, mit roten Haaren bedeckten Ungetümen.«

Was also die dritte Rasse durch — mehr oder weniger unbewußte — Vermischung mit »Menschentieren« begonnen hatte, setzte die vierte, die voll bewußte und intelligente Rasse mit entwickelter Sprache und Kultur als bewußte Ausschweifung mit den »Liliths« noch fort, stumme Nachkommen zeugend, »damit die Schande nicht offenbar werde«.

Diese Kreuzungsprodukte und deren Nachkommen sind also Bastarde, von menschlichen Vätern und tierischen Müttern gezeugt — die angeblichen Knospen am Baume der Evolution — nach der Darstellung von Teilhard, Haeckel und Huxley. Die Menschenaffen wären demnach entartete Abkommen des Menschen und nicht seine Väter oder Vorgänger.

Es handelt sich hier um die Frage aller Fragen, nämlich um das Problem, das allen anderen zugrunde liegt, um die Bestimmung der Stellung, die der Mensch in der Natur und in der gesamten Schöpfung einnimmt, und um seine Beziehung zu der Gesamtheit der Dinge.

Das sind Probleme, die sich mit unvermindertem Interesse heute wie zur Zeit Darwins jedem zur Welt geborenen Menschen darbieten. Thomas Huxley schrieb darüber vor mehr als hundert Jahren, und er wurde nicht umsonst die Bulldogge Darwins genannt, denn er machte sich ein Vergnügen daraus, seine Zuhörer mit der tierischen Abstammung des Menschen zu schockieren und schrieb sogar an seine Frau, daß er demnächst alle Leute überzeugt haben werde, daß sie Affen seien.[2]

Im Gegensatz zu solch leichtfertigem Verhalten war Darwin selbst äußerst vorsichtig und schrieb an einen Freund:

»Wir dürfen nicht in den Fehler verfallen, anzunehmen, daß die Urahnen des Affengeschlechtes einschließlich des Menschen identisch wären mit einem der noch lebenden Affen — oder ihm auch nur ähnlich.« Und Lyells Schrift über die Abstammung des Menschen kommentierte er mit den Worten: »Was für einen schönen langen Stammbaum haben Sie der menschlichen Rasse gegeben!«

Jeder kennt die intelligenten Säugetiere, den neugierigen, lebenslustigen Hund voll unerschöpflicher Spielfreude und nimmermüder Anhänglichkeit, oder den Delphin mit seiner staunens-

---

[2] Herbert Wendt: Der Affe steht auf.

werten Lernbegabung. Das sind keine sklavisch abhängigen Lebewesen wie etwa Bienen oder Ameisen, die ihre Funktion wie ein Automat erfüllen. Um sie breitet sich eine Aura von Freiheit und ein Schimmer von Persönlichkeit aus. Nach der Wissenschaft (des Westens) ist der Mensch ein Tier unter anderen, den sie in die Oberfamilie der Hominiden einordnet. Jedoch: »ist er nicht gerade etwas anderes, wenn man nach den biologischen Folgen seines Auftretens urteilt?«

So fragt Teilhard in seinem Buch über den Menschen im Kosmos; aber man sollte doch wohl die Frage der Besonderheit des Menschen gegenüber den Tieren nicht auf die biologischen Folgen seines Auftretens beschränken! Erstaunlich genug, daß Teilhard dies anscheinend tut, wenn man seinen Weg und seine Stellung als Ordensmann kennt, dem doch — wie jedem bestellten Priester — die Wege der Seele das primäre Anliegen sein müßte! Aber davon einmal abgesehen: Sind denn die Beweise der Anthropologen zur »Abstammung« des Menschen so unzweideutig und schlüssig, daß keine andere Wahl bleibt als die Annahme einer tierischen Abkunft?

Man zählt heute die Funde von Fragmenten des Neandertal-Typus — kümmerliche Bruchstücke — auf etwa 400, die der sogenannten Australo-Pithekinen in Afrika auf etwa 150 (um 1970), die der anderen wichtigen Formen auf weitaus weniger Fundstücke.

Mit neuen Funden sah und sieht man sich genötigt, neue Kennzeichnungen vorzunehmen. Nach dem Neandertaler, der ein Alter von etwa 100 000 Jahren haben soll, wurde ein Prä-Neandertaler, also Vor-Neandertaler-Typ gefunden, dem man ein Alter von 150 000 Jahren zuspricht und der seltsamerweise höher entwickelt war als der spätere Neandertaler. Man spricht aber auch von den Prä-sapiens-Typen, das sind nochmals höher entwickelte Formen, die als direkte Vorläufer des heutigen Menschen angesehen werden, und denen man sogar ein Alter von 250 000 bis 300 000 Jahren zuschreibt — also den höher entwickelten Formen das doppelte Alter wie den Primitiven!

Ähnlich verhält es sich mit dem afrikanischen A-Typ und den dortigen Zwergmenschen-Funden, von denen die letzteren als die höher entwickelte Form von beiden ebenfalls das weit höhere Alter aufweisen. Diese Zwergform wird von den Forschern als befähigter Vorläufer des homo sapiens angesehen und soll vor mehr als 2 Millionen Jahren gelebt haben.

Wie aber läßt es sich erklären, daß die höher entwickelten Formen ein größeres Alter aufweisen als die primitiven? Wenn es sich tatsächlich so verhält, daß es besser entwickelte Formen vor den primitiveren gegeben hat, dann würde das bedeuten, daß es nicht nur eine fortschreitende Höherentwicklung — insbesondere des Menschen — gegeben hat, sondern ebenso Zeiten der Rückbildung und Entartung bis zu einem tierähnlichen Status des Menschengeschlechtes oder Teilen desselben. Das ist eine logische und unausweichliche Folgerung aus den vorerwähnten Berichten der Anthropologen, die aber anscheinend noch keiner der Forscher gezogen hat. Aber vielleicht liegt die Erklärung darin, daß das vorher schon schwierige Problem dann noch verzwickter würde!

Offensichtlich hat es zu allen Zeiten nicht nur viele verschiedene Arten im Reiche der vielgestaltigen Säugetiere gegeben, sondern auch in dem der Hominiden. Die Abstammung einer Art von einer anderen gibt es jedoch nur als ein Ergebnis von Kreuzungen, nicht aber in der Entwicklung. Ein bestimmtes vierfüßiges Tier bleibt über beliebige Zeiträume ein vierfüßiges Tier, wenn es nicht ausstirbt. Mit Bezug auf den Menschen kann man mit Sicherheit sagen, daß er von keinem Tier abstammt; seine Form und Ausrüstung kommt tatsächlich aus der Hand des Schöpfers, wie alle anderen Grundarten des Tierreiches auch, wie wir noch sehen werden.

Der »mysterie man«, dessen Existenz manche Forscher vermuten (Leakey), besteht nach der Lehre der großen spirituellen Meister tatsächlich seit vielen Millionen Jahren, nicht als ein Bindeglied zum oder vom Tierreich, sondern als voll entwickelter Mensch. Allerdings gab es keine stetige Aufwärtsentwicklung, sondern ein zyklisch wiederkehrendes Auf- und Absteigen der Menschheit in Übereinstimmung mit dem rhythmischen Ablauf der vier Zeitalter in jedem großen Yuga von 4,32 Millionen Jahren.

Aus den gestaltenden Ideen der Schöpferkraft entstanden alle Grundarten der bekannten und unbekannten Formen in der Natur, seien es Pflanzen, Tiere oder andere Lebewesen, von denen wir keine oder nur sagenhafte Kenntnis haben. Der entscheidende Faktor in der Entfaltung der Schöpfung ist nun einmal die innere Triebkraft, ohne die es kein Leben in der Natur geben könnte. Das ist keine blinde Kraft, aus deren Zufalls-Mutationen die maßgeschneiderten Geschöpfe hervorgehen, wie vielfach behauptet wird (z. B. Jacques Monod), sondern das Werk des »nach Gesetzen waltenden Gottes« und seiner Getreuen, wie es Plato so treffend formuliert hat. Dieser »Gott der Götter« ist der Herr der drei Welten und der Naturgesetze, also der Demiurg, wie schon früher ausgeführt.

Nach der Lehre hat jede der 8,4 Millionen Arten belebter Wesen auf unserer und anderen Ebenen (die Wissenschaft schätzt die Zahl der Arten auf unserer Erde auf etwa 2 Millionen) sozusagen ihr eigenes Schöpfungsprotokoll und es ist klar, daß der Mensch auf der höchsten Sprosse der Entwicklung hiervon keine Ausnahme darstellt.

Nach alten Berichten scheint es zu gewissen Zeiten Vermischungen zwischen Mensch und Tier gegeben zu haben, die zu degenerierten und entarteten Kreuzungsergebnissen geführt haben sollen. Man müßte daraus schließen, daß einstmals die genetischen Voraussetzungen noch nicht dieselben waren wie heute, sondern daß tierische Wesen existierten, mit denen der Mensch sich paaren konnte. Im Alten Testament kann man zum Beispiel lesen: »Du sollst bei keinem Tier liegen, daß du dich mit ihm verunreinigst; und kein Weib soll mit einem Tier zu schaffen haben, denn es ist ein Greuel.« Und weiter: »Alle solche Greuel haben die Leute dieses Landes getan, welche vor euch waren, und haben das Land verunreinigt. Wenn aber jemand beim Vieh liegt, der soll des Todes sterben, und das Vieh soll man erwürgen« (Mose 3/18—23 und 3/20—15, 16).

Auch bei Plato finden sich Stellen, wo von einem dritten Geschlecht, außer dem männlichen und dem weiblichen die Rede ist, von Menschen mit vier Händen und vier Füßen, deren Stärke groß war. Man nimmt gewöhnlich an, daß es sich dabei um Berichte aus weit zurückliegenden Zeiten handle. Aber auch assyrische Texte und Figuren berichten von gefangenen »Menschentieren«, welche von den Kriegern an ihren König abgeliefert wurden — und das waren jedenfalls Ereignisse aus derselben Zeit. Auch Tacitus und Herodot sprechen von Menschentieren und von Orgien, wo unter Mitwirkung solcher Zwischenwesen gebuhlt wurde — Zeugnisse aus historischer Zeit, die keine Ausnahme sind.

Diese kleine Auswahl kann zumindest die alten Berichte von Wassermenschen, Menschen mit zwei und vier Gesichtern etc., sowie über die Vermischung mit den gemütlosen und beschränkten Khado nach dem Dzyan illustrieren, den langhaarigen und menschenfreundlichen Tierweibchen, die schön anzuschauen waren.

Da gibt es auch einen Bericht des karthagischen Seefahrers Hanno, der um 500 v. Chr. eine Schiffsreise entlang der westafrikanischen Küste unternahm. In der Nähe der Kongomündung gab es einen See mit einer Insel, die von Waldmenschen bewohnt war. Hanno berichtet: »Es waren aber noch viele Weiber da mit zottigen Körpern, die unsere Dolmetscher Gorillas, d. h. wilde Menschen, nannten. Wir verfolgten die Männer, konnten aber keine fangen, denn sie flohen, kletterten über steile Hänge und verteidigten sich mit Steinen. Drei Weiber fingen wir, die aber bissen, die Anführer zerkratzten und nicht folgen wollten. Wir töteten sie und brachten ihre abgezogenen Häute nach Karthago. Und weiter fuhren wir nicht, da es an Vorräten mangelte.«

Aus dieser menschenfreundlichen Schilderung geht nicht näher hervor, um welche Art von »wilden Menschen« es sich gehandelt hat. Im Gegensatz dazu erzählt das Gilgamesch-Epos, das allerdings einige tausend Jahre älter ist, von Enkidu, dem starken Helden und späteren Gefährten des halbgöttlichen Gilgamesch, daß er »von den Tieren entwöhnt« werden mußte, mit denen er bis dahin gelebt hatte und auch gemeinsam mit ihnen zur Tränke gegangen war.

Solche unrühmlichen Verhaltensweisen werden in der Evolution keine besondere Bedeutung haben, sofern und solange daraus keine degenerierte Nachkommenschaft hervorgeht; geschieht dies aber, so könnten die Folgen verhängnisvoll sein. Die Schöpfung ist ja kein chaotisches Zufallsprodukt, sondern ein nach genauen Gesetzen ablaufender Vorgang, worin Aktion und Reaktion das Gleichgewicht und die Harmonie in jedem Augenblick aufrecht erhalten.

Man sollte versuchen, den Spannungsbogen von den Primitiven bis zu den hochentwickelten Verstandesmenschen, von den Göttergeschaffenen zu den Erdgeborenen bis hinunter zu den Wassermenschen, »schrecklich und böse« im Zusammenhang mit der lichten und der dunklen Seite der Schöpfung, d. h. unter dem Aspekt der Polarität von Geist und Materie oder Seele und Natur, zu sehen und zu verstehen. Daß die Schöpfung nicht so glatt und reibungslos über die Bühne lief und weiterhin verlaufen wird, wissen wir inzwischen aus vielen Zeugnissen. Sie entfaltete sich vielmehr — besonders im menschlichen Bereiche — im Widerstreit der Kräfte, im Spannungsfeld von Gut und Böse, oder wie immer man die Kräfte der Bewegung und Tätigkeit im Bereiche zwischen Geist und Materie — mehr oder weniger rhetorisch — bezeichnen will.

Mit einem Wort, das Problem ist komplex (um einen modernen Ausdruck zu gebrauchen), so vielschichtig und schwer zu durchschauen, daß mit einseitigen Fakten aus fossilen Funden allein — so interessant sie auch sein mögen — keine gültige Entwicklungsgeschichte, insbesondere des Menschen, rekonstruiert werden kann. Dazu muß man die anderen Komponenten, die seelisch-geistigen als Triebfeder der Evolution einbeziehen — und nicht nur das vergängliche Gebilde aus Staub, bestehend aus einer Anhäufung von Atomen, kristallisierten Energieknotenpunkten, die sich jederzeit auflösen und wieder zusammenfügen können, Maya und Täuschung nach den östlichen Lehren, die in das Wesen der Dinge eingedrungen sind.

Ein Mann vom Range C. G. Jung's hielt es übrigens nicht unter seiner Würde, das Thema der Lilith aufzugreifen. Es bestehe eine Sage, daß sie Adams erste Frau gewesen sei, und Eva die zweite. Das ist natürlich eine Allegorie, in der aber vielleicht doch ein wahrer Kern enthalten ist. In der Kabbala werde diese erste Gefährtin Adams als Tochter oder Emanation Satans dargestellt. Das würde sie dann allerdings — in Übereinstimmung mit der Paradiesgeschichte — als eine symbolische Gestalt kennzeichnen, welche die Schönheiten der materiellen Welten versinnbildlichen soll, ebenso allegorisch dargestellt in Mose (1/6—2): da sahen die Kinder Gottes nach den Töchtern der Menschen, wie sie schön waren etc.

C. G. Jung schreibt:

Man hat übrigens auch sehr spät erst von dieser mißlichen Beziehung Adams zur Lilith gehört, merkwürdig bleibt aber, daß der das Abbild Gottes darstellende Urmensch in der Tradition ebenfalls zwei Frauen hat wie sein himmlischer Prototypus (womit offenbar Jahwe gemeint ist). Leider bleibt dabei offen, um welche zwei Frauen es sich handeln soll.

Zum Thema Evolution sei noch folgende Stelle aus C. G. Jung's Buch »Hiob« zitiert:

»Während die unbewußte Kreatur wie Tiere, Pflanzen und Kristalle, soweit wir wissen, befriedigend funktioniert, geht es mit dem Menschen irgendwie anhaltend schief. Zwar ist anfänglich sein Bewußtsein nur unmerklich höher als das der Tiere, weshalb sich auch seine Willensfreiheit als äußerst beschränkt erweist. Aber Satan interessiert sich für ihn und experimentiert in seiner Art mit ihm, verführt ihn zu Ungehörigkeiten, und seine (Satans) Engel lehren ihn Wissenschaft und Künste, welche bisher der Vollkommenheit des Pleroma (einer höheren Ebene) vorbehalten waren. Satan hätte schon damals den Namen Luzifer — Lichtbringer — verdient.«[3]) Womit C. G. Jung der Wahrheit sehr nahe kommt!

Und damit sind wir mitten im komplexen Problem des Menschen, wovon seine mögliche Beziehung zum Menschenaffen nur eine Nebenrolle spielt, die Hauptrolle aber sein Weg zwischen Himmel und Erde, zwischen Geist und Materie. Die Wahlfreiheit unserer Entscheidung liegt zwischen der Annahme, daß die Schöpfung das Zufallsprodukt chemischer Reaktionen darstelle — und der anderen Auffassung, daß unsere Seelenfunken vom oberen Schöpfer ausgesandt wurden, um nach der Wanderung durch alle Bereiche der »schreckensvollen Spirale« wieder aufwärts-zu-steigen!

Auf die Evolution bezogen, lautet somit die konkrete Frage, ob man nur die körperliche Entwicklung der höheren Lebewesen und des Menschen aus der früheren Meeresfauna sehen und berücksichtigen will — oder ob man bereit ist, die subtilen Kräfte anzuerkennen, welche allein die Erfordernisse der Anpassung an die Umwelt wahrnehmen können und ihnen durch Änderungen in der Entwicklung gerecht zu werden vermögen. Der Hinweis Teilhards auf die intelligenten Kräfte enthält ja die Vorstellung einer dahinter stehenden geistigen Kraft und damit auch supremer Wesenheiten, welche letztlich die Evolution leiten und lenken.

Der Arzt und Psychotherapeut Groddek schreibt:

»Man sollte an die Tatsache denken, daß im Menschen, bevor noch ein Knochen da ist, schon die Kraft zur Knochenbildung war, daß diese Kraft ein ausgezeichneter Chemiker, Physiker, Denker und Mathematiker war, längst ehe sie das Denkorgan des physischen Gehirns schuf.«

---

[3]) Antwort auf Hiob.

Kapitel 12

Gehirn und Intelligenz

Obwohl die Kraft und die Fähigkeit zur Bildung der lebendigen Wesen schon war, ehe das physische Gehirn geschaffen wurde, ist es doch von Interesse, einige Fakten über dieses komplizierteste Instrument des Menschen kennenzulernen. Ausgehend von dem Goethewort über die zwei Seelen in der Brust des Menschen schreibt G. Venzmer, der bekannte Arzt und Psychologe:[1]

»Was es mit den zwei Seelen des Menschen auf sich hat, das hat erst die entwicklungsgeschichtliche Forschung erkennen lassen. Sie lehrt uns, daß das geistige (verstandesmäßige) Leben des Menschen von zwei unterschiedlichen Gehirnabschnitten gesteuert wird, dem Althirn oder Stammhirn, auch Zwischenhirn genannt — und dem Neuhirn. Das Althirn findet sich als einfache stabförmige Nervenzellensammlung schon bei den einfachsten Wirbeltieren; aus seinem vorderen Teil sprießt das Neuhirn hervor, das sich mit dem Aufstieg der Lebewesen zu immer mächtigerer Ausdehnung entwickelt und sich dabei mantelartig nach rückwärts über das Althirn schlägt, bis es beim Menschen, der ›Krone der Schöpfung‹, dieses als Hirnmantel völlig überdeckt. Es übertrifft dann an Volumen das Stammhirn um ein Vielfaches; während das Althirn nur etwa vier Milliarden Nervenzellen beherbergt, enthält der Hirnmantel deren rund acht Milliarden.«

»Der Hirnmantel mit den beiden Gehirnhälften, die dem oberflächlichen Betrachter als das eigentliche Gehirn erscheinen möchten, gilt uns als der Sitz des Intellektes, und zwar ist es besonders die Rindensubstanz des Großhirns, in der wir uns den eigentlichen ›Verstand‹ lokalisiert denken.«

»Das Stammhirn dagegen, in der Tiefe des Gehirns auf das Rückenmark aufgestockt, wirkt als geheimnisvoller Behälter jahrhunderttausendealter urtümlicher Instinkte, die zwar durch den im Hirnmantel lokalisierten Verstand immer wieder gedrosselt werden, aber dennoch gelegentlich mit elementarer Gewalt hervorbrechen können. Man kann von der Großhirnrinde als vom Denkhirn und vom Althirn als Gefühls- und Triebhirn sprechen,

---

[1] G. Venzmer: Arzt und Seele.

und zwar ist es offenbar ein ganz bestimmter Abschnitt des Hirnstammes, in dem die Empfindungen ihre ›Seelenfarbe‹ erhalten.

Es sind diejenigen Gehirnwindungen, die sich wie ein Gürtel um den Hirnstamm legen. Man bezeichnet sie in ihrer Gesamtheit als das ›limbische System‹: hier vermutet die heutige Wissenschaft die Nahtstelle zwischen Körper und Seele.«

Eines scheint aus diesen Ausführungen Venzmers unzweideutig hervorzugehen, daß nämlich der Mensch körperlich ein Entwicklungsprodukt aus einer primitiveren Form darstellt, die einstmals nur mit dem Althirn ausgerüstet war. Ist damit auch der Traum und das leuchtende Bild einer eigenen Schöpfung des Menschen als einem ausgereiften Ebenbilde Gottes oder doch der Elohim ausgeträumt — oder gibt es noch eine Möglichkeit, der harten Sprache der Tatsachen eine andere, weniger offensichtliche, aber dennoch begründete Schlußfolgerung abzuringen?

Zunächst muß man einmal klarstellen, daß das Gehirn in seinen beiden Formen, als Stammhirn und Neuhirn oder Triebhirn und Verstandeshirn, nur entfernt etwas mit der Seele zu tun hat. Wenn Venzmer von der »Seelenfarbe« spricht, die man einem bestimmten Abschnitt des Althirns zuordnet, so handelt es sich dabei in Wahrheit um Gefühle, Empfindungen oder Gemütsstimmungen, die zwar den Psychologen interessieren, mit der Seele aber nur wenig zu tun haben — sofern man unter Seele den göttlichen Lebensfunken, und nicht irgendeine verschwommene »Seelenfarbe« versteht. Venzmer sagt weiter, das Althirn wirke als geheimnisvoller Behälter jahrhunderttausendealter Instinkte. Da aber jedes Gehirn aus Zellensubstanz neu gebildet wird, wie kann es dann uralte Instinkte aufnehmen und weitergeben? Hier klafft offenbar eine erhebliche Lücke im Gedankengebäude, und es wird bald einmal klar, daß zur Weitergabe uralter Instinkte irgend ein Medium notwendig ist, das vor hunderttausenden Jahren schon bestand und immer noch besteht. Wie könnte sonst eine Kontinuität aufrechterhalten werden! Einfach nur durch körperliche Vererbung? Ist man sich denn immer noch nicht klar, daß nur die charakteristischen körperlichen Eigenheiten »vererbt«, also vom Vater (oder der Mutter) an die Kinder weitergegeben werden?

Hier können nur klare und scharfe Trennungen und Unterscheidungen helfen und zu einem wirklich fundierten Vorstellungsbild führen.

Nur die Unterscheidung der verschiedenen Schichten im Menschen ermöglicht eine klare Antwort auf die Frage, welche Schlußfolgerungen man aus der »tierhaften«, weil den gleichen Gesetzen des Wachstums unterliegenden Entwicklung des Körpers einerseits und aus der Schöpfungsgeschichte anderseits ziehen kann und muß: Die Seele als der ursprüngliche (Lebens-)Funke ist in allen Lebewesen des Naturreiches tätig und präsent. Der Körper wurde in den materiellen Bereichen aufgebaut und bis zur vorgesehenen Form und Komplexität entwickelt, und zwar nach dem Bilde seiner Erbauer, der Elohim. Zwischen Körper und Seele sind aber noch die feinstofflichen Schichten des Astral- und Mental(Kausal)-Körpers als schützende Hüllen des göttlichen Funkens (denen als Werkzeuge das Stammhirn und das Großhirn zugeordnet sind), und jede dieser vier Komponenten hat ihre Heimat auf einer anderen Ebene der Schöpfung. In Wahrheit ist nur die Seele nach dem Bilde Gottes geschaffen, wie die Meister der Lehre bestätigen.

Aus einer solchen Sicht löst sich der scheinbare Widerspruch zwischen den wissenschaftlichen Kenntnissen und Fakten der äußeren Entwicklung der Lebewesen zu den Aussagen der heiligen Schriften der großen Religionen auf, so daß sie in Übereinstimmung gebracht werden können. Es ist dann klar, daß der Gesamtplan und der Lebensfunke der Komposition Mensch vom höchsten Schöpfer stammt, die Ausführung des Auftrages aber in verschiedenen Regionen vorgenommen wurde, so daß wir sowohl nach dem Bilde Gottes als auch nach dem Bilde der Elohim geschaffen sind. Allerdings muß man dann die Schöpfung insgesamt als eine vielstufige Komposition ansehen — und nicht als ein extremes Verhältnis Gott—Mensch, mit einem riesigen leeren Raum zwischen diesen entfernten Polen.

Ein leerer Raum besteht dagegen in unserer Vorstellungswelt bezüglich der übrigen Lebewesen, die wir zwar in ihrem Verhalten und ihrer körperlichen Anlage mit Bienenfleiß erforschen, deren Existenz wir aber in keine rechte Beziehung zu unserer eigenen zu bringen scheinen. Trotz der weithin akzeptierten Affen-Abstammungsthese fühlen wir uns gegenüber den Tieren als etwas »ganz anderes«, ohne aber zu wissen, worin dieses Anderssein im Grunde besteht. Sind denn nicht alle Lebewesen Geschöpfe desselben Vaters, von ihm mit der gleichen Liebe und Sorgfalt gestaltet und mit den gleichen Lebensfunken aus seiner eigenen Wesenheit ausgestattet? Warum und mit welchem Recht fühlen wir uns dann so hoch über die Kreatur auf den niedrigeren

Stufen des Lebens erhaben? Wir haben noch mit keiner Faser die alte Erkenntnis des Ostens erfaßt: tat twam asi — das bin ich!

Alle Lebensformen der Natur sind von Seelenfunken belebt, die von einer Form zur anderen wechseln, und diejenigen, welche heute in Tieren und Pflanzen leben, werden in Zukunft einmal in menschlichen Körpern inkarniert werden — ebenso, wie wir dies heute schon sind. Die Inkarnation im menschlichen Körper ist somit ein Privileg, das nur nach äonenlangen Wanderungen erreicht werden kann; aber mit »Abstammung« hat dies nichts zu tun. Sie ist ein Vorzug mit besonderen und einmaligen Möglichkeiten, aber ebenso eine Verpflichtung gegenüber den auf tieferen Stufen sich emporkämpfenden Seelenfunken; aber welchen Gebrauch machen wir von unseren großen Möglichkeiten? Behüten wir die wehrlosen Tiere, wie wir es tun sollten? Nein, viele freilebende Tiere werden von uns verfolgt, getötet und ausgerottet, andere züchten wir in Massen und werfen sie in unsere Kochtöpfe! Wir verstoßen damit sowohl gegen das Gebot des Herrn vom Sinai, wie auch gegen die Mahnungen des Nazareners: du sollst nicht töten! Vielmehr meinen wir, das gelte nicht für die Kreatur auf anderen Stufen des Lebens.

Gewiß ist es nicht so, daß wir buchstäblich keiner Fliege oder sonstigem Ungeziefer ein Leid zufügen dürften, aber ebenso gewiß ist die Tötung höherer Tiere ohne wirkliche Notwendigkeit, also um bloßer Vorteile willen, eine Handlung, die man zu Recht als »Sünde« bezeichnet, ein Verhalten, das nicht ohne entsprechende Folgen bleiben kann.

Es wäre daher endlich an der Zeit, jene verhängnisvolle Stelle im Alten Testament ins rechte Licht zu rücken, die da lautet:

»Furcht und Schrecken vor euch sei über alle Tiere der Erde und alle Vögel unter dem Himmel, über alles, was auf dem Erdboden kriecht, und über alle Fische im Meer; in eure Hände seien sie gegeben« (1. Mose 9—2).

Dieser Passus zeigt uns mit erschreckender Klarheit, daß die Bibel in der vorliegenden Form durchaus nicht in allen Teilen ein »Buch der Bücher« und gar heilig ist. Vielmehr ist die Bibel aus über sechzig Büchern verschiedener Qualität zusammengesetzt, in denen eine Anzahl flagranter Fälschungen und Übersetzungsfehler enthalten sind, die mit »Gottes Wort« nicht das geringste zu schaffen haben. Darüber sollte man sich Rechenschaft geben und die gebotenen Konsequenzen daraus ziehen. Aber das nur nebenbei.

Ein wichtiges Glied in der Kette der Überlegungen zum Thema Mensch und Schöpfung sind die Ausgrabungen der Paläontologen, welche Tierarten vergangener Erdperioden und die Frühzeit des Menschen anhand von Schädel- und Skelettknochenfunden erforschen und zu rekonstruieren versuchen. Welches Ergebnis haben diese Bemühungen bis heute erbracht?

Es sind kaum mehr als zehn Jahre vergangen, seit jene sensationellen Funde in Afrika gemacht worden sind, die alle früheren wissenschaftlichen Thesen über den Haufen geworfen haben. Dafür haben vor allem die Funde in der Olduwaischlucht am Ostende der Serengeti gesorgt. Es ist dies ein idealer Fundplatz zufolge der dort herrschenden geologischen Verhältnisse. Der Teil der Serengeti, in den diese Schlucht eingeschnitten ist, war früher ein ständig absinkendes Binnenseegebiet, welches fortlaufend von außen mit Material von den umliegenden Vulkanen aufgefüllt wurde. Dadurch entstand ein großartiges Kalendarium und die Schlucht gibt heute Auskunft über Ablagerungen vieler Jahrhunderttausende; sie ist somit eine einzigartige Fundstelle für unsere früheste Geschichte.[2]

Die Funde aus den fünfziger Jahren ergaben zunächst das Bild der Existenz zweier Haupt-Typen früher Menschen oder Vormenschen, die man in den A-Typ und den P-Typ einstufte. Der letztere wird auch als Nußknacker bezeichnet, wegen seines robusten Kieferschädels und des mächtigen Hintergebisses, was darauf hindeutet, daß diese gröberen P-Typen spezialisierte Pflanzenesser gewesen sind. Der kleinere, mehr den heutigen Menschen ähnliche Typ A, genannt Australopithecus Afrikanus, besitzt zwar ein stärkeres Vordergebiß, aber nicht so starke Mahlzähne. Bei ihm fehlen auch der starke Kiefer und der Scheitelkamm, welcher für den P-Typ charakteristisch ist.

Der Zahnbau des kleineren A-Typs deutet darauf hin, daß er ein Allesesser gewesen ist wie der heutige Mensch. Beiden Formen ist übrigens der Umstand gemein, daß ihre Eckzähne nicht wie bei den Menschenaffen die anderen Zähne überragen; ferner fehlt ihnen die bekannte »Affenlücke«, und am Unterkiefer innen die sogenannte Affenplatte.

Gerhard Heberer kommt zu folgender Schlußfolgerung:

»Es scheint, als hätten die beiden Typen in verschiedenen Umwelten bzw. Nahrungsnischen gelebt, und vielleicht haben des-

---

[2] H. Wendt: Der Affe steht auf (nach Gerhard Heberer).

halb auch beide gleichzeitig existieren können. Ob sie schon erblich isoliert waren oder ob sie noch Gene austauschen und sich damit vermischen konnten, darüber ist nichts bekannt.

Der A-Typ verfolgte dann seine Evolution zur höheren Menschheit weiter, während im P-Typ wohl eine Seitengruppe zu sehen ist, der keine geschichtliche Zukunft mehr beschieden war.«

Ohne hier dem bekannten Fachmann zu nahe treten zu wollen, muß doch gesagt werden, daß diese Stellungnahme aus lauter Vermutungen besteht, denen keinerlei Beweiskraft innewohnt. Anders verhält es sich dagegen mit den folgenden Forschungsergebnissen:

Mit dem Kalium-Aragon-Test wurden die vorher genannten Olduwaifunde auf 1,75 Millionen Jahre zurückdatiert und man dachte, jetzt das älteste menschliche oder vormenschliche Wesen entdeckt zu haben. Aber in den Jahren 1961 und 1964 wurden in der ältesten Schicht derselben Schlucht Reste von vier oder fünf weiteren Individuen gefunden, die noch ein weit höheres Alter aufweisen. Sie scheinen einem kindlichen Australopithecus anzugehören, der aber erstaunlicherweise ein etwas größeres Gehirn besessen haben mußte als sein scheinbarer Nachfolger. Im April 1964 veröffentlichte dann das Ehepaar Leakey, dessen Sohn den ersten »Zwergenfund« gemacht hatte, in der englischen Zeitschrift »Nature« einen illustrierten Bericht, der sämtliche bisherigen Lehrsätze regelrecht auf den Kopf zu stellen schien. Er gipfelte in der Behauptung, der Olduwai-Zwerg sei ein Angehöriger der Gattung homo, also ein richtiger Mensch — und dennoch zweieinhalb Millionen Jahre alt, also noch sehr viel älter, als die Australopithekinen, die man bisher für seine Vorfahren gehalten hatte.

»Wir haben mit diesem Fund den Beginn des Menschengeschlechtes um dreiviertel Millionen Jahre tiefer in die Vergangenheit zurückverlegt und müssen wieder einmal unsere Lehrbücher von Grund auf neu schreiben«, sagte der durch seine Ausgrabungen bekannt gewordene Forscher Leakey, einer der bekanntesten Fachleute auf diesem Gebiet (Wendt, p. 238—245).

Interessant ist auch jene andere Fundstelle im Viktoriasee, eine Insel, die vor etwa zwanzig Millionen Jahren ein wahres Paradies der Menschenaffen gewesen sein muß. Dort grub man den sogenannten »Prokonsul-Schädel« aus, eine Affenart, die menschenähnlicher als die heutigen Menschenaffen gewesen sein soll. Auch in Westkenia sind in den sechziger Jahren Funde von rund vierzehn Millionen Jahren alten Hominiden — Menschenaffen — zum Vorschein gekommen, die den vorläufigen Abschluß der Fundgeschichte unserer (vermeintlichen) Ahnen bilden (Wendt, 262—263).

In einem Nachwort schreibt Herbert Wendt dann noch die folgenden bemerkenswerten Sätze:

»Das letzte Kapitel in der Vor- und Urmensch-Geschichte ist noch lange nicht geschrieben. In Ostafrika trat ein neuer Fundplatz in den Mittelpunkt des Interesses, die Gegend nördlich und östlich des Rudolfsees an der Grenze zwischen Kenia und Äthiopien. In der Reichhaltigkeit seiner Funde scheint dieses Gebiet sogar die berühmte Olduwaischlucht zu übertreffen. Schaber, Klingen und andere Geräte aus grobem Basalt deuten darauf hin, daß dort einstmals nicht nur der robuste pflanzenverzehrende P-Typ, sondern wohl auch schon der zum Gebrauch von Werkzeugen befähigte A-Typ vertreten gewesen sein muß. Vor spätestens vier Millionen Jahren war also das Tier-Mensch-Übergangsfeld bereits durchschritten. Vielleicht existierte aber schon damals in den eigenen Reihen der Australopithecinen ein Lebewesen, das ein direkter Vorfahr des homo erectus oder sogar des homo sapiens war— der ›mystery man‹, wie Richard E. Leakey ihn nennt.«

H. Wendt schreibt weiter:

»Ein Teilnehmer an Leakeys Expeditionen fand nämlich am Rudolfsee Bruchstücke eines zweieinhalb Millionen Jahre alten, aber überraschend modern anmutenden Schädels. R. E. Leakey hält ihn für einen Prototyp des homo erectus, der sich demnach vor einer dreimal längeren Zeit, als bisher angenommen wurde, aus den Australo-Pithecinen entwickelt hätte. Andere Anthropologen meinen sogar, es könne eine direkte Entwicklungslinie vom ›mystery man‹ zum homo sapiens führen. Zumindest scheint dieser geheimnisvolle Urmensch (vielmehr Frühmensch, Verf.) vom Rudolfsee die Grenzen zwischen der Gattung Australopithecus und Homo zu verwischen; es läßt sich jetzt nicht mehr sagen, wo der ›Affenmensch‹ Australopithecus aufhört und der Echtmensch Homo anfängt« (Wendt, p. 277).

Worum es bei diesen verschiedenen Funden zunächst einmal geht, ist außer dem sensationellen Alter vor allem das Gehirnvolumen, das bei den Olduwaizwergen mit etwa 680 ccm angenommen wird, während der Australepithec-Typ höchstens 600 ccm erreichen soll. Aber schließlich ist man heute wieder zu der

Meinung Darwins zurückgekehrt, daß man die Intelligenz nicht in Kubikzentimetern messen könne. Anderseits klingt die folgende Stellungnahme Gerhard Heberers zu diesen Funden nicht sehr überzeugend: »Daß die kleineren, intelligenteren und weniger spezialisierten Vormenschen bereits neben oder vor ihren robusteren Gattungsgenossen aufgetreten sind, verwundert niemanden, der weiß, daß die Entwicklung in der Natur nie die Form eines gradlinigen Stammbaumes, sondern stets als weitverzweigter Stammbusch erfolgt ist.«

Wenn das letztere auch zutrifft — Teilhard hat es überzeugend dargetan — so haben die Forscher doch wohl kaum erwartet, diese Zwerge mit dem größeren Hirnvolumen, dem besseren Geschick und zugleich dem höheren Alter als die Australopithecinen zu finden. Und die Meinung der vorher erwähnten Anthropologen, es könnte eine direkte Linie vom »mystery man« zum modernen Menschen führen, würde ja gerade dem vorher geleugneten direkten Stammbaum entsprechen, den es in der Natur nicht geben soll. Die Annahme einer direkten Linie liefe darauf hinaus, daß es von der allgemeinen Regel des weitverzweigten Stammbusches auch Ausnahmen geben kann; und gerade diese Möglichkeit sollte man hier zumindest einkalkulieren.

Es kann zur Zeit kaum etwas Interessanteres auf unserer alten Mutter Erde geben, als solche Jahrmillionen alten Funde; aber das Bild von der Lebensweise und den Tätigkeiten jener sogenannten Vor-Menschen oder auch Echtmenschen, das uns von den Forschern vorgezeichnet wird, steht auf ungemein schwachen Beinen. Mögen sie Jäger gewesen sein, gut, von etwas mußten sie ja leben. Vielleicht lebten manche auch in Höhlen — warum nicht. Ebensowohl kann der größere Teil auch in Hütten und Siedlungen oder selbst in Häusern und Städten gelebt haben, denn sie werden gewiß nicht einzeln, sondern in Familien und Gruppen gelebt haben, wie das ja selbst die freilebenden Affen tun.

Soweit man die Fähigkeiten jener Vormenschen nach den Rückständen ihrer Tätigkeit heute noch beurteilen kann, kommt ein bekannter Forscher zu dem Schluß, daß sie einen sehr beachtlichen Intelligenzgrad beweisen, der höher entwickelt war als bei allen anderen Lebewesen mit Ausnahme des (modernen?) Menschen. Sie standen dem (heutigen) Menschen so nahe, daß wir sie zu Recht als Affenmenschen bezeichnen dürfen.

Affenmensch-Menschenaffe — ein Affe muß es auf alle Fälle

sein! Muß es wirklich? Es kann ebenso gerade umgekehrt vor sich gegangen sein, nämlich durch Degenerierung eines Menschentyps infolge Paarung mit jenen »Menschentieren«, von denen es so geheimnisvolle Berichte selbst in den heiligen Büchern gibt. Weibliche Wesen mit langen, welligen Haaren und schön anzusehen, aber ohne Gemüt, mit denen sich die Männer einer gewissen Zeitepoche so gerne eingelassen haben und deren Nachkommen die Sprache verloren haben sollen. Bastardisierte Geschöpfe also, die zu den späteren Affen entarteten, wie die Überlieferung zu berichten weiß! Tatsächlich soll es ja vor zehn oder zwanzig Millionen Jahren noch keine langarmigen Affen gegeben haben — und jene frühen Hominiden seien noch menschenähnlicher gewesen als die heute lebenden!

Zu diesem Thema schreibt HPB in der Geheimlehre: »Die Menschen der dritten Rasse (welche sich geschlechtlich trennten) waren ›Götter‹ durch ihre Geistigkeit und Reinheit, obwohl sinnenlos und noch ohne Menschenverstand. Diese Menschen, Vorfahren der Atlantier, waren gerade solche affenartige, intellektuell unvernünftige Wesen, welche zu einer späteren Zeit die Menschheit repräsentierten. Moralisch unverantwortlich, waren es diese Menschen der dritten Rasse, welche durch Vermischung mit Tierarten, die niedriger standen als sie selbst, jenes fehlende Glied schufen, welches Zeitalter später, im Tertiär, der entfernte Ahne des wirklichen Affen wurde, wie wir ihn jetzt in der Familie der Pithekoiden finden« (I 213).

Diese Stelle ist allerdings weder klar und verständlich formuliert, noch frei von Widersprüchen; da aber die Entwicklung von innen nach außen und nicht umgekehrt verläuft, soll noch die folgende Stelle zitiert werden, die etwas Licht in diese undurchsichtigen Zusammenhänge bringen könnte: »Die lunaren Monaden oder Pitris werden in Wirklichkeit zum Menschen selbst, indem sie die menschliche Form evolvieren (hervorbringen). Am Anfange der menschlichen Stufe dieses Globus lassen sie aus den ›affengleichen‹ Formen der dritten Runde ihre astralen Ebenbilder ›hervorsickern‹. Und diese subtile, feine Form ist es, die als Modell dient, um welches die Natur den physischen Menschen aufbaut« (I 203).

Dies ist nun allerdings ein anderes Thema, als fossile Kieferknochen, Vorder- und Backenzähne, Schädeldecken etc., welches in der Hauptsache das Vokabularium der Anthropologen auszumachen scheint — und eben darum könnte es vielleicht mehr

Wahrheit enthalten, als sich aus Schädel- und Knochenformen entnehmen läßt. Wenn wir aber wieder mehr zu den greifbaren Realitäten zurückkehren, so wird von HPB an anderer Stelle versichert: »Der Affe ist in der Tat eine Umwandlung der Art, die ganz unmittelbar mit jener der menschlichen Familie im Zusammenhang steht, nämlich ein Bastardzweig, der auf ihrem eigenen Stamm (dem menschlichen) aufgepfropft wurde« (II 274).

Und weiter: »Die Egos der Affen sind Wesenheiten, die von ihrem Karma gezwungen wurden, sich in den tierischen Formen zu inkarnieren, welche aus der Bestialität der Menschen der späten dritten und frühen vierten Rasse resultieren.«

»Es sind Wesenheiten (Jivas, nach der Meisterlehre), welche das menschliche Stadium bereits früher erreicht hatten; infolgedessen bilden sie eine Ausnahme von der allgemeinen Regel. Die tierischen ›Evas‹ waren ihre Vormütter und die menschlichen ›Adams‹ ihre Vorväter. Daher die kabbalistische Allegorie von der Lilith oder Lilatu, Adams erster Gattin, welche der Talmud beschreibt als ein ›bezauberndes Weib‹, mit langem welligen Haar. Aus dieser unnatürlichen Vereinigung stammen die gegenwärtigen Affen ab. Die zahllosen Überlieferungen über Satyren sind keine Fabeln, sondern stellen eine erloschene Rasse tierischer Menschen dar« (II 274).

Diese Überlieferung findet sich aber nicht nur in jüdischen Schriften, sondern ebenso in den indischen. Dort soll auch jene geheimnisvolle Periode beschrieben sein, die in der Genesis erwähnt ist, wo von den »Riesen zu jenen Zeiten« und den »Kindern oder Söhnen Gottes« die Rede ist, welche sich mit den Töchtern der Menschen vermählten und sie belehrten. »Rund um diese astralen Kinder des Brahma sind unsere physischen Gestalten gewachsen und haben sich zu dem entwickelt, was sie jetzt sind. Denn die puranischen Geschichten aller jener Menschen sind die unserer Monaden in ihren zahllosen Inkarnationen und von Ereignissen, die durch das ›Shivaauge‹ der Seher, das dritte Auge der (Dzyan) Strophen, wahrgenommen und allegorisch beschrieben wurden.«

»Mit der vierten Rasse erreichten wir die rein menschliche Periode. Jene, welche bisher halbgöttliche Wesen waren, wenn auch eingekerkert in scheinbar menschliche Körper, wurden physiologisch verändert und nahmen sich Weiber, welche menschlich und schön anzuschauen waren, in denen sich aber niedrigere Wesen verkörpert hatten. Diese Wesen — Lilith in den jüdischen

Überlieferungen — werden in den esoterischen Berichten Khado genannt. Allegorische Berichte nennen das Haupt dieser Liliths Sangye Khado; allen wird die Kunst des Wandelns in der Luft und die größte Freundlichkeit gegen Sterbliche zugeschrieben — aber kein Gemüt, nur tierischer Instinkt« (II 298).

Nach diesen Schilderungen der Geheimlehre, daß die Pithekoiden ein Bastardzweig vom menschlichen Stammbaum oder Stammbusch seien, soll eine ziemlich bissige Bemerkung aus derselben Quelle auch nicht verschwiegen werden, nämlich daß es heute noch weit mehr affenähnliche Menschen als menschenähnliche Affen gebe. Immerhin wurde das Werk vor bald hundert Jahren geschrieben und wir können die Schlußfolgerungen daraus auf die heutige Zeit nach Gutdünken anwenden.

Gerade in diesen Tagen geht die Meldung über den neuesten Fund eines menschlichen Schädels und Schenkelknochens um die Welt, welcher nach Schätzung des glücklichen Finders zweieinhalb Millionen Jahre alt sein soll, der Schädel eines Menschentyps, der wiederum eine dem heutigen Menschen ähnlichere Form haben soll, als sie selbst der vorher genannte A-Typ aufweist. Dieser Fund stammt vom Rudolfsee in Ostafrika, und der Forscher, dem er gelang, ist wiederum Richard E. Leakey, der bekannte Fachmann auf diesem Gebiet.

Wenn man berücksichtigt, was sich in den letzten Jahrzehnten auf diesem Gebiet alles ereignet hat, daß menschliche oder auch »vormenschliche« Siedlungsplätze nicht nur aus der Zeit vor 300 000—500 000 Jahren — etwa in China oder auch in Ungarn — ausgegraben wurden, sondern schon solche, die zwei Millionen und mehr Jahre zurückdatiert werden, dann darf man auch noch weitere Überraschungen für möglich halten, die den Schilderungen der alten Lehren noch näher kommen. Wie G. Schenk in seinem hochinteressanten Werke schreibt:[3])

»Jederzeit können neue und noch ältere Fundschichten in noch größere Zeitfernen führen und in Teile der Erde, die noch nicht auf solche Funde durchforscht sind. Außerdem mag es Gegenden geben, die weit ältere Ereignisse bergen, die aber der Erforschung überhaupt nicht mehr zugänglich sind. Das Eis der Kaltzeiten band große Mengen von Meerwasser und deren Spiegel sank. Auf den Höhepunkten der Eisvorstöße dürfte der Meeresspiegel etwa 120 Meter tiefer gelegen haben; dann wäre England

---

[3]) G. Schenk: Im Anfang war das Paradies.

vom Kontinent aus trockenen Fußes zu erreichen — was in alten Zeiten tatsächlich der Fall gewesen sein soll. Große Teile Insulindes — der pazifischen Inselwelt und der Südsee — war Festland und hing beinahe mit Australien zusammen. Hinterindien und die jetzigen indonesischen Inseln schlugen eine kontinentale Brücke in Richtung der damals noch seichten Gewässer, die Australien von Südasien trennten.«

Dann kommt G. Schenk zu folgendem Schluß: »Der Menschenartige ist nicht im Kampf mit einem feindlichen Eiszeitmilieu zum wahren Menschen geworden; er hat sich wahrscheinlich in geradezu paradiesischen Umwelten entwickelt, während langer Zeiträume mit günstigem Klima und in praktisch unbeschränktem Lebensraum.«

Unwillkürlich ergibt sich bei solchen Schilderungen die Gedankenverbindung zu den alten Berichten über das Paradies und das einstige goldene Zeitalter; zwar sind manche Interpreten der neueren Zeit zu dem Schluß gekommen, der paradiesische Zustand habe nie auf unserer materiellen Erde bestanden, sondern sei als ein Zustand im Pleroma, also auf einer höheren Ebene aufzufassen. Wenn es auch sicherlich zutrifft, daß in der reinen Astralzone auch heute noch paradiesische Zustände herrschen, so scheint dies doch auch einmal auf unserer alten Mutter Erde der Fall gewesen zu sein, wie die Lehren Indiens mit aller Bestimmtheit versichern. Natürlich war auch damals der irdische Zustand nicht mit dem der höheren Regionen vergleichbar, aber doch, verglichen mit unserem gegenwärtigen eisernen Zeitalter, weitaus vollkommener, sozusagen irdisch-paradiesisch.

Nach den alten Lehren verläuft die Entwicklung auf Erden zyklisch, wie dies auch Goethe richtig festgestellt hat. Konkret handelt es sich jeweils um vier Zeitalter, die stets in gleicher Reihenfolge wiederkehren und insgesamt 4,32 Millionen Jahre dauern. Zuerst erscheint das goldene Zeitalter mit der längsten Dauer, nämlich 1,728 Millionen Jahre, darauf das silberne mit 1,296, dann das bronzene mit 864 000 und zuletzt das eiserne mit 432 000 Jahren. Jenes letzte halbgöttliche Reich, das vor rund vier Millionen Jahren begann und vor mehr als zwei Millionen Jahren endete, soll sich im Hochland des Pamir, in der Gegend des Hindukusch und in der heutigen Wüste Gobi befunden haben, wo demnach einstmals das irdische Paradies Wirklichkeit war; darauf nimmt auch das Alte Testament Bezug mit seinen geheimnisvollen Andeutungen über ein Land »fern im Osten«.

Wenn heute die Forscher zu dem Schluß gelangen, das Tier-Mensch-Stadium sei spätestens vor vier Millionen Jahren durchschritten worden, so haben sie trotz der vermeintlich sensationellen Zurückdatierung der menschlichen Existenz auf Erden doch gerade erst ein paar schwache Hinweise auf ein einziges »Maha Yuga« der letzten vier Zeitalter entdeckt. Solcher Maha Yugas von jeweils 4,32 Millionen Jahren sind aber schon mehr als vierhundert über die Erde dahingegangen, und das mag uns eine angemessene Perspektive über das tierische und menschliche Leben auf der Erde vermitteln.

Was die an sich gewiß interessante Entwicklung von den vermeintlichen Vormenschen zu den Echtmenschen betrifft, besagen die alten Lehren, daß eine jahrhunderttausende während Entwicklung zu höherer Intelligenz von einer ebensolchen Rückbildung und dem Abstieg in primitive Barbarei abgelöst werde. Dieser stets wiederholte Auf- und Abstieg der Menschheit äußert sich naturnotwendig in den Körper- und Schädelformen, sowie dem entsprechenden Gehirnvolumen. Vielleicht kommen auch die Forscher des Westens einmal auf dieses uralte Wissen zurück und finden darin den Schlüssel zu den scheinbar so widersprüchlichen Fakten.

Ganz gewiß waren die Menschen des goldenen Zeitalters — vor rund drei Millionen Jahren — nicht dieselben wie heute, insbesondere nicht so eindeutig verstandesorientiert wie wir, sondern ihrer göttlichen Wesenheit bewußt und nur durch den »Schleier des Vergessens« von ihrem Ursprung getrennt, wie es ein Kommentator formuliert hat. Ob damals das Gehirnvolumen größer oder kleiner war, muß ja nicht unbedingt die entscheidende Rolle spielen, denn das Gehirn ist das Werkzeug des feinstofflichen Mentalkörpers und dieser ist das Werkzeug der Seele — oder sollte es wenigstens sein. Es heißt auch, daß in jenem paradiesischen Land zu jener Zeit ewiger Frühling und keinerlei Not herrschte, daß also der tägliche Kampf ums Dasein unnötig und unbekannt war. Selbst der Tod trat gewöhnlich erst nach Jahrtausenden ein, so wie er heute nach Jahrzehnten erfolgt.

Es liegt jedoch im Wesen des göttlichen Spiels und der mentalen Anlage des Menschen, die von der Negativen Macht gesteuert wird, daß der Mensch nach und nach immer mehr auf seine eigenen Fähigkeiten bauen will, um sein eigener Herr und der seines Schicksals zu sein. Damit schließt er sich dann mehr und mehr von seiner Kraftquelle und dem Überfluß der höheren Welten ab; er trennt sich von seinem Schöpfer, nimmt vom »Baum der Erkenntnis«, und vertreibt sich so selbst aus dem Paradies.

Dies mag der zurückliegende Weg unserer gegenwärtigen Menschheit sein. Angesichts der Hunderte von Jahrmillionen, während derer die Lebewesen sich auf dem Festland tummeln, wie es Teilhard so eindringlich schildert, darf man auch dem Menschen eine entsprechende Anzahl von Viermillionen Zeiträumen auf Erden zubilligen. Dieser Meinung war offenbar auch Louis Jacolliot, welcher über die Geschehnisse der Vergangenheit unter anderem die folgende Schilderung gibt:

»Eine der ältesten Legenden von Indien erzählt, daß vor vielen hunderttausend Jahren im Stillen Ozean ein ungeheurer Kontinent existierte, welcher durch geologische Umwälzungen zerstört wurde und dessen Bruchstücke in Madagaskar, Ceylon, Sumatra, Java, Borneo und in den Hauptinseln von Polynesien zu suchen sind. Die Hochländer von Indien waren nach dieser Hypothese in jenen entfernten Zeiten nur erst große Inseln und die heutige indische Halbinsel stieg erst später aus dem Meere auf.

Nach den Aufzeichnungen der Brahmanen hatte das versunkene Land eine hohe Zivilisation erreicht, und auf dem auftauchenden indischen Festland wurde die Kette der ursprünglichen Überlieferung fortgesetzt. Die untergegangenen Völker wurden dort Rutas genannt, von welchen sie auch das Sanskrit, die heilige Sprache Indiens, übernahmen.«

Dieses kurze Zitat zeigt eine frappante Übereinstimmung mit den Ausführungen von G. Schenk über das Steigen und Fallen der Weltmeere im Zusammenhang mit den Kaltzeiten und den Wärmeperioden der Erde. Der Untergang jenes pazifischen Kontinentes muß sich vor sehr langer Zeit und vor vielen großen Zeitaltern ereignet haben, denn bevor die Erde ihre gegenwärtige Gestalt erhielt, muß ja noch der atlantische Kontinent erschienen und wieder versunken sein, von dem Plato berichtet. An dieses alte Wissen sollte man allerdings nicht in der griesgrämigen Manier mancher Historiker herangehen, wie Goethe sagt, sondern mit der unvoreingenommenen Bereitschaft, die möglichen Ereignisse der Vergangenheit zu studieren so wie ein Kind sich vor einer Blume niederläßt, um sie zu betrachten.

Daß die pazifischen Inseln einstmals ein zusammenhängender Kontinent waren, wird von den dortigen Eingeborenen, soweit sie die Überlieferung noch kennen, übereinstimmend berichtet, obwohl die oft Tausende von Meilen auseinanderliegenden Inseln vor der Ankunft der Europäer keinen Kontakt miteinander haben konnten; außerdem gibt es genügend andere Fakten, die eine solche Annahme wahrscheinlich erscheinen lassen.

Jacolliot sagt:

»Die indisch-griechische Überlieferung, bewahrt von einer hochintelligenten Bevölkerung, welche aus den Ebenen Indiens — infolge einer Katastrophe — auswanderte, erzählt auch von dem Dasein eines Volkes und Kontinentes, dem sie den Namen Atlantis gab, den sie in den Atlantischen Ozean und in den nördlichen Teil der Tropen verlegt. Abgesehen von dieser Tatsache entbehrt die Annahme eines alten Kontinentes, dessen Spuren in den vulkanischen Inseln der Azoren, der Kanarischen und Kapverdischen Inseln zu finden sind, nicht der geographischen Wahrscheinlichkeit. Die Griechen erschienen zu spät im Altertum, als daß die von Plato aufbewahrten Geschichten etwas anderes als ein Widerhall der (viel älteren) indischen Legenden sein könnten.«[4].

Kapitel 13

Berichte über Atlantis

Die Berichte von den zwei alten Kontinenten, dem pazifischen und dem atlantischen, handeln von Geschehnissen aus der Frühzeit des Menschen auf Erden; vom ersten haben wir im Westen keine schriftlichen Zeugnisse, vom letzteren nur das des Plato, nämlich die Erzählung des Kritias. Plato sagt im Timaios: Ich will eine alte Sage berichten, die ich aus dem Munde eines nicht eben jungen Mannes vernahm, denn Kritias war damals (als Plato die Erzählung von ihm hörte), fast an die Neunzig heran und ich (Plato) stand etwa im zehnten Jahr.

Kritias hatte diese »Sage« als eine wahre Geschichte von Solon vernommen, welcher seinerzeit von seiner Heimatstadt Athen nach Sais in Ägypten gereist war, deren Bewohner große Athenerfreunde waren und, wie sie sagten, mit deren Bürgern gewissermaßen verwandt waren. Solon habe dort eine ehrenvolle Aufnahme gefunden, und als er die am besten unterrichteten Priester

---

[4]) Geheimlehre: II/233.

über die alten Zeiten befragte, habe er erkannt, daß weder er noch sonst einer der Hellenen davon das Geringste wisse. Einmal aber habe er, um sie zu Erzählungen von den alten Zeiten zu veranlassen, von den alten Geschichten seines eigenen Landes gesprochen, von Phoroneus dem Ersten und von Niobe, ferner von der Wasserflut (Sintflut), von Deukalion und Pyrrha, wie sie glücklich gerettet wurden. (Die griechische Sintflutsage läßt Deukalion und Pyrrha als einziges Menschenpaar überleben.) Er habe ihre Nachkommenschaft aufgezählt und die Zeitangaben festzustellen versucht.

Da habe ein hochbejahrter Priester gesagt: Ach Solon, Solon! Ihr Hellenen bleibt doch immer Kinder, zum Greise aber bringt es kein Hellene! Wie meinst Du das? fragte Solon. »Jung in den Seelen seid ihr alle«, erwiderte der Priester, »denn ihr hegt in ihnen keine auf altertümlichen Erzählungen gegründete Meinung, noch ein durch die Zeit ergrautes Wissen. Der Grund dafür aber ist folgender:

Viele und mannigfache Vernichtungen der Menschen haben stattgefunden und werden stattfinden, die bedeutendsten durch Feuer und Wasser, andere, geringere, durch tausend andere Zufälle. Das wenigstens, was auch bei euch erzählt wird, daß einst Phaeton, der Sohn des Helios, der seines Vaters Wagen bestieg, die Oberfläche der Erde, weil er die Bahn des Vaters nicht einzuhalten vermochte, durch Feuer zerstörte, selbst aber, vom Blitz getroffen, seinen Tod fand, das wird wie ein Märchen berichtet. Das Wahre daran beruht aber auf der Abweichung der am Himmel kreisenden Sterne und der nach langen Zeiträumen stattfindenden Vernichtung des auf der Erde Befindlichen durch mächtiges Feuer. Dann pflegen demnach diejenigen, welche Berge und hoch und trocken gelegene Gegenden bewohnen, eher als die an den Flüssen und dem Meere wohnenden unterzugehen, uns aber rettet der auch sonst uns Heil bringende Nil durch sein Übertreten aus solcher Not. Wenn dagegen die Götter die Erde, um sie zu läutern, mit Wasser überschwemmen, dann kommen die Rinder- und Schafhirten auf den Bergen davon, aber die bei euch in den Städten Wohnenden werden von den Strömen in das Meer fortgerissen. Hierzulande aber ergießt sich weder dann noch bei anderen Gelegenheiten Wasser von oben her über die Fluren, sondern pflegt alles von Natur von unten herauf sich zu erheben. Daher habe sich, sagt man, das hier Aufbewahrte als das Älteste erhalten.

Das wahre aber ist: Allerorten, wo es nicht eine übermäßige Kälte oder Hitze verbietet, lebt eine größere oder kleinere Zahl von Menschen; was sich aber hier oder in anderen Gegenden Schönes und Großes oder in anderer Beziehung Merkwürdiges begab, das alles ist von alten Zeiten her hier in den Tempeln aufgezeichnet und aufbewahrt. Bei euch und anderen Völkern dagegen war man jedesmal eben erst mit der Schrift und allem anderen, dessen die Staaten bedürfen, versehen, und dann brach — nach Ablauf der gewöhnlichen Frist — wie eine Krankheit eine Flut vom Himmel über sie herein, und ließ von euch nur die der Schrift Unkundigen und Ungebildeten zurück, so daß ihr vom Anbeginn wiederum gewissermaßen zum Jugendalter zurückkehrt, ohne von dem etwas zu wissen, was so hier wie bei euch zu alten Zeiten sich begab.

Was du daher eben von den alten Geschlechtern unter euch erzähltest, o Solon, unterscheidet sich nur wenig von Kindergeschichten, da ihr zuerst nur einer Überschwemmung, deren doch viele stattfanden, euch erinnert.

»So wißt ihr ferner auch nicht, daß das unter Menschen schönste und trefflichste Geschlecht in eurem Lande entsproß und auch euer gesamter jetzt bestehender Staat, indem einst ein winziger Same davon übrigblieb. Den Bericht darüber will ich dir nicht mißgönnen, der Göttin zuliebe, welcher euer Land und dieses (Ägypten) zum Lose fiel und die beide gedeihen ließ und heranbildete, das eure tausend Jahre früher, das hiesige später. Die Zahl der Jahre aber seit der hier bestehenden Einrichtung unseres Staates ist in der geweihten Schrift auf achttausend Jahre angegeben. Von deinen vor neuntausend Jahren lebenden Mitbürgern will ich dir ganz kurz die Gesetze und die schönste Heldentat berichten.«

Nach diesem Bericht Solons über die Mitteilungen der ägyptischen Priester wäre das frühe Athen tausend Jahre vor der Kultur im Nildelta entstanden; da Solon um 600 v. Chr. lebte, wäre jener Stadtstaat vor 11 500 Jahren und die ägyptische Kultur vor 10 500 Jahren aufgeblüht. Die schönste Tat Athens, die der Priester dem Solon berichtete, betraf den Krieg gegen die vordringenden Atlantier, welche Ägypten und Griechenland erobern wollten, die aber von den Athenern besiegt wurden. Darüber erzählt der Priester:

»Das Aufgezeichnete berichtet, daß einst eine große Heeresmacht von eurem Staate überwältigt wurde, welche von dem atlantischen Meere her übermütig gegen ganz Europa und Asien heranzog. Damals war nämlich dieses Meer schiffbar, denn vor dem Eingange, der, wie ihr sagt, die Säulen des Herakles heißt (Gibraltar) befand sich eine Insel, größer als Asien und Libyen zusammengenommen. (Unter Asien ist hier vermutlich Kleinasien zu verstehen.) Von dieser großen Insel (Atlantis) stand den damals Reisenden der Zugang zu den übrigen Inseln (im Atlantischen Ozean) und von diesen zu allem gegenüberliegenden, an jenem wahren Meer (dem Atlantik) gelegenen Festland offen. Denn das Meer, das sich diesseits der Säulen des Herakles befindet (das Mittelmeer), erscheint nur wie ein Hafen mit einer engen Einfahrt; das andere aber ist das wirkliche Meer, und das es umgebende Land ist daher mit dem vollsten Recht ein Festland zu nennen.«

Aus dieser Schilderung geht wohl eindeutig genug hervor, daß das Mittelmeer als ein Binnenmeer verstanden wird, die Insel Atlantis und weitere Inseln aber westlich von Gibraltar lagen, und zwar derart, daß sie eine Kette bis zum gegenüberliegenden Festland bildeten, das den Reisenden erreichbar war.

Eine moderne Interpretation, wonach Atlantis mit der um 1400 v. Chr. infolge einer Vulkaneruption teilweise im Meer versunkenen Insel Thera in der Ägäis identisch sei, dürfte deshalb kaum dem Bericht Solons und Platos gerecht werden. Wie die Interpreten selbst hervorheben, hatte Atlantis nach diesem Bericht eine von Bergen eingefaßte Hochebene von 2000 x 3000 Stadien Flächenmaß, was etwa 370 x 540 km entsprechen würde, so daß allein diese Ebene größer war als ganz Griechenland. Auch die 10 000 Streitwagen, 1200 Schiffe, die 6000 Landbezirke und ein Heer von mehr als einer Million Mann sind nicht auf einer kleinen griechischen Insel unterzubringen. Diese Schwierigkeit wird dadurch behoben, daß man einen Übertragungsirrtum annimmt und die großen Zahlen auf den zehnten Teil dessen reduziert, was Plato in seinem Bericht geschildert hat. Selbst die eindeutige Aussage, daß Atlantis außerhalb der Säulen des Herakles im »wahren Meer« gelegen habe, wird als eine irrtümliche Wiedergabe Solons dargestellt.[1])

Der Bericht Platos spricht jedoch eindeutig von Ereignissen, welche 8000 oder 9000 Jahre vor Solon (Solon lebte um 600 v. Chr.) stattfanden. Wenn bei der Katastrophe von Thera auch

---

[1]) James M. Mavor: Reise nach Atlantis.

eine gewaltige Flutwelle von hundert Meter Höhe oder mehr entstand, welche einen Teil Kretas und die mionische Kultur vernichtete, desgleichen viele andere Gebiete und Städte der angrenzenden Küsten verwüstet und vernichtet haben mag, so war doch sicher zur Zeit Solons, also nur rund 800 Jahre später, dieses Ereignis nicht vergessen. Ausdrücklich erwähnt ja der Priester von Sais, das Volk von Athen sei seit jenen Ereignissen vor 9000 Jahren schon mehrmals durch Naturkatastrophen in die Barbarei zurückgeworfen worden, weshalb sie von jenen frühen Ereignissen keine Kenntnis mehr hätten.

Die entscheidende Stelle lautet bei Plato:

»Indem aber in späterer Zeit gewaltige Erdbeben und Überschwemmungen eintraten, versank, indem nur ein schlimmer Tag und eine schlimme Nacht hereinbrach, eure Heeresmacht (die athenische) insgesamt mit einem Male unter die Erde, und in gleicher Weise wurde auch die Insel Atlantis durch Versinken in das Meer den Augen entzogen.«

Es scheint mir nach dieser Schriftstelle im Timaois ein weiterer grundlegender Irrtum, anzunehmen, daß Athen und Atlantis gleichzeitig versunken seien — an einem einzigen schlimmen Tag — vielmehr wird dort nur gesagt, daß beide auf die gleiche Weise untergingen, nicht aber, daß dies zur gleichen Zeit geschah.

Von größerer Bedeutung als solche mehr äußerlichen Ereignisse scheint mir aber die eigentliche Grundstimmung der ganzen Erzählung zu sein, die etwa in der Schilderung der ursprünglichen Tugend besonders deutlich hervortritt, welche — nach Plato — solange in den Atlantiern vorherrschte, als der göttliche Teil ihres Wesens ihr Handeln bestimmte. »Als aber dieses ›Wesentliche‹ in ihnen dahinschwand und nach und nach so verdünnt wurde, daß die niederen menschlichen Begierden ihnen das Gepräge gaben, da vermochten sie ihr Glück schon nicht mehr zu ertragen, sondern entarteten, indem sie ihre wertvollste Gabe verloren (nämlich die Übereinstimmung mit dem höheren Willen) und erschienen dem, der dies zu durchschauen vermochte, in schmachvoller Gestalt. Wer aber diesen durchdringenden Blick nicht besaß, um des Lebens wahres Glück zu erkennen, dem erschienen die Atlantier zur selben Zeit noch als ruhmreich und gesegnet, wo sie schon von Mißgunst erfüllt waren und ihre Macht zum Schaden anderer ausübten.«

»Aber Zeus, der nach Gesetzen waltende Gott der Götter, erkannte, solches durchschauend, daß ein ehemals wackeres Geschlecht nun beklagenswerten Sinnes geworden sei, und in der Absicht, sie dafür büßen zu lassen, versammelte er die Götter ingsesamt . . .«

Was Zeus im Rat der Götter beschloß, ist uns nicht überliefert, doch war es wohl das Strafgericht, welches Atlantis im Meer versinken ließ.

Man sollte solche Meisterschilderungen weniger nach ihren Details, so faszinierend und erregend sie sein mögen, als vielmehr in den großen Zusammenhängen sehen. Wenn daher der ägyptische Priester dem Solon sagt, daß seine Geschichtskenntnisse nicht mehr als Kindergeschichten seien — obwohl Solon einer der sieben Weisen Griechenlands genannt wird — so dürfen wir diese Aussage getrost auf uns selber anwenden, denn auch unsere historischen Kenntnisse gleichen ohne Zweifel nur Kindergeschichten, verglichen mit den Hunderttausenden und Millionen von Jahren, während derer die Erde offenbar auch von Menschen bevölkert war, von denen wir aber so gut wie nichts wissen.

Begreift man aber die großen Zusammenhänge des Weltgeschehens, in die wir nun einmal unlösbar verflochten sind — und die uns Plato nahebringen will — dann verschieben sich die Schwerpunkte auf das wesentliche Geschehen, auf den Weg unserer unvergänglichen Wesenheit durch die Zeit und die wechselweise materiellen und meta-physischen Bereiche, und die einzelnen konkreten Ereignisse bekommen daraus erst ihren eigentlichen Sinn und ihre Bedeutung.

Zu den konkreten Ereignissen aber geben uns die einleitenden Worte des ägyptischen Priesters den realistischen Hintergrund:

»Viele und mannigfache Vernichtungen der Menschen haben stattgefunden und werden stattfinden, die bedeutendsten durch Feuer und Wasser, andere, geringere, durch tausend andere Zufälle.«

Diese zyklisch wiederkehrenden Verheerungen sind nach den alten Lehren eine Art Naturgesetz, welches in Verbindung mit dem Zustand der Tugendhaftigkeit oder Entartung der jeweiligen Völker wirksam zu werden scheint. Anderseits ist wohl eine fortschreitende Entartung im Laufe der Zeit unvermeidlich, weshalb nach entsprechenden Zeiträumen eine neue Vernichtung und »Läuterung« stattfindet, der ein neuer Beginn und Aufstieg der dezimierten oder an ihrer statt neuer Völker folgt. Das muß man schließen aus den Worten des Priesters: »Das Wahre daran beruht aber auf der Abweichung der am Himmel kreisenden Sterne und der nach langen Zeiträumen stattfindenden Vernichtung des auf der Erde Befindlichen durch mächtiges Feuer.«

Eine solche Reinigung könnte aber sehr wohl auch einmal durch ein Atombomben-Inferno erfolgen, so daß es gar nicht der Abweichung einer Sternen- oder Planetenbahn bedürfte zur »Vernichtung des auf der Erde Befindlichen«. Danach würde aber sicher für lange Zeit relative Ruhe einkehren, Ruhe vor der maßlos übersteigerten Technisierung, die nach Meinung maßgebender Denker ohnehin zur Selbstzerstörung führen muß, Ruhe auch vor dem »massenwahnartigen Lebensstandard«, von dem B. Philbert spricht.[2])

Ein solches Exempel wird im Dzyan beschrieben, und zwar offenbar mit Bezug auf den Untergang der vierten Rasse, der Atlantier:

»Sie bauten große Städte, aus seltenen Erden und Metallen erbauten sie dieselben. Aus den ausgespienen Glutmassen, aus den weißen Steinen der Berge und aus den schwarzen Steinen verfertigten sie ihre eigenen Bilder, in ihrer Größe und Gestalt, und verehrten sie.

Sie machten große Bildnisse, neun Yatis hoch, in der Größe ihrer Körper. Innere Feuer hatten das Land ihrer Väter zerstört. Das Wasser bedrohte die Vierte.

Die ersten großen Wasser kamen. Sie verschlangen die sieben großen Inseln.

Alle Heiligen wurden gerettet, die Unheiligen vernichtet. Mit ihnen die meisten der großen Tiere, entstanden aus dem Schweiß der Erde.

Wenige blieben übrig. Einige gelbe, einige braune und schwarze und einige rote blieben übrig. Die mondfarbigen waren dahingegangen für immer.

Die Fünfte, entsprungen aus dem heiligen Stamm, verblieb; sie wurde beherrscht von den ersten göttlichen Königen, welche wieder herabstiegen, welche Frieden machten mit der Fünften, welche sie lehrten und unterwiesen.«

Soweit der Dzyan; danach ist es nicht schwer die versunkene Insel Atlantis als eine von den »sieben großen Inseln« zu identifizieren, aus welchen der gesamte Kontinent offenbar einmal be-

---

[2]) B. Philbert: Der Dreieine.

standen hatte. Aber es wäre vielleicht nützlich und sicher interessant, einmal ein paar Worte über Ägypten selbst zu sagen. Daß die ägyptische Kultur Jahrtausende vor Moses und Abraham blühte, ist auch bei uns unbestritten, selbst wenn wir nur die rund 6500 Jahre der offiziellen ägyptischen Geschichte — nämlich der bei uns offiziellen — in Anrechnung bringen wollen. Nach der bei uns üblichen Darstellung lebte Ägypten vor rund 7000 Jahren im Stadium der Jungsteinzeit, dann in der Kupfer-Steinzeit um 6000, gefolgt von der »Frühzeit« ab etwa 5000 Jahren und dem »alten Reich« vor 4500 bis 4200 Jahren.

Einmal abgesehen davon, daß von manchen Kennern alter Überlieferungen ganz andere Datierungen über die Ägypter gegeben werden, die sich auf Jahrzehntausende erstrecken, ist jedenfalls das eine sicher, daß sich dieses Volk als von göttlicher Herkunft verstand, nicht im Sinne einer adamitischen Erschaffung, sondern in der Art, daß es in seinen frühen Tagen von göttlichen Königen und Unterweisern regiert wurde. Darüber weiß nicht nur Solon, sondern auch Herodot erstaunliche Dinge zu berichten. Dem Herodot zeigten die Priester von Theben 345 Statuen ihrer priesterlichen Vorfahren, von denen immer der Sohn auf den Vater gefolgt war seit 11 340 Jahren, und vor dieser Zeit seien göttliche Könige ihre Anführer gewesen.

Nach den Berichten alter Überlieferungen wurde die große Pyramide nicht vor 4500 Jahren erbaut wie es unsere Historiker darstellen — obwohl sich bis heute niemand erklären kann, wie sie gebaut wurde — sondern vor mehr als 30 000 Jahren. Diese alten Überlieferungen berichten weiter, daß die Schesu-Hor oder Shemsu-Hor, also Diener des Horus, welche von einer fremden Rasse abstammten, Ägypten besiedelten, als es sich kaum aus dem Wasser erhoben hatte. Wie am Anfange eines jeden großen Zyklus erscheinen die göttlichen Unterweiser auch am Anfange eines jeden siderischen Jahres von 25 868 Jahren auf Erden, um die neue Ordnung der Dinge zu begründen. Wie der Kommentar sagt: »Die Mächtigen vollenden ihre großen Werke und hinterlassen unzerstörbare Denkmale zum Gedächtnis ihres Besuches, so oft sie in unsere Atmosphäre herabsteigen.«

So wird auch gelehrt, daß die großen Pyramiden unter ihrer unmittelbaren Aufsicht gebaut wurden, als Druva, der damalige Polarstern, in seiner niedrigsten Kulmination war und die Plejaden über sein Haupt blickten (also im selben Meridian, aber in der oberen Kulmination waren), um das Werk der Riesen zu überwachen. So die Geheimlehre von HPB; auch Robert Charroux befaßt sich mit der frühen Vergangenheit Ägyptens:

»Instruktoren, die in kleinen Gruppen nacheinander aus dem Westen kamen, herrschten jahrhundertlang in Ägypten. Sie waren halbgöttliche Wesen und jedenfalls weit mächtiger, als jemals Menschen, selbst Könige sein können. Sie regierten viele Jahrtausende vor den sogenannten Menschenkönigen, von denen Menes der erste gewesen sein soll.« Und nach der gleichen Quelle trägt ein Stein des Löwentores von Mykene die Inschrift: Die Ägypter stammen vom Sohn des Thot ab, dem ägyptischen Priester von Atlantis.

Ganz gewiß soll man nicht jede Aussage von vornherein für bare Münzen nehmen — aber warum sträubt man sich eigentlich so hartnäckig, das Zeugnis des Herodot anzuerkennen, dem Vater der Geschichtsschreibung, der doch ohne Zweifel mehr über die frühen Zeiten wissen mußte als unsere heutigen Geschichtsschreiber. Seine Aussagen sind doch vollkommen eindeutig, ebenso die vieler anderer Berufener. Statt dessen tischt man uns unverdrossen Kindermärchen auf, von den zeltbewohnenden Hirtenstämmen am Nil vor 5000 Jahren.

Natürlich gab es dort auch solche noch Jahrtausende später, wir wissen es ja aus den Mose-Berichten, aber so kann man doch nicht im Ernst an das Volk der Pyramidenbauer herantreten. Robert Charroux schreibt:

»Ägypten war zu allen Zeiten ein dürrer, unfruchtbarer Boden, ein armes Land, das von Herrschern ohne große Macht regiert wurde. Es erstreckt sich über eine Länge von ungefähr 1500 km, aber abgesehen vom Nildelta ist das bebaubare Land nirgends breiter als drei bis fünf Kilometer. Dieses Land war niemals ein reiches, üppiges Gebiet, wie es ohne den geringsten Beweis behauptet wird — außer vielleicht in grauer Vorzeit. Alle bekannten Ruinen befinden sich im Tale am Rande des Nil und nirgends sonst.«

Und dann schreibt R. Charroux: »Das besondere Glück für die Ägypter bestand darin, daß es als eines der ersten Länder nach der Sinflut von höherentwickelten außer-irdischen Wesen besucht wurde, die das ägyptische Wunder vor 10 000 Jahren vollbrachten, zu einem Zeitpunkt, da sich in anderen Teilen der Welt die Völker bemühten, schön langsam den steilen Pfad der Zivilisation wieder zu erklimmen. Die Ägypter hatten am Ende des alten Reiches (um 2200), also nach der Epoche der Könige von Abydos, den ursprünglichen Sinn ihrer Symbole vergessen. König Djoser und seine Baumeister (um 2600 v. Chr.) waren vielleicht die letzten, die wenigstens noch über einen Teil des alten Wissens verfügten. Aus jenen fernen Zeiten blieb uns nach dem Untergang von Memphis nur der Tempel von Abydos erhalten, der nicht nur der älteste Tempel der Welt ist, (?) sondern auch der einzige, aus dem die Primhistorie Ägyptens abgelesen oder zumindest erahnt werden kann. Er ist vor 10 000 Jahren erbaut worden, während Luxor, Karnak und andere nur vier- bis fünftausend Jahre alt sind.«

Soweit Robert Charroux, der mit diesen Ausführungen der Wahrheit vielleicht weit näher kommt, als so mancher gelehrte Ägyptologe. Dessen ungeachtet wurde die große Pyramide wohl kaum von König Djoser und seinem Baumeister Imhotep erbaut; wie hätten sie das anstellen sollen? Auch wurde dieses Land sicher nicht erst vor 10 000 Jahren besiedelt. Zwar spricht auch der Priester von damals 8000 Jahren, doch mit Bezug auf die Stadt Sais im Delta. Gewisse andere Quellen sprechen von den ersten Bewohnern Ägyptens vor 400 000 Jahren, aber selbst wenn dies nicht nachweisbar ist, scheint es doch wahrscheinlich, daß die Besiedlung schon vor vielen Zehntausenden von Jahren erfolgte.

Man spricht zum Beispiel von dem astronomischen Kalender von Dendera, dem sogenannten Dendera-Tierkreis, welcher eine Konstellation von Alpha Drakonis und Alkyone aufweist, die sich nur alle siderischen Jahre einmal ereignet, also alle 25 868 Jahre. Da der gesamte Tierkreis von Dendera den Ablauf von drei siderischen Jahren anzeigt, ist damit ein Zeitraum von 78 000 Jahren festgehalten — und das dürfte nicht nur theoretische Bedeutung haben.

Wenn uns solche Hinweise und Daten zu unsicher erscheinen wollen, dann sollten wir uns vielleicht doch an die Fels- und Höhlenzeichnungen in Frankreich und Spanien erinnern, denen man heute ein Alter von 25 000 bis 30 000 Jahren zuschreibt. Diese Zeugnisse früher Kulturen sind ja keineswegs die einzigen; es gibt sie im gesamten Mittelmeergebiet, noch zahlreicher in der Sahara. Kulturen existierten und blühten also mit Sicherheit vor Zehntausenden von Jahren, selbst in unserer europäischen Nachbarschaft — und lange vor den bekannten Zivilisationen des Zweistromlandes, den Sumerern und Babyloniern, die man so gerne als die frühesten darstellen möchte, ganz zu schweigen von den semitischen Völkern.

Aber kehren wir zurück zu den Schilderungen Platos und des ägyptischen Priesters. In den hinterlassenen Schriften Platos sind ja sozusagen auf jeder Seite nur leicht verschleierte Hinweise auf die Organisation der höheren Schichten und Mächte enthalten, die dem aufmerksamen Leser tiefe Einblicke in seine Kenntnis der Zusammenhänge und der schöpferischen Potenzen gestatten. Ein besonders bemerkenswerter Ausspruch scheint mir der bereits angeführte zu sein:

»Aber Zeus, der nach Gesetzen waltende Gott der Götter, erkannte . . .«

Diese Formulierung zeigt, daß es sich bei Zeus um eine Gottheit mittlerer Ranghöhe handelt, denn er war der »nach Gesetzen waltende«, also der Statthalter eines Höheren; sein Beschluß im Rat der Götter zeigt seine Stellung als Oberaufseher der drei Welten, dem nach der Lehre der Herr der ersten Region nachgeordnet ist, welchem das Management der astralen und auch der irdischen Bereiche und ihrer Angelegenheiten obliegt. Es sind dies die großen Götter und ihr Anführer (Zeus, Brahm) wird auch als Gott der Götter bezeichnet. Zwischen der Erde und den beiden großen Stufen (astral und mental) sind jedoch noch verschiedene Zwischenstufen angeordnet, die von »Göttern« einer niedrigeren Rangordnung verwaltet werden, wie an anderer Stelle näher ausgeführt.

Über diese Vorstellungen (oder Wirklichkeiten?) kann wohl kaum eine westliche Darstellung aufschlußreicher sein als die Rede des Sokrates im »Phaidon« von der unteren und der oberen Erde, wobei man letztere als die astrale Region mit ihren Zwischenstufen im Sinne der östlichen Lehren ansehen muß. Die Rede des Sokrates enthält etwa folgendes:

»Etwas ist noch da, ihr Freunde, worüber man sich eigentlich Gedanken machen müßte: ist unsere Seele in der Tat unsterblich, so braucht sie ganz gewiß sorgsame Pflege, und zwar nicht nur für jene Zeit, die ›Leben‹ heißt, sondern für die volle Dauer (ihres Weges in den drei Welten, Verf.). Daraus ergibt sich die Gefahr in ihrer ganzen Größe, wenn jemand seine Seele ohne Pflege lassen wollte. Denn wäre der Tod die absolute Trennung — nicht übel für die Schlechten! Denn Sterben hieße ja für sie mit einem Schlag des Leibes und der Seele ledig sein samt aller Minderwertigkeit. Nun aber ist es anders: die Seele ist unsterblich, und so ist ihr kein anderes Entrinnen möglich und kein Heil, sie hätte sich denn der Vollkommenheit und reinen Einsicht möglichst angenähert, denn auf dem Weg in das Jenseits (Hades) führt sie nichts bei sich als die erworbene Zucht und Form des Lebens. Das allerdings ist ihr auf der Fahrt ins Jenseits von größtem Nutzen oder Schaden.«

Nach dieser bemerkenswerten und ohne Frage zeitlos gültigen Darlegung der Wechselbeziehung von Diesseits und Jenseits gibt Sokrates genauere Einzelheiten:

»So aber kündet dieser Glaube: Es werden alle Menschen nach dem Tode (also die Seelen im astralen Gewande), nachdem ja schon im Leben ein jeder einem Daimon (Schutzengeln nach unseren Bildern) zugeteilt gewesen ist, von ihm zu einem Platz geführt, wo die Versammelten sich dem Gericht unterwerfen. Und dann beginnt der Weg zum Hades; dabei geleitet sie der Führer, der das Amt hat, die Abgeschiedenen von dieser in die andere Welt zu leiten. Ist ihnen dort sodann das Schicksal nach Verdienst zuteil geworden und ist die Zeit vorbei, die sie dort bleiben mußten (in einer der astralen Zwischenstufen, Verf.), so werden sie von einem anderen Führer in diese Welt zurückgebracht.« (Die Seelen müssen sich aufs neue inkarnieren.)

»Das dauert viele lange Zeitumläufe, und zwar ist dieser Weg nicht so, wie manche meinen, daß nur ein schlichter Fußweg in die andere Welt führen würde; mich dünkt vielmehr, er ist nicht schlicht und es ist mehr als einer. Sonst brauchte man ja keinen Führer. Tatsächlich scheint es Seitenwege und Kreuzungen in großer Zahl zu haben.«

Sokrates schildert dann, wie die einsichtigen Seelen ihrem Führer willig folgen zu dem Ort, der ihnen zugeteilt wird, während diejenigen welche auf Erden dem Körper mit Leidenschaft verhaftet waren und den materiellen Bereich allein hochschätzten, nur mit Widerstreben und Gewalt an den Ort zu bringen sind, der ihnen gebührt und wohin sie bedingungslos zu gehen gezwungen werden. Dann beschreibt er die »obere« Erde oder Astralebene:

»Auf dieser Ebene sind viele und wundervolle Regionen (Zwischenstufen), und überhaupt ist ihre Art und Größenordnung ganz anders, als sich's jene denken, die über sie zu lehren pflegen; das hab ich mir von einem Kenner sagen lassen (!). Doch nachzuweisen, daß meine Ansicht richtig ist, ist so schwierig, daß ich dazu vielleicht gar nicht imstande bin — und wär ich's, so reicht mein Leben wohl nicht mehr aus, da der Beweis sehr lange werden müßte.«

Nachdem Sokrates erläutert, daß die Erde durch ihre Ausgeglichenheit sehr wohl im Raume zu schweben vermöge, ohne durch etwas gehalten zu werden, fährt er fort:

»Weiter habe ich mir sagen lassen, es handle sich (bei der Astralebene) um etwas ganz gewaltig Ausgedehntes, wogegen wir auf der Erde nur wie Frösche um einen Sumpf hausten. Die eigentliche (obere) Erde liege rein im Raume des Alls, in dem die Sterne sind: bekanntlich pflegten ihn die meisten Kenner als Äther anzusprechen. Und wir, wir wohnten sozusagen in den Senkungen der ›oberen Erde‹ ohne es zu ahnen, und wähnten doch, oben auf der Erde zu verweilen. Doch wenn ein Mensch vermöchte, jene höhere Region in den Blick zu bekommen, und wäre seine Natur kraftvoll genug, den Anblick auszuhalten, so würde er erkennen, daß dort das wahre Licht und das wahre Himmelsall ist. So wie der Grund des Meeres zerfressen ist von der Salzflut und sich nicht messen kann mit dem Schönen auf der Erdoberfläche, so würde zwischen dem Sein dort oben und unseren Erdendingen wohl ein Abstand sichtbar, der noch weit größer ist.«

Soweit Sokrates im »Phaidon«; beachtet man, daß seine Beschreibung sich nur auf die nächst höhere Ebene über dem physischen Universum und der materiellen Erde bezieht, so könnte die Übereinstimmung mit der östlichen Lehre, wie sie etwa P. Johnson wiedergibt, nicht vollkommener sein. Desgleichen mag man seine Schilderung mit der des großen Sehers Swedenborg vergleichen, und wird dasselbe feststellen. Nur wir Modernen in unserer übergroßen Klugheit können die altbekannten Wahrheiten anscheinend nicht mehr akzeptieren.

Kapitel 14

Noahs Söhne

Das apokryphe »Buch der Jubiläen« erzählt von der Aufteilung der Erde nach der Sintflut unter die drei Söhne Noahs. Dem Ältesten, Sem, fielen die drei heiligsten Orte der Welt, nämlich Zion, der Nabel der Welt (Jerusalem), die Halbinsel Sinai und der Garten Eden zu, welcher nach diesem Texte im Hochland von

Abessinien lag. Die Grenzen seines Gebietes waren demnach der Gihon (Nil) im Westen, diesem entlang bis etwa zum Äquator im Süden, also einschließlich Äthiopiens, dann alle Länder zwischen dem Mittelmeer und dem Indischen Ozean, also Arabien und Mesopotamien bis an die Grenzen Indiens im Osten und nördlich bis zum Ararat und zum Schwarzen Meer.

Für Ham aber ging hervor (aus der Verlosung) das Land westlich des Nil ebenfalls südlich bis etwa zum Äquator, nämlich »gen Süden bis zum ganzen Feuergebirge und gen Westen bis zum Meere Atel« (dem Atlantischen Ozean) wahrscheinlich dem Kongo entlang, dessen Oberlauf sich demjenigen des weißen Nils nähert, welcher die Grenze von Sems Reich war. Dann verläuft Hams Reich nach Westen, der Goldküste entlang, »bis es sich dem Meere Mauk nähert, welches das ist, worin alles, was hinabfährt, umkommt«. Es handelt sich also ganz einfach um die Westküste Nordafrikas von der Goldküste bis nach Gibraltar, und es ist doch sehr bemerkenswert, daß in diesem Meere westlich Nordafrikas »alles umkommt, was hinabfährt«. Schildert nicht auch der Priester von Sais das Meer westlich oder südwestlich Gibraltars als dasjenige, wo die letzte große Insel von Atlantis vor etwa 10 000 Jahren versank, und welches unbefahrbar geworden sei, weil der Schlamm nur wenig unter der Oberfläche des Meeresspiegels liege? Es scheint sich also um etwa den gleichen Zeitabschnitt zu handeln, in dem die Erde neu aufgeteilt wurde.

Der dritte Teil hiervon, das Los Japhets, ergab das Gebiet nordöstlich der Ägäis, nämlich jenseits des Tinaflusses nach den nördlichen Gegenden des Ausgangsortes seiner Wasser (der Donau entlang?). Sein Gebiet erstreckte sich »gen Norden bis zu den Bergen von Kelt« (Kelten?), also vermutlich bis zu den Alpen und wiederum zum Meere Mauk, dem nördlichen Atlantischen Ozean. Sein Gebiet umfaßt »fünf große Inseln und ein großes Land im Norden; jedoch es ist kalt. Das Land des Ham aber ist Hitze, das Land Sems dagegen ist weder Hitze noch Kälte, sondern es ist gemischt aus Kälte und Wärme«.

Über diese Teilung der Welt durch Noah an seine Söhne schreibt G. Schenk in seinem interessanten Buche:

»Der russische Sprachforscher Marr (gest. 1934) stellte eine Theorie über jene sagenhafte Abgrenzung auf, wonach schon vor den Sumerern ein Volk mit einheitlicher Sprache im vorderasiatischen Raume ansässig gewesen sei. Man könnte demnach die kaukasischen, etruskischen, pelasgischen (vorgriechischen) und hetitischen Sprachen als eine ältere zusammenhängende Schicht ansehen. Nach gewissen Überlieferungen und Untersuchungen führt man den Ursprung einiger uralter Volksstämme auf den jüngsten Sohn Noahs, Japhet, zurück — mit einer japhetitischen Sprache, die aus dem armenischen Raume entsprungen wäre.«

Die großen Kulturen der Etrusker — der Gründer Roms, wie man heute annimmt — und Kreter hätten danach zu diesem armeniden Sprachgebiet gehört. Ein Land am Rande des Ararat, U-Ras-tie — sei die Heimat der Etrusker, welche über Lykien nach Italien wanderten und in der Toskana ihr erstes mittelmeerisches Reich gründeten. Sie nannten sich selbst Rasem, und diese hochkultivierten Einwanderer sollen eine kaukasisch-armenische Herrschaft über die damals noch primitiven Mittelmeervölker errichtet haben. Die — angenommenen — japhetitischen Sprachelemente drangen wahrscheinlich auch nach Mesopotamien ein und daraus mögen Vorstellungsbilder bis in den Urtext der Bibel gelangt sein.

Marr nahm an — nach G. Schenk — daß hochbegabte Schmiedehandwerker im Zuge wandernder Völker weit aus dem Osten, vielleicht sogar aus Indien, nach Westen vorgedrungen sind und das damals noch primitive Ur-Europa nach und nach durchdrungen haben. Es gibt aber auch andere Kenner der Materie, die noch vor den Indogermanen eine Frührasse des homo sapiens im Mittelmeerraum und anderen Gebieten Europas annehmen. Das würde praktisch auf eine Cro-Magnon-Menschheit vor 20 000 bis 30 000 Jahren hinauslaufen. Zeugnisse dieser früheren Kulturen gibt es ja in Frankreich und Spanien genug.

Wenden wir uns aber einmal dem Reiche Sems zu, welches von Äthiopien und der ostafrikanischen Küste über Arabien und Mesopotamien bis nach Indien reichte. G. Schenk schreibt darüber:[1]

»In der Frühzeit bestanden Verbindungen der Inder, Sumerer und Ägypter mit Ostafrika; die Ausdehnung des »gan Eden« war schon lange vor Diodor und Ptolemäus riesenhaft und die geographischen Kenntnisse jener Völker, der Inder, Malaien, Sumerer etc. waren gründlich und genau.

So war auch Madagaskar einer Welt vor 10 000 Jahren schon bekannt als Sprungbrett zur ostafrikanischen Küste. Vielleicht

---

[1] G. Schenk: Im Anfang war das Paradies.

standen sogar schon die Cro-Magnon-Menschen vor 30 000 Jahren mit afrikanischen Völkern in Verbindung.«

Über die möglichen oder vielmehr wahrscheinlichen Verbindungen zwischen Indien und Ostafrika über das Sprungbrett Sansibar macht G. Schenk interessante Ausführungen, in denen er über die weltweiten Windsysteme berichtet, die mit unwandelbarer Regelmäßigkeit in jenen Gebieten halbjährlich ihre Richtung wechseln. Sie übten ihre Herrschaft wahrscheinlich seit dem Bestehen dieser Kontinente aus und vielleicht wehten sie schon lange, ehe es Menschen auf Erden gab. Unter den Großwinden war es vor allem der indische Monsun, welcher eine großräumige Seeschiffahrt möglich machte und schon vor vielen tausend Jahren Völker und Länder miteinander verband.

»Sechs Monate, vom April bis September, weht er von Sansibar (nördlich Madagaskars) aus an der Somaliküste entlang, zieht vom Gewürzkap (Gardafui) in breitem Strom über den Golf von Aden bis zum arabischen Hadramaut und dem Golf von Oman. Von hier aus wendet er sich nach Osten, füllt sich über dem indischen Ozean mit Wasserdampf auf, streicht so gesättigt bis zur Indusmündung und tränkt das Festland mit seinen fruchtbaren Sommerregen (p. 86). Von Oktober bis März wechselt er seine Richtung; als Nordost- oder Wintermonsun streicht er von Südindien aus an den 15 000 Kilometer langen Küstenstrecken zurück nach Sansibar, und noch niemals blieb dieser Monsun aus, der den Indischen Ozean zu einer so sicheren Brücke zwischen den indischen, arabischen und ostafrikanischen Küsten über alle Jahrtausende machte.«

Darum schrieb der Historiker G. M. Theal: »Es gibt kein anderes Meer auf der ganzen Welt, das leicht und schlecht gebauten Schiffen solche Möglichkeiten für eine sichere Fahrt bietet; schon ein zufällig vom Monsun in die See getriebenes Boot mußte dem indischen Volk die Kenntnis der Küste Afrikas bringen, und sicher haben sich solche Zufälle oft ereignet. So wehte der Monsun dravidisch sprechende Urvölker von Indien nach Ostafrika. Er geleitete Sumerer, Minäer, Katabaner, Sabäer, Ägypter, Phönikier und die Israeliten des Königs Salomo nach dem Südosten des dunklen Erdteils« (p. 86).

»Es ist aber ganz sicher, daß auch von Norden her der Landweg bis nach Südafrika gefunden wurde. Eine oder mehrere unbekannte Rassen kamen aus dem Mittelmeerbecken durch die großen afrikanischen Felsentäler in die äquatoriale Region der großen Seen. Zu Füßen des Ruwenzori und der Kirunga-Vulkane wanderten sie entlang dem Albertsee, Edward- und Kiwusee und des Tanganjika bis zum Sambesi. Durch den ›Goldkeil‹ zwischen Sambesi und Limpopo erreichten sie Südafrika, was durch Zeugnisse wie die ›White Lady‹ in der Leopardenschlucht nordwestlich von Windhoek bestätigt wird. Die Feuerberge oder Götterberge jener frühen Zeit waren der Ararat im Osten, die Kirungavulkane in Ostafrika und das Kamerungebirge mit dem 4000 Meter hohen Mongo ma loba bei der Kongomündung. Die vierte Säule der Welt stand nach Hesiod in der Nähe der Hesperiden, der vier Töchter des Atlas.«

So schildert es G. Schenk, der auch Bezug nimmt auf die Odyssee Homers und die Insel der Seligen, welche sich am Fuße des Atlas ausbreitete: »Die Götter führten dich einst in die elysische Flur, wo der bräunliche Held Radamanthys wohnt.« Nach der Darstellung des Autors entlehnten die Hellenen und Semiten nur weitaus ältere Vorstellungen von den Pfeilern am Rande der Welt, die in allen Richtungen der Windrose das Himmelsgewölbe trugen. Wie Karl Schuchardt schreibt: »Nicht von Osten, wie die meisten noch immer glauben, sondern von Westen her aus der Kultur der Altsteinzeit von Frankreich und Spanien haben die Mittelmeerländer ihre hauptsächlichen Anregungen erhalten. Das bedeutet eine neue Chronologie des Mittelmeerraumes; man verschiebt damit die Zeit des Kulturbeginns in Europa weit zurück. Niemals hatte das ›Ex oriente Lux‹ für die franko-kantabrischen Landschaften, für die Kanaren oder Nordafrika Gültigkeit.« Abschließend kommt Schenk zu folgender Schlußfolgerung:

»Wenn auf Teneriffa, Gran Canaria oder Ferro Menschen wohnten, die als sittlich weit über den neueren Europäern stehend geschildert werden (deren letzte Vertreter vielleicht die Guantschen auf den Kanaren waren, welche die Spanier im 14. Jahrhundert wieder entdeckten und die sie zum größten Teil ausrotteten), dann ruhten ihre Grundlagen in den über tausend Kulturheiligtümern des eiszeitlichen Frankreich und Spanien. Vor 40 000 Jahren hatten die Stämme der Aurignaciden, die der Muttergottheit huldigten, ihre Beschwörungen an die Felswände gebannt. Die späteren Cro-Magniden mit ihrer patriarchalischen Männerherrschaft vollzogen an den gleichen Kultorten in ihrer unverwechselbaren Bildersprache die Beschwörungen des Wildes.«

»Diese Kultur, die wir als eiszeitliche Höhlenmalereie bezeichnen, endete vor zehntausend Jahren. Dreißigtausend Jahre lang hatte eine Menschheit der Vorzeit Europa besiedelt, deren Kultur von einer Tiefe und Innigkeit war, die wir heute erst in schattenhaften Umrissen ahnen. Das Geschichtsbild der letzten hundert Jahre wurde mit den Malereien in den Felshöhlen Frankreichs und Spaniens revolutioniert. Als sogar ihre zeitliche Einordnung gelang und ihr Alter auf Zehntausende von Jahren vor der uns bekannten Historie ermittelt wurde, brachen die alten Vorstellungen zusammen.«

»So hat uns ein biblischer Text, der im Vergleich zu dem ehrwürdigen Alter der in den letzten Jahrzehnten gefundenen Zeugnisse geradezu als jung bezeichnet werden muß, tief in die unergründliche Vergangenheit zurückgeführt. Der Zeitpunkt der Menschwerdung verliert sich in die Jahrhunderttausende, und die Urheimat — das Paradies — mag auch ferner auf allen Kontinenten oder auf irgend einer seligen Insel gesucht werden.«

Den Ausführungen von G. Schenk — offenbar wohlbegründet mindestens soweit sie sich mit der vorhistorischen Eiszeit in Europa befassen — braucht man keinen Kommentar anzufügen; sie sind spannend und realistisch zugleich, ganz im Gegensatz zu Geschichtsdatierungen, die zwar über jeden geflickten Zahn der Pharaonen zu berichten wissen, aber von den Zeiten vor Menes oder auch nur vor Djoser keine akzeptable Vorstellung zu geben vermögen. Man gewinnt aus ihnen den Eindruck, daß vor deren Zeit nur eine Handvoll Halbwilder die Erde bevölkerte, bis dann plötzlich wundervolle Kulturen mit hohen technischen und wissenschaftlichen Kenntnissen sozusagen über Nacht vom Himmel fielen.

Wenn G. Schenk von dem ehrwürdigen Alter der Höhlenmalereien in Westeuropa als Zeugen menschlicher Kulturen vor zwanzig- oder dreißigtausend Jahren spricht, dann sollte man nicht vergessen, daß es noch weit ältere Zeugnisse menschlicher Besiedlung auf Erden gibt. Lassen wir einmal die östlichen Lehren mit ihren »Mahayugas« aus dem Spiel, von denen ein einziges 4,32 Millionen Jahre umfaßt, und wenden uns alten Berichten über die Herkunft der Semiten — Juden und Araber — zu. Diese Berichte besagen — nach der Geheimlehre von HPB — die Juden seien ein Stamm, der von den Chandalas Indiens abstamme, den außerhalb der Kasten stehenden, von welchen viele Ex-Brahmanen waren, welche in Chaldäa, in Sind und in Arya (Iran) Zuflucht suchten und die von ihrem Stammvater A-Bram aus der

Zeit etwa 8000 vor Christus herstammen. Juden wie Araber seien späte Arier, und die Araber seien die Abkömmlinge jener Stämme, welche zur Zeit der Zerstreuung der Nationen (vor etwa 10 000 Jahren) nicht nach Indien gehen wollten, sondern zum Teil in den Grenzländern blieben, in Afghanistan und Kabul und den Oxus entlang, während andere nach Arabien vor- und eindrangen (GHL II/210).

Es wird auch das Zeugnis des Ptolemäus angeführt, der in seiner neunten Tafel von den Kabulstämmen spreche; er nenne sie »die edlen Stämme«, und die Afghanen nennen sich selbst Kinder von Issaraell — von Issa, Söhne der Erde. Aber »wenn ihr einen Afghanen Yahudi (Jude) nennt, wird er euch töten«. Weiter sagt HPB, die Namen der angeblichen zwölf Stämme der Juden und die Namen der wirklichen zwölf Stämme der Afghanen seien identisch, und die Afghanen seien viel älter als die Israeliten.

Das sind natürlich nur ein paar Andeutungen zu einem schwierigen Fragenkomplex, aber immerhin scheint es doch noch alte Überlieferungen zu geben, die weiter als die bei uns obligaten vier- oder fünftausend Jahre zurückgehen — und da ist auch immer noch der geheimnisvolle Hinweis der Bibel auf die Herkunft des Abrahams aus einem Lande, das »fern im Osten« gelegen habe.

Manche Autoren rechnen sich aus, daß der Zug Abrahams von Ur in Chaldäa — oder von wo aus immer — nach Kanaan um 1900 v. Chr. stattgefunden habe; aber solche Zeitangaben haben kaum historische Zuverlässigkeit, wie wir aus den Erklärungen Weinrebs über das Alte Testament gehört haben, denn die Bibel ist eben gerade kein Geschichtsbuch, sondern berichtet in symbolischen Erzählungen von den wesentlichen Dingen des menschlichen Lebens, etwa vom Zustand der Seelen und von der Erkenntnis und Befolgung des Willens der Gottheit, worüber noch zu reden sein wird. Es wäre wahrscheinlich auch völlig falsch, wollte man die »Patriarchen« Abraham, Isaak und Jakob als aufeinanderfolgende Generationen ansehen, vielmehr können Jahrtausende zwischen dem einen und dem anderen gelegen haben. Wahrscheinlich hat es sich dabei um Könige oder Stammesfürsten und religiöse Führer gleichzeitig gehandelt, um Eingeweihte in die Hierarchie der Gottheiten und in die Geheimnisse der Schöpfung. So hat ja schon Abraham seinen Bruder in der Einweihung, nämlich Melchisedek, den König von Salem (Jerusalem) besucht und mit ihm das Mahl aus Brot und (unvergorenem) Wein eingenommen, als ein Zeichen und Ritual unter den Eingeweihten. Dies zeigt uns gleichzeitig, daß Abraham nicht allein ein »Auserwählter« war, sondern daß es zu gleicher Zeit noch andere Gleich- wenn nicht Höhergestellte gab, wie es der Hebräerbrief des Neuen Testaments mit Nachdruck bestätigt.

Ähnlich verhält es sich mit dem »ägyptischen Josef«, dem jüngsten Sohn Jakobs, den seine Brüder nach »Ägypten« verkauften; dabei sollte man wissen, daß »Ägypten« in der geheimen Lehre als der Inbegriff der Materialität gilt, das Fallen in die Materie, gewissermaßen das Sinnbild für den »Sündenfall«. Dennoch kann dieser israelitische Josef auch eine geschichtliche Persönlichkeit gewesen sein, und zwar zur Zeit der Fremdherrschaft durch die Hykos (1710–1570 v. Chr.).

In den Jahrtausenden vor dieser Fremdherrschaft waren die Ägypter nach ihrer eigenen Überzeugung — und nach den genauen Aufzeichnungen der Priesterschaft — das auserwählte Volk göttlicher Abstammung oder doch unter besonderem göttlichen Schutz stehend, und diese Überzeugung war bei ihnen vielleicht weit besser begründet als bei den Juden der Nach-Mose-Zeit.

Für die Ägypter zur Zeit der Patriarchen — vielleicht ausgenommen die Zeit der Fremdherrschaft — waren die Israeliten ein kleines Wüstenvolk von Nomaden, die sie verächtlich als Sandwanderer bezeichneten — unwichtige und barbarische Stämme, mit denen auf gleich und gleich zu verkehren für sie weit unter ihrer Würde gewesen wäre. Nur unter einem Pharao der Fremdherrschaft konnte ein Israelit, nämlich Josef, zum zweiten Mann in Ägypten aufsteigen, was bei den Ägyptern selbst völlig undenkbar gewesen wäre.

Wenn es aber zutrifft, daß die Semiten aus den Grenzgebieten Indiens nach Chaldäa und Arabien vordrangen, dann müssen damals in Indien Verhältnisse bestanden haben, die ihnen diesen frühen »Auszug«, Jahrtausende vor dem ägyptischen, geraten erscheinen ließen, und es wäre sicher auch interessant zu erfahren, auf welchen Vorgängen die grimmige Feindschaft derAfghanen gegen die Juden beruht!

Was Indien selbst betrifft, wird es heute in unseren westlichen Geschichtsbüchern als uralter Hochkulturraum angesehen, der in seinen Hochländern und Küstenlandschaften bereits in der Eiszeit und in der frühen Altsteinzeit besiedelt gewesen sei, was Bodenfunde bewiesen hätten. Es soll ja im Norden Indiens ebenfalls vier Vergletscherungen gegeben haben, deren Beginn mit langsamem Temperaturrückgang man auf eine Million Jahre zurückdatiert. Wenn aber die Besiedlung in der Altsteinzeit erwiesen ist, so bedeutet das immerhin, daß dort vor 500 000 Jahren Menschen lebten und wirkten. Aus etwa derselben Zeit stammen auch die Funde des Pekingmenschen, desgleichen diejenigen von Ungarn etc., was deutlich genug zeigt, daß menschliche Siedlungen vor einer halben Million Jahren nicht nur auf ein einzelnes Land beschränkt waren.

Die Funde bei Peking und in Ungarn zeigen zwar — nach unserer heutigen Auffassung — eine primitive Entwicklungsstufe des Menschen, aber die paar Knochenfunde brauchen durchaus nicht typisch für die damalige Menschheit zu sein, die sehr wohl aus primitiven Stämmen und hochentwickelten Völkern zu gleicher Zeit bestanden haben kann, wie das ja selbst heute noch der Fall ist. Zudem scheint man in Indien bis jetzt keine Knochenfunde gemacht zu haben, die Rückschlüsse auf die damaligen Menschen erlauben würden. Es bleibt aber dennoch wahr, daß auch damals hohe Zivilisationen neben primitiven Stämmen und prachtvolle Städte neben Höhlenbewohnern und nomadisierenden Jägern leben und bestehen konnten. Und damit ist noch keineswegs gesagt, daß das Land nicht schon weitere Hunderttausende oder Millionen Jahre früher bewohnt und besiedelt gewesen sein könnte; vielmehr muß hier einmal mehr das Wort Geltung haben, daß unter der Sonne nichts unmöglich ist!

Wenn man sich die Aussagen der »Alten« über die frühe Menschheit in Erinnerung ruft, etwa die des Aristophanes in Platos Gastmahl, oder die der jüdischen Kabbala (Rabbi Simeon im Sohar, GHL I/236) von den einstmals androgynen Menschen, die noch nicht als Mann und Frau getrennt, sondern in einem Körper vereinigt waren, dann muß man wohl andere Zeiträume in Rechnung stellen als ein paar tausend oder selbst Hunderttausende von Jahren. Und dann sind da auch noch die Andeutungen über einen einstmals »luftigen« Zustand der Erde und ihrer Lebewesen, wovon unter anderem auch bei Plato die Rede ist. Sogar das Pohol Vuh, die heilige Schrift der Quiche-Indianer in Mexiko, erzählt von einer frühen, kaum materiellen Menschheit, deren Repräsentanten alle Dinge sofort zu erkennen und zu durchschauen vermochten und deren Blick unbegrenzt gewesen sei. Und der (hebräische) Schöpfungsbericht des Mose deutet ebenfalls einen frühen feinstofflichen oder »dampfartigen« Zustand der irdischen Schöpfung an, die sich über entsprechende

Zeiträume zum heutigen kompakten Zustand verdichtete und verhärtete, wie Weinreb erläutert. Daß von dem ersten Adam später eine Seite (nicht nur eine Rippe) weggenommen wurde, also der mannweibliche Androgyn in Mann und Weib getrennt wurde, bestätigt uns die Genesis selbst im unverschlüsselten (hebräischen) Text unserer Bibel. Kann und darf man solche Aussagen einfach ignorieren oder als unrealistische Märchen beiseite schieben?

Wenn man von der Genesis der Bibel spricht, nimmt man an, daß diese von Moses stamme. In Wahrheit beruht aber zumindest der Schöpfungsbericht im 1. Buch Moses auf den weit älteren Lehren des Sohar, welche ihrerseits auf die Veden zurückgehen, besonders auf den Ayurveda. Dessen genaue und ausführliche Schilderung der Stufen und Kräfte des Abstieges und des möglichen Wiederaufstiegs wurde vor rund 6000 Jahren aufgezeichnet, wie von Kennern der verschiedenen Systeme in den heiligen Schriften versichert wird. Ob nun Moses selbst oder Jahrhunderte später die Elohisten und Jahwisten das hebräische System der Bibel ausgearbeitet haben, ist eine zweitrangige Frage. Da jedoch besonders im biblischen System die Wahrheiten bis zur Unkenntlichkeit verhüllt wurden, war die mündliche Weitergabe der Geheimnisse stets erforderlich und gewiß ebenso wichtig wie der schriftliche Text.

Daß es sich so verhalten hat, kann man daraus schließen, daß der jüdische Gelehrte Maimonides im zwölften Jahrhundert Teile der bis dahin mündlich weitergegebenen Lehren schriftlich aufgezeichnet hat, um sie vor dem Vergessenwerden zu bewahren und sie den Juden in aller Welt wieder ins Bewußtsein zu rufen. Man darf also gewiß sein, daß es stets Eingeweihte in diese Lehren gegeben hat, die sie zu interpretieren vermochten. Wenn daher die Meinung vertreten wird, die Elohisten und Jahwisten hätten nur noch mangelhafte Kenntnisse der eigentlichen Lehre besessen und deshalb sei die Genesis unserer Bibel zu einer unglaubwürdigen Kindergeschichte geworden, dann beruht diese irrtümliche Meinung auf unserer eigenen totalen Unkenntnis dessen, was der hebräische Text für den enthält, der die Schlüssel dazu besitzt. Doch gibt es auch heute Unterrichtete, die diese Geheimnisse noch zu entziffern vermögen, wie uns die Bücher von Fr. Weinreb und andere jüdische Kommentare zu den alten Überlieferungen beweisen.

Was aber die in Verbindung mit den Zahlenwerten verschlüsselten hebräischen Texte betrifft, die es angeblich zu Moses Zeiten noch nicht gab, sollte man das uralte und geheimnisvolle Dokument nicht vergessen, das als »Sepher Jesirah« bekannt ist, und dessen Verfasser Abraham gewesen sein soll. Damit mag es sich verhalten wie mit manchem anderen alten Dokument der geheimen Lehren, daß sie nämlich in gewissen Zeiten schriftlich fixiert werden, wenn die Lehre zu sehr der Vergessenheit anheimzufallen droht, wie das durch Maimonides im 12. Jahrhundert geschehen ist. So könnte es auch mit dem »Sepher Jesirah« zu Abrahams Zeiten geschehen sein, nur dürften in unserer Zeit kaum noch Kenner zu finden sein, die denselben zu enträtseln vermögen.

Man hat die Existenz Abrahams auf etwa 1900 Jahre v. Chr. festzulegen versucht, aber da die Angaben der Bibel keine historischen Zeiten enthalten und also nicht in geschichtlichem Sinne errechnet werden können (Weinreb), kann dieser semitische Fürst statt vor rund 4000 Jahren ebensowohl vor 6000 oder 8000 Jahren gelebt haben. Jedenfalls wird nicht bezweifelt, daß der Sepher Jesirah aus einer Zeit lange vor Moses stammt — wie ja auch die Genesis nicht von Moses entworfen wurde, noch ihm auf dem Sinai fix und fertig übergeben wurde. Die 40 Tage, die Mose im Zwiegespräch mit Gott auf dem Sinai verbrachte, haben ganz andere Bedeutungen, und »Gott selbst« ist noch nie zur Erde gekommen, um eine Offenbarung herabzubringen, sondern Gesandte Gottes, menschliche Gesandte, bringen die Offenbarungen, die ihnen von der Gottheit eingegeben werden, den weniger bevorzugten Sterblichen zur Kenntnis.

Der Sepher Jesirah also schildert, daß der Gott Israels seine Welt erschuf durch drei Zählprinzipien: Zahl, Zähler und Gezähltes: »Zehn Zahlen und 22 Grundbuchstaben (des hebräischen Alphabetes); zehn Zahlen entsprechend den zehn Fingern, fünf gegenüber fünf, und des einzigen Bündniszeichens in der Mitte: das Wort an der Zunge und die Beschneidung am Phallus.« Und die ersten vier Zahlen werden definiert: Eins = der Geist des lebendigen Gottes; Zwei = Geist aus Geist (Seele); Drei = Wasser aus Luft; Vier = Feuer aus Wasser.

In der Systematik liegen die Zahlen von eins bis zehn dem gesamten Schöpfungsvorgang zugrunde, und zwar sind es in der jüdischen Lehre die zehn Sephirot, worunter man die ersten zehn aktiven Kräfte des Lebens versteht, die in ihrer Gesamtheit sozusagen den geoffenbarten Willen des Höchsten repräsentieren. Der Sohar nennt es das »innere Antlitz«, und diese unerschöpfliche Welt ist der geheime Bereich der »Sprache« oder vielmehr des WORTES, das wir aus dem vierten Evangelium kennen.

Gershom Scholem sagt hierzu: »Hier besteht eine tief ins Magische hinabreichende Vorstellung vom Wort als Kraft, mit der in der Kabbala uraltes Erbe wieder lebendig wird. Das Wort, als Schöpfungswort zuerst erschienen, ist in Gott lebendige Kraft (oder Gottes lebendige Kraft, der Verf.). Im reinen, unvermischten Wort liegen also die inneren Wurzeln des Daseins. Jedes Wort ist aber zugleich Name Gottes, und der Prozeß, in dem sich die Welt bildet, ist eben die Auswirkung des Namens (Gottes). Und deshalb heißt im Sohar der heilige Name der Region des Nichts: Ich werde sein.«[3])

Auf eine einfache Formel gebracht, ist es vom Höchsten aus die Einheit des Lebens oder des göttlichen Willens, des Stromes, der aus Eden kommt. Und diese Definition entspricht genau den östlichen Meisterlehren, welche besagen, daß aus dem wogenden Willen der höchsten Wesenheit die tönenden Energieschwingungen strömen und die Schöpfung hervorbringen. Diese abgestuften Kraftströme entsprechen somit den zehn Sefirot als Urpotenzen, wie sie auch bezeichnet werden, als eine erste Differenzierung des Willens des Höchsten mit entsprechenden Eigenschaften, wie sie in der jüdischen Lehre beschrieben ist. G. Scholem betont ausdrücklich, daß es sich nicht etwa um erschaffene höhere Kreaturen wie Engel etc. handle, sondern ausgesprochenermaßen um Kräfte der Entfaltung und Emanation. »Diese Welt der Sefirot ist zwar nicht »Gott an sich«, von dem die Religion nichts weiß und wissen kann, sondern der tätige Gott, der wirkt und seine Schöpferkraft entfaltet.« Es sind dieselben Sefirot, die im ersten Kapitel der Genesis als die zehn Schöpfungsworte in Erscheinung treten. Sie werden wie folgt bezeichnet:

1. Krone (Kether)	6. Schönheit (Tif'eret)
2. Weisheit (Chochma)	7. Triumpf (Nezach)
3. Einsicht (Bina)	8. Glorie (Hod)
4. Gnade (Chessed)	9. Urgrund (Jessod)
5. Macht (Din)	10. Reich (Malchut)

Die Bedeutung der Zahlen in der Schöpfung war auch den Griechen und noch früher den Chaldäern bekannt, von denen die

---

[3]) Gershom Sholem: Die Geheimnisse der Schöpfung.

Juden anerkanntermaßen vieles gelernt und übernommen haben. Ihre babylonische Gefangenschaft wurde von den Persern beendet, und von ihnen übernahmen sie wiederum vieles aus der Lehre des Zoroaster, die im Zuge der Perserherrschaft großen Einfluß gewann.

Nimmt man noch hinzu, daß Moses ein Eingeweihter in die Wissenschaft der ägyptischen Tempel war, ehe er die Juden aus Ägypten führte, so wird klar, daß es eine »jüdische Lehre« im eigentlichen Sinn gar nicht gibt, wohl aber eine nach der jüdischen Eigenart und mit eigener Symbolik geformte Ausprägung der Lehre, die zu ergründen viele Völker zu allen Zeiten und auf verschiedenen Wegen unternommen haben. Allerdings hat die Verwendung von Namen und Ereignissen aus der jüdischen Geschichte zur Folge gehabt, daß viele zur Überzeugung kamen, die Juden seien ein von Gott besonders bevorzugtes, ein von ihm auserwähltes Volk. Dabei bedarf es nur etwas klarer Überlegung um zu erkennen, daß alle Menschen Kinder eines Vaters sind, und daß es daher weder Bevorzugte noch Benachteiligte geben kann — es sei denn auf Grund der karmischen Konstellation oder des allgemeinen Entwicklungsstandes.

Wohin letztlich eine solche Auffassung von einem »auserwählten Volk« führen müßte, hat C. G. Jung in einem seiner Bücher gezeigt, worin er ausführt, daß (nach dem Text der Bibel) mit dem Weltschöpfertum Jahwes überhaupt jede Geschichte erst anhob, als er nämlich in Beziehung trat »zu jenem Teile der Menschheit, dessen Urvater Adam er offenbar in einem speziellen Schöpfungsakt als den Anthropus, den Urmenschen schlechthin, nach seinem Bilde erschaffen hatte. Die anderen Menschen, die es dazumal auch schon gab, waren — wie man annehmen muß — zuvor mit den verschiedenen Arten des Wildes und des Viehes auf der göttlichen Töpferscheibe geformt worden, nämlich die Menschen, unter denen sich Kain und Seth ihre Weiber nahmen.«[4])

Eine solche Annahme — sei sie ironisch oder ernst gemeint — der Stammvater irgend eines Volkes sei in besonderer Weise von Gott erschaffen worden, während alle anderen Menschen aus dem Tierreich stammten, ist das Ergebnis einer wörtlichen Auffassung allegorischer Texte und symbolischer Begriffe in der »biblischen Geschichte«, die aber gerade keine »Geschichte« wieder-

---

[4]) C. G. Jung: Antwort auf Hiob.

gibt, sondern dieselbe zur Verhüllung der eigentlichen Lehre verwendet. Wie unhaltbar aber eine solche Vorstellung von »auserwählten« Völkern auch ist, so scheint es doch genug Leute zu geben, die den Juden diesen Vorzug zuzuerkennen bereit sind, weil nun einmal der Text der Bibel diesen Eindruck erweckt — und die Juden selbst dürften daran nicht ganz unschuldig sein, wie man aus den Auseinandersetzungen mit dem Nazarener entnehmen kann. Der grimmige Haß der Priesterschaft rührte ja gerade davon her, daß Jesus ihnen diesen bevorzugten Status absprach und den »Heiden« dieselbe Chance einräumte wie den »Rechtgläubigen« seiner Zeit. Und darin ist einmal mehr die Christenheit dem Meister nicht nachgefolgt, sondern hat mit derselben Unnachsichtigkeit wie die Juden jeden anderen Glauben verdammt, der nicht von den Synoden und Konzilien zuvor gutgeheißen worden war.

Aber gehen wir in Gedanken ein paar tausend Jahre zurück, in eine vorgeschichtliche Zeit, die aber in der Bibel immerhin andeutungsweise erwähnt ist. Die Legenden der östlichen Völker sagen, daß Adam und Eva nach ihrer Vertreibung aus dem Paradies auf dem Bamianpaß im Hindukusch umhergeirrt seien, jedes für sich allein, und daß sie sich in der Nähe der Stadt Balch wiedergefunden hätten. Gerade hier, bei der »Mutter der Städte«, wirkte auch Zarathustra, und der Oxus, wo er zuerst seine Lehre verkündete, soll einer der vier Flüsse des Paradieses gewesen sein. Andere Sagen wissen zu berichten, daß hier auch Abraham lebte; von Baktrien aus habe er seine Wanderung in das gelobte Land angetreten.

Gustav Schenk berichtet in seinem Buche von den alten Sagen, über das Paradies, die man nicht einfach als Märchen abtun sollte:

»Die Schriftzeichen des hebräischen Urtextes der Genesis bezeichnen den Ort eines paradiesischen Zustandes der ersten Menschen mit gan Eden, Garten in Eden. Die biblische Schöpfungsgeschichte galt als eine Ur-Offenbarung, die durch göttlichen Willen der Menschheit übermittelt worden sei. Noch bis in die neuere Zeit hinein wurden diese Texte für die ältesten Aufzeichnungen gehalten. Jedem Wort der Schrift wohnte eine absolute, unangreifbare Autorität inne. Der Bericht von einem vergangenen Garten in Eden wurde von den Israeliten um 800 v. Chr. verbreitet, also um die gleiche Zeit als Zoroaster sein »pairidaeza« (Paradies) verkündete. Doch schon sechs Jahrtausende früher wußte man von einem Gottesgarten, von dem ersten Menschenpaar, dem Lebensbaum, der Schlange und der jäh erwachenden Erkenntnis des Menschen, daß er sterben müsse. Der heilige und reine Ort, an dem glückliche Zustände herrschten, war das »Land Dilmun« oder die »Insel der Seligen« an der Mündung der Ströme.«

G. Schenk schreibt weiter:

Mesopotamien galt bei uns lange als die Wiege der Menschheit, und die sumerische Mythologie ist der Paradiesesvorstellung näher, als jede andere Überlieferung. Sie sprachen davon, als seien sie allein (!) im Besitz sicherer Nachrichten über diesen Gegenstand. An der Mündung der Ströme Euphrat und Tigris erschuf Gott Ea den Adapa. Er verlieh ihm alle guten Eigenschaften, namentlich die göttliche Weisheit (ein Synonym für die Seele, Verf.), so daß er das weiseste unter den Geschöpfen war. Jedoch das ewige Leben schenkte er ihm nicht; dieses besaßen nur die Götter, denn sie allein wohnten dort, wo sich der Lebensbaum, das Lebenskraut und das Lebenswasser befanden, die allein das Leben verlängern konnten.«

Von diesen legendären Erzählungen haben wir durch das bei Ausgrabungen gefundene Gilgamesch-Epos authentische Kunde erhalten. Gilgamesch, der mythische Held und Zweidrittelgott, suchte die Unsterblichkeit im Garten der Götter, doch konnte er das Lebenskraut, das ihm sein Götter-Vorfahr gegeben hatte, nicht nach Hause bringen. Das Epos gibt uns einen Einblick in die Vorstellungswelt jener Zeit vor rund fünftausend Jahren und gibt uns einen frühen Bericht, wie Anu mit den Göttern beriet, eine Sintflut zu machen, die dann in allen Einzelheiten geschildert wird. Nachdem die Flut vorbei war, die Enlil als das ausführende Organ durchgeführt hatte, sprach die Göttermutter Mach (Shakti?) zu den versammelten Göttern: »Die Tage hier will ich mir merken, daß ich sie ewig nicht vergesse! Die Götter mögen nur kommen zum Opfer (das die Überlebenden darbrachten). Doch Enlil soll nicht kommen, weil er unüberlegt die Sintflut machte, und meine Menschen dem Verderben anheimgab« (Elfte Tafel).

Unwillkürlich denkt man an die Schilderung im Buche Henoch über die Flut, die der »Alte Heilige« über die Erde gebracht hatte, die er danach als sinnlos erkannte. »Und er schwur bei seinem großen Namen, nicht mehr also zu tun, solange die Erde steht.« Wie man sieht, sind es viele Berichte, die von den vergangenen

Ereignissen erzählen, doch mag es bis zu einem gewissen Grade zutreffen, was G. Schenk von diesen alten Überlieferungen sagt:
»Die Sprache der Menschen vor acht- oder zehntausend Jahren und ihre wiedergefundenen Symbole sind nicht die unseren. Unsere Vorstellungskraft ist entleert, die Bildersprache verarmt, der Glaube dahin. Wie sollen wir die lebens- und glaubensstarken Kundschaften aus einer Welt, die vor zehntausend Jahren verging, mit unserer logischen Sprache deuten?«

Kapitel 15

Kabbala und Bibel

Für uns als den direkten Erben der religiösen Vorstellungen der Juden ist es von großer Bedeutung, zuerst einmal deren Grund-Ideen von Gott und Schöpfung kennenzulernen, die wir nicht ohne weiteres aus der Bibel entnehmen können. Diese Vorstellungen werden in einer Abhandlung aus dem Jahre 1921 über die jüdische Kabbala dargestellt, aus welcher hier ein kurzer Auszug wiedergegeben sei:[1]

»Die Kabbala wurde zuerst von Gott selbst (!) einer ausgewählten Schar von Engeln gelehrt, welche eine theosophische Schule im Paradies bildeten. Nach dem Fall (in die materiellen Bereiche) teilten die gütigsten Engel diese himmlische Lehre den ungehorsamen Menschenkindern auf der Erde mit, um sie über die Mittel zur Rückkehr in die ursprüngliche Heimat und in den früheren glücklichen Zustand zu unterrichten. Von Adam, dem Urmenschen, ging diese Lehre über an Noah, dann an Abraham, Moses, David und Salomon. Keiner von ihnen wagte jedoch, diese Lehre niederzuschreiben, bis zur Zeit der zweiten Zerstörung des Tempels Solomon ben Jochai die uralte Überlieferung schriftlich niederlegte (den Sepher Jesirah) und tausend Jahre später Rabbi Moses de Leon (Maimonides) seine Abhandlung über die alten Lehren niederschrieb, die als »Sohar« (Glanz) bekannt ist.«

---

[1] An Encyclopaedia of Freemasonry, zitiert von P. Johnson in „The Pad of the Masters", p. 162 ff.

»Die Kabbala sagt, daß es eine höchste Wesenheit gibt, die alles in sich enthält und aus sich hervorgebracht hat. Diese Wesenheit ist ›En Soph‹, der Unendliche Eine, der nicht erkannt noch in irgend einer Weise beschrieben werden kann oder mit dem Intellekt faßbar ist. Um erkannt werden zu können, mußte ›En Soph‹ sich in der Schöpfung manifestieren; dies konnte aber nur in einer indirekten Weise geschehen, denn keine stoffliche oder feinstoffliche Welt vermöchte das unendliche Licht der höchsten Wesenheit zu ertragen. Es waren deshalb vermittelnde Kräfte erforderlich, und diese waren die zehn Sefirot als erste Emanation (Ausstrahlung) von ›En Soph‹.«

Nach anderer Darstellung ist allerdings »En Soph« nicht der Unendliche Eine selbst, sondern bereits eine Emanation desselben: Hierüber eine Darstellung von A. Wilder: »Im Anbeginne brach sein Glanz (der höchsten Wesenheit) überall hervor. In der Folge zog er sich in Sichselbst zurück und bildete so einen leeren Raum um sich. In diesen entsandte Er (oder Es) die erste Emanation, einen Strahl, der in sich die zeugende und empfangende Kraft enthielt, und daher der Name Je oder Jah.

Diese Kraft erzeugte ihrerseits den Tikkun, das Modell oder die Idee der Form; und in dieser Ausstrahlung, die auch die männliche und weibliche oder die zeugende und empfangende Kraft enthielt, waren die drei ursprünglichen Kräfte des Lichtes, Geistes und Lebens. Dieser Tikkun ist mit dem Strahle der ersten Emanation vereinigt und von ihm durchdrungen, und dadurch steht er auch in beständiger Verbindung mit der unendlichen Quelle. Aus diesem Tikkun gingen die Sefirot hervor, und aus diesen emanierten ihrerseits die vier Welten, indem eine jede aus der unmittelbar über ihr stehenden hervorging, und die niedere die höhere einhüllte. Diese Welten wurden in dem Maße weniger rein, als sie auf der Stufenleiter herabstiegen, wobei die niederste von allen die materielle Welt ist (Prof. A. Wilder in »Neuplatonismus«, GHL III/304).

Nach diesem Abstecher zurück zur Kabbala:

»Zuerst sandte En Soph die erste Sephira in den Raum, genannt Kether, die Krone, und diese enthält zugleich in sich die neun anderen Sefirot. Aus der »Krone« entsprang zunächst eine männliche Potenz, Chockmah oder Weisheit, dann eine weibliche Kraft, Binah oder Intelligenz, und diese drei Sefirot bilden die erste Triade oder Dreieinigkeit in der Schöpfung, aus welcher wiederum die nächste Triade hervorging: Chessed oder Gnade,

Gebura oder Gerechtigkeit, Tif'eret oder Schönheit. Die dritte Triade war: Nezach oder Triumph (männl.), Hod oder Glorie (weibl.) und Jessod oder Basis. Und aus dieser Basis entsprang als letztes »Malcuth«, das Königreich, die letzte und unterste Stufe der Schöpfung.«

»Diese zehn sefirotischen Kräfte bilden in ihrer Gesamtheit vier abgestufte Welten: Aziluth, die Welt der Emanation, aus der die drei anderen hervorgingen; Beriah oder Briatik, die Welt der Schöpfung, Jesirah, die Welt der Formung und Asiah, die Welt der Aktion. Den zehn Sefirot entsprechen zehn göttliche Herren in der großen Hierarchie: Eheyeh — Jah — Jehovah — El — Eloha — Elohin — Jehova Zebaoth — Elohim Zebaoth — El Chai — Adonai. Die vier genannten Welten — Aziluth, Beriah, Jesirah und Asiah — besitzen ebenfalls jede ihre zehn Sefirot, das heißt, die gleichen schöpferischen Kräfte auf einer niedrigeren Stufe, aus denen oder durch welche alles erschaffen wurde, ›was gemacht ist‹.

Den zehn Stufen der Sefirot entsprechen auch zehn Grade von Engeln: Chajot, Ophanim — Arelim — Chasmalin — Seraphim — Shinamnim — Tarhishim — Ishim — und Cherubim.«

Soweit der Auszug über die Kabbala.

Die Aussagen der Kabbala sind eindeutig genug; sie besagen, daß aus einer höchsten Wesenheit ein Strahl oder Kräftestrom hervorbricht, aus dem sich die zehn sefirotischen Kräfte entfalten, aus denen wiederum die vier Welten hervorgehen: die Welt der Emanation, der Schöpfung, der Formung und der Aktion. Im Vergleich zu den Stufen der Meisterlehre (Kap. 10) gehen die vier Welten der Kabbala (einschließlich dem materiellen Universum) nur bis Daswan Dwar, der Ebene Parbrahms, also eine Stufe höher als Trikuti, welches die Region Brahms oder Jehovahs ist, nach der Kabbala die Welt der Schöpfung, nämlich der drei unteren Welten. Das dürfte bestätigen, daß auch die Kabbala nicht über den »dunklen Feuerkreis« der Gnostiker vorgedrungen ist und also die beiden höheren Regionen Bhanwar Gupa und Sach Khand nicht kennt.

Daswan Dwar entspricht also der Welt der Emanation der schöpferischen Kräfte nach der Kabbala, was zwar durchaus zutrifft, aber es ist nicht die Region des Ursprungs dieser Kräfte, die im Anfang von Sat Desh, dem oberen Reich jenseits des dunklen Feuerkreises ausströmen, wohin nur die wahren Meister oder Boten des Vaters aufzusteigen vermögen. Das bestätigt nicht nur die Meisterlehre, sondern auch das Evangelium: »Niemand kennt den Vater denn nur der Sohn und wem es der Sohn will offenbaren« (Matth. 11/27).

Diese Boten oder »Uthras« steigen vom Lichtort durch die Regionen des Kosmos zur Erde herab, um die ausgewählten Seelen aus ihrem »Schlummer« zu wecken und zum »großen Leben« zurückzuführen, wie es die Gnostiker in immer neuen Varianten beschrieben haben.[2])

Die Lehre der Kabbala stimmt also offensichtlich bis zur Parbrahmregion mit der Meisterlehre überein, in welcher diese Stufen auch als Pind, And, Trikuti und Daswan Dwar bekannt sind. Bis zu dieser Stufe kann man also nicht von einer grundsätzlichen Differenz zwischen beiden Lehren sprechen, doch darüber hinaus fehlt in der Kabbala die Darstellung vom unvergänglichen oberen Lichtreich des Vaters, obwohl die Israelis zweifellos verschiedene große »Uthras« in ihren Reihen hatten.

Man kann auch nicht sagen, daß Abraham oder Moses den Eingott-Glauben zuerst gelehrt hätten, obwohl die Juden den Anspruch erheben, daß die Kabbala schon im Paradies von »Gott selbst« gelehrt worden sei. Dieser Anspruch, so erstaunlich oder gar vermessen er uns zunächst erscheinen mag, hat auch nach der Meisterlehre durchaus seine Berechtigung, sofern man den Unterricht durch Gott selbst (den Demiurgen) in die astrale oder mentale Region verlegt, von denen aus die verschiedenen Religionslehren durch sogenannte Inkarnationen oder Avatare (wie Moses) zur Erde gebracht, d. h. in den vorbestimmten Ländern gelehrt und aufgerichtet werden. Ein solcher Religionsstifter war auch Mohammed, von dem es heißt, er sei von der Astralregion aus inkarniert worden, während Moses eine Stufe höher gestanden habe.[3])

In Anbetracht der Menschheitsgeschichte sind jedoch Abraham, Moses und Mohammed, wie die jüdischen und andere semitische Völker überhaupt, als recht späte Erdbewohner auf der Bühne des Lebens erschienen. Unsere gegenwärtigen geschichtlichen Kenntnisse reichen ja gerade noch bis zu einer vagen Vorstellung der Zeit vor etwa 6000 Jahren, als in Indien die Bhagavad Gita und in Ägypten die Ptach-Lehre niedergeschrieben wurden,

---

[2]) Siehe auch: Hans Jonas, »Gnosis und spätantiker Geist«.

[3]) Darum behauptet Mohammed zu Recht, er sei in der Ekstase im Paradies (der Astralregion) gewesen.

was aber keineswegs besagt, daß beide nicht lange Zeit zuvor bekannt gewesen waren.

Der Eingottglaube oder Monotheismus bezieht sich ja meistens auf einen persönlichen Herrn des mittleren Großreiches (Brahmand), auf Brahm-Jehovah von der Mentalregion oder auf »Allah«, den Herrn der Astralregion, den Mohammed als Gott verehrte — und nicht auf den Vater und Herrn der fünften Region, wie bei Jesus und anderen Gesandten höchsten Grades. Warum bringen überhaupt die Inkarnationen der ersten und zweiten Region verschiedene Interpretationen der Lehre zur Erde? Es ist das Spiel der Negativen Macht (Brahm-Jehovah etc.), die mit solchen Mitteln den Streit und die Zwietracht auf Erden schüren und unterhalten, damit die Menschen nicht zur Ruhe und Besinnung kommen, die wahre Lehre des Vaters annehmen und aus dem Herrschaftsbereich des Demiurgen entkommen, wodurch sie seine Gefolgschaft dezimieren würden; denn wer einmal das Reich des Demiurgen überwunden und verlassen hat, der steigt auf in das Reich von Licht und Glanz und kehrt nie wieder in die unteren Regionen zurück.

Auch die Bibel spricht in ihrer verborgenen Bedeutung von verschiedenen Stufen der Schöpfung, wie die Interpretation durch Friedrich Weinreb schon am Beispiel vom aufsteigenden Dampf (1. Gen. 2—6) als Basis der Materie zeigt. Alle großen Eingeweihten lehrten den stufenweisen Abstieg der Kräfte und Erscheinungsformen von einem primären Lichtcharakter über feinstoffliche Zustände bis zur festen und sichtbaren Gegenständlichkeit auf der materiellen Ebene — und die Bibel macht darin keine Ausnahme.

In Anbetracht der unermeßlichen Bedeutung derselben für unsere Vorstellungswelt von den »jenseitigen« Dingen sollten wir über ihren wahren Inhalt weit besser Bescheid wissen, als uns dies mangels richtiger Erläuterung bis anhin möglich war. Die hebräische Thora beruht auf dem System der zehn Grundzahlen und der 22 Buchstaben des jüdischen Alphabetes; der eigentliche Sinn des Alten Testamentes kann daher ohne Kenntnis dieser Systematik überhaupt nicht herausgefunden werden.

Weinreb schreibt hierzu:

»Die Bibel hat in ihrem Aufbau, in ihrer Struktur, dieselben wunderbaren Zusammenhänge wie die Natur selbst. Wir müssen deshalb schließen, daß kein Mensch und nicht die ganze Menschheit selbst in Millionen Jahren imstande sein würde, die Systematik der biblischen Sprache zu erschaffen. Die Bibel ist für den Menschen erschaffen worden, wurde ihm gegeben, und sie betrachtet ihn als den Mittelpunkt des Lebens und der Welt« (p. 56).

Nun ist gewiß nichts dagegen einzuwenden, daß die Bibel viele geoffenbarte Wahrheiten enthält, die von berufenen und befähigten Sendboten der Gottheit — in menschlicher Gestalt — nach einem bestimmten System niedergeschrieben wurden. Anderseits stellt die Bibel aber sicher nicht die früheste oder gar einzige und ursprüngliche Offenbarung dar, vielmehr dürfte sie auf einer Neubearbeitung viel älterer Lehren und Systeme beruhen (wie z. B. der Runenschrift der alten nordischen Völker), die weit in unbekannte vorgeschichtliche Zeiten zurückgehen.

Aber zurück zur Bibelinterpretation.

Wie schon erwähnt, bedeutet Schöpfung Zweimachung, also die Zweiteilung der Kraft Gottes oder der Absonderung eines Teiles der Kräfte der höchsten Wesenheit nach der Bhagavad Gita — und deren Aussendung zur Erschaffung der Welten. Der biblische (hebräische) Schöpfungsbericht beginnt deshalb mit der Zwei, dem B in »Bereshit bara Elohim«, im Anfang schufen die Elohim. Die Eins symbolisiert Gott als alles umfassende Kraft, die Zwei den Beginn der Differenzierung — und die Potenzierung der Zwei in 2 x 2 bedeutet die Grenze der Entfaltung im Grundprinzip. Diese 1—4-Struktur liegt als Kernzyklus in der biblischen Systematik der ganzen Schöpfung (der drei unteren Welten) zugrunde. Man kann das System erweitern, indem man die 4 auflöst in $4 + 3 + 2 + 1 = 10$, und diese Zehn bildet den Abschluß und die Vollendung des Grundsystems. Die Bedeutung der Zehn geht hervor und wird bestätigt durch die zehn Schöpfungsworte der Bibel im ersten und die zehn Schöpfungstaten im zweiten Schöpfungsbericht (im 1. und 2. Kapitel Mose). Es handelt sich in Wirklichkeit nicht um zwei verschiedene Schöpfungsberichte, sondern vielmehr um zwei Stufen der Entfaltung.[4]

Um also die Bibel zu verstehen, muß man die verborgenen Bedeutungen ihrer Aussagen kennenlernen, die nun einmal nicht anders herauszufinden sind, als nach dem System, in dem sie dort niedergelegt worden sind. Infolgedessen ist es vollständig sinnlos, an dem äußerlichen Text herumzurätseln, denn aller Scharfsinn und alle Spekulationen sind nutzlos, wenn man das

---

[4] Friedrich Weinreb: Der göttliche Bauplan der Welt.

System nicht kennt — wie man einen chiffrierten Text der Geheimdienste ohne den Code nicht entziffern kann.

Eine große Rolle spielt in der biblischen Erzählung der Baum des Lebens und der Baum der Erkenntnis, deren Verhältnis zueinander nach dem genannten System ebenfalls 1 zu 4 ist. Die 4 bedeutet ja die materielle Welt mit ihrer Vielheit, im Gegensatz zur Einheit des Ursprungs, und sie symbolisiert auch den Leib, oder das Weibliche schlechthin, weshalb die »Frau« in der Bibel immer das Materielle und das Körperliche versinnbildlicht.

Die Überlieferung erzählt — nach Weinreb — daß der Mensch, bevor er vom Baume der Erkenntnis gegessen hatte, in einem Augenaufschlag von einem Ende der Welt bis zum anderen sehen konnte, von einem Ende der Zeit bis zum anderen, aber diese Augen haben sich (später) geschlossen (siehe auch das »Popol Vuh«). War die Sicht vorher allesumfassend, so sah er jetzt nur noch die Vielheit der materiellen Welt, das, was er gerade vor Augen hatte. Er verlor die Sicht für das Umfassende. Es wurde ihm aber auch bewußt, daß sein eigenes Leben in der endlosen Entwicklung keinen Sinn hat, daß er sich bezaubern ließ. Mit anderen Worten, er erkannte, daß er nackt war.

Die Bibel sagt, daß sich Adam und Eva schämten. Der Mann schämt sich vor der Frau und die Frau vor dem Mann — und das will besagen, der Leib schämt sich vor der Seele und die Seele vor dem Leib (der Mann symbolisiert die Seele, die Drei im System). Der Leib weiß, daß er eigentlich nichts zu bieten hat, daß alles nur vergänglich und Schein ist. (Das Fleisch ist nichts nütze, nach dem vierten Evangelium.) Die Seele schämt sich vor dem Leib, weil sie sich verführen und durch die Schönheit der äußerlichen Welt betören ließ. (Dies sind auch die »Töchter« oder »Weiber« der Menschen, die von den »Söhnen Gottes«, den inkarnierten Seelen, schön gefunden wurden, und sie nahmen sich, welche sie wollten, d. h. welche ihnen gefielen. 1. Mose 6—2.) Beide, Seele und Leib, erkennen sich also in ihrer Nacktheit. Dann flochten sie (Adam und Eva) Feigenblätter zusammen und machten sich Schürzen (Gen. 3—7).

Die Feige steht in der Reihenfolge der Früchte ebenfalls an vierter Stelle, und die Überlieferung erzählt denn auch, daß der Baum der Erkenntnis der Baum der vierten Frucht war.

Was dem Menschen das Gefühl der Nacktheit gab, die wissenschaftlichen Erkenntnisse (Weinreb), die Früchte des vierten Baumes, diese will er nun gebrauchen, um seine Nacktheit (nackt an Wesentlichem) zu bedecken. Der Mensch, der fühlt, daß er den verkehrten Weg eingeschlagen hat, schämt sich nun vor Gott. Es war ein Weg in der Absicht, selbst ein Gott zu werden, unabhängig, mächtig und frei. Jetzt weiß er, daß er den Garten nicht »bebaute und bewahrte«, daß er ihn nicht zur Harmonie brachte, wie es ihm aufgetragen war.

Welche Aufgabe hatte der Mensch eigentlich im Garten Eden? Nach dem Prinzip 1–2–1 oder nach den Zahlenwerten der ersten hebräischen Worte in der Genesis oder Thora, 2–200–1, hatte der Mensch den Auftrag, die Zweiheit wieder in die Einheit zurückzubringen (nachdem er sie zuvor bis zur Grenze 200 entfaltet hat). Des Menschen Auftrag nennt die Bibel mit den Worten »obed« und »schomer«, arbeiten und behüten. Und das ist eine wesentlich andere Anweisung, als die uns vertraute: macht euch die Erde untertan! Das letztere klingt fast wie: verfahrt mit ihr nach Belieben, oder gar nach Laune und Willkür! Und das haben wir denn in neuerer Zeit in zunehmendem Maße auch getan, was durch die Zustände auf unserem Globus zur Genüge bezeugt wird.

Diesen falschen Satz »macht euch die Erde untertan«, nimmt Carl Amery zum Anlaß, in einer Flut von Belegen die verheerende Auswirkung dieser juden-christlichen Maxime aufzuzeigen.[5] Aber wenn wirklich dieser Satz eine so entscheidende Rolle in der heutigen Fehlentwicklung gespielt haben sollte, dann wäre das nur durch eine vollständige Fehlinterpretation der Bibel geschehen, die gerade in ihrem jüdischen Urtext verlangt, daß der Mensch diesen Garten bewahre — und nicht zerstöre. Es wäre also die Schuld der christlichen Väter der griechischen und lateinischen Übersetzung der Bibel, die den Kolonisatoren und Ausbeutern jahrhundertelang als Legitimation gedient hat — und nicht der Juden. Das muß um der Wahrheit willen festgestellt werden.

Um es deutlich zu sagen: Der Mensch ist nicht zufolge einer imaginären Erbsünde, infolge der Mißachtung eines Verbotes Gottes im Paradies auf diese steinige Erde versetzt worden, sondern die hier inkarnierten Wesenheiten, seine Seele, alle Seelen, wurden auf diese Ebene herabgesandt, um hier ihre Runden zu absolvieren. (Wohl aber hat der irdische Mensch den rechten

---

[5] Carl Amery: Das Ende der Vorsehung. Die gnadenlosen Folgen des Christentums.

Weg verloren.) An diesem Beschluß konnte kein früherer Mensch, weder »Adam« noch »Eva« etwas ändern oder verhindern. Die bekannte Eva mit dem Apfel symbolisiert ja nicht die Frau des ersten Menschen, sondern die äußerlichen, materiellen Freuden und Interessen auf dieser Erde, und den Leib mit seinen Sinnengelüsten, die den »Mann«, nämlich die Seele verführten, ihren Ursprung zu vergessen.

Weinreb schreibt: »Sollte Gott den Menschen in diese harte Welt gesetzt haben, nur weil in unendlich weit zurückliegender Zeit seine Vorfahren oder Stammeltern sündigten? Und alle die schönen Versprechen von einem Himmel voller Engel stammen gar nicht aus der Bibel! Aber auch die Bedroher mit Hölle und Verdammnis — woher haben sie (die Kirchenlehrer?) solche Kenntnis? Die Bibel jedenfalls spricht nicht davon! Das sind nur Konstruktionen, wie sie eben ein Mensch anstellt.«

Und weiter:

»Es ist typisch, wie vieles man im Laufe der Zeit in der Bibel falsch beurteilt hat. Nehmen wir z. B. den Ausdruck der Gottesfurcht. Das Wort Furcht hat im hebräischen den gleichen Stamm wie ›sehen‹. Der Mensch soll also nicht erbeben im Gedanken an eine rachsüchtige Macht, sondern er soll Gott — das göttliche Wirken — wahrnehmen und beeindruckt werden von seiner Größe, vom tiefen Zusammenhang aller Dinge untereinander und so zu einer großen Ehrfurcht gelangen. Die Liebe zu Gott erwächst aus der Einsicht in die Wunder der Schöpfung.« Und deshalb ist es kein Frevel, nach diesen Zusammenhängen zu forschen, sondern im Gegenteil das, was von uns erwartet wird. Suchet, so werdet ihr finden, ist die Aufforderung des Nazareners an alle Menschen.

Im Vorwort zu seinem Buch schreibt Weinreb:

»Das in diesem Buch mitgeteilte Wissen ist uralt; es ist daher keineswegs die Entdeckung des Verfassers (noch des jüdischen Volkes, Verf.). Dieses Wissen ist jedoch in den letzten Jahrhunderten, teils sogar Jahrtausenden auch in jenen Kreisen verlorengegangen, in welchen diese Kenntnis von großer Bedeutung hätte sein können.

Auf der einen Seite steht heute eine Welt, die vom menschlichen Standpunkt aus gesehen am Rande des Abgrundes lebt, die ihre Verzweiflung mit vielerlei Mitteln betäubt. Auf der anderen Seite ist das Wissen und auch die Erfahrung, daß das Tiefste vom Wesen der Dinge verborgen bleiben muß, wie die Seele im Körper und der Same in der Frucht — oder der Kern im Atom. Man wird also begreifen, daß man sich dem Wesentlichen auf andere Weise nähern muß, als indem man die Seele bloßlegt oder den Atomkern spaltet. Das Wissen verlangt eine schützende Umhüllung, um nicht zu vernichten und vernichtet zu werden. Dennoch muß das Wunder nicht umnebelt bleiben, sondern gerade durch seine Klarheit den Menschen erschüttern, so daß er schließlich sagen kann, daß er das Wunder gesehen hat — und am Leben geblieben ist!«

Einmal mehr wird uns hier von einem Kenner der jüdischen Überlieferung und der hebräischen Bibel bestätigt, daß das uralte Wissen vom Wesentlichen im menschlichen Leben und in der Schöpfung überhaupt seit langem verlorengegangen ist — und das bezieht sich in vollem Umfange auch und vor allem auf die christlichen Kirchen, wie inzwischen klar geworden sein dürfte. Das Tragische daran ist die Unkenntnis der nichtjüdischen Theologie vom eigentlichen Inhalt der Bibel und speziell des Alten Testamentes, dessen Schöpfungsbericht und »Zehn Gebote« die Basis unseres gesamten religiösen Gebäudes ist oder doch sein sollte. Die Bibel ist ja unser einziges »heiliges Buch«, denn ein anderes kennen wir normalerweise nicht, und gerade diese für uns maßgebende »heilige Schrift« haben wir bis heute überhaupt nicht verstanden! Diese paradoxe Situation zumindest wird uns durch das Buch Weinrebs über den göttlichen Bauplan der Welt zur bestürzenden Gewißheit.

Es ist zwar zweifellos wahr, daß das eigentliche »Gesetz« (der Schöpfung) nicht in den heiligen Schriften ist, wie das der Nazarener Meister nach dem alten aramäischen Evangelium (Evangelium des vollkommenen Lebens) seinen Zuhörern erklärte:

»Das Gesetz ist lebendiges Wort des lebendigen Gottes an lebendige Propheten für lebendige Menschen; die Schrift jedoch ist tot.«

In diesem einen Satz ist die ganze Wahrheit des »Wesentlichen« enthalten, wenn man ihn in seinem vollen Gehalt versteht. Das lebendige Wort des lebendigen Gottes ist kein gesprochenes oder aussprechbares Wort, sondern der Energiestrom oder das WORT des vierten Evangeliums, somit die strömende Kraft Gottes, die alle Regionen und Welten durchdringt. Es sind die abgestuften zehn sefirotischen Kräfte der jüdischen Kabbala und des Sohar, und die himmlische Melodie oder der Klangstrom in den östlichen Meisterlehren. Dieses WORT oder »divine sound« erschafft und erhält alle Welten und ihre lebendigen Wesen, wie Jesus nach dem genannten Evangelium weiterhin erläutert:

»In allem, was da lebt, steht das Gesetz geschrieben (ist der schöpferische Klangstrom tätig). Ihr findet es im Gras, im Baum, im Fluß, in den Bergen, in den Vögeln des Himmels, in den Fischen des Meeres (und den Tieren, die auf dem Lande leben). Doch vor allem sucht es in euch selber, denn wahrlich, alles was lebt, ist näher bei Gott als die Schrift, die ohne Leben ist. Gott schuf das Leben und alles, was lebt, damit das ewig lebende WORT (die strömende Schöpferkraft) dem Menschen die Gesetze der wahrhaften Gottheit lehre, denn Gott schrieb die Gesetze nicht in die Seiten der Bücher, sondern in euer Herz und in euren Geist. Wahrlich sage ich euch, auch Moses empfing seine Gesetze von Gott nicht schriftlich, sondern durch das lebendige Wort.«

Es ist also auch nach der Lehre des Nazarener Meisters die lebendige Kraft oder Energieschwingung, die aller Schöpfung zugrunde liegt, der mineralischen (in den Atomen), pflanzlichen und tierischen, vor allem aber dem Menschen als der Krone der Schöpfung. Daß wir diesen Klangstrom in uns selbst suchen und finden sollen, sagen uns die Meister dieses WORTES zu allen Zeiten; denn nirgends sonst könnte er von uns gefunden werden. Dies ist die Erklärung zu dem geschriebenen Wort im offiziellen (verstümmelten) Evangelium: »Das Himmelreich ist inwendig in euch« (Lukas 17—21).

Das alte Evangelium sagt aber außerdem noch, daß dieses »WORT« an lebendige Propheten für lebendige Menschen ergeht, und das bedeutet im Klartext, daß nur die vom Vater gesandten Gottessöhne dasselbe an die Menschen vermitteln können. Keine Institution also und kein Priesterstand wird hier angesprochen oder beauftragt, sondern nur der erwählte »lebendige Prophet«. Und die Richtigkeit dieser Aussage ist zudem noch leicht nachzuprüfen!

Man kann also sagen, daß den kirchlichen Institutionen die Aufgabe zukommt, das in den Schriften überlieferte theoretische Wissen von der Gottheit ihren Gläubigen zu vermitteln und lebendig zu erhalten. Daß dies jedoch nicht ausreicht, die Seelen aus dem Zyklus der Wiedergeburten zu befreien oder zu »erlösen«, sollte aus dem oben gesagten deutlich geworden sein. Dazu genügen keine Rituale und symbolischen Handlungen, weder blutige noch unblutige Opfer oder Gebete und gute Werke.

Vielmehr kann die Befreiung nur erreicht werden durch den lebendigen Kontakt mit dem lebendigen WORT, und dieser Kontakt kann nur vermittelt werden durch einen kompetenten Meister und Gesandten des Vaters, wie es J. P. Johnson und auch solche Meister selber eindrücklich dargelegt haben.[6]

Auch im vierten Evangelium wird dieser Sachverhalt bestätigt, etwa wenn Jesus zu den Juden sagt: »Ich gehe hinweg (von der Erde), und ihr werdet mich (vergeblich) suchen und in euren Sünden sterben.« Und die Ergänzung dazu: »denn ohne mich könnt ihr nichts tun« (keine Befreiung erlangen). Oder: »Ich bin die Tür (zum Reich des Vaters); wenn jemand durch mich (durch meine Vermittlung) eingeht, der wird gerettet werden« (Joh. 8–21/15–5/10–9).

Über diese entscheidende Frage allerdings äußert sich Fr. Weinreb in seinen Erläuterungen zur hebräischen Bibel nicht, außer vielleicht mit dem Hinweis im Vorwort seines Buches, der Mensch sollte dahin gelangen, sagen zu können, er habe das Wunder gesehen — und sei am Leben geblieben. Das große Geheimnis, das »Top secret« aller menschlichen Möglichkeiten ist der Kontakt mit dem himmlischen Klangstrom und dem Licht der überbewußten Seele. Es ist dasjenige, wovon Jesus gesagt hat: Eines nur ist notwendig!

Die Bibel jedenfalls ist im Alten Testament und besonders den fünf Büchern Mose ein verhülltes Buch, dessen eigentliche Wahrheiten nur einigen Wenigen zugänglich sind. Man darf jedoch annehmen, daß Moses das Geheimnis des WORTES gekannt hat, was durch die Aussage Jesu im alten Evangelium bekräftigt wird, Moses habe sein Gesetz von Gott nicht schriftlich, sondern durch das »lebendige Wort« erhalten. Das würde bedeuten, daß er seine Lehre nicht nur aus der Überlieferung geschöpft hätte, sondern unmittelbaren Zugang zur Wahrheit gehabt hätte, wie dies für gewisse Inkarnationen zutrifft. Daran ist durchaus nichts Unglaubwürdiges, denn es wird nachdrücklich versichert, daß die Welt nie ohne göttliche Gesandte gewesen sei, wobei jedoch die Rangstufe verschieden sein kann. Moses, der ja aus Ägypten kam, kann sehr wohl der direkte Nachfolger Echnatons in der Lehre gewesen sein, wie später Jesus derjenige Johannes des Täufers, und Petrus derjenige von Jesus. Leider wissen wir über das spätere Leben und Wirken des »Felsenmannes« viel zu wenig,

---

[6] Julian P. Johnson: The Path of the Masters (Der Pfad der Meister).

und es könnte deshalb sein, daß die offizielle Version nicht ganz den Tatsachen entspricht!

Langsam wird klar, daß auch wir Heutigen nicht verloren sind, weil die echte Lehre von Moses und Jesus verlorenging, oder doch nur noch bruchstückweise und wenig zuverlässig rekonstruiert werden kann. Dasselbe geschah auch mit der Lehre des Zoroaster, des Pythagoras, Sokrates und anderer. Die heiligen Schriften der jeweiligen Religionen können uns ja nicht das Wichtigste vermitteln, die Befreiung vom Kreislauf der Wiedergeburten und die Rückkehr in das Reich des Vaters, von dem wir vor Äonen ausgesandt wurden. Dies vermag allein das lebendige »WORT«, durch lebendige Meister oder Propheten vermittelt — und sie allein können uns auch authentische Auskunft über die Gottheit und die Zusammenhänge in der Schöpfung geben.

Das Wort von der toten Schrift gilt natürlich ebenso für die heiligen Bücher des Ostens, für die Bhagavad Gita und die Veden, den Adi Granth der Sikhs und den Koran oder jede andere heilige Schrift. Dessen ungeachtet ist es ein notwendiger Schritt auf dem Wege, darüber einiges zu lernen, um zunächst eine verstandesmäßige Klärung herbeizuführen und die Zweifel zu überwinden, die uns zu schaffen machen. Es ist ja das Denkwesen, Verstand und Intellekt, die uns vor allem den Zutritt zum Licht der Seele verwehren; deshalb müssen wir diese sekundären Kräfte zu überzeugen versuchen, um sie auf die Quelle aller Fähigkeiten aufmerksam zu machen. Das ist die überbewußte Seele, die wir als Antriebskraft in uns tragen, die wir aber paradoxerweise nicht kennen. Sie ist die überbewußte Kontaktsubstanz des Geistes oder des »heiligen NAM« (Klangstrom), die im Anbeginn der Schöpfung erschaffen und in einzelnen Funken ausgesandt wurde, um die irdischen Formen zu beleben.

Die »lebendige Kraft« ist in allem was lebt, selbst im Mineral; aber nur im Menschen kann sie bewußt wahrgenommen, kann der Klangstrom gehört und das Licht gesehen werden. Die Vermittlung dieser Fähigkeit durch einen Meister ist der große Wendepunkt nicht nur in einem einzelnen Leben, sondern auf dem langen Wege der Seelen durch Millionen Jahre und zahllose Inkarnationen in verschiedenen Lebensformen auf der physischen Ebene. Sie ist der Beginn der Befreiung und der Rückkehr zum Ursprung, in das Reich des Vaters!

Kapitel 16

Das edle Geburtsrecht des Menschen

Wie im letzten Abschnitt dargelegt, befindet sich die jüdische Kabbala weitgehend in Übereinstimmung mit den Meisterlehren des Fernen Ostens. Dessen ungeachtet bestehen krasse Gegensätze der alten jüdischen Religionspraktiken etwa um die Zeitenwende zu der von den Meistern gelehrten und ihren Schülern aufgetragenen Lebensweise, wie sie ohne Zweifel auch von den Jüngern Jesu verlangt wurde, wie man aus manchen verhüllten Andeutungen des vierten Evangeliums — trotz Verstümmelungen und unberufenen Änderungen — noch entnehmen kann. Eine dominierende Rolle spielen dabei bestimmte Meditationsübungen, die, unter kompetenter Führung, zur Kontaktaufnahme mit den höheren Regionen und zugleich zu einer gewissen Überwindung der »Erdschwere« führen sollen, ohne welche der Aufstieg in die echten geistigen Bereiche nicht möglich ist. Das Evangelium deutet diese Dinge an mit den Worten: wer meine Gebote hat und sie hält . . .!

Wir westlichen Menschen mit unserer technisch-rationalistischen Einstellung stehen den Möglichkeiten innerer Erfahrungen und des schrittweisen spirituellen Aufstieges meist eher hilflos gegenüber und empfinden sie als unbekanntes Neuland. Aber wir sind auch — trotz bald zweitausend Jahren Kirche — nie darüber unterrichtet worden, daß uns normalerweise nach dem Tode keineswegs der unvergängliche Himmel und die ewige Seligkeit erwartet — auch nicht nach der gewissen Reinigung an dem hierfür bestimmten Orte — sondern eher ein befristeter Aufenthalt in den Zwischenreichen, die zwischen Erde und echter Astralzone liegen.

Dazu sagt Yogananda: »Wesen mit ungetilgtem irdischem Karma (also die meisten) dürfen nach dem kausalen Tode nicht in die höhere astrale Sphäre kosmischer Vorstellungen eingehen. Sie müssen zwischen der physischen und astralen Welt hin- und herreisen und sind sich abwechselnd eines physikalischen und eines astralen Leibes bewußt.« Und J. P. Johnson bestätigt diesen Sachverhalt mit allem Nachdruck.

Zur Heimkehr der Seelen in das Reich des Vaters — weit über dem Astralreich — gibt es nur einen Weg; das ist der schmale

Pfad, von dem die Schrift erzählt. Wir alle müssen daher früher oder später, d. h. in dieser oder einer späteren Inkarnation und Erdenrunde diesen Pfad beschreiten, weil es keine andere Möglichkeit zur Heimkehr gibt. Doch bei aufrichtigem Bestreben wird sich eines Tages das ereignen, was viele für eine Legende halten, denn: wer anklopft, dem wird aufgetan!

Die Lehre der Meister bezieht sich auf die höheren menschlichen Fähigkeiten, durch deren Kenntnis und Übung wir eigentlich erst zu wirklichen Menschen werden, zu den allein privilegierten Wesen der Schöpfung, denen die Möglichkeit zur Selbst- und Gotterkenntnis gegeben ist. Wir sollten diese hohen Möglichkeiten nicht in geheimnisvolles Dunkel hüllen, sondern sie zur Entfaltung bringen, denn das ist das edle Geburtsrecht aller Menschen. Wenn wir aber auf diese Entfaltung verzichten, dann bleiben wir geistig blind und taub und der schärfste Intellekt kann daran nichts ändern. Alles Verstandeswissen kann uns ja nicht einmal zu einer wirklichen Selbsterkenntnis verhelfen, viel weniger zur Kenntnis der höheren Welten.

Um auf die jüdische Religion zurückzukommen, die nach wie vor der christlichen als Basis dient, unterliegt es keinem Zweifel, daß sie eine Sammlung religiöser Vorstellungen anderer Völker in sich vereinigt, mit denen die Juden einstmals in engem Kontakt standen, Vorstellungen, die sich wiederholt und tiefgreifend verändert haben, aber immer wieder der nationalen Eigenart des jüdischen Volkes angepaßt wurden.

Nach dem Wortlaut der Bibel kam Abraham von Ur in Chaldäa nach Kanaan und er sowie sein Sohn Isaak und sein Enkel Jakob werden als Gründer oder Stammväter der jüdischen Rasse dargestellt. Man sollte jedoch diese Vater-Sohn-Enkel-Geschichte nicht zu wörtlich nehmen, denn das Alte Testament ist esoterisch geschrieben und daher verbergen sich hinter der Schilderung äußerer Geschehnisse immer noch andere, geheime Bedeutungen, ja die äußere Erzählung dient nur zur Verhüllung des Wesentlichen.

Abraham brachte wahrscheinlich gewisse Kenntnisse der alten östlichen Weisheit mit, vielleicht sogar eine sehr genaue Kenntnis, wie man gewissen Andeutungen entnehmen kann. Auch Moses, der nach offizieller Datierung rund 600 Jahre später lebte, war ohne Zweifel — schon aufgrund seiner Herkunft vom ägyptischen Hof — in die geheimen Lehren eingeweiht und versuchte, das kleine Volk der Israeliten auf dieselben auszurichten.

Außerdem gab es im jüdischen Volke immer wieder »Propheten« verschiedener Grade, die stets gegen die Vermaterialisierung und die Mißachtung der Lehre kämpften und wetterten, wobei die Frage offen bleibt, bis zu welchem Grade sie dieselbe selbst kannten. Doch wie überall in der Welt konnte die reine Lehre und Lebenspraxis im Volke nie mehr als eine Minderheit gewinnen, schon deshalb nicht, weil ihre Exponenten die Entscheidungsfreiheit des Einzelnen niemals antasten und also nur freiwillige Gefolgschaft ohne konfessionelle oder politische Organisation akzeptieren.

Als Folge der nationalen Katastrophe ihrer babylonischen Gefangenschaft wurden die noch vorhandenen Reste der alten Weisheit bei den Juden von der astrologischen, philosophischen und okkulten Wissenschaft Babyloniens und Chaldäas vollends überwuchert und nach der Eroberung durch die Perser übten die Lehren Zoroasters wiederum einen starken Einfluß auf die jüdischen Vorstellungen aus – und diese Mischung aus Elementen der Lehren verschiedener Länder fand später auch Eingang in die christliche Gedankenwelt, wie schon erwähnt. Im Verlauf der turbulenten Geschichte dieses kleinen Völkchens ursprünglich nomadisierender »Sandwanderer« haben also die Lehren und Kulte vielfach gewechselt.

Julian P. Johnson schreibt über die religiöse Vorstellungswelt der Juden nach ihrer Rückkehr von Babylon, daß ihre neue nationale Einheit unter anderem auf dem Glauben an das Versprechen Jahwes oder Jehovas beruhte, daß die Juden über alle Völker erhoben werden und die Welt beherrschen sollten. Ferner wurde Jehovah, den sie früher als den höchsten ihrer Stammesgötter ansahen, als Herr der Götter proklamiert und schließlich wurde er gar zum Höchsten Einen befördert.

Zu dieser Darstellung Johnson's ist zu sagen, daß der »Herr« oder Gott Israels einer der Völkerregenten war, deren die jüdische Überlieferung 72 kennt, von denen jeder als (himmlischer) Aufseher und Führer über ein anderes Volk gesetzt war. Das Alte Testament bestätigt diesen Sachverhalt u. a. mit folgender Stelle: »Als der Allerhöchste die Völker zerteilte, da setzte er ihre Grenzen nach der Zahl der Engel Gottes. Des Herrn Teil ist sein Volk, Jakob ist sein Erbe« (5. Mose 32/8–9), (Die Bibelstelle: »nach der Zahl der F·n·¹er Israel« ist falsch übersetzt.) Nach alten Quellen war der Gott der Hebräer, der z. B. in der Schlacht vor ihnen herzog, in Wirklichkeit der Erzengel Michael, der vor der zweiten Zerstörung des Tempels mit seinem Gefolge Jerusalem verlassen haben soll.

Nach den Völker-Regenten kommen in der Hierarchie die Planetenherren, denen der »Allerhöchste« oder Herr der Sonne vorsteht, den Plato den Gott der Götter nennt. Bekannt ist auch der »Alte Heilige«, dem nach der Bibel und dem Buch Henoch das Richteramt über die Irdischen zugeordnet ist (Daniel 7/9—10). Die beiden Namen Jahve und Jehovah werden meist ohne nähere Definition ihres Herrschaftsbereiches gebraucht. In der geheimen jüdischen Lehre sind jedoch nur die vier Konsonanten JHVH von Bedeutung, das Tetragramm, dessen Zahlenwert bei beiden Namen identisch ist. Die Vier kennzeichnet in der hebräischen Genesis außerdem den zweiten (materiellen) Schöpfungsbericht und damit auch Jahveh-Jehovah als Herren der Naturreiche. Ob allerdings diese Herren auf verschiedenen Ebenen bei der schwierigen Symbolik der jüdischen Lehre zeitweilig durcheinandergebracht oder gar alle als nationale Götter angesehen wurden, kann hier nicht beurteilt werden.

J. P. Johnson schreibt weiter:

»Solche verworrenen Ideen reiften bei den Juden allmählich zu der Überzeugung, daß sie das auserwählte Volk des höchsten Gottes seien. Und schließlich wurde die Vorstellung geboren, daß ein großer Befreier oder Messias kommen werde, um all das zu verwirklichen, was Jehovah ihnen verheißen hatte, denn dieser kühne und törichte Traum (der Herrschaft über alle Völker) konnte ja auf keinem anderen Wege verwirklicht werden. Aber entweder hatte sich Jehovah in seiner Vorhersage verrechnet oder die Zeit der Erfüllung in eine ferne Zukunft verlegt. Jedenfalls ist nach dreitausend Jahren Wartezeit noch nichts davon zu sehen.«[1]

Zum letzten Abschnitt einige Worte über die versprochene Weltherrschaft. Dieser »törichte Traum« stützt sich vornehmlich auf die Worte des »Herrn« an Abram: »Siehe gen Himmel und zähle die Sterne; also soll dein Same werden.« Und wiederum: ». . . dein Same soll besitzen die Tore seiner Feinde . . . und durch ihn sollen alle Völker gesegnet werden . . .« (Gen. 15/5 und 22/16—18).

Hieraus ein Versprechen der Gottheit an die Juden abzuleiten, sie seien zur Herrschaft über alle Völker auserwählt (wie es zwei-

---

[1] J. P. Johnson: The Path of the Masters.

fellos geschehen ist), bedeutet natürlich eine völlige Mißachtung und Unkenntnis des esoterischen Gehaltes solcher Aussagen. Die Bibel und insbesondere die Genesis ist aber esoterisch geschrieben und muß darum auch so gelesen werden, will man nicht in die absurdesten Irrtümer verfallen — wie man sie diesbezüglich allerdings täglich hören kann. »Schau gen Himmel« ist das Leitmotiv der Worte des Herrn an Abraham, und der Same, welcher die Tore seiner Feinde (der Materie) besitzen soll und durch den alle Völker gesegnet werden sollen, ist ein himmlischer Same und nicht der körperliche Same Abrahams und der Juden. Dieser Tatbestand wird durch das System von Buchstabe und Zahl im hebräischen Text überzeugend nachgewiesen, wie man bei Weinreb nachlesen kann.

Im übrigen vermittelt die Darstellung Johnsons ein gutes Bild von der geistigen Situation der Tempelpriesterschaft und der orthodoxen Juden in Jerusalem zur Zeit Jesu. Was aber die Opferbräuche am jüdischen Tempel betrifft, erhebt sich die Frage, woher dieser Opferblut-Wahn, der noch in den Auseinandersetzungen des Paulus mit den Jüngern Jesu eine so wichtige Rolle spielte? Ohne Zweifel beruht diese brutale Blut-Praxis auf einer wörtlich-irrtümlichen Interpretation symbolischer oder allegorischer Texte, die besagen, daß das materiell-tierische im Menschen — dargestellt bei Abraham durch seinen »Sohn« (den Körper) Isaak und den Widder — der Gottheit geopfert, d. h. zurückgedrängt und überwunden werden sollte.

Zum selben Thema schreibt J. P. Johnson:

»Es handelt sich hier zweifellos um eine halbbewußte Anerkennung, daß Sünden gesühnt werden und jede Schuld bezahlt werden muß. Das aber ist nicht mehr und nicht weniger als die indische Karmalehre als einem festgelegten Naturgesetz. Diese Völker fühlten einfach, daß sie etwas tun mußten, um ihre Schuld zu bezahlen. Der große Irrtum der Menschen früherer Zeiten war, daß durch solche Tricks und Ausflüchte, wie das Anbieten eines stellvertretenden Opfers, die menschliche Schuld bezahlt oder ausgeglichen werden könnte. Das ist ganz einfach der Versuch, die Natur (und die Gottheit, Verf.) durch einen cleveren Plan zu täuschen. Nur in einem primitiven Gehirn kann ein solcher Gedanke Raum gewinnen; damit betrügt sich der Mensch nur selbst, denn sicherlich kann weder die Natur noch der Herr der Gerechtigkeit durch solche Schliche getäuscht werden. Nicht nur verfehlt ein solches Verhalten seinen Zweck, sondern derjenige,

welcher stellvertretende Opfer bringt, vermehrt dadurch seine
Schuld und erschwert seine karmische Last, statt sie abzutragen,
denn durch die Opferung tierischen oder menschlichen Lebens
werden neue Sünden zu den alten angehäuft.«

Aus solchen Überlegungen können wir ersehen, daß wir in der
Tat im Christentum mehr an jüdischen (irrtümlichen) Vorstellungen übernommen haben als an richtig verstandener Lehre des
Nazarener Meisters. Die religiöse Lehre des Judentums aber war
zu jener Zeit in ihrer Essenz eine Mischung aus sumerischen und
babylonischen Vorstellungen, die sich mit zoroastrischem Gedankengut vermischt hatten.

J. P. Johnson schreibt:

»Gehen wir einen Schritt weiter zurück, so finden wir, daß der
babylonische Kult seinerseits von der Lehre der edlen (arischen)
Perser herstammt, mit gewissen Modifikationen. Es führt eine
direkte Linie über diese Kulturen zur christlichen Religion, welche
wenig mehr ist als ein verdrehter Zoroastrismus, verbunden mit
dem Namen Christi als Opferlamm (Gottes).« Aber Opfer waren
kein Bestandteil der Lehre des Zoroaster, ausgenommen solche
eines reinen geweihten Lebens, denn Zoroaster war ein Meister
der reinen Lehre, ein Gesandter des Vaters, wie es später der
Nazarener war. Nur, die Lehre Zoroasters wurde ebenso verfälscht und mißverstanden, und deshalb ist es so wichtig, die
Grundelemente aus den Lehren beider endlich wieder von den
tausendjährigen Irrtümern und Fehl-Interpretationen zu reinigen.

Daß Zoroaster die blutigen Tieropfer abschaffte, ist immerhin
bekannt. Von Jesus sagt der jüdische Gelehrte Schoeps, der es
wissen müßte: Es ist in jedem Falle auffällig, daß von Jesus niemals eine wirkliche Opferdarbringung berichtet wird — auch
nicht bei der Schlachtung des Passahlammes ... (die in Wahrheit
gar nicht stattfand, Verf.). Und Schoeps bezeugt auch den Ebioniten als den frühesten Christen ihrer Opferfeindschaft, speziell
gegen das blutige Tieropfer, das dämonischen Ursprungs sei![2]

Es ist in der Tat erstaunlich, daß diese Tierschlächterei der
Priester am Jerusalemer Tempel noch zur Zeit Jesu in vollem
Schwunge war — wie übrigens auch in den umliegenden Ländern,
die irgendwelche Götter verehrten und ihnen Tiere opferten. Bei
den Juden, die sich mit ihrem Nationalgott weit über die götter-

---

[2]) C. A. Skriver: Die Lebensweise Jesu ...

verehrenden »Heiden« erhaben fühlten, wurde das Blut der Tiere am Altar versprengt, während das Fleisch zum menschlichen Genuß freigegeben wurde. Blut durfte von den Juden nicht genossen werden, denn darin lebte die Tierseele (Körperseele), die beim Genuß des Blutes auf den Menschen übertragen wurde, wie es Moses gelehrt hatte: »Allein esset das Fleisch nicht, das noch lebt in seinem Blute, 1. Mose 9/4, und: des Leibes Leben ist im Blute, 3. Mose 17/11.« Und um diese Dinge ging auch noch der Streit auf dem Apostelkonvent nach Jesu Tod, wo der Herrenbruder Jakobus die Forderung nach Enthaltung »vom Erstickten und vom Blute« erhob. Und Schoeps bestätigt, daß es sich dabei um die Enthaltung von Götzenopferfleisch, vom Fleisch nicht rituell geschächteter Tiere und von Tieren, die mit Schlingen gefangen worden waren, gehandelt habe, und zwar als Mindestforderung für diejenigen, die in die christliche Gemeinde aufgenommen werden wollten. Paulus aber, der unchristliche Apostelfürst, wollte auf den Fleischgenuß nicht verzichten und meinte, wer ein zartes Gewissen habe, der möge eben von Kraut leben! Ein zartes Gewissen hatte er jedenfalls nicht, wie seine ungenierten Bekenntnisse über seine Tätigkeit als Christenverfolger beweisen.[3])

Wenn ein solcher Kronzeuge der reinen Lehre des Nazareners an der Wiege des nichtjüdischen Weltchristentums stand, dann allerdings braucht man sich über keine Irrtümer in der kirchlichen Lehre zu wundern — wohl aber darüber, daß hier nicht längst eine saubere Trennung zwischen angemaßter Eigenmächtigkeit paulinischer Prägung und der wirklichen Lehre Christi erfolgt ist!

Man kann es als ein großes Glück bezeichnen, daß wenigstens der alte blutige Tieropfer-Ritus von den frühen Christen nicht übernommen wurde — trotz Saulus/Paulus, dem Pharisäer und Schüler des Gamaliel. Aber die Jünger und Christen der ersten Jahrzehnte kannten und befolgten auch noch andere Anweisungen ihres Meisters, so die Enthaltung vom Fleischgenuß und von »starken« oder vergorenen Getränken. Über die Abschaffung der Tieropfer wird leider im Neuen Testament nichts Konkretes berichtet, doch ist klar, daß diese auf Anweisung Jesu erfolgte. Darüber berichtet unter anderem das Evangelium der Ebioniten oder Nazoräer, die ein asketischer Zweig des Judenchristentums

---

[3]) Blutseele = pranische Vitalkraft.

und vermutlich Essener waren, die frühesten Christen überhaupt mit einem eigenen Evangelium.

Dort heißt es:

Jesus sagte auch: »Ich bin gekommen, die Opfer und Blutfeste abzuschaffen, und wenn ihr nicht aufhören werdet, Fleisch und Blut der Tiere zu opfern und zu verzehren, so wird der Zorn Gottes nicht aufhören, über euch zu kommen, so wie er über eure Vorfahren gekommen ist, die dem Fleischgenuß frönten und von Fäulnis erfüllt wurden.«

Mit diesen Worten bezieht sich Jesus auf ein Ereignis nach dem Auszug der Juden aus Ägypten, als sie von Moses Fleisch zu essen verlangten und mit Schwärmen von Wachteln gespeist wurden, die darauf vielen den Tod brachten (4. Mose 11/4—34). Über die Abschaffung der Tieropfer sagt C. A. Skriver: »Überall, wo das junge Christentum hinkam, hörten die blutigen jüdischen Opfer ein für allemal auf. Dieser Umwälzung von gewaltiger Bedeutung wurde viel zu wenig Beachtung geschenkt.«

Auch in dem aramäischen Evangelium des vollkommenen Lebens wird die Stellung Jesu zu den Opfern unmißverständlich dargelegt. Dort heißt es:

»Kein Blut von Tier oder Vogel oder Mensch kann die Sünden hinwegnehmen, denn wie sollte eine Schuld durch das Vergießen von unschuldigem Blut getilgt werden. Die Priester empfangen wohl solche Opfer von den Gläubigen für die Vergehen gegen das Gesetz Moses, aber für die Sünden gegen das Gesetz Gottes gibt es keine Vergebung, es sei denn durch Reue und Buße. Stehet nicht geschrieben in den Propheten: stellet eure Blutopfer zu euren Brandopfern und schaffet sie ab und höret auf, Fleisch zu essen? Und diese Worte Jesu kann man fast beliebig ergänzen, etwa mit einer Stelle bei Hosea 6—6:

Denn an Liebe habe ich Wohlgefallen, und nicht an Opfern, und an Gotterkenntnis mehr als an Brandopfern.

Es ist bemerkenswert, daß Jesus eine klare Unterscheidung trifft zwischen den Geboten Moses und dem Gebot Gottes, wodurch deutlich gemacht wird, daß die Gesetze Moses von einer anderen Ebene und Instanz ihren Ursprung haben. Die Opferbräuche scheinen in der Tat auf Moses zurückzugehen, der einen endlosen Kampf mit seinem halsstarrigen Judenvolk auszukämpfen hatte, worüber er sich oft genug bitterlich beklagt. Selbst die zehn Gebote des »Herrn« waren undurchführbar bei diesem uneinsichtigen Gefolge, weshalb Moses wiederholt andere und leichter zu befolgende Anweisungen erbat und an das Volk weitergab. Die Durchführung dieser Gesetze aber war Sache der Priesterschar, welche die Vorschriften und Rituale zu überwachen und Vergehen dagegen zu ahnden hatten. Offenbar war es der materielle Nutzen der Tempelpriester, über recht viele Gesetze zu wachen, denn je mehr Vergehen, desto mehr Opfergaben zur Sühne mußten ihnen zufließen — und nicht zuletzt deshalb dürften sich diese primitiven Gebräuche gehalten haben, bis schließlich der Tempel in Jerusalem zerstört wurde.

Wie schon wiederholt dargesetllt, war Jehovah der Herr der Herren oder Herr der Götter, somit der Herr der drei Welten, die als das Reich der Naturgesetze gelten; dieser Jehovah war auch der »Herr« des Moses, von dem er seine Anweisungen erhielt. Das Alte Testament bestätigt diesen Tatbestand in unzweideutiger Weise:

»Denn der Herr, euer Gott, ist ein Gott aller Götter und Herr über alle Herren, ein großer Gott, mächtig und schrecklich, der keine Person achtet und kein Geschenk nimmt« (5. Mose 10/17).

Und dieser »Herr« erklärt seinerseits die Stellung des Mose so: »Wenn jemand ein Prophet des Herrn ist, dem will ich mich kund tun in einem Gesichte oder reden mit ihm in einem Traum. Aber nicht so mein Knecht Moses, der in meinem ganzen Hause treu ist. Mündlich rede ich mit ihm, und er sieht den Herrn in seiner Gestalt, nicht durch dunkle Worte oder Gleichnisse« (4. Mose 12/6—8).

Die Einstufung der »Herren« in der Hierarchie und die Art und Weise, wie die Propheten und sonstigen Gesetzgeber mit ihnen in Verbindung standen, sollte man zumindest einigermaßen kennen, weil sonst kein wirklichkeitsnahes Verständnis der Bibel möglich ist. Es bleibt auch dann noch manches unverständlich, so etwa, daß der Herr der Götter entgegen den an anderen Stellen gemachten Absagen an blutige Tieropfer zu Zeiten solche verlangt und angeordnet haben sollte und den Verzehr des Fleisches von gewissen Vögeln, Fischen und anderen Tieren erlaubt hätte, wie es im fünften Buch Moses des langen und breiten beschrieben ist.

Hier kann man nur vermuten, daß die echten Bücher Mose, nachdem sie bekanntlich wiederholt verloren waren, fehlerhaft rekonstruiert oder absichtlich verfälscht wurden. Es gibt allerdings noch eine dritte Möglichkeit; es heißt, daß gewisse Herren als Inkarnationen oder Gesandte niederer Grade ihrer Gefolgschaft allerlei Freiheiten gestatten, so den Fleischgenuß und den Gebrauch »starker« Getränke, um ihre Anhänger an sich zu binden und sie bei der Stange zu halten. Hier gelte die Regel: je tiefer der Rang des Gesetzgebers, um so größer die erlaubten Freiheiten, und je höher der Gesandte, ein desto reineres Leben wird verlangt.

Vergleichen wir nach diesem Prinzip die Lehren des Paulus, so werden wir sehr bald klar sehen. Sein Rat an die frühen Christen lautet: »Alles, was feil ist auf dem Fleischmarkt, das esset und forscht nicht nach, damit ihr das Gewissen verschont.« Und er spricht von den Heuchlern und Lügenrednern, womit er offenbar Petrus und die echten Jünger meint, die da Speisen verwerfen (Fleischspeisen natürlich), die Gott geschaffen hat zum Genuß für die Gläubigen. (!) Denn alle Kreatur Gottes ist gut und nichts ist verwerflich, was man mit Danksagung zu sich nimmt, denn es wird geheiligt durch Gottes Wort und Gebet« (1. Tim. 4/1—5).

Hierzu schreibt C. A. Skriver:

»Der kurze Sinn dieses langen Unsinns ist: die ganze Kreatur ist gut, vielmehr schmeckt gut und kann von uns getötet und verschlungen werden, wenn wir nur vorher das Tischgebet nicht vergessen. Diese geist- und gewissenlose bloße Meinung des alten Saulus wurde der ganzen Heidenchristenheit durch die Bibel aufoktroyiert und von ihr kritiklos als Gottes Wort geglaubt bis auf den heutigen Tag« (p. 114).

Es dürfte hier auch eine kurze Beleuchtung des Wertes jener Vision, jenes »Gesichtes« des Paulus am Platze sein, auf Grund dessen aus dem Saulus ein Paulus wurde, wie die Schrift besagt. Dazu muß man feststellen, daß Visionen, insbesondere solche aus »heiterem Himmel« oder in Trance, wie sie die Medien in spiritistischen Sitzungen zu haben pflegen, keineswegs göttliche Eingebungen sind. Sie stammen in aller Regel nicht einmal aus der ersten himmlischen Region, dem echten Astralreich voller Glanz und Licht, sondern vielmehr aus den schattenhaften Zwischenreichen zwischen der Erde und der eigentlichen Astralwelt. Diese Zwischenreiche sind bevölkert von zahllosen ruhelosen Wesen, die ihre Anhänglichkeit an irdische Dinge nur schwer zu überwinden vermochten, und diese unruhigen Geister werden von den negativen Potenzen für ihre jeweiligen Zwecke benutzt. Daher die vielen widersprüchlichen Erscheinungen und Botschaften, die den Gutgläubigen als »göttliche Offenbarungen«

vorgesetzt werden und meistens eine geschickte Mischung aus Wahrheit und Irreführung darstellen.

Paulus hat sich bei den echten Jüngern mit seinem »Gesichte« legitimiert, aber sein Wirken trägt den Stempel der Negativen Macht, des Gegenspielers des Höchsten. Seine Briefe enthalten eine Mischung aus alten jüdischen-pharisäischen Vorstellungen, verbunden mit seiner persönlichen Version vom Sinn des Lebens und der Hinrichtung Jesu am Kreuze. Von ihm als Erstem stammt die Auslegung des Lebens und Sterbens Jesu als dem Opferlamm Gottes, zur Erlösung der Menschheit und zur Versöhnung des Vaters. Es bedarf aber nur ein wenig kühler Überlegung, um sich über die Unsinnigkeit der paulinischen Auslegung klarzuwerden. Sie ist womöglich noch törichter als die blutigen Tieropfer, durch welche die Gottheit versöhnt werden sollte.

Die bekannte Lage ist doch so, daß der Sohn oder Gesandte eines hohen Herrschers zur besseren Unterrichtung der Untertanen gekommen ist und von diesen umgebracht wurde, anstatt die wohlgemeinten Ratschläge zu befolgen. Aber welcher irdische oder himmlische Herrscher würde sich wohl durch die Abschlachtung (C. G. Jung) seines Gesandten vom Zorn auf seine Untertanen abbringen lassen, und ihnen gar noch als Belohnung das Paradies öffnen, das zuvor für die unfolgsamen und unwissenden »Kinder« verschlossen war! Dieser potenzierte Unsinn geht doch an jeder Wirklichkeit meilenweit vorbei und es wird immer unbegreiflich bleiben, daß eine solche pharisäisch-theologische Konstruktion überhaupt einmal Fuß fassen konnte, viel weniger, daß sie bis heute verfochten und geglaubt wird. Da Jesus als der Sohn geistig eines Wesens mit dem Vater ist — wie allerdings erst etwa 300 Jahre später postuliert — mußte sich bei diesem seltsamen Rechtshandel eigentlich Gott mit sich selber versöhnen, vielmehr sich selbst für sich selbst zum Opfer bringen!

Das irdische Schicksal und der Kreuzestod Jesu ist vielmehr, wie alles irdische Geschehen, eine Auswirkung des karmischen Gesetzes, woher auch immer im Falle des Nazareners die Ursache stammen mag. Aber dieses unfehlbare Kausalgesetz scheint im Katechismus des Paulus und der Kirchenväter nicht verzeichnet gewesen zu sein. Soweit es uns Menschenkindern möglich ist, die Eigenschaften der Gottheit zu verstehen, lautet deren Definition: Macht, Weisheit und Liebe. Gerechtigkeit sowie Lohn und Strafe sind Kennzeichen der unteren Stufen der Schöpfung und finden ihre Anwendung in den »drei Welten« des Herrn der Herren;

doch kann ein Bote aus den höheren Regionen karmische Schulden seiner Schüler oder Jünger übernehmen, und nur so ist eine sinnvolle Erklärung jenes blutigen Dramas möglich.

Paulus, der Eckpfeiler des Christentums, hat schon Petrus und die echten Jünger Jesu vor Probleme gestellt, aber das Erstaunliche ist, daß selbst unsere Zeit mit seinen Thesen noch nicht zu Rande gekommen ist. Man sagt ihm zwar auch Gutes nach, und manche meinen, daß ihm die Abschaffung der blutigen Tieropfer zu verdanken sei, sowie auch die Aufhebung der Beschneidungsvorschrift für Nichtjuden, die Christen werden wollten. Aber es ist völlig klar, daß die echten Jünger Jesu die primitiven Opferbräuche auch ohne Paulus nicht weitergeführt hätten. Noch viel unhaltbarer wäre die Annahme, daß ihr Meister selbst je solche Praktiken ausgeübt oder seinen Jüngern erlaubt habe.

Solche Annahmen können nur aus einer völlig falschen Vorstellung von der Sendung des Nazareners entspringen — und leider ist die Unkenntnis auch heute noch das Charakteristikum der zahllosen theologischen Diskussionen zu Leben und Lehre Jesu. Nicht der Scharfsinn, mit dem hier die Wahrheit gesucht wird, scheint ihr Kennzeichen zu sein, sondern die anscheinend unbegrenzte Zahl möglicher Fehlinterpretationen, die darin abgewandelt werden.

Zur Lehre Jesu kann es aber nur eine zutreffende Interpretation geben, und diese ist in den Grundzügen klar und einfach. Es ist die Lehre der Meister aller Zeiten, die besagt, daß der »Vater« seine Boten aussendet, um die jeweils bestimmten »markierten Seelen« zur Heimat in der fünften Region zurückzuführen, von der sie vor Millionen Jahren ausgesandt wurden. Alle Auslegungen, die nicht von dieser fundamentalen Wahrheit ausgehen, führen unweigerlich in die Irre, wie wir es tausendfach bestätigt sehen. Es ist die Grundkonzeption der Schöpfung als eines göttlichen Spiels, daß zwei verschiedene Mächte um den Menschen werben, gewissermaßen ein oberer und ein unterer Gott, wie es noch Marcion um das Jahr 150 im Prinzip richtig darstellte. Obwohl alles, was geschieht, von einer einzigen höchsten Wesenheit bestimmt wird, erfordert es doch die Entscheidungsfreiheit des Menschen, daß ihm auch tatsächlich jederzeit zwei Möglichkeiten offen stehen. Darauf beruht schließlich das große Spiel! Wie könnte es sonst stattfinden?

Die Repräsentanten des oberen Gottes, des »Vaters«, sind die Meister der fünften Stufe, diejenigen des unteren »Herrn« und

Statthalter des Vaters sind die Avatare und Gesetzgeber wie Moses und andere Inkarnationen der ersten und zweiten Stufe. Im Grunde sind die Forderungen der Meister und der Avatare dieselben, von der Rangstufe abgesehen. Die Meister verlangen, den Vater zu lieben und nach Anweisung seiner Gesandten den Weg in die Heimat, in die fünfte Region, anzutreten. Die Avatare verlangen, den »Herrn« zu lieben und seine Gesetze zu befolgen; wer sich dem Dienste der »Herren« widmet, also die Anhänger der formalistischen Religionen, wird zwar in eines ihrer Paradiese gelangen, aber immer wieder zur Erde zurückkehren.

Die Gesetze der unteren Herren entstammen natürlich ebenfalls der Anweisung des Vaters und müssen in den ihnen unterstellten Bereichen ebenso befolgt werden — auch von den Meistern und ihren Jüngern. Deshalb heißt es vom Nazarener, er sei nicht gekommen, das Gesetz (der »drei Welten«) aufzuheben, sondern es zu erfüllen. Damit sind allerdings weniger die Hunderte von Gesetzen der jüdischen Priesterschaft für den Tagesablauf gemeint, sondern das Gesetz der Gottheit, der Erdenmutter oder einfach das Naturgesetz.

Zur Stellung der Meister als den Beauftragten des Vaters bleibt zu sagen, daß sie die Mittler sind zwischen Mensch und Gott, wie es der Vater bestimmt und angeordnet hat. Dieses Faktum ist keine Erfindung des Paulus, sondern ein Grundelement der Lehre. Ohne den Mittler gibt es keine Befreiung vom Zyklus der Wiedergeburten, keine Rückkehr zur ewigen Seligkeit, und man sollte auch begreifen, daß sich diese Befreiung folglich nur auf die Jünger des jeweils lebenden Meisters bezieht, wie es das vierte Evangelium bestätigt. Ein Meister ist einer Woge göttlicher Wesenheit vergleichbar, die vom Meer der Gottheit ausgeht und dahin zurückkehrt. Die Einzelseelen sind Tropfen aus dem Meer, die sich zuerst mit der Woge vereinigen müssen, um mit ihr zurückzufließen. Oder mit den Worten des Evangeliums: »Bleibet in mir und ich in euch; gleich wie die Rebe keine Frucht bringen kann, sie bleibe denn am Weinstock, so auch ihr (die Jünger) nicht, ihr bleibet denn in mir.« Oder: »Gleich wie mich mein Vater liebt, so liebe ich euch; bleibet in meiner Liebe!« (Joh. — 15. Kap.)

Es wird also unzweideutig verlangt, daß sich der Jünger geistig zu eigen gebe, seine Seele mit der des Meisters verbinde, weil ein direkter Kontakt mit dem Herrn der fünften Region nicht möglich ist. Deshalb bedarf es eines lebenden Beauftragten und Sendboten, wie es die Meister aller Zeiten, von Zarathustra über Jesus bis auf den heutigen Tag lehren — und ihren Jüngern beweisen. Es handelt sich dabei keineswegs um eine Selbsterlösung, wie man den Meistern gerne vorwirft, sondern um die Befreiung durch den Gesandten oder Gesalbten des Vaters, wie es im Evangelium beschrieben ist. Darin gibt es nur einen Unterschied, daß es nämlich solche Sendboten zu allen Zeiten gibt, daß also der Nazarener Meister keine Einzelerscheinung in der Weltgeschichte oder gar in der Schöpfung darstellt.

Dieser verhängnisvolle Irrtum dürfte ebenfalls auf das Konto des Paulus gehen, der so manches aus der Lehre ins Gegenteil verkehrt hat, indem er die wahre Bedeutung Jesu unterschlug (soweit er diese überhaupt kannte) und dafür den Kreuzestod als die entscheidende Erlösungstat für die ganze Menschheit darstellte. Allerdings war Jesus ebensowenig ein Super-Jude, der jedes jüdische Gesetz aufs Tüpfelchen verfochten hätte, noch weniger ein Wiederstandskämpfer gegen die Römer, oder gar ein wohllebender Gesell fragwürdiger Existenzen, wie verschiedene Interpreten sein Leben »erklären« wollen. (Adolf Holl und Joh. Lehmann etc., Jesus in schlechter Gesellschaft — Jesus-Report.)

Wie gesagt, ist die Logik unserer modernen Theologen — ebenso wie die der früheren — wenig überzeugend und folgerichtig. Die einen ziehen den Nazarener Meister auf ein allzu menschliches Niveau herab, während andere ihn in ein seltsam unwirkliches und substanzloses Schattenreich hineinprojizieren. E. Brunner z. B. anerkennt zwar, daß die Theologie, die auf das Logische ausgerichtet sei, wie ihr Name sagt, kein geeignetes Instrument sei, um die para-logische (überlogische) Wirksamkeit des Hl. Geistes zu erfassen. Er sagt weiter, daß im selben Maße, wie das Pneumatische und das Messianische (nach der Frühzeit des Christentums) entschwinden und man es zu sichern und zu ersetzen trachtet, sich die Institution der Kirche verfestige. Das Wort Gottes werde ersetzt durch das Dogma, die Gemeinde (der Jünger) durch die Institution, der persönliche Glaube durch das Glaubens- und Moralgesetz. Nachdem sich die Kirchwerdung unter Konstantin d. Gr. vollendet hat, steht sie als »heilige« Institution, sakramentale Gnadenanstalt und hierarchisches Rechtsgebilde fertig da. Diese ganze Entwicklung und Institutionierung bezeichnet Brunner als das 1800jährige Mißverständnis der Kirche.[4]

---

[4] Heinz Zahrnt: Die Sache mit Gott, p. 96—98.

Das sind gewiß bemerkenswerte Feststellungen, aber was soll man unter dem »Pneumatischen« und dem »Messianischen« verstehen? Das Messianische bedeutete bei den Juden das Kommen eines Königs, der ihnen die Herrschaft über die Völker der Erde ermöglichen sollte, eine Vorstellung, die mit der Sendung des Nazareners nichts zu tun hat. Es handelt sich dabei vielmehr um jenen kühnen und törichten Traum der aus babylonischer Gefangenschaft zurückgekehrten Juden, von dem P. Johnson spricht. Wenn man aber von Pneuma spricht und damit den Schöpfergeist meint, sollte man dies auch unzweideutig präzisieren und nicht in verschwommenen und wirklichkeitsfremden Vorstellungen verhaftet bleiben.

Nach dem paulinischen Christentum müßte man sich ohnehin fragen, welche Rolle eigentlich dem »Vater« nach der Erhöhung des Sohnes geblieben ist, ob er etwa altershalber sein Amt an den »Sohn« abgetreten habe? Soviel Vernunft und klare Überlegung sollte man jedoch noch aufbringen, um zu erkennen, daß der Hl. Geist oder das Pneuma mit der strömenden Kraft des »Vaters« identisch ist, und daß die »Söhne« Boten des Vaters sind, die ihren begrenzten Auftrag auf Erden erfüllen. Das ist der konkrete Sinn und Inhalt der Lehre von der Dreifaltigkeit Gottes, klar und verständlich ausgedrückt.

Die Meister des WORTES sind die Boten, die als menschlich-personifizierte Manifestationen des Höchsten zur Erde gesandt werden, und das ist die einzig mögliche und logische Deutung des Gottmenschen Jesus und anderer Gesandter höchsten Grades, eine Deutung, die mit der Wirklichkeit übereinstimmt und nicht im luftleeren Raume schwebt.

Das Wort Gottes, von dem Brunner spricht, ist in Wahrheit kein geschriebenes oder gesprochenes Wort, sondern der tönende Energiestrom oder »divine sound« des Höchsten, der die Welt mit ihren Lebewesen hervorbringt und erhält. Jesus sagt zu Nikodemus: »Du hörst sein Sausen wohl, aber du weißt nicht, woher er kommt und wohin er geht.« Nun, wir können es in Erfahrung bringen, wenn wir uns darum bemühen. Er strömt aus von der höchsten Wesenheit und fließt wieder zu ihr zurück. Die Meister aber haben die Macht und die Aufgabe, die bestimmten Seelen mit diesem Strom zu verbinden und dadurch ihre Rückkehr zu ermöglichen. Das ist die wahre Bedeutung des Trösters, von dem das Evangelium spricht. Alle theoretischen Haarspaltereien, die wir üblicherweise vorgesetzt bekommen, haben keinerlei konkreten oder praktischen Wert und können uns daher auch in keiner Weise weiterhelfen — worauf es doch letzten Endes ankommt.

*

Zum Abschluß der vorstehenden Auseinandersetzungen mit den bald 2000jährigen Irrtümern im Gefolge der »guten Botschaft« Jesu soll uns ein Zeugnis aus dem apokryphen (kirchlich nicht anerkannten) Thomasakten die Schönheit und Tiefe der Lehre von den Wegen der Seele, ihrer Aussendung und Heimkehr, vor Augen führen. Dieses Lied von der Perle bezeugt zugleich die Kenntnis der unverfälschten Lehre, wie sie die echten Jünger des Nazarener Meisters ohne Zweifel besaßen.

Das Lied von der Perle

1. Als ich ein Kind war und in meinem Königreiche,
   in meines Vaters Haus wohnte
   und mich erfreute am Reichtum meiner Ernährer,
   da rüsteten meine Eltern mich aus und sandten mich
   aus dem Osten, meiner Heimat.

2. Vom Reichtum ihrer Schatzkammern wählten sie
   eine reiche Last, die ich allein zu tragen vermochte:
   Gold vom Lande der Elläer, Silber aus dem großen Gazak,
   Calzedonsteine aus Indien und Perlen vom Lande der
   Kushäer.

3. Und sie nahmen von mir hinweg das glänzende Gewand
   funkelnd von Edelstein, das sie in ihrer Liebe mir bereitet
   hatten.
   Und den goldenen Mantel, nach meiner Größe gemessen.
   Und sie schlossen einen Vertrag mit mir und schrieben ihn
   in mein Herz, damit ich ihn niemals vergäße:

4. »Wenn du hinabgegangen nach Ägypten, um dort die Perle
   zu holen, inmitten des Meeres, das von der
   zischenden Schlange umringelt; dann sollst du wieder
   anziehen dein Glanzgewand und den Mantel, der dir
   zugemessen
   und sollst des Reiches Erbe sein, du und dein Bruder.«

5. So verließ ich den Osten und stieg herab, von zwei
   Boten begleitet, denn der Weg war gefahrvoll und schwierig

und ich war sehr jung für diese Reise.
So gelangte ich durch das Gebiet von Maishan
dem Sammelplatz der Kaufleute des Ostens.

6. Darauf erreichte ich das Land Babel und trat ein
   in die Mauern von Sarbug. Doch als ich hinab nach
   Ägypten kam,
   da verließen mich meine Begleiter. Ich aber ging sogleich
   dem Bereich der Schlange zu, ließ mich vor ihrer Höhle
   nieder
   abwartend, bis sie einschlafen würde, um die Perle an mich
   zu nehmen.

7. Doch als ich allein war, ein Fremdling im Lande,
   da sah ich einen meines Stammes aus Osten, einen Jüngling,
   freigeboren, anmutig und schön, der Sohn eines Gesalbten.
   Der schloß einen Bund mit mir und wurde mein Freund und
   Gefährte.
   Ich warnte ihn vor den Ägyptern, vor der Gemeinschaft
   mit den Unreinen.

8. Ich aber bekleidete mich mit ägyptischem Gewande,
   damit, weil ich von fernher gekommen, keiner Verdacht
   schöpfe,
   daß ich gesonnen, die Perle zu holen, auf daß nicht
   die Ägypter die Schlange gegen mich erweckten.
   Aber aus irgend einem Grunde entdeckten sie, daß ich ein
   Fremdling sei.

9. Und mit ihren Listen verlockten sie mich, von den Speisen
   ihres Landes zu essen. Dadurch vergaß ich, daß ich
   ein Königssohn bin und diente ihren Königen.
   Ich vergaß die Perle, nach der meine Eltern mich ausgesandt.
   Und durch die Schwere dieser Speisen versank ich in tiefen
   Schlaf.

*

10. Doch alles was mir widerfuhr, bemerkten meine Eltern und
    litten um mich.
    Sie ersannen einen Plan, damit ich nimmer in Ägypten
    bliebe.
    Ein Brief ward mir geschrieben und alle Vornehmen unter-
    schrieben ihn:
    Von deinem Vater, dem König der Könige
    und deiner Mutter, der Herrscherin des Ostens.

11. Dir unserem Sohn in Ägypten, Gruß! Wach auf und erhebe dich
    aus dem Schlafe; hör auf die Worte unseres Briefes.
    Bedenke, daß du ein Königssohn bist! In wessen Sklaverei
    bist du geraten! Erinnere dich der Perle, um deretwillen
    du nach Ägypten gesandt worden bist!

12. Erinnere dich an dein Glanzgewand und an den Strahlen-
    mantel,
    mit dem du wieder geschmückt werden sollst.
    Ja dein Name ist genannt im Buche des Lebens, auf daß du
    mit deinem Bruder in unsrem Königreich seiest.

*

13. Mein Brief ist ein Brief, den der König gesiegelt hat
    wegen der bösen Babylonier und der wilden Dämonen des
    Labyrinthes.
    Er flog wie ein Adler zu mir herab und ward ganz Rede.
    Bei seiner Stimme aber und seinem vernehmlichen Ton fuhr
    ich auf vom Schlafe.
    Ich küßte ihn und erbrach sein Siegel und las ihn.

14. Sein Inhalt aber stimmte mit dem überein
    was in meinem Herzen geschrieben war. Sogleich erinnerte
    ich mich,
    daß ich ein Königssohn sei. Und meine freie Herkunft
    verlangte nach ihrer Art. Auch der Perle gedachte ich wieder,
    deretwegen ich nach Ägypten gesandt worden war.

15. Und ich begann mit Sprüchen zu bannen die verschlingende,
    zischende Schlange. Ich wiegte sie in Schlaf, versenkte sie
    in Schlummer, indem ich den Namen meines Vaters über sie
    nannte;
    und unseres Zweiten Namen und den meiner Mutter, der
    Königin des Ostens.

*

16. So gewann ich die Perle und wandte mich heimwärts,
    sie meinen Eltern zu bringen. Das Schmutzgewand streifte
    ich ab
    und ließ es zurück im Ägypterland. Sogleich begann ich
    meinen Weg heimwärts zum Lichte des Ostens. Und
    meinen Brief,
    der mich erweckt, fand ich vor mir auf dem Wege.

17. Wie er mich mit seiner Stimme aufgeweckt, so leitete er mich
    auch mit seinem Lichte, da die herrliche Seide mit ihrem
    Scheine
    mir vorleuchtete. Mit seiner Stimme und seiner Führung
    ermutigte er mich zu weiterer Eile. Indem die Liebe mich
    führte und zog, kam ich heil am Labyrinth vorüber.

18. Ließ Babylon zu meiner Linken und kam nach dem großen
    Maishan,
    dem Hafen der Kaufleute. Siehe, das Lichtgewand, das mich
    einst schmückte, und den Glanzmantel, der mich einst
    bekleidete,
    hatten meine Eltern dorthin gesandt durch ihren Schatz-
    meister.

19. Ich aber erinnerte mich nicht mehr seiner Pracht, denn
    als Knabe hatte ich die Gewänder im Palast des Vaters
    zurückgelassen.
    So schien mir plötzlich das Gewand, als ich es
    mir gegenüber sah, meinem Spiegelbild zu gleichen.
    Wir waren zwei, voneinander geschieden und doch zugleich
    eins, in einer Gestalt.

20. Ein Königssiegel trugen die Schatzmeister, in ihren Händen
    lag mein Schatz und mein Reichtum. Sie gaben das Licht-
    gewand,
    das mir zukam, zurück. Geziert war es mit leuchtenden
    Farben,
    mit Gold und Perlen und edlen Steinen; mit Diamanten
    waren
    alle Nähte befestigt. Und das Bild des Königs der Könige
    erglänzte auf dem ganzen Gewande, funkelnd wie Saphir-
    stein.

21. Auch sah ich, daß die Kraft der Erkenntnis vom Ganzen
    ausstrahlte
    und ferner sah ich, daß es zu reden begann. Ich hörte, wie
    es sprach: Ich bin das Tätige der Taten, wie sie von meinem
    Vater vollzogen werden. Und ich nahm an mir selber wahr,
    daß meine Gestalt entsprechend seiner Kraftströme wuchs.

22. Und mit königlichen Bewegungen goß es sich über mich.
    Aus der Schatzmeister Hand strebte es zu dem hin, der es
    aufnehmen sollte. Ich streckte mich aus und nahm es,

schmückte mich mit seiner Farben Schönheit. In meinem Mantel
von Lichtglanz hüllte ich mich ein.

23. Als ich mich so bekleidet hatte, ward ich emporgehoben
zum Tore der Begrüßung und Huldigung. Ich beugte mein Haupt
und verehrte den Glanz meines Vaters, der das Gewand mir
gesandt hatte, und dessen Befehle ich ausgeführt hatte.
Und so gewährte auch er mir, was er verheißen.

24. Am Tore seines Palastes mischte ich mich unter seine Großen.
Er aber freute sich über mich und ich war in seinem Königtume.
Jetzt mit der Stimme des Geistes priesen ihn alle seine Diener.
Er aber verhieß mir, daß ich zum Tore des Königs der Könige
mit ihm, dem Gewande, gehen sollte, und daß ich mit meinem
Opfer und der Perle, mit ihm zusammen, vor dem König
erscheinen werde.

*

Kurzkommentar und Versuch des Verfassers, das »Lied von der
Perle« zu deuten:

Als die Seelen ausgesandt wurden, kamen sie durch die Regionen herab bis nach Trikuti, wo das »Glanzgewand« durch die
Mentalhülle abgedämpft und die strahlende Seelensubstanz verhüllt wurde (Vers 1—3). Wenn ihre Aufgabe in den materiellen
Welten erfüllt ist, erhalten sie ihr Strahlengewand wieder, nämlich beim Aufstieg von der zweiten in die dritte Region, nach der
Lehre (Vers 4). Die Seele war sehr jung, d. h. unerfahren, als sie
herabstieg. Maishan, der Sammelplatz der Kaufleute des Ostens,
dürfte die dritte Region sein, denn »Osten« bedeutet stets geistige oder himmlische Region, und die dritte Region ist diejenige
der reinen Seelen (Vers 5).

Die Seele erreichte das Land Babel, die zweite Region, wo die
Herrschaft des Herrn der drei Welten beginnt. Der »Herr« =
Gegenspieler des »Vaters«, deshalb seine Region »Babel«. Dann
treten sie ein in die Mauern von Sarbug — die Astralregion. Von
dort geht die Seele hinab nach Ägypten, in die materielle Welt
(Vers 6). Ägypten ist in der Sprache der Eingeweihten die niedere,
materielle Welt, wie der Osten die reine, himmlische Welt versinnbildlicht. Der Sohn eines Gesalbten — der Jünger eines Gesandten des Vaters, eines Meisters des WORTES (Vers 7).

Die Seele, in der mentalen und astralen Hülle, bekleidet sich nun mit dem ägyptischen Gewande, dem Körper aus Fleisch und Blut (Vers 8). Mit den Speisen, die man sowohl wörtlich als auch im übertragenen Sinne zu verstehen hat, also mit allen (unnötigen) Beschäftigungen und Vergnügen etc. verlockt die irdische Wirklichkeit die Seelen, daß sie in Schlaf verfallen und ihre Herkunft vergessen (Vers 9). Im Reiche des Vaters wird der Weg der Seelen »bemerkt« und zur bestimmten Zeit, bei dem erforderlichen Bestreben des Einzelnen, wird ihnen eine Botschaft gesandt: sie werden mit dem WORT in Kontakt gebracht, um sie an ihre eigentliche Bestimmung zu erinnern (Vers 10—12).

Der Brief an die Seele ist »ganz Rede«, ein klingender Ton, bei dessen vernehmlichem Klange sie vom Schlafe aufschreckt (Vers 13). Sie gedenkt, die Perle zu gewinnen, nämlich die Anziehungskraft der irdischen Dinge und die Wünsche des Mentalwesens zu überwinden (Vers 14). Dazu muß sie »die zischende Schlange in Schlaf wiegen«, nämlich die ruhelose Tätigkeit des Verstandes still-legen. Dies geschieht durch die »heiligen Namen« in der Meditation (Vers 15).

Die Seele gewinnt die Perle durch den Sieg über die Kräfte des Gegenspielers, des Herrn der drei Welten; sie wendet sich heimwärts, läßt ihre astrale und mentale Hülle in der ersten und zweiten Region zurück, nachdem sie zuvor das »Schmutzgewand« abgestreift hat, den irdischen Körper aus Fleisch und Blut. Den Brief, nämlich den hörbaren Ton, findet sie vor sich auf dem Wege (Vers 16), verbunden mit dem Lichte. Diese beiden — Licht und Ton — führen und ziehen sie nach oben, in die reinen Regionen (Vers 17).

Babylon läßt sie zur Linken; die Kräfte des »Herrn« und des Mentalwesens sind auf der linken Seite im Menschen lokalisiert und müssen zur Seite geschoben, ausmanövriert werden, soll der Aufstieg erfolgreich sein (Vers 18). Das Strahlengewand und Spiegelbild wird den Seelen in der dritten Region wieder verliehen, wo sie an Kraft und Intensität gewinnen und für den weiteren Aufstieg bereitet werden (Vers 18—22).

So wird die Reise durch die ungeheure Dunkelzone bewältigt, die Seele wird »emporgehoben«, d. h. von einem Meister geführt, zum Tore der Begrüßung, in die vierte Region, das Tor zum Reich des Vaters. Von hier aus geht die Reise dann empor zum Vater und mit ihm zum König der Könige, dem Namenlosen Einen (Vers 23—24).

*

Wie diese kurze und sehr mangelhafte Interpretation doch immerhin zeigt, war den Jüngern des Nazareners eine genaue Lehre von der Wissenschaft der Meister vermittelt worden. Was haben unsere Theologen dagegen zu bieten? Wäre es nicht hoch an der Zeit, das Gold der alten Weisheit wieder aus dem Schutt freizulegen?

VIERTER TEIL

Kapitel 17

Wunder des menschlichen Körpers

Vor wenigen Jahren erst erschien im Westen ein Bericht über den in lebenden Körpern befindlichen »bioplasmatischen Energiekörper«, der eine Art fluide Kraftquelle der Lebewesen und Pflanzen zu sein scheint. Dem russischen Elektrotechniker Semjon Davidowitsch Kirlian war es in langjähriger Arbeit gelungen, diesen sogenannten Ätherkörper im elektrischen Hochfrequenzfeld sichtbar zu machen, und russische Wissenschaftler schilderten ihre Eindrücke davon nach dem erwähnten Bericht etwa so:

»Eine nie gesehene Welt öffnete sich vor unseren Augen: leuchtende Labyrinthe, blitzend, blinkend, flammend. Einige der Funken sind bewegungslos, andere wandern über einen dunklen Hintergrund. Über den geisterhaften Lichtern helle, vielfarbige Flammen — es ist unbeschreiblich. Flammen und Fackeln leuchten auf oder blaue, dann wieder orangefarbene Kronen. Flammendes Violett und wilde Blitze wechseln mit glitzernden Lichtern, die kommen und gehen wie Wandelsterne. Ein phantastisches Spiel, eine geheimnisvolle Feuerwelt, glänzend und funkelnd wie ein Sommergewitter.«[1]

S. D. Kirlian entdeckte diesen Ätherkörper vor etwa dreißig Jahren wieder aufs neue, als er durch Zufall bemerkte, daß im Hochfrequenzfeld eine Art Aura der Lebewesen, der Körperglieder oder auch lebensfrischer Pflanzenteile sichtbar gemacht werden kann. Dies war zwar in der Vergangenheit schon öfter gelungen, wenn auch mit einfacheren Mitteln und deshalb wahrscheinlich auch weniger eindrucksvoll, war aber immer wieder in Vergessenheit geraten. Kirlian entwickelte nun zunächst ein Verfahren, womit auf einem Film die leuchtende Substanz oder Energie aufgezeichnet werden konnte, die der menschliche Körper und alle lebenden Organismen ausstrahlen. Später entwickelte Kirlian mit seinem Bruder und seiner Frau Walentina zusammen

---

[1] Ostrander-Schröder: PSI. Die wissenschaftliche Erforschung übersinnlicher Kräfte im Ostblock. (Scherz-Verlag)

dann ein optisches Spezialinstrument, mit dem man die Gegenstände oder Körperteile direkt beobachten konnte.

Mit diesem Instrument sah eine Hand wie eine Milchstraße am nächtlichen Himmel aus. Vor einem Hintergrund von Blau und Gold fand in der Hand etwas statt, das einem Feuerwerk ähnelte. Vielfarbige Fackeln, Funken und Blitze flammten auf; einige leuchteten längere Zeit wie Leuchtkugeln, andere funkelten in Intervallen. In Teilen der Hand zeigten sich kleine Wolken. Gewisse glitzernde Flammen wanderten funkelnde Labyrinthe entlang wie Raumschiffe, die fernen Galaxien zustreben.

Was bedeuteten diese Flammen? Die pulsierenden Funken betrieben kein zufälliges Spiel! Auch ein frisches Blatt von einer Pflanze zeigte im Hochfrequenzfeld eine Myriade von Energiepunkten. Um die feinen Ränder des Blattes waren türkisfarbene und rötliche Flammenmuster zu sehen, die aus spezifischen Kanälen des Blattes kamen. Die Entdecker untersuchten alle möglichen Substanzen; das Leuchtmuster war bei jedem Objekt verschieden, aber lebende Dinge hatten völlig andere Strukturen als nicht lebende. So hatte eine Metallmünze nur einen völlig gleichmäßigen Glanz um den Rand herum.

Die Autoren schildern dann weiter, daß die Entdeckung der Kirlians immer mehr bekannt wurde und daß Gelehrte, Mitarbeiter der russischen Akademie der Wissenschaften sowie von führenden Universitäten der UdSSR nach Krasnodar kamen, um sich über dieses neue Wissensgebiet zu informieren und die Ergebnisse selbst an Ort und Stelle zu überprüfen.

Dort konnte man z. B. sehen, wie sich die Signale des inneren Zustandes in der Helligkeit und den Verfärbungen der Flammen spiegeln. Die innere (körperliche) Lebensaktivität des Menschen wird in diesen Lichtzeichen wiedergegeben. Kein Wunder also, daß die Wissenschaftler in Scharen nach Krasnodar pilgerten, um das neu entdeckte Wunder in Augenschein zu nehmen. Und nun das Erstaunliche: wird von einem Pflanzenblatt ein Teil abgetrennt und dann erneut im Hochfrequenzfeld untersucht, so zeigt sich, daß der astrale (?) Körper unverändert in der früheren Form des Blattes weiterbesteht, allenfalls etwas abgeschwächt in seinen Farben; dasselbe gilt von amputierten Körperteilen bei Lebewesen, etwa einer Hand oder einem Bein. Daraus kann man schließen, daß es sich tatsächlich um einen Modellkörper handelt, um den primären Prototyp des sichtbaren Körpers aus Zellen, Fleisch und Knochen.

Aus der Entdeckung dieses vitalen Energiekörpers ergeben sich nach Auffassung der Autoren vielfältige Folgerungen, die in dem genannten Buche näher erläutert werden. Hier ein kurzer Auszug:

»Es gibt kaum ein Gebiet unseres Denkens — Philosophie, Wissenschaft, Kunst, Religion und Medizin — deren Grundlagen nicht durch die Vorstellung verändert würden, daß in uns ein Energie- oder Astralkörper existiert. Vielleicht sind wir durch ihn auf vitalere Art mit allen Dingen im Universum verbunden, als wir bisher wußten! Die Vorstellung von einer menschlichen Aura, die den Körper umgibt, ist Jahrtausende alt. Bilder aus dem alten Ägypten, aus Indien, Griechenland und Rom zeigen heilige Gestalten, von einer leuchtenden Wolke umgeben, schon lange ehe christliche Künstler ihre Heiligen mit einem ›Heiligenschein‹ zu malen begannen. Hellseher weisen stets darauf hin, daß ›Aura‹ im Grunde eine falsche Bezeichnung ist; vielmehr sei der menschliche Körper von einem anderen Energiekörper durchdrungen, dessen Luminiszenz nach außen strahlt. Sie sehen etwas wie eine Sonnenfinsternis, denn der leuchtende Astralleib wird völlig durch den physischen Körper verdeckt und verborgen.«

Und weiter:

»Die Wissenschaftler fragen sich heute: was ist diese biochemische Energie, die sich in Funken und Farben unter dem Einfluß der hochfrequenten Ströme manifestiert? Sie scheint weder elektrisch noch elektromagnetisch zu sein, sondern von einer noch unbekannten Art. Wohl haben die Kirlians einen Weg gefunden, das Unsichtbare sichtbar zu machen, aber was bedeutet diese farbige Energie in unserem Innern? Die Lösung des Rätsels könnte unsere gesamte Auffassung von uns selbst und vom Universum revolutionieren — und vielleicht haben die Kirlians weit mehr entdeckt als die Sichtbarmachung der Aura! Eine der bemerkenswertesten Eigenarten des vibrierenden Energiekörpers besteht darin, daß er eine räumliche Organisation besitzt. Er hat Gestalt!

Innerhalb des Energiekörpers haben alle Vorgänge ihre besondere Bewegung, die der Energie im physischen Körper absolut unähnlich ist, und dieser Biokörper ist zudem auch polarisiert.«

Nach der Schilderung einiger Eigenschaften des neu entdeckten oder wiederentdeckten Energiekörpers geben Ostrander-Schröder einen Einblick in den seitherigen Wissensstand auf diesem Gebiet und schildern die Reaktionen verschiedener Kreise auf die neue Entdeckung. Daraus nochmals eine kurze Zusammenfassung:

»In den letzten Jahren haben Forscher in vielen Ländern das Postulat aufgestellt, daß den lebenden Dingen eine Art Matrix — Ursubstanz oder Urbild —, eine Art unsichtbares Organisationsschema innewohnt. Wissenschaftliche Versuche weisen auf ein solches Organisationsfeld hin, so etwa, wenn bei einer Verpflanzung eines Armes am Tierfötus an die Stelle eines Beinansatzes prompt ein Bein und nicht etwa ein Arm entsteht. Wie aber wird die bioplasmatische Energie erzeugt, und wie wird der Energiekörper erneuert? Die Forscher entdeckten, daß es der Sauerstoff ist, den wir atmen, der einige seiner überzähligen Elektronen und ein gewisses Quantum Energie in den Energiekörper umformt. In der lautlosen Hochfrequenz-Entladung konnten sie den Ablauf dieses Vorganges tatsächlich sehen.«

»Man erkennt heute, daß viele Krankheiten dann beginnen, wenn der Nachschub an Bioplasma gestört ist. Die Entdeckung des Energiekörpers hat die Möglichkeit erschlossen, die plasmatischen Zustände des Organismus zu studieren. Durch den Plasmakörper (Energiekörper) reagieren wir auf das gesamte kosmische Geschehen, so etwa auf die Störungen in der Sonne, die sich in sichtbaren physischen Veränderungen auswirken.«

Und schließlich treffen die Autoren noch folgende Feststellungen:

»Die sowjetischen Versuchsergebnisse stimmen genau mit dem überein, was Eileen Garret gesagt hatte. Seit Jahrhunderten haben Medien behauptet, daß es möglich sei, den Astralkörper nach Belieben von dem physischen zu trennen. Einige sagen sogar, daß sie in diesem Energiekörper reisen können. Die Sowjets untersuchen gegenwärtig (um 1970) Yogis, die sich angeblich (!) außerhalb ihres Körpers begeben können. Auch in Kalifornien werden Versuche über ›Reisen außerhalb des Körpers‹ angestellt. Beim Tode soll dieser Energiekörper den physischen Körper endgültig verlassen, um, wie Medien wissen wollen, sein Leben in ätherischer (feinstofflicher) Form fortzusetzen.«[2]

Soviel über die Ergebnisse der sogenannten PSI-Forschung nach dem 1971 erschienenen Buche von Sheila Ostrander und Lynn Schroeder. Es wurde geschrieben nach dem Besuch einer ameri-

---

[2] Eileen Garret, bekanntes Medium, Präsidentin der parapsychologischen Stiftung New York.

kanischen Delegation bei den russischen Parapsychologen, die sich mit der Erforschung des Energiekörpers und der außersinnlichen Wahrnehmungen (ASW) befassen.

Es erhebt sich die Frage, ob es sich bei dem Energiekörper, den die Kirlians entdeckt und sichtbar gemacht haben, auch zugleich um den seit alten Zeiten bekannten Astralkörper handelt. Die letztere Bezeichnung soll ja besagen, daß dieser luftige oder ätherische Körper aus funkelndem »Sternenmaterial« bestehe und auch mit der Sternenwelt Verbindung habe oder aufnehmen könne. Möglicherweise gibt es also zwei verschiedene »luftige Körper« in dem Sinne, daß der Energiekörper eher ein organisiertes Kraftfeld darstellt, welches den Funktionen des physischen Körpers zugrunde liegt und diese eigentlich erst ermöglicht. Diese bioplasmatische Schicht ist denn auch in den Schulen der geheimen Wissenschaften schon lange als Ätherkörper bekannt und wird mit dem physikalischen Körper zusammen als eine Einheit betrachtet — im Gegensatz zum Astralkörper, der den physischen Körper aus Fleisch und Blut zwar nicht »nach Belieben«, aber doch unter bestimmten Voraussetzungen verlassen kann, ohne daß der letztere dadurch Schaden nimmt.

Diese Auffassung wird indirekt bestätigt durch folgende Textstellen aus dem vorerwähnten Buch über die PSI-Forschung:

»Die Erforschung des menschlichen Kraftfeldes, das uns umgibt, hat erst begonnen. Dr. Segejew, ein Leningrader Forscher, erfand einen Detektor, der biologische Felder bis etwa vier Meter Entfernung von einem menschlichen Körper erfassen kann, ohne ihn zu berühren. Bei einem seiner Versuche stellte er seine Detektoren in einiger Entfernung von einem klinisch toten Mann auf. Hirnstrom und Herzschlag konnten bei demselben nicht mehr registriert werden, aber die Detektoren reagierten! Noch vier Meter vor dem leblosen Körper pulsierten die elektromagnetischen Kraftfelder; es schien, daß der Körper immer noch Energie freigab!«

Des weiteren wird von anderen Forschungen auf diesem Gebiet folgendermaßen berichtet:

»Dr. Harald Burr, Professor an der Yale-Universität, stellte schon 1935 fest, daß alle lebende Materie — von der Keimzelle bis zum vollständigen Menschen — von elektromagnetischen Feldern umgeben ist und durch sie kontrolliert wird. Diese Energiehülle ist eine Art elektronischer Gußform, ein Kraftfeld, das dafür sorgt, daß die sich erneuernden (und die sich bildenden, Verf.)

Gewebe die geeignete Form annehmen. Später stellte Dr. Leonhard Ravitz, ebenfalls in Yale, fest, daß der Geist (Wille) dieses Kraftfeld beeinflussen kann. Ehe aber Burr und Ravitz die unsichtbaren Energiefelder des Körpers entdeckt hatten, wußte niemand, was da vibrierte.[3])

Wenn auch diese letzte Behauptung nicht ganz zutreffen dürfte, so stimmt sie doch gewiß hinsichtlich der Methoden westlicher Forschung, die nun einmal nicht gelten läßt, was nicht gemessen und gewogen werden kann. Hier handelt es sich jedoch um die Unterscheidung zwischen einem Energiefeld, das die Funktionen des Körpers steuert, und dem eigentlichen Astralkörper; wenn Medien seit Jahrhunderten behaupten, daß der letztere vom physischen Körper aus Fleisch und Blut getrennt werden und sozusagen allein ausgesandt werden könne — ohne den sichtbaren Körper — so ist klar, daß es sich dabei um einen anderen fluidischen Körper handeln muß, dessen Weggang den Körper lebendig und unbeschädigt, wenn auch mit reduzierter Funktion, zurückläßt. Wenn dagegen der »bioplasmatische Energiekörper« den physischen aus Fleisch und Blut verläßt, was offenbar erst nach Eintritt des Todes geschieht, so verfällt dieser unweigerlich und endgültig. Es ist dies die Auflösung des organisierten Kraftfeldes, die parallel mit dem langsamen Verfall des Körpers einhergeht. Sie beginnt also erst dann, wenn die »silberne Schnur« zwischen Körper und Seele gelöst und damit die Trennung endgültig vollzogen worden ist, wobei die feinstofflichen Hüllen — Astral- und Kausalkörper — mit der Seele zusammen ihrem neuen Bestimmungsort zustreben.

Als Zeugen für astrale Reisen wurden in den vorherigen Zitaten wiederholt die Aussagen von Medien erwähnt, wozu noch einige Anmerkungen notwendig erscheinen. Im allgemeinen pflegen ja Medien nicht mit dieser Fähigkeit begabt zu sein, sondern erhalten ihre Einblicke vermittels einer Art hellseherischer Sensibilität, und diese sensibile Veranlagung befähigt sie auch, von sogenannten Kontrollgeistern Mitteilungen und Auskünfte entgegenzunehmen. Im letzteren Falle befinden sich die Medien jedoch ausnahmslos in Trance, also in einer Art hypnotischem Schlafzustand, in dem eine Kontrolle der übermittelten Botschaf-

---

[3]) Ostrander-Schroeder: PSI, p. 78—81.

ten durch das Bewußtsein nicht möglich ist, wodurch deren Zuverlässigkeit natürlich erheblich herabgemindert wird.

Beim visionären oder hellseherischen Voraussehen von Ereignissen, der sogenannten Präcognition, sind ebenso wie bei Botschaften in Trance gewisse »Geister« (entkörperte Menschen, Jivas) einer astralen Zwischenstufe als Übermittler tätig, und es kommt daher sehr auf den Rang und die Zuverlässigkeit des jeweiligen Übermittlers an.

Entscheidend ist aber bei allen solchen spiritistischen Experimenten und Seancen, daß kein Medium je die Kontrolle oder die Herrschaft über den »Kontrollgeist« erlangen kann, vielmehr hat der Kontrollgeist die Herrschaft über das in Trance befindliche Medium, das in diesem Zustande ein willenloses Werkzeug für dessen gute oder schlechte Absichten abgibt, dessen Angaben es kritiklos weitergibt. Dasselbe gilt sinngemäß natürlich auch für hellseherische oder visionäre Eingebungen oder »Gesichte«, über deren Herkunft und Zuverlässigkeit für einen entsprechend Begabten (oder Belasteten) ebenfalls keinerlei Kontrollmöglichkeit besteht. Daher die vielerlei seltsamen Botschaften verstorbener »Heiliger« etc., durch die meistens mehr Verwirrung als Klarheit geschaffen wird. Das bekannteste Beispiel hierfür ist das »Gesicht« des Saulus vor Damaskus, worüber bereits genug gesagt wurde.

Das Kennzeichen solcher Visionen, die ausnahmslos aus den gewissen Zwischenreichen stammen, in denen es von nicht sehr hochstehenden »Geistern« oder Jivas, also entkörperten Menschen mit fortdauernder Erdgebundenheit — und anderer uns unbekannter Wesen — wimmelt, ist in der Regel eine raffinierte Mischung aus Irreführung und Wahrheit, die für den Unterrichteten den deutlichen Stempel Kals trägt, derjenigen Potenz in der Hierarchie, die für den Verbleib der Jivas in den unteren Welten verantwortlich zeichnet und sich ihrer Aufgabe mit Bravour entledigt. Damit ist keineswegs gesagt, daß es nicht auch echte und vor allem kontrollierte Visionen gebe, im Gegenteil. Aber solche kontrollierte Einblicke in höhere Bereiche und Regionen sind nur möglich als Ergebnis langjähriger gezielter Meditation unter Anleitung und Mithilfe kompetenter Führer, die selber diesen Weg schon früher zurückgelegt haben; von dieser Regel gibt es kaum Ausnahmen, es sei denn ganz besondere Boten höchster Grade.

Diesen Sachverhalt kann man u. a. recht gut herauslesen aus den Schilderungen des Amerikaners Arthur Ford, der seine mediale Begabung jahrzehntelang für spiritistische Experimente zur Verfügung stellte.[4])

Zu Beginn seiner Laufbahn kam A. Ford mit dem damals gerade in Amerika weilenden Inder Yogananda zusammen, den man gewiß als klassischen Exponenten der Yoga-Ausbildung, also der vorgenannten gezielten Meditation bezeichnen kann, der seinerseits unter Führung eines Meisters ausgebildet worden war.

Yogananda begrüßte A. Ford als einen Suchenden und Bruder auf dem spirituellen Pfade und bemühte sich, ihn von dem schädlichen Wege der Mediumistik abzubringen, deren negative Wirkungen dem fortgeschrittenen Yogi zweifellos bekannt waren. Ford scheint sich dann auch einige Zeit mit echter Yoga-Meditation befaßt zu haben, aber dieser Weg war ihm offenbar zu beschwerlich und brachte keine schnellen Erfolge, weshalb er sich wieder seinen angeborenen medialen Fähigkeiten zuwandte, wie er selbst erzählt.

Die Schilderungen und Erfahrungen Arthur Fords sind für uns natürlich sehr interessant, doch ändert das nichts an der Tatsache, daß sich die spiritistischen Phänomene ausnahmslos auf einer relativ sehr niederen Stufe abspielen, die mit echter Spiritualität wenig oder nichts zu tun hat. Solche spiritistischen Experimente und ihre Ergebnisse werden auch von Werner Keller beschrieben, so gewisse Materialisationen Verstorbener, das Heben und Bewegen von Gegenständen wie Möbel etc. ohne sichtbare Ursache und ähnliches. Es ist aber bezeichnend, daß W. Keller zu keinem abschließenden Urteil über die Hintergründe der spiritistischen Phänomene kommt, während z. B. Gustav Meyrink in denselben Fragen zu wohlbegründeten Schlußfolgerungen gekommen zu sein scheint, die bei ihm allerdings auch auf eigenen Versuchen und Erfahrungen beruhen.[5])

Meyrink, der selbst viele Versuche mit Medien durchgeführt und sich auch eingehend mit Yogaübungen befaßte, schreibt hierüber, daß erst durch Helena Blavatzki (HPB) in weiteren Kreisen des Westens einiges über Yoga bekannt geworden sei, das bis dahin nur einigen Asienforschern bekannt war, die sich aber nicht weiter dafür interessiert hätten. Er sagt weiter, daß bei uns »jeder bessere Hochstapler« vorgebe, alles über Yoga zu wissen, während er in Wirklichkeit keine Ahnung habe, wie Yoga wirk-

---

[4]) Arthur Ford: Bericht vom Leben nach dem Tode.
[5]) Werner Keller: Was gestern noch als Wunder galt.

lich geübt werden müsse, »ganz abgesehen davon, daß ein Menschenalter kaum ausreicht, auch nur die ersten Stufen zu bewältigen«. Und diese Feststellung zeigt zumindest eine tiefe Einsicht in das Wesen spiritueller Arbeit. Meyrink weist auch darauf hin, daß man sich wohl hüten sollte, leichtsinnig »Kanäle« in die Welt der Dämonen (und anderer uns unbekannter Wesen, Verf.) zu eröffnen, »denn die meisten Menschen ahnen nicht, was alles in den Abgrundtiefen des Weltalls enthalten ist, die manche so unbesonnen anbohren«.

Über die Wesen jener uns unsichtbaren Welten sagt Paracelsus, daß unzählige solcher »Geister« im Weltall existieren; sie hätten Körper aus subtilem (astralem) Fleisch, das keiner Türen bedarf, um bei uns einzutreten, vielmehr könnten sie durch Wände und Mauern gehen, ohne etwas zu zerbrechen.

Meyrink berichtet auch einiges über die wissenschaftlichen Untersuchungen der spiritistischen Phänomene und schreibt dazu:

»Wenn wir solche erstaunlichen Berichte lesen, wissen wir kaum, worüber wir uns mehr wundern sollen: über die Tatsachen (der spiritistischen Erscheinungen, Botschaften etc.) selbst oder darüber, daß so verblüffende Geschehnisse jahrzehntelang teils totgeschwiegen, teils in unverantwortlicher Weise lächerlich gemacht werden konnten.« Manche Forscher auf diesem Gebiet seien auch nicht ehrlich und fürchteten sich davor, verlacht zu werden, wenn sie offen eingestehen würden, daß die Bewohnerscharen einer jenseitigen Welt hinter den geheimnisvollen Erscheinungen stehen.

Besonders beachtenswert ist jedoch im Rahmen dieser Arbeit die Feststellung Meyrinks, daß die Medien nur Werkzeuge der eben genannten Bewohner jenseitiger Welten sind und keinerlei Kontrolle über die Botschaften und andere Manifestationen auszuüben in der Lage sind, die sie den versammelten spiritistischen Zirkeln vermitteln. Und diese Tatsache bestimmt letzten Endes die Qualität und Zuverlässigkeit (oder Unzuverlässigkeit) solcher Kontakte mit der Welt jenseits des Vorhanges.[6])

Nach diesem Abstecher in ein immer noch umstrittenes »okkultes« Gebiet nun wieder zurück zu den astralen Reisen, worüber es in neuerer Zeit auch in unseren Breiten ein bemerkenswertes

---

[6]) Gustav Meyrink: An der Grenze des Jenseits / Hochstapler der Mystik etc.

Zeugnis gibt. Es betrifft einen frommen Mönch, bekannt als Pater Pio, der vor wenigen Jahren in einem italienischen Kloster verstarb. Von diesem Ordensmann sind verschiedene solche Aussendungen glaubwürdig bezeugt. Für solche astralen Reisen haben unsere Theologen ein schönes neues Wort gefunden: Bilokation. Worte sind ja immer wichtig, wie schon Goethe betont, wenn er sagt: Gewöhnlich meint der Mensch, wenn er nur Worte hört, es müsse sich dabei doch auch was denken lassen. Nun, wenigstens haben die Theologen von dieser Bilokation Kenntnis genommen! Die Bezeichnung soll besagen, daß der betreffende Mensch an zwei Orten zugleich weilen kann, wie im Lexikon für Theologie erläutert wird:

»An einem Ort ist der Mystiker selbst in ekstatischem und oft kataleptischem Zustand gegenwärtig (nämlich der Körper, Verf.), während die zweite Gegenwart alle Merkmale seiner Erscheinung aufweist. Bei der letzteren handelt es sich offenbar nicht um eine physische, sondern um eine mehr psychische Gegenwart.«[6a]

Was diese »mehr psychische Gegenwart« angeht, trifft diese vorsichtige Formulierung in der Tat beinahe den Nagel auf den Kopf und den Kern dieser geheimnisvollen Vorgänge, sofern man unter Psyche das versteht, was die Griechen damit bezeichneten, nämlich die Seele — und nicht irgend eine verschwommene Gefühlslage. Nur ist es natürlich nicht die Seele, die sichtbar wird und »alle Merkmale seiner Erscheinung«, nämlich des »Mystikers«, aufweist, sondern die Astralhülle, in der ja ebenso wie im sichtbaren Körper die fünf Sinne und andere Fähigkeiten lokalisiert sind, die sogar erst mittels der Astralschicht im Körper wirksam werden. Die subtilen Schichten — astrale und mental-kausale — sind die Hüllen der Seele und ihre Träger außerhalb des Körpers, wobei die Seele die eigentliche Quelle des Lebens und des Bewußtseins im Menschen ist, gleichgültig ob sie sich mit den genannten Hüllen zusammen im Körper befindet oder, wie bei fortgeschrittenen Yogis, ohne denselben auf gelegentliche Reisen geht! Eine faszinierende Möglichkeit, aber keineswegs eine Utopie!

Die eigentlichen Lebensvorgänge des menschlichen Körpers spielen sich somit nicht in Fleisch und Blut, sondern in den Energiezentren der subtilen Schichten ab. Nach der Darstellung von Alice Bailey bestehen diese subtilen Körper aus feinstoff-

---

[6a] Das Geheimnis des Pater Pio, p. 88—91.

lichen Schwingungseinheiten, die Gestalt und Form annehmen und deren Kern aus reinem Licht bestehe. Solcher Energiezentren gibt es nach den Lehren zweiundzwanzig größere und fast unzählige kleine im menschlichen Körper. Die bekanntesten dieser Zentren sind die sechs »Kat-Chakras« entlang der Wirbelsäule, die mit entsprechenden Ebenen im Kosmos in latenter Verbindung stehen, die aktiviert werden kann. Die Yoga-Sutras von Patanjali bezeichnen ihre Positionen im menschlichen Körper: das untere Ende der Wirbelsäule (rectum), die Zeugungsorgane, das Sonnengeflecht (Nabel), Herz, Kehlkopf und Stirnzentrum, bekannt in der Lehre als das »dritte Auge« oder Tisra Til.

Alice Bailey bezeichnet das Sonnengeflecht-Chakra als das hauptsächlichste Organ für die Funktion des physischen und des astralen Körpers; es wirke als Transformator, indem es die Körperkräfte unterhalb des Zwerchfells sammle und sie nach oben lenke. Dadurch werde die beim unentwickelten Menschen nach unten gerichtete und geschlossene Lotosblume des Herzens allmählich aufgerichtet und geöffnet — eine symbolische Darstellung der feinstofflichen Entwicklungsvorgänge. Schließlich könne das von unten (z. B. vom Mulchakra) kommende Licht und Feuer im Stirnzentrum gesammelt werden, was zu Wahrnehmungen befähige, die weit über alle verstandesmäßigen Möglichkeiten hinausgehen.[7]

Soweit Alice Bailey, die seinerzeit von dem Tibeter Meister Djwal Khul unterwiesen und ausgebildet wurde, wie ihrem Buch »Initiation« zu entnehmen ist.

Die Yoga-Praxis besteht darin, durch gezielte Meditation die Chakras oder Energiezentren zu erwecken und zu aktivieren. Allerdings warnen die großen indischen Meister davor, dies etwa durch forcierte Atemübungen — Pranayama — zu versuchen oder mit der Erweckung des Mulchakra und der Aktivierung der »Elefantenkraft« Ganeshas auf eigene Faust zu beginnen. Sie sagen, daß diese Praktiken unserem eisernen Zeitalter nicht mehr entsprechen, daß sie somit seit rund fünftausend Jahren überholt seien; aber dies nur nebenbei, um darauf hinzuweisen, daß intensive Bemühungen auf dem Yogawege kein Kinderspiel sind und deshalb nur unter kompetenter Führung erfolgen sollten.

Um auf die Wunder des menschlichen Körpers zurückzukommen, soll hier noch einmal dessen kompliziertestes Organ, das

[7] Alice Bailey: Der Yoga-Pfad.

Gehirn, einer näheren Betrachtung unterzogen werden, diesmal unter dem Aspekt seiner Funktion und Arbeitsweise. Wie bereits früher erwähnt, unterscheidet man zunächst einmal das altererbte Stammhirn und das später entwickelte Groß- oder Neuhirn. Innerhalb dieser beiden gibt es eine ganze Anzahl wichtiger Abteilungen, wie das Kleinhirn, den Thalamus und die Hypophyse, eine Hormondrüse, welche die gesamte Drüsentätigkeit des Körpers steuert — nicht zu vergessen die winzige Zirbeldrüse, die dem französischen Philosophen René Descartes als Sitz der Seele galt (Venzmer: Arzt und Seele). In der Tat spielt diese unscheinbare Drüse in den geheimen Lehren eine besondere Rolle, worauf hier nicht näher eingegangen werden kann.

Man hat errechnet, daß das Gehirn des Menschen rund fünfzehn Milliarden Zellen enthält, wobei die Zellen des Zentralnervensystems bei der Geburt bereits alle vorhanden sind und während der ganzen Dauer des Lebens nicht ersetzt werden (Venzmer). Von diesen Milliarden Zellen wird jedoch anscheinend nur ein Bruchteil wirklich in Anspruch genommen und niemand weiß bis heute zu sagen, wozu die ungeheuren Reserven einmal dienen könnten. Die eigentliche Schwierigkeit des Verständnisses beginnt jedoch erst, wenn man nach den Vorgängen beim Lernen, beim Bilden von Gedächtnis und schließlich nach dem Denken selbst fragt. Ist nicht Swedenborg, der bekannte Seher, über dem Studium dieser Probleme in eine Krise geraten, die erst durch seine spontanen Visionen von der »anderen Seite« gelöst wurden? Heute kennt man ohne Zweifel unendlich mehr physikalische und biologische Fakten, aber wie sieht es mit den Grundfragen aus? Wieviele abertausend Versuche wurden inzwischen gemacht und werden noch täglich an Tieren und Menschen vorgenommen, um erst einmal hinter das Geheimnis der Vorgänge im Gehirn zu kommen!

Dazu einige stichwortartige Notizen nach einem Aufsatz in der Tagespresse:

Zunächst einmal gibt es eine ganze Anzahl verschiedenartiger Lernprozesse; schon ein Tier muß eine ganze Menge lernen und zu unterscheiden verstehen, wenn es überleben will. Diese Art der Ausbildung könnte man etwa vergleichen mit dem, was Kinder und junge Menschen bei Naturvölkern, die im Urwald leben, zu lernen haben. Ein ganz anderer Vorgang ist es dagegen, wenn der Mensch eine zweite Sprache — außer der Muttersprache, die er sich sozusagen »automatisch« aneignet — erlernen will. Aber jenseits der Sprache beginnt erst das Denken, stellt sich die Frage nach dem Bewußtsein und nach jenen scheinbar autonomen und spontanen Denkvorgängen, die man Einfälle nennt. Auch über die Funktion des Gedächtnisses bestehen bis heute fast nur Vermutungen. Die Suche nach dem Gedächtnis wird noch dadurch erschwert, daß es davon mindestens zwei gibt, ein Kurzzeit- und ein Langzeitgedächtnis, und daß man schließlich auch noch zwischen Gedächtnis und Erinnerung unterscheiden müßte. Zwar ist die Einteilung in ein Kurzzeit- und ein Langzeitgedächtnis selbst fragwürdig, weil nicht erst diese Gedächtnisse Informationen aufnehmen, denn bereits auf dem Wege dorthin werden bestimmte Impulse verarbeitet und vielleicht gar nicht weitergeleitet (d. h. die Impulse werden vorsortiert). Gewisse Nervenzellen haben offenbar selbst eine Art »Gedächtnis« dafür entwickelt, was zur Weiterleitung von Bedeutung ist und was nicht. Unklar ist auch, wie die Scheidung zur Speicherung im einen oder anderen Sektor vor sich geht. Manches, was man sich merken möchte, kann man oft kaum eine halbe Minute behalten, während anderseits Dinge in der Erinnerung haften, die man nie bewußt aufnahm. Da also gewisse Impulse an bestimmten Stellen offenbar gar nicht mehr weitergeleitet werden, muß eine Instanz vorhanden sein, die darüber entscheidet, was das Gedächtnis außer dem bewußt Gelernten sonst noch aufzunehmen hat.

Die erwähnten Fakten und die anderen heute bekannten oder vielmehr unbekannten Zusammenhänge führen den Autor zur Feststellung, daß das Gehirn ein ungeheuer raffiniertes Organ sei, in dem laufend Hunderttausende von Operationen ablaufen. Vielleicht werde man deshalb überhaupt niemals herausfinden, was zur Entstehung des Gedächtnisses alles beiträgt. Selbst wenn man eines Tages alle biochemischen Vorgänge festhalten könnte, werde es kaum möglich sein, die Gesamtfunktion zu durchschauen, denn in Wahrheit besteht gar keine schematische Zweiteilung (in Kurz- und Langzeitgedächtnis), sondern zahlreiche Übergänge und Zwischenbereiche.

Über den Stand unseres heutigen Wissens sagt der bekannte Hirnspezialist Wilder Penfield:[8])

»In der gegenwärtigen Zeit der Entdeckungen hat sich eine Atmosphäre übertriebener Erwartungen entwickelt. Man hofft

[8]) Gerhard Venzmer: Arzt und Seele.

nämlich ohne Grund, daß die Wissenschaft bald alle Probleme lösen werde. Aber was heißt Wissenschaft? Wißt ihr denn irgend etwas Neues über die Umsetzung nervlicher Energie in Gedanken, und von Gedanken in nervliche Energie?« Und in diesem unbekannten Zusammenhang zwischen Gedanken und Nervenenergie scheinen tatsächlich die Hirn- und Gedächtnisforscher den ersehnten Schlüssel zum Geheimnis zu vermuten, wie man aus folgendem Passus von G. Venzmer entnehmen muß:

». . . damit ist freilich noch nicht das Geringste darüber ausgesagt, in welcher Weise etwa durch biochemische Umsetzungen in den Gehirn- oder Nervenzellen Gedanken oder Vorstellungen entstehen. Und doch müssen wir — bis wir etwas besseres wissen — annehmen, daß es subtilste Stoffwechselvorgänge in den Zellen . . . sind, die als letzte organisch faßbare Ursache psychischer Vorgänge wirken.«

Da haben wir also glücklich wieder die längst überwunden geglaubte Vorstellung, daß die Gehirnzellen Gedanken absondern, wie die Gallenflüssigkeit von der Leber ausgeschieden wird! Etwas anderes ist es, wenn von Stimmungen, Gefühlslagen oder selbst gewissen »Vorstellungen« gesprochen wird, die allerdings durch Stoffwechselvorgänge, insbesondere durch krankhafte Veränderungen derselben, beeinflußt werden können. Aber was hat das mit Verstand und gar mit der Seele zu schaffen? Vielleicht wäre es an der Zeit, daß auch die westliche Wissenschaft die echten subtilen Schichten zur Kenntnis nimmt, durch welche die Verbindung zwischen den organischen Zellen und der Seele hergestellt wird!

Selbstverständlich gibt es Übergänge und Grenzgebiete von einer Stufe zur nächst höheren und feineren, aber ohne eine der Wirklichkeit wenigstens nahe kommenden Vorstellung, wie diese nächste Stufe beschaffen ist und welchen Gesetzen sie untersteht, kann mit Sicherheit kein echter Fortschritt in der Ergründung der Denkvorgänge erzielt werden.

Zum Vergleich mit dem westlichen Bemühen und Rätselraten nun ein kurzer Auszug aus der Darstellung eines indischen Meisters über die Arbeitsweise des Verstandes (mind) und seiner Hilfssysteme als einem Bindeglied zwischen den Sinnen und Körperfunktionen einerseits und der Seele als Energiequelle und Initiantin anderseits:[9])

[9]) Huzur Swami Ji Maharaj: Sar Bachan.

»Der menschliche Körper hat fünf empfindende und fünf handelnde Organe, die alle unter der Kontrolle des Verstandes (mind) sind. Solche ›minds‹ kontrollieren auch die verschiedenen Körpersysteme. Dabei hat jede Zelle zusätzlich ihren eigenen ›cell-mind‹, also Zell-Gedächtnis — oder Intelligenz. Das harmonische Zusammenwirken aller Zellen ist den Teilsystemen untergeordnet und die Kontrolle aller Systeme, der motorischen und der sensorischen, findet im individuellen ›mind‹ (Verstand, Bewußtsein) statt. Einige Systeme bringen Eindrücke zum Verstand und andere nehmen von ihm Anweisungen entgegen. (Natürlich werden uns diese Vorgänge kaum je bewußt, Verf.) Der Verstand arbeitet zum Erwerb von Kenntnissen über die äußere Umgebung mit den Sinnen zusammen. Diese Kenntnisnahme (der äußeren Welt) ist aber nur möglich, wenn das zu erkennende Objekt, das in Frage kommende Sinnesorgan und der Verstand sich in einer Linie befinden. (!) Die Interpretation von inneren Anregungen oder Eindrücken dagegen erfolgt im Zentrum des Verstandes. Das ist die Kontemplation (Vorstellung, Schau) der physikalischen Umwelt zum Zwecke der Kenntnisnahme.«

»Sind die Sinne geschlossen, dann erfolgt die Kontemplation auf dem Wege des Berichtes. Dieser Vorgang von Bericht und Schau (oder Vorstellung) geht bewußt vor sich; es ist die Schau des physikalischen Universums im physikalischen Körper. Der ablaufende Prozeß ist ein ununterbrochener Wirbel, eine stets ruhlose Bewegung des Verstandes (oder Denkwesens) in den fünf Zentren der Sinne. Das Denkwesen kann jedoch zur gleichen Zeit nur jeweils einen Sinn bedienen, wofür es vielleicht eine Zehntelsekunde benötigt. Dieser dauernde Wirbel und die Inanspruchnahme des Verstandes macht ihn unachtsam für das, was auf der Innenseite vorgeht. Das Denkwesen befindet sich in der Mitte zwischen der Seele und den materiellen Dingen. Es durchdringt den ganzen Körper, welcher gewissermaßen sein materielles Charakteristikum darstellt. Dagegen kommt seine Bewußtseinskraft und Fähigkeit zur Konzentration und zum Erwerb von Kenntnissen von der geistigen Seele. Der Verstand wird betätigt und handelt durch die Kraft der individuellen Seele. Die Loslösung des Verstandes von den Sinnen und die Sperrung seiner dauernden ruhelosen Bewegungen zum Zwecke der Konzentration ist das Hauptanliegen aller Yoga-Praktiken.«

Soweit der Auszug aus »Sar Bachan« von Swami Huzur Maharaj. Die vorstehenden Auszüge zeigen, daß die Meister der Lehre die technischen oder biochemischen Abläufe im physischen Denkapparat ebenso gut kennen, wie die moderne westliche Wissenschaft. Die alte Weisheitslehre kennt aber nicht nur die Wechselwirkungen zwischen unseren Sinnen und dem Verstand, sondern vor allem den Zusammenhang und das Zusammenspiel zwischen dem Mentalwesen und der Seele und seine widerstreitenden Aspekte. Wie schon Paracelsus vor mehr als vierhundert Jahren wußte, ist das Verstandeswesen der heimliche Feind der Seele, und dieser im Westen unbekannte Sachverhalt ist in Wahrheit der Schlüssel zum Verständnis dafür, daß die Geschichte der Menschheit vielfach zur Tragödie wird.

Die Erklärung der physikalischen Vorgänge im Gehirn ist natürlich nicht das Anliegen dieser Arbeit, wohl aber die Ergründung der menschlichen Fähigkeiten zur Kontaktaufnahme mit den höheren Regionen, die aus einer tausendmal feineren Substanz aufgebaut sind als unsere materielle Erde — und die Ergründung dieser Regionen bei lebendigem Leibe. Die (östliche) Lehre besagt, daß der Verstand immer beschäftigt werden müsse, weil er seiner Natur nach niemals Ruhe geben kann; er entstammt ja der Mentalregion, der zweiten Ebene über dem physischen Universum und handelt nach den Weisungen des Herrn dieser Region, dessen Macht er seine ausgeprägte Eigenständigkeit verdankt. Er wurde der Seele bei ihrem Abstieg aus der fünften Region beigestellt als ihr Diener, der sich jedoch im Laufe der Zeit immer mehr von den Sinnen beeinflussen ließ und zu einem entarteten Despoten der Seele wurde. Deshalb ist heute eine erfolgreiche Meditation kaum mehr möglich, weil die ruhelosen Gedankenströme (Vrittis) dies nicht zulassen.

Um aber den Kontakt mit der »Innenseite des Lebens« dennoch zu erreichen, bieten die Meister hoher Grade ein System an, womit das Mentalwesen von den Sinnen abgezogen und wieder an seiner eigenen Ebene interessiert werden kann, indem sie das Bewußtsein mit dieser Ebene in Kontakt bringen.

Dadurch wird die gewöhnliche Tendenz des »mind« zur Zerstreuung in die Außenwelt allmählich umgewandelt. Während er bis dahin der willige Sklave der Sinne war und die Seele nötigte, seinen Seitensprüngen und Eskapaden — zu ihrem Schaden — zu folgen, kann diese nun wieder ihre Führungsrolle zurückgewinnen, die ihr seit Zeitaltern verloren gegangen war. Das Mentalwesen wird dadurch wieder zu einem aufmerksamen Diener der Seele und nimmt nun seinerseits die Sinne an den Zügel, statt ihnen wie bisher willfährig zu sein. Damit wird dann eine alte Erkenntnis bestätigt, daß nämlich der Verstand ein guter Diener, aber ein schlechter Herr sei.

Dies ist nun wohl — neben vielen anderen — eines der größten Wunder des menschlichen Körpers und seiner zahlreichen Komponenten, das allerdings nur durch einen kompetenten Meister und die zielbewußte Mitarbeit des Schülers bewirkt werden kann. Der Mensch ist ja bekanntermaßen ein Mikrokosmos, der in mannigfacher Weise mit dem Makrokosmos in Verbindung steht oder doch Verbindung aufnehmen kann. Wie weit diese Beziehungen und Möglichkeiten aber wirklich gehen und realisierbar sind, das ahnen in unserem aufgeklärten Westen nur Wenige. Der menschliche Körper, vielmehr die Komposition Mensch, besitzt Einrichtungen und Fähigkeiten zur Aufnahme außer-irdischer »Sendungen« und sogar zu Reisen in höhere Regionen, die alle erfundenen Möglichkeiten utopischer Romane weit in den Schatten stellen.

Die drei Großreiche der Schöpfung, bestehend aus Pinda, Brahmand und Sat Desh, wurden bereits beschrieben (Kap. 10/160). Ausgehend von der höchsten Wesenheit manifestiert sich die Schöpferkraft, absteigend durch die vier himmlischen Regionen Brahmands, schließlich auch in den grobmateriellen Welten. Es ist das WORT oder der Logos nach dem vierten Evangelium, die Leben gebende und alles durchdringende Energieschwingung, die in jeder Region eine bestimmte Schwingungsfrequenz und einen entsprechenden Ton aufweist, der allerdings nicht über die Schallwellen der Luft, sondern nur durch das »innere Ohr« wahrgenommen werden kann, wenn der Kontakt mit dem Bewußtsein durch einen Adepten hergestellt worden ist.

Diese Energieschwingungen werden also, wie in allen Dingen, auch im Menschen reflektiert. Entsprechend den Fähigkeiten der Seele, zu sehen und zu hören (Nirat und Surat), können dieselben als Klang und als Licht wahrgenommen werden, wenn beim jeweiligen »Empfänger« bestimmte Voraussetzungen erfüllt sind, wovon die erwähnte Initiation durch einen befähigten Meister die wichtigste ist. Ein »Meister« ist ja nicht ein mit allen Wassern gewaschener Theoretiker, sondern ein Mensch mit außergewöhnlichen, im Sinne des Wortes über-irdischen Kräften und der Fähigkeit, diese seinen Schülern weiterzugeben, sofern sie zur zielstrebigen und lebenslangen Mitarbeit bereit sind. Deshalb sagt der Nazarener Meister so klar, das Himmelreich leide (erfordere)

Gewalt (Anstrengung) und nur die sich anstrengen, werden es an sich reißen.

Es ist diese dem Schüler oder Jünger eines Meisters wahrnehmbar gemachte Energie(Klang)-Schwingung, wodurch die Tendenz des Verstandeswesens, in der Außenwelt umherzustreifen, durch das Interesse an der »inneren Welt« und dem Streben nach den höheren Ebenen abgelöst wird. Wie es viele einander übergeordnete Ebenen und Reiche in der Schöpfung gibt, ebenso gibt es viele Sprossen auf der Leiter durch die astralen und mentalen Reiche und selbst darüber hinaus in die Region des reinen Geistes, die nacheinander erobert und erstiegen werden wollen — ja sogar erobert werden müssen, wenn die Heimkehr in das »Reich des Vaters« Wirklichkeit werden soll.

Nur auf diesem Wege kann sich der Mensch seines wahren Selbst bewußt werden und in die Freiheit des reinen Geistes vordringen. Allerdings ist es auf diesem Gebiete nicht möglich, irgendwelche Beweise im Sinne unserer analytischen (zerlegenden) Wissenschaft zu geben; diese Beweise kann sich nur der Suchende selber durch seine eigene Erfahrung verschaffen — und der Meister seinem Schüler. Für den Fortgeschrittenen auf diesem Pfade kann es ja nicht länger Zweifel an der Existenz der höheren Welten geben, wenn er sich selbst von ihrem Dasein und ihrer Organisation überzeugen kann — ohne die silberne Schnur durchschnitten zu haben, die ihn mit dem irdischen Dasein verbindet.

Angesichts der geschilderten Zusammenhänge sollte klar geworden sein, daß der Mensch als Krone der Schöpfung wahrhaft unbegrenzte Möglichkeiten in seiner irdischen Erscheinung vereinigt — und nur er allein Möglichkeiten hat, von denen wir meistens nicht einmal etwas ahnen.

Guru Nanak, ein bekannter Sikh-Meister, sagt: »Keiner ist arm; jeder hat Rubinen in seinem Bündel. Aber wie der Knoten zu lösen ist, das weiß er nicht. Und darum ist er arm.«

Die Welt wurde erschaffen für die Jivas, als ein grandioses Betätigungsfeld für die Seelen aller lebenden Wesen, aber nur die im menschlichen Körper inkarnierten haben die Möglichkeit, aus dem Zyklus der »drei Welten« — gegen den Widerstand der Negativen Macht (Satans) — in die ursprüngliche Heimat zu entkommen. Und das ist das »göttliche Spiel«, von dem die alten Philosophen zu berichten wissen.

Für den Unterrichteten besteht kein Zweifel daran, daß die Lehren der großen Religionen in ihrem Kern auf Tatsachen beruhen. Allerdings besteht auch kein Zweifel, daß die erhabenen Wahrheiten im Verlaufe der Menschheitsgeschichte immer wieder durch falsche Interpretationen und die Unfähigkeit, sie aufzunehmen und zu bewahren, unter dem Schutt von Irrtum und Unwissenheit begraben werden. Die Welt bedarf daher zu allen Zeiten des vollendeten Meisters, der als Bote des »Vaters« die reine und strenge Wahrheit den Menschenkindern lehrt, ihnen den Weg zurück ins Vaterhaus zeigt und durch seine Hilfe ihre Rückkehr ermöglicht.

Wer aber versuchen wollte, mit seinen eigenen geringen Fähigkeiten diese Aufgabe zu meistern, der würde alsbald in einer der unzähligen Fallgruben landen, die für den Vermessenen bereit sind. Sokrates sagt offenbar aus profunder Kenntnis, dies sei kein einfacher Fußweg, sondern es gebe viele Kreuzungen und Irrwege, weshalb man ja gerade eines Führers bedürfe. Und der Nazarener Meister sagt zum selben Problem: wenn der Blinde den Blinden führt, dann fallen sie zusammen in die Grube!

Kapitel 18

Das verlorene WORT

Es mutet wie eine grandiose Ironie besonders der abendländischen Geschichte in der christlichen Ära an, daß die Formulierung vom WORT im Prolog des Johannesevangeliums den Zugang zum tiefsten Geheimnis der Schöpfung für bald zweitausend Jahre verdeckt hat. Versuchen wir, die Wahrheit, wie sie die Meister lehren, in ihrer großartigen Einfachheit zu erfassen:

Im Anfang war das Höchste Wesen in Sich selbst konzentriert: Namenlos, unbegreiflich und allein, aber alles Zukünftige in Sich enthaltend. Dann begann Sein Mauj (Wille) zu wogen und erschuf die drei höchsten Stufen, die lächelnd ins Dasein kamen als die Kundgebung des Namenlosen und Manifestationen seiner Selbst. Sie nannten sich Agam, Alakh und Sat Purush, der wahre Herr. Vor dieser Kundgebung des höchsten Bewußtseins war nichts manifestiert, denn der Eine hatte sich noch nicht projiziert. Gegenwart, Vergangenheit und Zukunft waren Eins, denn Zeit und Raum existierten noch nicht.

Als dritte Stufe der Manifestation des Höchsten erschien Sat Purush, der wahre Herr in dem wonnigen Reich von Sat Lok oder Sach Khand, wo reine Seelen wunderbare Taten vollbringen. In den genannten drei Stufen seiner Kundgebung befindet sich der Höchste in seiner Vollkommenheit, in äußerster Konzentration geistiger Essenz, jedoch unterschieden in seiner konkreten Form. Sat Purush, der »Vater«, ist die vollständige, vollkommene und am konkretesten manifestierte Form des Höchsten und somit wahrer Gott. Anami, der Namenlose, sagt von sich selbst: In den drei Stufen Agam, Alakh und Sat Lok befinde ich mich in meiner Vollkommenheit; aber darunter wirken nur meine Kräfte, Strahlen oder Energieströme bis hinab zu den niedrigsten Ebenen, und also ist meine vollendete Form nicht unter Sat Lok (dem Reich des Vaters) zu finden.

Im Anfang der Schöpfung unterhalb Sat Lok war somit die Energieschwingung aus der höchsten Wesenheit; aus dieser strömenden Kraft gingen der Reihe nach in absteigender Folge die Regionen Brahmands und deren Herrscher hervor, desgleichen die Grundkräfte und Elemente von Pinda, dem physischen Universum, dessen konkreter Aufbau in den Strophen des Dzyan so eindrucksvoll beschrieben ist. Die schon definierten drei Welten der tieferen Schöpfungsbereiche wurden Brahm, dem Statthalter des Vaters, unterstellt.

In diese »drei Welten« (Triloki) wurden in einem bestimmten Stadium der Entfaltung die Funken der göttlichen Wesenheit, die sogenannten kleinen Seelen entsandt und mußten schließlich in deren unterste Region, in die materielle Welt, absteigen. Diese Seelen — also wir — mußten und müssen sich gemäß dem Gesetz, d. h. nach den Regeln des göttlichen Spiels, durch alle Stufen der irdischen Lebensformen emporarbeiten und bekommen erst in der Inkarnation in menschlichen Körpern die Möglichkeit, mit Hilfe der Gesandten des Vaters diesem »Zyklus der 84« wieder zu entkommen und in die angestammte Heimat zurückzukehren.

Über die elementaren Wahrheiten der Schöpfung schreibt ein heute lebender Meister:

»Es gibt nur einen Gott, ein höchstes Wesen für alle Zeiten und Zeitalter. Wenn es also keine Unterschiede im höchsten Wesen gibt, wie kann es dann Unterschiede in den Seelen geben, welche Funken aus der göttlichen Flamme sind? Alle scheinbaren Unterschiede resultieren aus Unwissenheit und Egoismus. Saints (Heilige, Gesandte des Vaters) sind Gottmenschen; sie kommen, um die leidende Menschheit zu den Füßen Gottes zurückzuführen. Das ist ihre einzige Aufgabe im Leben. Sie kommen nicht, um zu teilen, sondern zu vereinigen und stehen über den engherzigen Unterschieden von Farbe, Nationalität und Glaube. Sie wollen auch keine neuen Sekten gründen, aber sobald sie diese Erde verlassen, verlieren ihre Schüler alsbald den wahren Kern ihrer Lehre und beginnen, Rituale und Zeremonien einzuführen. Sie zwängen die Lehre in enge Formeln und pressen sie in Sekten und Organisationen. Daraus entstehen dann verschiedene Glaubensbekenntnisse, und leider auch Bigotterie und Fanatismus. Aber in der Lehre der Meister gibt es keine solchen Unterschiede. Sie sagen uns durch alle Zeitalter, daß die Seele ein Funke der göttlichen Flamme ist, deren Licht verdunkelt wurde durch ihre Verbindung mit dem Mentalwesen (mind) und Maya, der materiellen Schöpfung. Sie lehren uns, wie wir den Schleier durchdringen und wieder zum Ursprung zurückkehren können.«[1])

Die Erfordernisse für die Rückkehr beschreibt ein anderer Meister: »Ohne NAM (Kontakt mit der tönenden Schwingung) gibt es keine Erlösung, ohne Meister kein NAM, und ohne die Gnade Gottes ist beides nicht möglich. Zuerst kommt also die Gnade Gottes, zweitens diejenige des Sat Guru (Meister), drittens die Initiation in NAM, und zuletzt, aber nicht zum wenigsten, die Anstrengung des Schülers.«[2])

Um Irrtümern vorzubeugen, soll nachdrücklich klargestellt werden, daß die hier öfters erwähnten »großen Meister« oder Gesandten des Vaters nichts mit den in den theosophischen Büchern genannten Meistern zu tun haben, wie sie besonders in dem Buch »Initiation« von Alice Bailey genannt sind. In der theosophischen Lehre handelt es sich um Personifizierungen der »sieben Strahlen«, die unser Sonnensystem und die Erde beherrschen, anders gesagt, um den »Herrn der Erde« und seine Mitregenten, die z. T. von »Shamballa«, bzw. von einer unzugänglichen Region der Himalayas aus wirken sollen. Ohne das Wirken einer solchen Hierarchie in Frage zu stellen — die Herren des Demiurgen beaufsichtigen ohne Zweifel auch unseren Planeten — muß doch der radikale Unterschied zu den »großen Meistern« klar gemacht werden, von denen hier die Rede ist. Es handelt sich dabei um normal geborene Erdenbürger, die jedem zugänglich

---

[1]) Maharaj Charan Singh: Light on Sant Mat.
[2]) Maharaj Jagat Singh: Science of the Soul.

sind, deren seelisch-geistige Wesenheit jedoch den vorher beschriebenen drei höchsten Stufen reiner Geistigkeit entstammt. Sie sind somit Söhne des Vaters und Heilige, ein Ehrentitel, zu dem nur die Boten aus den höchsten Stufen berechtigt sind — im Gegensatz zu den »Heiligen« der Kirche.

Aber nun zurück zu den Regionen und Stufen der mittleren und unteren Bereiche.

Schon Sokrates hat seine Schüler darauf aufmerksam gemacht, daß der Weg in die nächst höheren Welten kein einfacher Fußweg sei, den man ohne Führer gehen könnte. Da sind zuerst einmal die Zwischenstufen zwischen der materiellen Welt und den inneren Bereichen der eigentlichen Astralregion, welcher wiederum die schon sehr erhabene Mentalregion übergeordnet ist — eine Vielfalt von Stufen und Bereichen innerhalb der »drei Welten« Brahms, des Herrn der Herren, deren Erforschung nur unter kompetenter Führung möglich ist.

Über diese Reiche, ihre Herren und Kräfte nun ein kurzer Auszug aus »Sar Bachan«, der uns nachdrücklich vor Augen führen kann, wie wohlbegründet die sokratische Warnung war.

»Brahma und seine Mitregenten Vishnu und Mahadev (Shiva), bekannt als die Hindudreieinigkeit, sind von Sat Purush (dem Vater im Himmel) erschaffene administrative Gottheiten, die ihren Part im Schöpfungsplan zu spielen haben. Diese Dreieinigkeit war noch nicht bekannt im ersten (goldenen) Zeitalter, denn sie erschien erst im zweiten und dritten Yuga in der Welt. Damals (im ersten Yuga) war die Verehrung von Hieranyagarba (Parbrahm) vorherrschend, dem Herrn der dritten geistigen Region, und diese Tatsache ist erwähnt in den Veden und Upanishaden.«

»Von Trikuti, der zweiten Region, emanierten Ishvara-Maya oder Shakti, sowie das subtile Material aller tieferen Schöpfungsbereiche, die drei gunas (Qualitäten der Materie) und die fünf tattwas (Grundelemente) in ihrer höchsten feinstofflichen Form. Diese (zweite) Region ist auch der Ursprung aller geoffenbarten Bücher, wie der Veden und des Koran, des Adi Puran und anderer heiliger Bücher. Avatare (Gesetzgeber) höherer Klasse wie Krishna und Rama, Yogischwars wie Vyas, Vashist und Rikhab Dev kamen aus dieser Region, die auch Maha-Akash — großer Himmel — genannt wird. Ebenso entstammt das Chaitana Prana, die bewußte Lebenskraft, dieser Region, dessen Herr Pran Purush oder Brahm genannt wird.«

»Unterhalb Trikuti, der zweiten Region, befindet sich Sahasdal Kamal, der tausendblättrige Lotus oder die Astralregion. Alle Avatare zweiten Grades sowie Propheten und Yogis höherer Ordnung kommen von dieser Region und kehren zu ihr zurück. Die Tan-matras, die subtile Essenz der tattwas, entstammen dieser Region, woraus die groben tattwas, sowie die Sinne und ihre Organe, Prana und Prakriti hervorgehen. Die Reflektion oder der Schatten dieser ersten (himmlischen) Region erscheint zuerst in dem schwarzen Punkt, dem dritten Auge, in dem auch die Seele während des Wachzustandes wohnt. Chetan Akash, die überbewußte Energie, geht von hier aus und durchdringt den menschlichen Körper und die ganze Schöpfung unterhalb dieser Region, also das physische Universum, welches sein Leben und seine Vitalität von der manifestierten Kraft des Chetan Akash der Astralregion erhält.«

»Unterhalb dieser Regionen sind Sphären von Brahma, Vishnu und Shiva, wo diese in ihrer wirklichen Form gesehen werden können. Die Heiligen (Meister) ermöglichen es ihren Schülern zuerst einmal, sich mit diesen Stufen vertraut zu machen, denn es gibt keinen anderen Weg des Aufstiegs als diesen.«

»Es gibt aber auch unterhalb der Astralregion noch fünf Stufen, die mit den fünf himmlischen Regionen von Sat Lok oder Sach Khand (dem Reich des Vaters) abwärts bis zur Astralregion korrespondieren. Jede der fünf himmlischen Regionen hat ihren besonderen ausgeprägten Klang und ihr besonderes Geheimnis. Diese fünf Klänge kennzeichnen die fünf Regionen, und nur durch den Kontakt mit dem entsprechenden Klang kann die Seele, Stufe um Stufe, bis zur höchsten Ebene emporsteigen. Der Aufstieg der Seele auf irgend eine andere Weise ist absolut unmöglich, insbesondere in diesem gegenwärtigen eisernen Zeitalter.«

Soweit der Auszug aus »Sar Bachan«.

Obwohl darin nur ein schmaler Ausschnitt aus der Wissenschaft der Meister beleuchtet wird, sind darin für den ernsthaften Sucher doch eine Reihe genauer Angaben von größter Bedeutung und Tragweite enthalten. Man muß sich fragen, was das für Menschen sind, denen offenbar die Organisation der höheren Ebenen ebenso vertraut ist und war, wie uns die irdisch-materielle, und die von den Verhältnissen auf unserem Planeten vor Millionen Jahren sprechen, als handle es sich um Ereignisse aus dem letzten Jahrhundert. Es wird da berichtet von der Erschaffung von Gottheiten, von ihrem Rang in der Hierarchie und dem ihnen zugeteilten Aufgabenbereich, desgleichen von der Herkunft der diversen wirkenden Kräfte und von der Erschaffung der feineren und der gröberen Stoffe, der Sinne und ihrer Organe und nicht zuletzt vom Ursprung der geoffenbarten Bücher und heiligen Schriften. Sind oder waren dies nun unsere armen, unwissenden Vorväter, von denen der gelehrte Sigmund Freud gesprochen hat?

Hier nun werden sich wie eh und je die Geister scheiden. Die meisten unserer westlichen Gelehrten — und sicher auch viele östliche — werden weiterhin die Meinung vertreten, alle diese Lehren seien keineswegs auf konkretem Wissen beruhende Offenbarungen wirklicher Gottmenschen, sondern in Jahrtausenden ausgeklügelte Gedankenkonstruktionen gelehrter Männer, seien es Mönche und Brahmanen, Theologen und Philosophen oder sonstige »Schriftgelehrte« der verschiedenen Religionen. Diese Einstellung ist zwar insofern verständlich, als einem »Nicht-Eingeweihten« Interpreten die Kenntnis und vor allem die Erfahrung im übermentalen Bereiche fehlt, aber gerade daraus entspringt der Grundirrtum derer, die nicht an die höhere Wirklichkeit glauben können. Ungeachtet solchen Unglaubens und der fehlenden Erfahrung entstanden die heiligen Schriften der großen Religionen nicht aus dem Bestreben schlauer Köpfe, die Erfahrungstatsachen unserer Ebene in einer dem jeweiligen Wissensstand angepaßten Theorie niederzulegen und diese kunstvoll mit himmlischen Mächten in Beziehung zu setzen. Vielmehr sind die Kontakte mit den höheren Ebenen durch die Erfahrung Tausender — auch in unserer Zeit — bestens belegt. Kontakte, die nicht etwa in Trance, sondern bei klarem, konzentriertem Bewußtsein erfolgen, und diese unleugbaren Tatsachen zeigen dem Unvoreingenommenen zur Genüge, daß es sich hier um Fähigkeiten handelt, die zu entwickeln zwar gewiß nicht leicht ist, die aber in den fortgeschrittenen Stadien weit über die materielle Ebene hinausgehen.

Für den Unterrichteten besteht somit kein ernsthafter Grund, solche Aussagen, wie sie in »Sar Bachan« gemacht werden, abzulehnen. Je gründlicher man sich informiert, um so klarer erkennt man, daß die heiligen Schriften nur auf die geschilderte Weise zur Erde gekommen sein können, nämlich durch Inkarnationen aus den gewissen Regionen, worüber allerdings nur die großen Meister, die noch weit über die Ebenen der Avatare aufsteigen, gültige Auskunft geben können. Der Klerus spricht zwar viel von Offenbarungen, aber selbst unsere Theologen und Philosophen scheinen nicht so recht daran zu glauben, noch zu wissen, wie sie zur Erde gebracht wurden, viel weniger, welcher Region sie entstammen. Es ist daher von unschätzbarer Bedeutung, wenn große Meister unserer Zeit darüber gültige Auskunft geben können, denn nur dadurch ist es uns möglich, die verschwommenen und verwirrten Begriffe wieder an ihren rechten Platz zu rücken.

Aus der Darstellung in »Sar Bachan« ergibt sich nun unzweideutig, daß die heiligen Schriften der Weltreligionen, die Veden und Puranen, die Bhagavad Gita, der Koran und die Bibel in den echten Büchern des Alten Testaments Offenbarungen sind, die der zweiten geistigen Region, der Region Brahms, des »Herrn der Herren«, entstammen. Denken wir nur an die Thora, das Gesetz des Mose (Genesis), und was Jehovah über diesen Gesetzgeber oder Avatar sagt: Nicht im Traum oder in einem Gesichte sieht mich mein Knecht Mose, wie dies bei den Propheten der Fall ist. Moses, der in meinem ganzen Hause treu ist, sieht den Herrn in seiner Gestalt! (4. Moses 12/6—8). Danach darf man dem großen Gesetzgeber sicher zubilligen, daß er ein Avatar der höheren Klasse war, nämlich der zweiten geistigen Region, wohin er — gemäß der Darstellung von Sar Bachan — nach Erfüllung seiner Aufgabe auch wieder zurückgekehrt sein wird.

Gleichzeitig wird der Rangunterschied klar zwischen dem Nazarener, der ein Bote des Vaters aus der fünften Region war, und Moses als einem Avatar und Gesetzgeber, der — obwohl ersten Grades — nur ein Bote aus der zweiten Region war. Klar wird auch der Sinn des Jesuswortes: »Ich bin nicht gekommen, das Gesetz aufzuheben, sondern es zu erfüllen. Das Gesetz des Moses ist ja dasjenige des »Herrn der drei Welten«, das in irdischen Dingen für alle Menschen verbindlich bleibt. Die einzige Änderung hierin erfolgt für die vom Vater ausgewählten und von seinem Gesandten angenommenen Jivas oder Seelen, deren Karma der dazu bestimmte Meister aus der Verwaltung des »Herrn« in seine eigene übernimmt. Ohne diesen wichtigen Vorgang würde der Schüler oder Jünger sich nie aus den tausend Fallstricken der negativen Mächte befreien können. So trifft es auch zu, daß das Reich solcher Meister nicht von dieser Welt ist; sie sind im Gegenteil gesandt, die für den Pfad bereiten Gefangenen aus dem Zyklus der Wiedergeburten zu befreien. Und in diesem Sinne stehen sie in strikter Opposition zu allen weltlich orientierten Kräften und Gesetzen und ebenso zum Herrn der drei Welten selbst.

Die Meisterlehren, so auch »Sar Bachan«, vermitteln uns genaue Kenntnisse über die Regionen und Herren, die unserer materiellen Welt übergeordnet sind. Es sind dies zunächst die vier Regionen Brahmands mit ihren vier großen Herren, beginnend mit der Astralregion des tausendblättrigen Lotus bis hinauf zur vierten Region, der ersten, in welcher die absteigenden Seelen ihr Ich-Bewußtsein erhalten, und die letzte, welche die heimkehrenden mit ihrem Führer zu passieren haben, ehe sie in das Reich des Vaters gelangen. Erst unterhalb dieser vier himmlischen Regionen sind die Sphären von Brahma (nicht mit Brahm zu verwechseln), Vishnu und Shiva, der sogenannten Hindu-Dreieinigkeit. Die Aufgabe dieser Dreiheit unter ihrer Mutter Shakti besteht in der Erschaffung, Ernährung und Auflösung der Körper irdischer Lebewesen. Obwohl sie also »Götter« sind, kann man sie nicht als Herren bezeichnen, denn sie sind in Wahrheit Diener der Menschheit und der anderen Lebewesen, für deren Wohlbefinden sie zu sorgen haben. Herren sind sie dagegen über die Kräfte der Reproduktion, Ernährung und Auflösung der irdischen Körper, denen sie vorstehen.

Wie bereits erwähnt, befinden sich nach den Meisterlehren die Sphären von Brahma, Vishnu und Shiva unter der eigentlichen Astralregion, womit die Existenz von Zwischenreichen als verbindende Stufen zwischen der Erde und den himmlischen Regionen bestätigt wird.

Weiter wird in »Sar Bachan« erläutert:

»So wie sechs höhere oder himmlische Regionen (einschließlich Maha Sunn, der Dunkelzone) bestehen, gibt es auch sechs niedere oder physische Zentren im sichtbaren Universum, welche in Wahrheit die Reflektionen der himmlischen Regionen sind. Im Menschen befinden sich ebenfalls sechs Zentren (Chakras) vom Stirnzentrum abwärts bis zum unteren Ende der Wirbelsäule (rectum), welche über die Zentren im sichtbaren Universum mit den himmlischen Regionen in Verbindung gebracht werden können und in Beziehung stehen. Im Falle entsprechender Aktivierung erscheint der Schatten oder die Reflektion der geistigen Regionen in dem schwarzen Punkt hinter den Augen, dem Stirnzentrum, wo der Jivatma, die Einzelseele, während des Wachzustandes wohnt.«

Vergleichen wir die heute wieder bekannt werdenden unverfälschten Lehren mit den Aussagen des Mannes aus Nazareth, so finden wir dort die Entsprechungen, etwa wenn vom (dritten)

Auge die Rede ist, welches den ganzen Körper erhellt, wenn es lauter (klar, rein) ist; oder im Gespräch mit Nikodemus, wo von der tönenden Energieschwingung die Rede ist mit den Worten: Der Wind (Geist) weht wo er will. Du hörst sein Sausen wohl . . . Laß dich's nicht wundern, daß ich gesagt habe, ihr müßt von neuem geboren werden etc. Alle diese Hinweise erscheinen erst im Lichte der Meisterlehre in ihrer wahren und exakten Bedeutung!

Vergleichen wir die von den Meistern stets betonten Schwierigkeiten des Weges, den die Seelen durch die Regionen zu gehen haben, mit den Ausführungen des Sokrates über diesen Gegenstand: »Dahin begleitet sie der Führer, welcher die Aufgabe hat, die Seelen von dieser Welt zu dem Ort zu geleiten, wo sie dem Gericht unterworfen werden. Dort wird ihnen das Schicksal nach ihrem Verdienst zugeteilt, und wenn die Zeit vorbei ist, die sie dort bleiben mußten (an den gewissen Reinigungsorten), werden sie wieder in diese Welt zurückgebracht. Das dauert viele lange Zeitumläufe, und zwar ist dieser Weg nicht so, wie manche meinen, daß nur ein schlichter Fußweg in die andere Welt führen würde; mich dünkt vielmehr, er ist nicht schlicht, und es ist mehr als einer. Sonst brauchte man ja keinen Führer. Tatsächlich scheint es Seitenwege und Kreuzungen zu geben.«

Diese humorvolle Darstellung ist des großen Weisen würdig, dem die Unwissenheit seiner Zeitgenossen vom Aufbau der feineren Welten und den Wegen der Seele sicher bekannt war, und der mit unerschütterlichem Gleichmut den Giftbecher nahm, zu dem ihn seine über seine Überlegenheit erbosten Zeitgenossen verurteilten.

Über die Wege der Seele zwischen Befreiung und Wiedergeburt sagt die Bhagavad Gita:

»Sie gehorcht immer dem Gesetz. Wenn der Körper aufgelöst ist, und wenn Weisheit die Oberhand hatte, fliegt die Seele fort in die Regionen jener reinen Wesen, welche das Wissen des Höchsten haben. Löst sich aber der Körper auf, während Leidenschaft ihn beherrscht, dann kehrt die Seele zurück, um unter denjenigen zu wohnen, die sich an die Dinge der Erde gehängt haben. Wird aber der Körper verlassen, während Unwissenheit vorherrscht, dann wird die von der Materie verdunkelte Seele wieder angezogen von dem Muttergrund unvernünftiger Wesen.«

Diese repräsentativen Zeugnisse großer Weiser und offenbarter Bücher, von denen die einen dem Reich des Vaters, die anderen der Region Brahms, des »Herrn der Herren«, entstammen, können nicht gut mit der linken Hand vom Tisch gewischt werden. Es sind Wahrheiten, die den Jahrtausenden standhalten und heute wie in alten Zeiten die entwickelten Seelen bewegen. Aber man sollte lernen zu unterscheiden, welcher Stufe die jeweiligen Zeugnisse entstammen und welche Aufgabe im irdischen Bereich ihnen zugeordnet ist. Andernfalls ist eine heillose Konfusion und Verwirrung unvermeidlich, wie sie gerade für unsere Zeit charakteristisch ist. Es wächst ja das Unkraut mit dem Weizen, so daß die Wahrheit tausendfach überwuchert wird. Dennoch kann sie niemals untergehen; dafür sorgen die Spielregeln im großen Spiel.

Die Wahrheit ist einfach und logisch zugleich; sie ist auch altbekannt und muß nicht erst herausgefunden werden. Man kann sie überhaupt nicht mit den Mitteln der Intelligenz herausfinden, sie kann nur von den dazu Berufenen, den Gesandten verschiedener Grade, den gewöhnlichen Sterblichen gebracht und gelehrt werden, wie das zu allen Zeiten geschah.

Diese Meister, Avatare und Propheten unterrichten uns über die zentrale Kraft, welche die Welten erschuf und erhält. Es ist das heilige NAM der östlichen Lehre, die tönende Energieschwingung, das WORT oder der Logos der Bibel. Es ist der geheime Name Gottes, der alles durchdringende Schöpfergeist, von dem es im Johannesevangelium heißt, daß er mit Gott identisch ist.

Dort lesen wir: »In ihm war das Leben, und das Leben war das Licht der Menschen.« Weiter wird von einem Mann berichtet, der von Gott gesandt war (Johannes d. T.), um den Menschen Zeugnis von dem Licht zu geben, dessen sie sich nicht bewußt sind, d. h. ihnen den Kontakt mit Licht und Klang zu vermitteln.

Diese einfache und klare Darstellung zeigt die falsche Auslegung der Lehre des Nazareners durch Paulus und die späteren Kirchenväter, welche die paulinische Version vom Opfertod Christi übernahmen, die von der Kirche bis heute aufrecht erhalten wird.

Über das lebendige WORT sagt Jesus nach dem Matthäusevangelium: »Dieses Volkes (der Juden) Herz ist verstockt; ihre Ohren hören übel und ihre Augen schlummern, damit sie sich nicht etwa bekehren und ich ihnen hülfe. (Weil ihr Karma dies nicht zuläßt, Verf.) Aber selig sind eure (der Jünger) Augen, daß sie sehen, und eure Ohren, daß sie hören.« Und dann kommt eine sehr aufschlußreiche Aussage über den Status der verschiedenen

Propheten, worüber hier bereits im Zusammenhang mit Moses und dem »Herrn« die Rede war. Jesus also sagt zu seinen Jüngern: »Wahrlich, viele Propheten und Gerechte haben begehrt zu sehen, was ihr seht, und zu hören, was ihr hört, und haben's nicht gehört« (Matth. 13/15—17). Daß hier von dem tönenden Energiestrom die Rede ist, dürfte nach allem hierüber gesagten klar sein.

Über diese strömende Schöpferkraft wird noch weiter gesagt: »Alle Sünde und Lästerung wird dem Menschen vergeben, aber die Sünde wider den Geist wird den Menschen nicht vergeben. Wer etwas redet gegen den Menschensohn (den Meister des WORTES), dem wird es vergeben; aber wer etwas redet wider den Heiligen Geist (das heilige NAM), dem wird nichts vergeben werden, weder in dieser, noch in jener Welt« (Matth. 12/31—32).

Das sind schwerwiegende Aussagen, die man sich wohl überlegen sollte; ihre Warnungen beziehen sich gewiß nicht nur auf die »Lästerungen«, sondern ebenso auf die Ignoranz der allzu Klugen, auf die Überheblichkeit, welche sich weigert, die Realität des Geistes als Grundlage der Schöpfung zur Kenntnis zu nehmen. Alles Geschaffene ist in ständiger Bewegung und Wandlung, aber sein Grund und seine Ursache sind unveränderlich, ohne Anfang und Ende; die Schöpfung dagegen entsteht und vergeht.

Jesus bestätigt nach dem Matthäus-Evangelium aber auch indirekt die Aussagen des Alten Testament über die Kenntnisse und Begabung der Propheten. Es handelt sich dabei um den relativ niederen Rang von Visionen und Gesichten, wie sie Paulus als Legitimation für seine unbefugte Interpretation der unvergleichlich höher stehenden Lehre des Nazareners gebrauchte, nämlich seine Vision vor Damaskus. Nach der Darstellung Gontards war ja Paulus der Meinung, daß Petrus und die anderen Jünger dessen (Jesu) Lehre nicht richtig verstanden hätten, daß vielmehr er selbst, Paulus, berufen sei, diese richtig zu interpretieren und bekanntzumachen.[3]

Da Paulus den Meister nicht persönlich gekannt hatte und ihm nie begegnet war, war er auch nicht eingeweiht und kannte also — zumindest in den frühen Jahren seiner Lehrtätigkeit als »Völkerapostel« — das Geheimnis der Lehre und des WORTES nicht. Seine Interpretation bezieht sich deshalb auch nicht auf die Lehre

---

[3]) Friedrich Gontard: Päpste und Konzilien.

des Meisters, die er in seinen Briefen kaum erwähnt, vielmehr sieht er den Zweck der Sendung Jesu in dessen körperlichem und blutigen Opfer am Kreuze, und er bezeichnet sogar den Glauben als nichtig, wenn Jesus körperlich nicht von den Toten auferstanden wäre. Wie man sieht, eine vollständige Verdrehung von Sinn und Zweck des Wirkens der Gesandten des Vaters, die als irdische Einkörperungen ebenso dem Tode unterworfen sind, wie die gewöhnlichen Sterblichen. Es kann ja niemand in seinem materiellen Körper »in den Himmel auffahren«, wie es die Kirche in allzu naiver Buchstabengläubigkeit behauptet.

Was aber hätten Petrus und die echten Jünger gegen den auf »Bekehrung der Heiden« erpichten Paulus unternehmen können? Sie mußten ihn wohl oder übel gewähren lassen, und der Bericht vom Apostelkonvent spiegelt ihr Dilemma wider. Es ist zwar möglich, daß Paulus späterhin noch zur rechten Einsicht und Wahrheit gelangte, doch in seinen Briefen ist davon nichts enthalten. Man muß zwar sehen, daß ihm ein wesentlicher Anteil an der raschen Verbreitung des »Christentums« zukommt, aber es ist leider ein Christentum in Anführungszeichen geblieben, das mit der echten Lehre nicht mehr viel zu tun hat.

Man sagt, das Johannesevangelium sei als letztes geschrieben worden, etwa um das Jahr 100 oder später, also mindestens fünfzig Jahre nach jener Hinrichtung des Meisters, die immer noch die Gemüter unzähliger Menschen beschäftigt. Die allgemeine Version hierüber besagt, daß Jesus in seinem dreiunddreißigsten Lebensjahr vor Pilatus stand und hingerichtet wurde; aber es gibt andere Zeugnisse, die berichten, daß Jesus damals etwa fünfzig Jahre alt gewesen sei. Das Johannesevangelium wurde ohne Zweifel von einem Eingeweihten in die Lehre geschrieben, von der es noch weitaus die meisten richtigen Hinweise enthält. Im übrigen ist der größte Teil des Lebens und der Lehre Jesu in den uns bekannten Evangelien unterschlagen und verschwiegen, und dafür wird es einstmals handfeste Gründe gegeben haben, wie man annehmen muß.

Ohne Zweifel hat in jenen ersten Jahrzehnten nach dem Prozeß Jesu der Orden der Essäer eine große Rolle in der Entwicklung des jungen Christentums gespielt, denn viele der Jünger kamen aus dieser Vereinigung. So nimmt der sogenannte Essäerbrief denn auch Leben und Lehre Jesu ganz für diesen Orden in Anspruch. Aber die unabhängige und souveräne Art Jesu läßt solch eine ausschließliche Bindung unwahrscheinlich erscheinen.

Davon abgesehen, überliefert der Essäerbrief einen erstaunlichen Bericht von den damaligen Vorgängen, insbesondere von der Kreuzigung. Danach war Jesus in Wirklichkeit noch nicht tot, sondern nur in tiefer Bewußtlosigkeit, als Pilatus die vermeintliche Leiche dem Joseph von Arimathäa zur Abnahme und Beerdigung freigab. Die lutherische Version von der Abnahme der Leiche beruht ja in der Tat auf einem Übersetzungsfehler, denn der griechische Text spricht nur von der Abnahme des Körpers, nicht aber von einer Leiche. Der Lanzenstich in die Seite habe das Herz nicht verletzt, sagt der Essäerbrief, und der bewußtlose Jesus sei mit aller Sorgfalt von den Freunden aus dem Essenerorden abgenommen und in der Grabkammer des Joseph von Arimathäa wieder ins Leben zurückgerufen worden.

Liest man in den Evangelien den Bericht von den hundert Pfund Spezereien, welche die Freunde Jesu nach der Abnahme für die Behandlung des Körpers benötigten, so darf man vermuten, daß damit nicht nur eine Leiche, sondern ein noch lebender Mensch behandelt werden sollte. Die Essener waren ja bekannt und berühmt als Ärzte und Therapeuten.

Auch die Begegnung der Maria in der Grabkammer mit dem »Rabuni« (Meister), welcher sich dort in Gärtnerkleidern zeigte, wirkt doch zumindest recht eigenartig, denn warum hätte sich der Auferstandene ausgerechnet in Gärtnerkleidern zeigen sollen? Hier wirkt also der Essäerbrief weitaus glaubwürdiger als der kirchliche Auferstehungsmythos. »Ich bin noch nicht aufgestiegen zum Vater«, sagt der Meister zu Maria, und das ist eigentlich unmißverständlich. Der Essäerbrief jedenfalls berichtet, Jesus habe noch längere Zeit nach diesen Ereignissen gelehrt, habe sich dann aber wegen der sich steigernden Gefahren zurückgezogen, denn viele seiner Anhänger wollten mit allen Mitteln ihren Messias, ihren jüdischen König, und Jesu Feinde hatten ebenfalls Wind von der erneuten Lehrtätigkeit bekommen und versuchten aufs neue, seiner habhaft zu werden.

Zu solchen Berichten bilden die Überlieferungen der Gnostiker jener Zeit einen weiteren Beitrag, denn sie besagen, Jesus habe nach seinem Tode — vielmehr nach seiner Kreuzigung und Wiederherstellung — noch achtzehn Monate lang seine Jünger gelehrt und sie in viele Geheimnisse eingeweiht. Nach dem Essäerbrief starb Jesus einige Zeit nach Aufgabe seiner Lehrtätigkeit in Palästina infolge seiner geschwächten Gesundheit. Aber diese damals verbreitete Nachricht könnte auch eine Finte gewesen sein, um den Nachstellungen von verschiedenen Seiten endlich ein Ende zu setzen. Zu diesem Fragenkomplex gibt es auch noch Berichte aus Indien, daß Jesus dorthin zurückgekehrt sei und dort, in einer südindischen Stadt, in hohem Alter gestorben sei.

J. P. Johnson gibt ebenfalls eine Darstellung vom Leben Jesu nach der Kenntnis der östlichen Meister, die sehr wohl in diesen Dingen heute noch die einzige wirklich zuverlässige Quelle sein könnte. Danach sei Jesus nach der bekannten Darstellung im Tempel und der Diskussion mit den Tempelpriestern mit seinem Lehrer, der schon zur Zeit der Geburt Jesu von Indien über Persien und Chaldäa nach Nazareth gekommen war (die drei Weisen aus dem Morgenland) nach Indien gegangen und dort viele Jahre geblieben. Erst nach seiner Rückkehr vom Fernen Osten habe er dann in Palästina zu lehren begonnen.

Auch das »Evangelium des vollkommenen Lebens«, eine frühe aramäische Version, berichtet folgendes:

»Und Jesus, nachdem er das Studium des (jüdischen) Gesetzes vollendet hatte, ging wieder nach Ägypten, auf daß er die Weisheit der Ägypter erlerne, ebenso wie es Moses getan hatte. Und er ging in die Wüste, wo er fastete und betete, und er erhielt die Kraft des göttlichen Namens (des heiligen NAM), durch welche er viele Wunder wirkte. Und durch sieben Jahre hindurch redete er mit Gott von Angesicht zu Angesicht, und er erlernte die Sprache der Tiere und der Vögel, und die Heilkräfte der Bäume, Kräuter und Blumen und die verborgenen Kräfte der Edelsteine, und lernte auch die Bewegungen der Sonne und des Mondes und der Sterne, und die Macht der Schriftzeichen. Von dort kehrte er zurück nach Nazareth und lehrte dort selbst und in Jerusalem als ein anerkannter Rabbi, sogar im Tempel, und es hinderte ihn niemand daran.«

»Und nach einiger Zeit ging er nach Assyrien und Indien, und nach Persien und in das Land der Chaldäer. Er besuchte ihre Tempel und sprach mit den Priestern und den Weisen viele Jahre hindurch; und er tat viele wunderbare Werke und heilte Kranke, während er durch die Länder zog.«

Diese in wenigen Sätzen zusammengedrängte großräumige Darstellung ergibt allerdings ein ganz anderes Bild des Nazarener Meisters, als es die Opferlamm-Theorie des Paulus oder auch die eher kleinkarierten Schilderungen der Synoptiker vermögen. Aber natürlich ist es Sache jedes Einzelnen, welches Bild er akzeptieren will und kann. Auf jeden Fall kann sich ein denkender Mensch nicht mit der einseitigen und von den Zusammenhängen abgeschnittenen Darstellung des Neuen Testaments zufrieden geben, sondern muß versuchen, das Bild so zu ergänzen, wie es der Größe und Bedeutung des Mannes aus Nazareth angemessen ist. Insbesondere wäre die heute verbreitete Meinung zu berichtigen, Jesus sei sozusagen von einem Tag auf den anderen aus dem Dunkel aufgetaucht und habe nach zwei oder drei Jahren Tätigkeit als Wanderprediger seine irdische Laufbahn beendet.

Die Lehre vom heiligen NAM, dem schöpferischen Energiestrom, der sich in Licht und Ton offenbart, wird zwar den meisten Menschen des Westens heute noch phantastisch erscheinen, doch liegt das einfach daran, daß wir in diesen Dingen so gut wie gar nicht unterrichtet sind, während in den östlichen Ländern, besonders in Indien, dieses Wissen über alle Jahrhunderte bekannt war und auch praktisch angewendet wurde. Es wäre verhängnisvoll, wollte man diese Dinge ignorieren und auf die leichte Schulter nehmen, als etwas, das für »Christen« unnötig sei; vielmehr ist dieses Wissen und seine praktische Anwendung gerade der Kern auch der Lehre des Nazareners, ohne welchen sie auf den Stand einer sozialen Ethik herabsinken würde, wie das heute ja tatsächlich der Fall ist.

Die Meisterlehren besagen, daß der Mensch ohne den bewußten Empfang des Klangstromes und des Lichtes blind und taub sei und den wahren Status des Menschen noch gar nicht erreicht habe. Dasselbe kann man im Matthäusevangelium nachlesen: ihre Ohren hören übel und ihre Augen schlummern, damit sie sich nicht etwa bekehren. Und die Meister betonen mit allem Nachdruck, daß es völlig illusorisch wäre, zu erwarten, der Mensch könne die Region des Vaters erreichen, ohne zuvor mit dem dahin zurückströmenden NAM in bewußten Kontakt gekommen zu sein.

Wer aber nichts weiß und erfährt vom Geheimnis der Lehre, weil es das karmische Gesetz noch nicht zuläßt, für den gilt ein anderes Wort aus der aramäischen Schrift: »Jene, welche den Weg des Lebens nicht gekannt haben, werden zurückkehren, wenn der Kreis vollendet ist, und es wird ihnen Zeit gegeben werden zu lernen, auf daß auch sie eingehen können in das Reich des Lichtes.«

Die Frage liegt natürlich nahe, wie echt und zuverlässig die zitierte aramäische Schrift sei; aber diese Frage ist auch gegenüber dem gesamten Neuen Testament und ebenso gegen Teile des Alten Testaments sehr berechtigt. Von den auf uns gekommenen Evangelien ist bekannt, daß sie eine Auswahl aus Hunderten von Handschriften sind, die nach ihrer Zusammenstellung um das Jahr 200 noch öfter »korrigiert« und verändert wurden. Sie enthalten mit Sicherheit Einschiebungen und Verfälschungen, und desgleichen wurden wichtige Teile der Lehre aus dem Text herausgenommen. Die Handschriften, die noch in großer Zahl kursierten und wesentliche Einblicke ermöglicht hätten, wurden aufgestöbert und verbrannt, damit die zurechtgezimmerte Lehre der sich organisierenden Kirche nicht durch echte Dokumente erschüttert werden konnte.

Heute kann der reine und strenge Sinn der wahren Lehre nur noch von den großen Meistern des Ostens, insbesondere Indiens, rekonstruiert werden. Aus deren Lehren können wir zugleich auch die unberufenen Änderungen, Auslassungen und Fälschungen in unseren Evangelien herausfinden und so endlich die bald zweitausend Jahre alten Irrtümer berichtigen.

Vielen westlichen Menschen will es nicht in den Kopf, warum ausgerechnet die indischen Meister heute noch allein im Besitze des Geheimnisses sein sollten.

Man sollte sich jedoch bemühen, in diesen Fragen etwas größere Zeiträume ins Auge zu fassen. In den letzten 2000 Jahren war im Abendland die christliche Kirche mit ihrer unbegründeten und kritischer Prüfung nicht standhaltenden Erlösungslehre vorherrschend, woraus ein vertrauensseliger Glaube an die »allein seligmachende« Kirche entstand und die persönliche Anstrengung zu eigener spiritueller Entwicklung in den Hintergrund gerückt wurde. Meditation und Versenkung wurden kaum geübt — und die Tendenz der Gebete war (und ist) meistens auf den eigenen Vorteil ausgerichtet, wenn nicht auf den irdischen, so doch darauf »in den Himmel zu kommen«, und dort ein herrliches Leben zu genießen. Dies ist jedoch nicht die richtige Einstellung zur Gottheit und schon gar nicht zum Höchsten Vater, der von seinen »Funken« erwartet und verlangt, daß sie nach Erkenntnis und Wiedervereinigung streben — und nicht primär nach irgendwelchen Vorteilen, seien es irdische oder »himmlische«.

Anders die Grundeinstellung der Inder und anderer östlicher Menschen, die ihr eigenes kleines Ich nicht immer in übersteigerter Wichtigkeit vor Augen haben. Die stets freundliche Liebenswürdigkeit des Großteils jener Völker ist bekannt und unbestritten. In ihrer Einstellung zur Gottheit scheint die Demut und die

Bereitschaft, sich deren Willen unterzuordnen, vorherrschend zu sein. Es ist darum nur folgerichtig, daß die Gnade Sat Purush's, des Vaters, bei den Völkern oder Stämmen ist, die in einem solchen Sinne über lange Geschlechterreihen Meditation und Versenkung geübt haben (wie das zu Jesu Zeiten wahrscheinlich auch bei den Essenern geschah) und nicht ihre ganze Zeit mit unnützer Geschäftigkeit vergeudeten, wie das im Westen der letzten Jahrhunderte üblich war und ist.

Bedauerlicherweise wurde in neuerer Zeit auch der Osten vom Fieber des Materialismus infiziert und scheint nun in zunehmendem Maße in hektischer Betriebsamkeit zu versinken. Es könnte daher sein, daß der Westen allmählich zu den höheren Werten zurückfindet, während der Osten erst noch durch die Irrtümer des Materialismus zu gehen hat, der sich bei uns möglicherweise schon an der Wende zum Abstieg befindet.

Kapitel 19

Vorgeschichte — Arier bestimmen die Geschichte seit mindestens 60 000 Jahren

Wenden wir zur Ergänzung unseres Weltbildes den Blick noch einmal zurück in die weitere menschliche Vergangenheit und auf Ereignisse, die sich bis in die sogenannten prähistorischen oder vorgeschichtlichen Zeiten hinein abgespielt haben, von denen uns aber dennoch gewisse Hinweise überliefert sind. Vielleicht lassen sich einige Strömungen der Menschheit in ferneren Jahrtausenden in großen Zügen rekonstruieren, auf jeden Fall aber werden wir den gedanklichen Gitterzaun der letzten 3000 Jahre durchdringen und dabei zu überraschenden und erstaunlichen Ergebnissen kommen.

Unsere üblichen Geschichtsbücher erzählen uns, daß arische Eroberer vor etwa 3500 Jahren nach Indien vordrangen und die dortige angebliche Urbevölkerung der Dravida besiegt und unter ihre Herrschaft gebracht oder verdrängt habe. In Wahrheit sind unsere Kenntnisse der älteren geschichtlichen Ereignisse in den Ländern östlich des Persischen Golfes — und auch anderswo —

völlig ungenügend und beruhen vielfach auf Vermutungen, so daß die Forscher durch neue Funde aus prähistorischer Zeit immer wieder überrascht werden, und wir mit ihnen. Ein Beispiel hierfür war die Entdeckung der Kultur von Harrappa und Mohenjo Daro im Industale, deren Blütezeit man immerhin vier- bis fünftausend Jahre zurückdatiert.

Vor kurzem ging eine Meldung durch die Presse von der Entdeckung der »größten prähistorischen Gemäldegalerie« der Welt in etwa 500 Grotten und Höhlen im indischen Bundesstaat Mahdya Pradesh. Die Bilder mit Tanz- und Jagdszenen etc. werden auf ein Alter von 10 000 Jahren geschätzt und befinden sich in einem Gebiet, das den Namen »Bhimetka« trägt, eine Bezeichnung, die auf den Helden Bhima aus dem Mahabbarata-Epos zurückgehen dürfte. Solche Funde sind schon etwas mehr als Mosaiksteinchen, sie zeigen, daß die alten Berichte nicht aus der Luft gegriffen sind, sondern ehemalige geschichtliche Ereignisse widerspiegeln.

Die Wogen arischer Eroberer im indischen und persischen Raum dürften in Wahrheit bis in ferne Jahrtausende zurückgehen, von denen unserer Geschichtsschreibung gerade nur die letzten einigermaßen bekannt sind.

Nach der indischen Chronik fand vor etwa 5070 Jahren jene berühmte Entscheidungsschlacht zwischen den Pandavas und den Kurus (Kauravas) statt, der Kampf Ardjunas und seines Wagenlenkers Krishna, auf den sich die Bhagavad Gita, das bekannteste heilige Buch der Inder, bezieht. Dieser Kampf, der im Mahabbarata ausführlich geschildert wird, fand zwischen vielfach verwandten und verschwägerten Herrscherfamilien statt, die sich über allerlei Geschehnisse entzweit hatten. Hinter den äußeren Ereignissen dürften sich jedoch grundsätzliche Gegensätze verbergen, wie man aus der Unterscheidung der Gegner in Söhne der Sonne und Söhne des Mondes schließen muß.

Als sich die beiden Heere kampfbereit gegenüberstanden, erschien Krishna, der Avatar (Mahadeva) bei Tagesanbruch vor dem Zelt Ardjunas, seines Schülers und Anführers der Pandavatruppen: »Warum hast du den Kampf nicht begonnen«, fragte der Meister streng, »der entscheiden soll, ob die Söhne der Sonne oder des Mondes auf der Erde herrschen werden?«

Die Sonne ist ja das Symbol des Geistes, während der Mond die weibliche, materielle Seite versinnbildlicht. Man darf also annehmen, daß die »Sonnensöhne« den Dienst der höheren Gottheit hochhielten, während ihre Gegner sich schon mehr den dunklen Praktiken und Zauberkünsten zugewandt hatten, wie aus dem vorausgegangenen unlauteren Würfelspiel zwischen Shakuni auf der Kuruseite und Yudhistira, dem König der Pandavas, abgeleitet werden kann; bei diesem Spiel waren die Pandavas auf unredliche Weise um Hab und Gut gebracht worden, woraus sich schließlich — äußerlich gesehen — die unüberbrückbare Feindschaft entwickelte. Hinter diesen Geschehnissen steht aber ohne Zweifel auch die Frage und das Problem der Vermischung der reinrassigen Arier mit den tiefer stehenden Völkern, die sie bei ihrem Eindringen im Lande vorgefunden hatten.

Ed. Schuré stellt es so dar, daß einstmals ein nordischer Führer namens Ram zum Kaukasus und durch das Land der Turanier gezogen sei, mit denen er sich verbündete und dann in langen Kämpfen ganz Persien erobert habe, das damals von Menschen schwarzer Rasse bewohnt war, die aber gänzlich vertrieben worden seien. Dort habe Ram das erste zentralasiatische Reich arischer Menschen errichtet, wozu auch das heutige Afghanistan gehört haben dürfte. Von dort führen die Pässe nach dem nordwestlichen Indien, in den Punjab und nach Delhi, das ebenfalls eine Gründung der Nordmänner gewesen sein soll, wie wir noch hören werden. Nach Schuré lebten in jenen Gebieten ebenfalls teilweise noch schwarze Völkerschaften oder solche, die sich mit den gelben zu den verschiedensten Schattierungen vermischt hatten. Auch Krishna selbst, der Avatar, war ein schwarzer Mann von großer Schönheit.

Um einer neuerlichen allzu starken Vermischung der Eroberer vorzubeugen, wurde das System der vier Kasten eingeführt, nämlich die der Priester (Brahmanen), der Krieger (Kshatryas), der Landwirte, Kaufleute und Handwerker, sowie als vierte der Stand der Arbeiter, Taglöhner und Dienerschaften. Unter diesen vier Rängen folgten dann noch die kastenlosen Parias oder Unberührbaren, denen die niedrigsten Arbeiten zufielen. Dabei waren den Ariern vor allem die beiden ersten Ränge vorbehalten, während die beiden anderen den schon mehr vermischten Volksteilen bestimmt waren. Da Heiraten nur innerhalb der Kasten geschlossen werden durften, war eine weitere Vermischung ausgeschlossen. Dieses System gilt auch heute noch in weiten Bereichen, wenn auch nicht mehr so streng wie in der Vergangenheit.

Wichtiger als diese internen Auseinandersetzungen ist für uns die Frage, woher diese Erobererströme kamen. Nach der indischen Überlieferung fand die Schlacht zwischen den Pandavas und den Kuravas vor rund 5070 Jahren statt. Die Eroberung Persiens und gewisser Teile Indiens steht dagegen auf einem ganz anderen Blatt. Die Überlieferung kennt und nennt Ram Chandra, den König von Ayodhya und bezeichnet ihn als die siebte Inkarnation Vishnus. Er lebte am Ende des Treta-Yuga oder silbernen Zeitalters. Zwischen diesem und dem gegenwärtigen eisernen Yuga liegt noch das bronzene mit einer Dauer von 864 000 Jahren, so daß Ram Chandra vor rund einer Million Jahren gelebt hätte. Der oben erwähnte Kampf unter Krishna und Ardjuna dagegen fand am Beginn des Kaliyuga oder eisernen Zeitalters statt. Zwischen Ram Chandra und Krishna, den beiden Avataren, liegt also eine so enorme Zeitspanne, daß darin noch manche »Völkerwanderung« stattgefunden haben mag.

Um von den Wanderungen und Eroberungen der nordischen Arier eine Vorstellung zu gewinnen, muß man zu den alten nordischen Sagen seine Zuflucht nehmen, die sich bei näherem Zusehen ebenfalls als uralte geschichtliche Berichte entpuppen, wenn auch nicht mit Datum und Jahreszahl zu bestimmen. Diese hellen Menschenströme, die »Indoarier« oder Aryaner Persiens und Afghanistans, kamen vom sagenhaften Thule, von Schweden, Norddeutschland und den nordwestlichen keltischen Völkern, wahrscheinlich noch von Inseln im Nordmeer, die später versanken, später dann von den Germanen und Goten. Es gab Wanderungen über Spanien nach Nordafrika, über Italien und den Balkan nach Griechenland und dem Nahen Osten, sowie über die Ukraine zum Kaukasus und über die verschiedenen Pässe nach Persien, Afghanistan und Indien. Es heißt, daß die frühen Griechen vom Kaukasus gekommen seien — aber zuvor waren diese »Griechen« vom Norden zum Kaukasus und wohl auch am Kaspischen Meer entlang nach Turan und Samarkand gekommen.

Die alten Überlieferungen sagen auch, daß Romaburg (Rom) und Delphi in Griechenland Gründungen der Nordmänner gewesen seien, daß immer wieder Nachschub aus jenen fruchtbaren Völkern nach Griechenland und Rom stattgefunden habe, deren Söhne dort wie an vielen anderen hervorragenden Plätzen der Welt die herrschende Schicht gebildet und ihre Herrschaft von Troja-Treueburgen aus gesichert hätten.

Von diesen Nordmännern wissen insbesondere die Mythen der

Edda Erstaunliches zu berichten, die wir Niederschriften verdanken, von denen die älteste vor noch nicht tausend Jahren erfolgte. Aber wie Maimonides den Sohar nicht erfand und Rabbi Aquiba nicht den Sepher Jesirah, sondern beide viele tausend Jahre alte Überlieferungen aufzeichneten, so gehen auch die Mythen der Edda nicht nur auf wenige Jahrtausende, sondern auf Jahrzehntausende zurück. Bei den alten Germanen war der Gott der Heerscharen Ziu, nordisch Tyr. Wir finden denselben bei den Römern als Diespieter oder Jupiter, bei den Indern als Diauspaitar und bei den Griechen als Zeus, den Gott der Götter, wie wir aus der Erzählung der atlantischen Geschichten durch Plato wissen. Wie schon geschildert, haben die ägyptischen Priester dem Solon von der vor 11 500 Jahren versunkenen Insel Atlantis erzählt, die jedoch nur eine von sieben großen Inseln im Atlantik gewesen sein soll, die im Verlaufe früherer Jahrzehntausende versanken.

Von manchen bedeutsamen, heute meist vergessenen Hinweisen weiß R. J. Gorsleben zu berichten. So erzählt Aeschylos, der griechische Tragödiendichter um 500 v. Chr., daß der Weg des Herakles zu den Gärten der Hesperiden nach Nordwesten weise, und viele dunkle Erinnerungen an die nordische Heimat ihrer Götter lebten noch bei den alten Griechen. Auch Herodot berichtet, daß die Hyperboreer fünf edle Jünglinge und zwei Jungfrauen mit Geschenken und Weisungen nach Delos entsandten, weil einstmals Apollo (A-Pol) von ihnen nach Südosten (Griechenland) gezogen sei. Und Tacitus ergänzt das Bild mit dem Hinweis, daß sich noch die Germanen für ein Urvolk hielten, das auf Schiffen vom westlichen Meer hergekommen sei — also vom nördlichen Atlantik, von Inseln, die zum Teil später versanken, in frühen Zeiten aber die Verbindung zum amerikanischen Kontinent ermöglichten, nach Mexiko und anderen Ländern, in denen man uralte Kulturzeugnisse findet.[1]

Gorsleben, der in zwanzigjähriger Arbeit die frühen Zusammenhänge vor der bekannten Historie erforschte, schreibt:

»Die Geologen können die Erdgeschichte nicht weit genug zurückverlegen, während die Sprachwissenschaftler und Mythologen umgekehrt verfahren, indem sie die Entstehung der Mythen und Sagen nicht spät genug ansetzen können. Sie haben kein Zeitgefühl und keine Ehrfurcht vor der Urbildsprache der Mythen.

---

[1] Rudolf John Gorsleben: Hoch-Zeit der Menschheit.

Wer deren Sprache nicht versteht, kann ihr Alter nicht ermessen, das hinaufreicht bis in das Zeitalter der Riesen. Der arische Mensch kam aus einem ursprünglich paradiesischen Zustand im Lande des Pols, des A-pol-los, des Hyperboreers, in dem die Sonne nicht unterging. Die Menschheit hat sich in den letzten Jahrtausenden nicht nach oben, sondern herabentwickelt, denn es ist kein Zweifel, daß wir in einer Zeit des Rassenzerfalles leben. Daß die arische Rasse führend war und in ihren Resten noch ist, kann füglich nicht bestritten werden. Alle Kulturen auf Erden in einem Zeitraum von mindestens 60 000 (sechzigtausend) Jahren sind durch arische Rassen und Führerschichten geschaffen worden. Das ist eine erdgeschichtliche Tatsache.«

Nach Gorsleben berichtet Cäsar im »Gallischen Krieg« von den Druiden, den Priestern und Lehrern der Kelten in Gallien und Britannien, daß viele von ihnen wohl zwanzig Jahre in die Schule gingen, wo sie unter anderem eine Menge von Versen auswendig lernten, denn es sei unerlaubt, dieselben aufzuzeichnen, obschon sie für ihre sonstigen Geschäfte sich der Schrift bedienten. Der Hauptlehrsatz ihrer Lehre sei: die Seele ist unsterblich und wandert nach dem Tode von Körper zu Körper. Außerdem lehrten die Druiden noch vieles von den Himmelskörpern und von ihrem Lauf, von der Größe der Welt und der Länder, vom Wesen der Dinge und von der Macht der unsterblichen Götter. Die Einrichtungen der Kelten entsprachen aber ganz denen der in Kult, Rasse und Sprache verwandten Germanen, sahen doch die Römer noch keinen wesentlichen Unterschied zwischen beiden Völkern.

Um die Zeitenwende wußten also die Römer und vor ihnen die Denker der Antike noch sehr wohl, daß die Druiden seit alter Zeit die gründlichsten Kenntnisse des Weltgeschehens besaßen und lehrten. Herodot, der nach der Darstellung Gorslebens die heiligen Weihen in den ägyptischen Tempeln empfangen hatte, erzählt um 500 v. Chr. von den Skalden und den Skythen, anderen Nordvölkern, daß seit Jahrtausenden aus diesen ausgezeichneten Ländern das Geschlecht jener hervorbrach, die die »Könige der Könige« waren, d. h. Könige sowohl der weltlichen Regierungen als auch Könige des Geistes- und Seelenadels. Und Herodot bestätigte weiter, daß diese Edelrasse sich über die ganze Erde verbreitet und überall die Herrschaft ausgeübt habe.

Gorsleben schreibt: »Die Wanderzüge verließen in Wellen ihre Heimplätze, um als Ergänzung früher schon seßhaft gewordener Volkskeime in vorbereitete Sitze einzuziehen oder um neue und fernere Gebiete zu erobern. So sind die ersten Ario-Germanen nach Indien gekommen und haben dort den Grund zur indogermanischen Rasse gelegt. Ältere Wanderzüge waren im Verlauf der Jahrtausende auf ihrer Suche nach neuen Sitzen nach Persien, Palästina, Ägypten, Kleinasien, Griechenland und Spanien gekommen, selbst nach Nordafrika, wo sie schon in vorgeschichtlicher Zeit den vorhandenen Eingeborenenrassen den Stempel ihres Wesens durch Blutmischung aufdrückten. Im Osten sind es Namen wie Turan, Turkestan, Aral, Altai, die noch deutlich den arischen Ursprung zeigen. Vom Aral- bis zum Baikalsee und weiter über die Mandschurei und Korea kamen arische Völker bis nach Japan. Reste finden sich auch dort in alten, helleren und höheren Führergeschlechtern. Ganz Asien war in der Vorgeschichte von Ariern (einzelnen Volksgruppen) besiedelt und erobert worden. Die Kulturen des Ostens stammen alle von arischen Menschheitsführern. Nach chinesischen Annalen saßen an den Westgrenzen des Reiches noch um 300 v. Chr. Völker mit blonden Haaren und von großer Gestalt. In den Hochländern Chinas und Indiens leben heute noch Reste blonder Völkerschaften, so auch im Kaukasus; auch die Kosaken zwischen Ural und Kaspischem Meer zeigen noch deutlich die Merkmale arischer Abstammung, und so viele andere Völkerreste in abgelegenen Gegenden Asiens und dem Mittleren Osten.«

Und weiter: »Wir leben in dem Wahne, als ob alles erst in der ›Neuzeit‹ entdeckt worden wäre. In Wahrheit wurde die Erde und alle technischen Errungenschaften zum zweitenmal, ja vielleicht schon öfter (!) von neuem entdeckt. Die Ägypter waren in Astronomie und Mathematik weiter als wir, sie kannten die elektrische Kraft und verwendeten sie. Die Felsbilder von Bohuslän erzählen unzweideutig von einer arischen Schiffahrtskultur, die vor wenigstens 80 000 Jahren (achtzigtausend) die Erde umspannte. Die Pyramidenbauten in Ägypten, auf Java und in Mexiko, aus einem gleichen Stil entstanden und zu annähernd gleicher Zeit, deuten auf Kultur- und Rassenzusammenhänge zwischen diesen im Weltverkehr später wieder voneinander getrennten Erdteilen hin. Die Osterinsel im Stillen Ozean beherbergte Steininschriften, die den nordischen Runen verblüffend ähnlich sind und zweifellos dieselbe Rasse als Urheber haben, nicht aber die armseligen Bewohner der Südsee von heute. *Eine* Rasse beherrschte vor Urzeiten die Erde und hat sie in Zwischenräumen immer wieder beherrscht. Es ist jene Rasse, die auch heute noch durch ihren Genius die Welt beherrscht, wenn auch ihre Ordnung vom Niederrassentum gestürzt wurde, gleichviel in welchen Nationen sie sich mehr oder weniger entscheidend betätigt: es ist die nordische, die arische Rasse, die im Norden Europas und Amerikas zusammengeballt heute noch die Träger aller Möglichkeiten menschlicher Entwicklung sind.«

»Wir leben heute in einer Zeit des Rassenzerfalles, besonders was die führende Rasse betrifft. Die Eroberung und Besiedlung der ganzen Erde war ihr Werk und sie hat ihre besten Kräfte in dieser Aufgabe verschwendet und hingegeben, indem sie einen großen Teil der tiefer stehenden Menschheit dabei aufgezüchtet hat, bis zu einer Stufe der Selbständigkeit. Jetzt wendet sich die untere gegen die höhere, der sie den Aufstieg verdankt. Die Bestrebungen, die heute der Erhaltung und der Zukunft der Edelrasse dienen sollen, bevorzugen meist äußerliche Maßnahmen, mit denen nichts erreicht werden kann, denn zweifellos hat sich die arische Rasse nicht nur körperlich, sondern auch geistig bis zu einem gewissen Grade erschöpft. Die Bestrebungen zu ihrer Erhaltung müssen zuerst auf das Geistige und Seelische gerichtet werden, denn es ist der Geist, der sich den Körper schafft. Nur durch die Erneuerung des Geistes kann sich die Rasse erneuern!« — (Sofern ihr das überhaupt im Ablauf der Zeitalter beschieden ist.)

Diese Ausführungen Gorslebens zeigen uns zunächst einmal die erstaunliche Tatsache, daß wir von der Vergangenheit der nordischen Völker, also von unserer eigenen so gut wie nichts wissen und die wenigen interessanten Hinweise bei den römischen und griechischen Historikern suchen müssen. Es ist unglaublich, aber Tatsache, daß wir unsere eigene geschichtliche Vergangenheit aus den Augen und dem Gedächtnis verloren haben!

Nach Platos Schilderung erzählten die ägyptischen Priester dem Solon, daß vor 11 500 Jahren eine griechische Streitmacht den Eroberungszug der Atlantier aufhielt und zurückschlug. Nach der Darstellung Herodots und auch nach den römischen Berichten von Cäsar und Tacitus kamen vor vielen Jahrtausenden nordische Völkergruppen in die verschiedensten Mittelmeerländer und bildeten dort die herrschende Schicht, in manchen Fällen vielleicht auch den Großteil der Bevölkerung. So scheint es jedenfalls in jener Zeit des Atlantier-Angriffes gewesen zu sein, denn die ägyptischen Priester rühmten das damalige griechische Volk als das vorzüglichste der Welt, wie ja den Ariern früherer Jahrtausende allgemein hohe Charaktereigenschaften bescheinigt werden. Aus dem Bericht Solons geht weiter hervor, daß besonders in Griechenland wiederholt Naturkatastrophen große Teile der Bevölkerung vernichtet haben. Es liegt daher auf der Hand, daß auch immer wieder neue Einwanderungen erfolgten und so kann man die historisch bekannte Besiedlung Griechenlands zwischen 2800 und 1200 v. Chr. nur als letzte Wogen einströmender Völker verstehen, die Wellen der Ionier, Achäer und zuletzt der Dorer.

Man darf wohl annehmen, daß die atlantische Rasse, die im Sprachgebrauch der Theosophen als die vierte Wurzelrasse bezeichnet wird, mit dem von Plato berichteten Untergang der letzten Atlantisinsel in ihren Stammlanden von der Bildfläche verschwand; aber offenbar bestanden noch viele ihrer Gründungen weiter, so vor allem Ägypten, das wohl von dort einstmals seine »göttlichen Könige« erhalten hatte — und Mexiko auf der anderen Seite des Atlantik, sowie die immer noch rätselhaften südamerikanischen Kulturen in Peru und anderwärts.

Neben der atlantischen entstand die wahrscheinlich jüngere nordische Rasse schon zu einer Zeit, als in den Polarländern noch beinahe subtropische Verhältnisse geherrscht haben müssen, wie die Funde versunkener und zu Kohle gewordener Wälder beweisen. Diese jüngere und einstmals weit höher stehende Rasse mag sich vor 50 000—100 000 Jahren oder noch früher herangebildet haben, unter Umständen und Bedingungen, von denen wir keine Vorstellung haben. Sicher scheint jedenfalls, daß sich Vertreter der älteren und der jüngeren Rasse als Atlanter und Griechen im Mittelmeer vor 12 000 Jahren feindlich gegenüberstanden. Damals waren allerdings die Atlanter schon nicht mehr die Lieblinge der Götter, sondern zu einer beklagenswerten Gesinnung herabgesunken, wie uns Plato berichtet.

Dagegen glänzten damals die Arier des Nordens noch in ihrer Tugend, in Tapferkeit, Edelmut, Opferbereitschaft und einem Lebenswandel nach den ihnen vertrauten Gesetzen der Natur. Inzwischen hat sich dieses Bild allerdings sehr im negativen Sinne verändert und wir sind unterdessen längst ebenfalls beklagenswerten Sinnes geworden, indem wir dem Geld und wertlosen Genüssen nachjagen und die schwächeren Völker nach Kräften unterdrücken und ausbeuten, insbesondere von den vorher genannten arischen Ballungszentren aus, anstatt sie zu unterstützen und ihnen zu helfen. Auch unsere große Zeit scheint also vorbei zu sein, trotz vereinzelter edelmütiger Bemühungen, die im großen Konzert der Habgier untergehen.

Nichtsdestoweniger sollte man die großen Zusammenhänge nicht aus den Augen verlieren, oder sie vielmehr zuerst einmal kennenlernen. Die Lehre der großen geistigen Führer besagt, daß der Erde eine gesamte Zeit von tausend Mahayugas zugemessen wurde, das sind 1000 x 4,32 Millionen Jahre, also 4320 Millionen Jahre. Von diesen tausend großen Zeitaltern sind bis heute fast 457 vergangen, also noch nicht die Hälfte der Zeit, die unserem Planeten bestimmt ist; die Erde hat demnach noch weit über zwei Milliarden Jahre auf ihrer vorbestimmten Bahn zurückzulegen. Aber in den hunderten großer Zeitalter der tatsächlichen Erdgeschichte sind mit Sicherheit viele tausend große Umwälzungen und Wanderungen vor sich gegangen, wovon die arischen Völkerwogen nur eine Erscheinung des gegenwärtigen oder allenfalls der jüngstvergangenen Zeitalter darstellen können. Dennoch dürften diese Nordmänner das Menschheitsbild über lange »prähistorische« Zeiträume entscheidend beeinflußt und geformt haben.

Wenn wir also hören, daß nicht nur Delos, die Kultstätte auf der Insel in der Ägäis und Delphi in Griechenland, sondern gleicherweise Delhi im nordöstlichen Indien und viele andere kulturelle Hochburgen der Welt, wie das alte Salem Melchisedeks, das spätere Jerusalem, Gründungen der Nordmänner waren — neben anderen »Trojaburgen« in Mittel- und Fernost durch die Edlen oder Aryaner — so schließt sich der Kreislauf der letzten zehntausend Jahre. Die geheimen Weisheitslehren, vormals über lange Zeiträume von den nördlichen Völkern ausgehend und später verloren und verraten, mißverstanden und verfälscht, kommen heute wieder zu uns zurück von den uns fernsten Enden der Welt als die brahmanische Weisheit und als die Meisterlehren, obwohl sie einstmals sozusagen vor unserer Haustüre beheimatet waren.

In jenem sogenannten Heldenzeitalter, das im Mahabbarata beschrieben ist, waren die »Inder« (womit offenbar Arier gemeint sind) noch nicht Herren über den ganzen Subkontinent, während sie — nach einem Kommentar — alles Land, das vom Himalaya, vom Hindukusch und vom Vindhya-Gebirge umschlossen war (also das nordöstliche Indien, den Pandschab, Delhi), wohl kannten. Dieses weite Land war von ihnen jedoch durchaus nicht voll-

ständig erobert worden, vielmehr bewohnten freie nichtarische
Stämme große Teile davon, wobei entstehende Differenzen von
Fall zu Fall friedlich oder kriegerisch gelöst wurden, aber offenbar immer in einer ritterlichen Manier, wie es der Einstellung
jener Indo-Arier entsprach, wovon auch das Übereinkommen der
feindlichen Parteien über die Kriegsregeln vor dem großen
Kampf zwischen Kurus und Pandavas Zeugnis ablegt.

Es wurde nämlich bestimmt, daß die Zahl der Truppen, die
man jeweils in den Kampf einzusetzen wünschte, auf beiden
Seiten gleich groß sein sollte. Täuschungen und unredliche Handlungen sollten vermieden werden. Bei Austragung von Wort-
duellen sollte man sich auf den Gebrauch von Worten beschränken. Wenn sich ein Soldat vom Schlachtfeld zurückzöge, sollte er
verschont werden, außerdem sollten Wagenlenker nur mit Wa-
genlenkern, Elefantenreiter nur mit Elefantenreiter, Reiter zu
Pferde nur mit ihresgleichen und Fußsoldaten nur mit Fußsoldaten kämpfen dürfen. Niemand sollte ohne vorherige Warnung
niedergeschlagen werden. Keiner, der Schutz suche oder plötzlich
von Angst überwältigt würde, sollte angegriffen werden. Wagenlenker, Waffenschmiede und Musikanten sollten nicht als Kämp-
fer betrachtet werden und als unverletzbar gelten.

Trotz dieser ritterlichen und scheinbar humanen Abmachungen
kam in der nachfolgenden achtzehntägigen Schlacht der Großteil
der gegnerischen Heere um — oder doch die führenden Krieger
auf beiden Seiten. Doch die Klage des blinden Königs der Kuravas, der die Schlacht hätte abwenden können, und dessen Söhne
alle erschlagen worden waren, beantwortete der weise Vidura
so:

»Jeder muß sterben, der Tod macht keinen Unterschied zwischen reich und arm, alt und jung. Der Leib ist sterblich, die Seele
jedoch unsterblich. Vaterschaft, Mutterschaft, das alles sind vergängliche Beziehungen, jeden Augenblick kann sie der Tod lösen.
Deine Söhne wählten die ehrenvollste Art des Todes. Sie waren
Kshattryas (Krieger) und starben auf dem Schlachtfeld; so gingen
sie alle zu den Göttern ein und daher sollte niemand um sie
trauern. Die Wege der Menschen auf Erden sind unergründlich
und nur wer die Verhaftung der Wünsche überwunden hat, kann
erlöst werden« (d. h. von der Wiedergeburt befreit, Verf.).

Es sind dies die Erkenntnisse der indischen Weisheit, die aber
ebenso im europäischen Norden vor Tausenden von Jahren zu
Hause waren — und vielleicht sogar erst mit den Ariern nach

Indien gelangten — nur gingen sie bei uns mit dem Aufkommen eines formalen Christentums verloren, während sie im Osten lebendig geblieben sind.

Jedoch, was sind letztlich zehn oder auch fünfzigtausend Jahre im Ablauf der Zeitalter! Die Geheimlehre und die theosophischen Schulen sprechen von den Ariern als der fünften, den Atlantiern als der vierten und den Lemuriern als der dritten Rasse, welche letztere erst die körperliche Ausprägung als die »Starken mit Knochen« gebracht habe, nach den Strophen des Dzyan. Die Lemurier hätten auf einem damaligen Kontinent im Stillen Ozean gelebt, der später im Meer versunken sei, wovon nur noch die zahllosen Inseln Ozeaniens übriggeblieben seien.

Versucht man, für diese Ereignisse einen zeitlichen Anhaltspunkt zu finden, dann gibt es wohl nur den einen zuverlässigen Hinweis der großen Meister, daß vor 40 Millionen Jahren in einer gewaltigen Naturkatastrophe die Berge der Himalayakette aufgetürmt worden seien, ein Ereignis, das nur durch die Verschiebung ganzer Erdmantelsegmente, die sich damals offenbar unter den heutigen indischen Subkontinent schoben und ihn zum großen Teil erst aus dem Meere emporhoben, zustande gekommen sein kann.

Die indischen Überlieferungen sagen in der Tat, daß die heilige Sprache des Sanskrit schon auf jenem versunkenen Kontinent bekannt gewesen und von dort nach Indien gekommen sei, vor mehr als 40 Millionen Jahren. Die Überlieferung sagt aber außerdem, daß die »Lehre« (der Meister) damals schon seit Zeitaltern bekannt gewesen sei, denn jene Naturkatastrophe habe ein hochzivilisiertes Reich im Gebiet des heutigen Himalayas und Tibets zerstört. Es ist heute ziemlich unbestritten, daß die Erde — als ein Planet mit Lebenskeimen, wenn auch in einfachster, mikrobischer Form — seit 1,5 bis 2 Milliarden Jahren ihre Bahn zieht, und so muß man wenigstens die Möglichkeit menschlicher Zivilisationen vor 40 Millionen Jahren zugestehen. Allerdings verblaßt dann die arische Vorgeschichte wieder ein wenig, denn die Überlieferung der nordischen Sagen geht wohl kaum über solche Zeiträume zurück.

Dennoch ist es für die Durchbrechung der in unserer Zeit üblichen kleinkarierten Vorstellungswelt von unschätzbarer Bedeutung, einmal über die gedankliche Gefängnismauer der vier-, fünf- oder sechstausendjährigen Geschichte in die weitere Vergangenheit der sogenannten Früh- oder Vorgeschichte hinauszublicken, wobei eine mehr intuitive Schau den kritischen Verstand ergänzen sollte. Dabei kommt es darauf an, die Kruste vorgefaßter und steriler Vorstellungen, von der wir alle umgeben sind, zu durchbrechen und uns zuerst einmal das Vorhandensein eines faszinierenden Feldes unbegrenzter Möglichkeiten irdischer Vergangenheit bewußt zu machen. Dieser größere Rahmen sollte dann allerdings mit entsprechenden Daten und Fakten ausgefüllt werden, bis das Bild der menschlichen Vergangenheit auf Erden sich deutlicher abzuzeichnen beginnt.

Solche Hinweise, die als Mosaiksteine in ein größeres Bild eingeordnet werden können, finden sich unter anderem noch in der Edda, so etwa wenn von den geheimen Kräften der Natur die Rede ist, worüber die frühen nordischen Völker offenbar noch besser Bescheid wußten als selbst unsere moderne technische Welt. Gorsleben erwähnt eine Stelle im Text der Edda, wo von den »Saevars« die Rede ist, worunter geistige Wesenheiten verstanden werden, die all das beherrschen, was mit dem Element Wasser, dem niedersten der vier Grundelemente (Tattwas) der Schöpfung zusammenhängt. Dabei handelt es sich um die Regelung der Kraftströme oder Schwingungen, durch »Flod« oder Flodnetze, welche diese Kraftströme regeln und in geordneten Bahnen halten, gewissermaßen um die Überwachung der Kräfte in einem kosmischen Leitungsnetz. Es ist weiter die Rede von kosmischen Feinkraftflüssen, welche die tieferen Ursachen der atomaren Vorgänge im grobstofflichen Bereich seien. Das würde — mit anderen Worten gesagt — bedeuten, daß jene Völker die subtilen oder feinstofflichen Kräfte kannten, die unserer physikalischen Forschung bis anhin verborgen geblieben sind.

Es dürfte also zutreffen, daß die »Alten« viele Kenntnisse aus einer über dem analytischen Denken stehenden inneren Schau besaßen, die weniger dem Irrtum unterworfen war, bzw. feinere Bereiche zu erschließen vermag, als die trügerischen fünf Sinne und der Verstand (Gorsleben p. 308).

Jedem Denkenden sollte klar sein, daß die Welt »nach Maß, Zahl und Gesetz« erschaffen wurde und nicht einfach aus »Zufall« entstand und dennoch im kleinsten wie im größten Naturgeschehen reibungslos funktionieren könnte. In der Edda entspricht »Walhall« dem Weltall, und das Symbol Walhalls ist der Fünfstern, das Pentagramm. Die fünf Außenwinkel des Fünfsterns haben jeweils 108 Grad, somit 108 x 5 = 540.

Im Lied von Grimmir heißt es:

500 Tore und 40 dazu
sind in Walhalls weitem Bau;
800 Einherier gehen aus dem Tor,
wenn sie ausziehen, zu wehren dem Wolf.
Die sich daraus ergebende Formel ist einfach:

$$540 \times 800 = 432\,000$$

Die Zahl der Jahre eines Mahayuga oder großen Zeitalters beträgt 4,32 Millionen; das letzte der vier Yugas, das schwarze oder eiserne, hat 432 000 Jahre, das zweite (von hinten gerechnet) kupferne oder bronzene, hat 2 x 432 000, also 864 000, das dritte (silberne) 3 x 432 000 = 1 296 000 und das vierte (goldene) 4 x 432 000 = 1 728 000 Jahre, zusammen 4 320 000 oder 4,32 Millionen Jahre.

Die 108 Grade der fünf Winkel sind aber auch noch im Text des Grimmir-Liedes enthalten, nämlich in den »800 Einherier« die eigentlich 801 bedeuten und die Umkehrung, »Verkahlung« Verhehlung oder Verhüllung der »108« (Grade) darstellen (Gorsleben).

Sehen wir uns in diesem Zusammenhang den Tierkreis an: 432 x 60 = 25 920 Jahre, die Zeit eines einzigen Durchganges der verlängerten Nordachse der Erde durch den Tierkreis, oder auch die Wanderung des Frühlingspunktes der Sonne durch denselben Kreis. Der Tierkreis hat bekanntlich 12 Zeichen; 25 920 : 12 ergibt 2160 Jahre, die Zeit jedes einzelnen Tierkreiszeichens, z. B. Widder, Fische, Wassermann. Teilen wir die Zeit eines großen Zeitalters durch die Zeit eines einzelnen Tierkreiszeichens (4 320 000 : 2160 = 2000) dann erhalten wir die Zahl 2000 (zweitausend); man kann also von 2000 Jahren sprechen und damit in verhüllter Weise ein Mahayuga andeuten, mit einem »großen Jahre« zu 2160 gewöhnlichen Jahren, oder auch von einem »Weltenjahr« von 25 920 oder rund 26 000 Jahren. Von diesen Verhältnissen und Entsprechungen sollte man einige Kenntnis haben, wenn von »Weltuntergang«, von kosmischen Strafgerichten und ähnlichem die Rede ist, wie wir es aus verschiedenen Prophezeiungen gewohnt sind, die in der Regel mehr Verwirrung hervorrufen als klare Vorstellungen vermitteln.

Diese Entsprechungen und verschiedenen Bedeutungen sind aber nicht nur bei den Indern und den nordischen Ariern zu finden, sondern auch in den Evangelien, so etwa wenn von den »fünf (Himmels-)Broten« und den Fischen die Rede ist, oder gar von »ein wenig Fischlein«, womit deutlich genug das kaum begonnene Fisch-Zeitalter zur Zeit Jesu angesprochen wird. Man muß nicht einfach alles buchstäblich-wörtlich nehmen und verstehen wollen!

Die wunderbare kosmische Zahl 432 finden wir aber auch im Kleinen in unserem Alltag; drei Tage zu 24 Stunden macht 72 x 60 Minuten = 4320 Minuten. Oder 12 Stunden zu je 3600 Sekunden gibt 43 200 Sekunden, die wir täglich zweimal durchleben.

Im Leben der nordischen Völker spielten die Runenzeichen eine große Rolle, die nicht nur als »Buchstaben« dienten, sondern auch und vor allem wirksame Sinnbilder kosmischer Kräfte waren. Die Runenzeichen hatten außerdem auch Zahlenwerte, wie das bei den hebräischen Buchstaben der Fall ist. Im Grimmierlied ist auch die Rede vom Wolf Fenrir, dem Vernichter des Lichtes, dem die 800 Einherier wehren sollen. Die Summe der Runenbuchstaben des Wortes Walhall, aus dem die »Einherier« hervorkommen, ist in Zahlen 65; teilt man diese durch fünf, die Zahl Walhalls, dann erhält man 65 : 5 = 13, und dreizehn ist die Zahl des Wolfes oder der Finsternis, des Todes, wie sie es — nach Gorsleben — auch im alten Ägypten war.

Wie schon früher ausgeführt, hat Friedrich Weinreb in seinem »Göttlichen Bauplan der Welt« die geheime Bedeutung der 22 Schriftzeichen des hebräischen Alphabetes in Verbindung mit den 10 Grundzahlen erläutert. Dabei vertritt er die Überzeugung, das Hebräische sei der Ursprung der Schriftsprache und des Alphabetes schlechthin. Aber das Alter der Runen und ihre vielfache Bedeutung dürfte weit über die Entstehung des Hebräischen zurückreichen, weshalb man das letztere und sein System der Verhüllung eher als eine Ableitung aus der nordischen Runenschrift ansehen kann, wenn man einmal von dem vielleicht noch viel älteren Sanskrit absieht.

Die Beziehungen, Verbindungen und Entsprechungen zwischen den verschiedenen Kulturen und religiösen Lehren sind überaus vielgestaltig und stellen ein unerschöpfliches Reservoir und eine Fundgrube des um Erkenntnis ringenden und nach Wahrheit suchenden Menschen dar. Sie sind das Ergebnis zahlloser »Völkerwanderungen« durch die Jahrtausende und deren Gründungen von Lehr- und Kultstätten in vielen Teilen der Welt, sei es nun im europäischen Norden oder in Mexiko, auf Kreta oder in Mesopotamien, Persien und Indien.

Als einer der großen Namen aus der Vergangenheit ist der

Ruhm Zoroasters bis in unsere Zeit gedrungen. Aus einer gewissen Kenntnis der frühen arischen Wanderungen können wir sein Auftreten, seine Bedeutung und Lehre besser verstehen. Eine seiner zentralen Wahrheiten war die Lehre von der universalen Bruderschaft der Menschen einerseits und von einem höchsten Wesen anderseits, von dem alle ausgegangen sind. Nach P. Johnson ist der angebliche Dualismus Zoroasters nur scheinbar, obwohl manche Kommentatoren es so darstellen, als habe er einen guten und einen bösen oder schlechten Geist gelehrt. »Aber wir wissen, daß Zoroaster niemals so etwas lehrte; der Gedanke zweier höchster Wesen ist ein Widerspruch in sich selbst — und kein großer Lehrer hat je so etwas postuliert. Zoroaster lehrte im Gegenteil, daß der Höchste Eine, Ahura Mazda oder Ormuzd der Ursprung aller Götter sei und erwähnte zugleich die Existenz einer Negativen Macht, die er Ahrimann nannte. Diese dunkle Kraft herrscht über die Welt (der Fürst der Welt nach dem Nazarener) und ist der Brennpunkt alles dessen, was wir als Übel und Finsternis empfinden.«

P. Johnson führt dann weiter aus:

»Hier ist ein Edelstein der Wahrheit, der nicht zu übersehen ist, denn alle Meister lehren die Existenz einer Negativen Macht, die jedoch dem supremen Einen unterstellt ist; sie regiert über die Regionen von mind und matter (Verstand und Materie), welche die dunkle Seite der Schöpfung repräsentieren. Das bedeutet nicht, daß alles darin schlecht sei, jedoch sicherlich weniger gut im Vergleich zu den höheren Ebenen. Es kann keinen Zweifel geben, daß die Lehre des Zoroaster für Persien und die umliegenden Länder kam wie ein Regen auf ein ausgetrocknetes Land. Im Zweistromland (Mesopotamien) gründeten einst die Sumerer ihre Kultur, denen die sumerisch-akkadischen Reiche folgten mit mehr semitischem Charakter unter Sargon I. und seinen Nachfolgern. In der Folge kämpften während einer Periode von mindestenz 5000 Jahren oder mehr Ströme von Draviden, Semiten, Chaldäern und Aryanern, die letzteren meist Meder und Perser — um die Herrschaft in diesem Raum, und dies ist das erste geschichtliche (!) Erscheinen arisch sprechender Völker.«[2]

»In dieser Zeit kam der große Heilige und Weise, Zoroaster, ein neuer Zweig auf dem alten aryanischen Baum, ein Erbe der

---

[2] P. Johnson: The Path of the Masters.

feinsten alten persischen Kultur. Die Größe dieser Kultur ist der Historie unbekannt, aber den Meistern ist sie bekannt (Johnson). Diese Kultur war während langer prähistorischer Perioden durch große Meister selbst inspiriert. Es muß betont werden, daß die Kultur, nachdem sie über ungeheure Zeiträume von den Meistern genährt und erhalten wurde, immer dann verlorenging, wenn die (menschliche) Rasse über die Welt zerstreut wurde, denn dann begann auch stets ihre langsame Degeneration und ihr allmählicher Rückfall in die Barbarei und in die Nacht des historischen Niederganges.«

»Als die Aufwärtsentwicklung sich wieder durchzusetzen begann, hauptsächlich durch den aryanischen Einfluß und einen Völkerrest, welcher vom ehemaligen asiatischen Zentralreich hergekommen war, wurden Religion und Philosophie in Persien wiedergeboren, und Zoroaster wurde der große Apostel der neuen Renaissance. Dies ist die Lektion der Zeitalter. Wenn die Lehre der Meister korrupt und verdunkelt wird, kommt ein neuer Meister. In Mesopotamien erfuhr eine Vielzahl von Rassen mit einem Durcheinander von Sprachen und widerstreitenden Bräuchen den einigenden Einfluß der Philosophie Zarathustras. Als Kyros d. Gr. sein großes Reich auf der Basis der neuen Kultur begründete, bereitete er auch den Weg für den ungestümen Alexander, der die alte Kruste entwerteter Vorstellungen und einer verfallenen Gedankenwelt vollends aufbrach, wodurch es möglich wurde, einen neuen Samen auf dem alten Boden zu kultivieren. Dieser Same war die Weisheit der Lehren des Zoroaster, Sokrates und Plato, welche alle einen Kern östlicher Weisheit enthielten, denn was der Philosophie dieser Meister Leben und Dauer verlieh, ist ihr zentraler goldener Faden östlicher Weisheit, die Weisheit der großen spirituellen Meister.«

Soweit die Ausführungen von J. P. Johnson über einen bedeutsamen Abschnitt religiöser und philosophischer Geschichte aus der vorchristlichen Zeit, denen niemand eine faszinierende Überzeugungskraft absprechen wird.

Kapitel 20

Der Mensch, Krone der Schöpfung

Die im letzten Abschnitt erwähnte kategorische Feststellung der östlichen Meister über die Existenz hoher menschlicher Kulturen vor mehr als 40 Millionen Jahren erfordert eine gewisse Korrektur unserer gewöhnlichen Vorstellungen. Bis heute ist für den westlichen Intellektuellen grundsätzlich die Theorie Darwins maßgebend, wonach der Mensch sich von den einfachsten Wasserbewohnern über die verschiedenen Tierformen zu seiner jetzigen Gestalt und Konstitution entwickelt habe und die Fachleute der Abstammung sind überzeugt, daß die »Menschwerdung« erst in den letzten zwei bis fünf Millionen Jahren vor sich gegangen sei.

Diese theoretische Entwicklungslinie aus dem Tierreich hat jedoch ihre schwachen Seiten, die zwar weniger im körperlichen, als vielmehr im mentalen Bereich liegen, nämlich in den Fähigkeiten des Denkens und der Unterscheidung, die man in ihrem eigentlichen Sinne ja selbst den intelligentesten Tieren nicht zuschreiben kann. Außer diesen höheren Fähigkeiten verfügt aber der Mensch noch über eine Reihe weiterer Stufen der mentalen oder übermentalen Organisation, wie man z. B. der profunden Darstellung Sri Aurobindos in »Stufen der Vollendung« entnehmen kann. Zu diesen höheren Anlagen gehören insbesondere auch die feinstofflichen Chakras oder Energiezentren, die dem Menschen die innere Schau und die Kontaktnahme mit den höheren Stufen des Lebens ermöglichen.

Dieses menschliche Instrumentarium ist seit Jahrtausenden nicht nur theoretisch bekannt, wie man aus den Yogasutras Patanjalis entnehmen kann, in denen genaue Anleitungen für die praktische Arbeit zur Kontaktaufnahme mit den höheren Ebenen gegeben werden. Schon die bloße Existenz und Funktion dieser Chakras im Menschen zeigt uns, daß die Evolutionslehre Darwins in ihrer nur auf den Körper ausgerichteten Version auf schwachen Beinen steht.

Die Lehren des Ostens — und, wie wir gesehen haben, auch die des arischen Nordens — kennen die feinstofflichen Kräfte und ebenso die Abstufungen im Tierreich, in deren höchsten Vertretern nur vier schöpferische Elemente wirksam sind, nicht aber das fünfte und höchste, Akasha, welches allein im Menschen aktiv ist und ihm seine besonderen Fähigkeiten verleiht, so vor allem die Gabe der Unterscheidung im höheren Sinne. Für die übermentalen Fähigkeiten dagegen kann man erst recht keinen »Entwicklungsdruck« der Moleküle und Zellen (Monnet) verantwortlich machen, denn zur Anpassung an die Umwelt, die in der Evolutionslehre eine so große Rolle spielt, sind sie nicht notwendig.

Im übrigen verläuft das Leben auf Erden nicht kontinuierlich (gleichmäßig), sondern zyklisch. Die Menschen und Völker sind an die Speichen des großen Rades der Wiedergeburt gebunden, bildlich gesprochen. Dieses Rad bewegt sich im Rhythmus der großen Zeitalter mitsamt den Menschen über viele Stadien hinauf und hinab, vom Status der Götternähe bis zur tiefsten Barbarei, aus der sie langsam wieder emporsteigen bis zur höchsten Höhe menschlicher Möglichkeiten auf Erden.

Es gibt jedoch nicht nur dieses große Rad des Lebens, das sich in den bekannten 4,32 Millionen Jahren einmal um seine Achse dreht, vielmehr sind es viele kleine Räder oder Zyklen, die ihre eigenen Drehungen ausführen und damit sozusagen das große Rad antreiben. So hat es jedenfalls Gotthold E. Lessing in seiner »Erziehung des Menschengeschlechtes« gesehen, und Goethe schildert den Lauf der Welt durchaus in Übereinstimmung mit dem zyklischen Auf und Ab des Lebens und der Völker.[1])

Auch wenn sich also das große Rad auf unserer Seite langsam aufwärts bewegt, so drehen sich doch die kleineren Räder in der gleichen Zeit hundertmal auf und ab, nicht einfach nach einem starren Gesetz, sondern nach den Variationen und dem flexiblen Gesetz von Ursache und Wirkung, also nach dem karmischen Gesetz, das aus unseren eigenen Handlungen erwächst.

Die Anthropologen schließen aus ihren Knochenfunden, der Mensch habe sich aus einer tierischen Form entwickelt. Es gibt aber noch eine ganz andere Erklärung für die seltsamen Widersprüche, die sich bei der Deutung der Funde ergeben — und diese lautet: Was die Forscher wirklich fanden, waren nicht Übergangstypen vom hominiden Affen zum Menschen, sondern degenerierte Menschentypen, die während langer Zeiträume mit einer Speiche des großen Rades abwärts gestiegen waren, um im Bilde zu bleiben, bis sie am Tiefpunkt stupider Wildheit angelangt waren.

---

[1]) Goethe: Zur Geschichte (Deutsche Geschichtsphilosophie).

Nach J. P. Johnson beginnt an diesem unteren Wendepunkt eigenartigerweise ein neuer Aufstieg, den wir irrtümlich für die ursprüngliche Evolution halten. Äußerlich gesehen beginnt die Aufwärtsentwicklung des Menschen mit einem verstärkten Kampfe um die körperliche Existenz, wodurch seine Fähigkeiten angeregt und geweckt werden. Neue Gedankenkräfte entfalten sich, und so setzt sich die Aufwärtsbewegung im Wechselspiel des Daseinskampfes fort, wie es Darwin ganz richtig erkannte. Es ist aber in Wahrheit die Neubelebung der spirituellen Kräfte, welche durch die Wendung der Yugas (Zeitalter) hervorgerufen wird und den Beginn einer neuen Evolution bewirkt.[2])

Die Funde aus diesem Stadium der Menschheit führten die Forscher zu der falschen Annahme, sie hätten ein aufsteigendes Tier entdeckt, während sie in Wirklichkeit Überreste degenerierter Menschen ausgegraben hatten. Johnson bezieht sich bei seiner Darstellung auf die Lehren der Meister, denen bekannt ist, daß diese halbtierischen Typen einer langen Reihe höherer menschlicher Stammväter entstammen, die zurückführt bis in das letzte goldene Zeitalter, das vor rund zwei Millionen Jahren zu Ende ging. Während aber die große Mehrheit der Menschheit sich abwärts entwickelte, blieben kleinere Teile derselben den Vorschriften und der Lebenspraxis der Meister treu und wurden demzufolge von der tiefsten Degeneration verschont. Aus dieser Minderheit entsprang später die neue Blüte der Philosophie und Zivilisation, wie wir es nach dem Auftreten Zoroasters in einem Teil der Welt bestätigt finden.

Zusammenfassend stellt J. P. Johnson fest:

»Unter allen treibenden Kräften ist Spiritualität die erste Ursache; das allein ist die treibende Kraft in der Evolution, und ihr Nachlassen ist die Ursache von Degeneration und Verfall. Der Kampf ums Dasein ist ein Faktor, aber ohne die größere Kraft der ewigen Flamme, die immer aufstrebt zu ihrem Ursprung, gäbe es keine Evolution. Allerdings liegt es auch nicht in der Macht der Menschen, den Abstieg in die dunklen Perioden zu verhindern. Diese Zyklen und Zeitalter müssen sich so abspielen, wie sie vom Schöpfer angeordnet sind. Daß sich geistiger und materieller Abstieg und neuer Aufstieg mit geistigem Verfall oder Erneuerung gleichlaufend vollziehen, ist selbstverständlich.

---

[2]) J. P. Johnson: The Path of the Masters.

Die Wissenschaft der Meister besagt, daß in jedem lebenden Wesen, von der winzigsten Pflanze angefangen bis hinauf zum Menschen die spirituelle Flamme sich vorwärts und aufwärts kämpft in Richtung auf den Ursprung ihres Daseins, und dieser Prozeß und Kampf muß weitergehen, bis der letzte Staubfleck zum zentralen Feuer der unendlichen Wesenheit zurückgekehrt ist.«

Niemand wird bestreiten können, daß diese Sätze den Stempel unabdingbarer Gültigkeit und die Klarheit des durchdringenden Geistes spiritueller Meister in sich selber tragen; jedes weitere Wort über die Herkunft oder den Auf- und Abstieg des Menschen ist damit eigentlich überflüssig geworden. Die Frage ist gelöst!

Zur Vermeidung falscher Interpretationen sei jedoch hinzugefügt, daß der Tief- und Wendepunkt im gegenwärtigen Maha-Yuga keineswegs mit dem Auftreten Zoroasters vor drei-, vier- oder achttausend Jahren gleichgesetzt werden kann. Dieser Tiefpunkt mag schon vor einigen hunderttausend Jahren durchschritten worden sein, denn Abstieg und Wiederanstieg vollziehen sich in solch großen Zeiträumen und werden durch kleinere Zyklen immer wieder unterbrochen, daß selbst hundert Generationen keinen gültigen Maßstab vermitteln können.

Es gibt natürlich die verschiedensten Auffassungen über die Herkunft des Menschen, von denen manche zu den eben skizzierten Lehren der östlichen Meister in diametralem Widerspruch stehen. Aus diesen Theorien sei eine besonders kraß formulierte Entstehungsgeschichte des Menschen kurz gestreift, sei es auch nur, um das unheilvolle Auseinanderklaffen der Vorstellungen in dieser wichtigen Frage deutlich zu machen.

In einer beispiellosen Strafpredigt an die Menschheit behandelt Kiss Maerth in einem Buch das Thema der Evolution — wie üblich — im Sinne einer Entwicklung des Menschen aus dem Tierreich, also nach der sattsam bekannten Theorie der Abstammung des Menschen von bestimmten hominiden Affen. Nach seiner Darstellung erfolgte die »Menschwerdung« durch eine forcierte Zunahme des Gehirnvolumens infolge des über rund eine Million Jahre durchgeführten Kannibalismus gewisser Affenarten, die sich gegenseitig die Schädel eingeschlagen und das Gehirn des jeweils Besiegten verzehrt hätten. Durch diese über Tausende von Generationen fortgesetzte Praxis habe sich das Gehirnvolumen unverhältnismäßig rasch erhöht und damit auch

die Intelligenz, aber gleichzeitig sei eine Umstellung des Hormon-
haushaltes erfolgt, wodurch u. a. das Haarkleid des Affen bis auf
wenige Reste verschwand, so daß die neu entstandenen »Stammeltern« sahen, daß sie nackt waren, wie es die Genesis schildert.
Außerdem sei durch die zu schnelle und unnatürliche Entwicklung das Gehirn in dem nicht im gleichen Maße mitgewachsenen
Schädelraum unter Druck geraten, was zu epileptischen Anfällen
und anderen Fehlsteuerungen im Körperhaushalt geführt habe.
Der inzwischen aus dem Affen entstandene Mensch habe dann
die verhängnisvollen Folgen einer Weiterführung seiner bisherigen kannibalischen Gewohnheiten eingesehen und seine Lehrer
hätten ihm deshalb verboten, weiterhin von der »Frucht vom
Baume der Erkenntnis« — nämlich vom Gehirn seiner Feinde oder
Artgenossen — zu essen, und dies sei der eigentliche Sinn der
entsprechenden Stellen in der Genesis; ebenso beziehe sich der
Begriff der »Erbsünde« auf diese widernatürliche Entwicklung
des Menschen.

Obwohl also der Mensch zu dieser Zeit — angeblich vor rund
50 000 Jahren — zur Einsicht seiner sündhaften Entwicklung gekommen sei und seine seitherige Gewohnheit des Gehirnessens
aufgegeben habe, schleppe er nun diese Erbsünde und deren üble
Folgen als mentale Überzüchtung weiterhin mit sich; deshalb ver-
falle er seitdem von einem Fehler in den anderen, ohne aus diesem Teufelskreis wieder herauszufinden.

Durch die zu schnelle Entwicklung des Gehirnvolumens und
den dadurch entstandenen Druck im Schädelraum habe das Gehirn zu viele und zu feine Windungen gebildet, die dann — nach
Kiss Maerth — nicht mehr genügend gegeneinander isoliert gewesen seien und dadurch in gewissen Funktionen Schaden genommen hätten. Dies betreffe besonders den Teil des Gehirns,
welcher zuvor die übersinnlichen Wahrnehmungen ermöglichte,
einer Fähigkeit, die jedes (tierische) Lebewesen besitze. Außerdem habe er durch diesen physischen Defekt das Gedächtnis von
seiner früheren Existenz eingebüßt und seither nicht mehr gewußt, daß er einst ein geistig gesunder Affe gewesen sei und wie
er zum Menschen wurde. Ebenso habe er auch die Fähigkeit verloren, sich mit seinen Artgenossen durch Gedankenübertragung
zu verständigen, wie das bei den Tieren geschehe, die viel mehr
übersinnliche Fähigkeiten besäßen, als der Mensch ahne.

Dann stellt Kiss Maerth fest:
»Jedes Lebewesen ist ein Wunder, in dem die vier Grundsub-

stanzen des Universums — Materie, Halbmaterie, Halbgeist und Geist — vereinigt sind. Sie existieren nicht als Selbstzweck, sondern sollen sich bewußt als eine Komposition aller Grundsubstanzen erkennen und dem schaffenden Geist huldigen, der ihr Ursprung und der Ursprung aller Dinge ist.

Das tut jedes Lebewesen, gleichgültig auf welcher Intelligenzstufe es im Rahmen seiner natürlichen Entwicklung angekommen ist. Ein geistig gesundes Tier nimmt nicht nur die materiellen Komponenten seines Ichs wahr, sondern auch alle feineren Substanzen einschließlich der Seele. Ein Tier weiß, daß seine Seele ein Teil des schaffenden Geistes ist und daß sie keinen Beginn und kein Ende hat, weil sie unzerstörbar ist. Es weiß, daß das wahre Ich unsterblich ist. Seine übersinnlichen Fähigkeiten dienen aber nicht nur dazu, sich als Teil des schaffenden Geistes zu erkennen, sondern auch zu praktischen Zwecken des täglichen Lebens, um ihre Existenz solange und so gesund wie möglich zu erhalten.« Und der Autor bekräftigt seine Darstellung mit den Worten: »Dies ist keine Theorie, sondern Wahrheit, die der Mensch akzeptieren und die Konsequenzen daraus ziehen muß«[3]) (p. 108—109).

Das sind gewiß kühne Behauptungen; sie bedeuten die vollständige Umkehrung aller großen Lehren der Menschheit, die besagen, daß nur der Mensch nach dem Bilde Gottes geschaffen wurde. Alle hohen Möglichkeiten des Menschen werden ihm hier abgesprochen und den Tieren zugeschrieben, besonders dem »geistig gesunden Affen«. Aber trotz des angeblichen Wissens der Tiere vom Wesen der Seele und ihrer Bestimmung im Plan der Schöpfung allgemein haben diese geistig gesunden Affen begonnen, sich über eine Million Jahre hinweg konsequent die Schädel einzuschlagen! Sollte da nicht ein kleiner Irrtum unterlaufen sein?

Als Gegenstück zur obigen Darstellung nun eine Stelle aus dem aramäischen Evangelium:

»Eines Tages fragte einer den Meister (Jesus): Was soll ich tun, wenn ein wildes Tier meinen Bruder zerreißen will? Und Jesus antwortete: Ich sage euch wahrlich, von allen Geschöpfen hat Gott nur den Menschen nach seinem Bilde geschaffen. Daher sind die Tiere für den Menschen da, nicht aber der Mensch für die Tiere. Daher übertrittst du das Gesetz nicht, wenn du das

---

[3]) Kiss Maerth: Der Anfang war das Ende.

Tier tötest, um deines Bruders Leben zu retten. Denn ich sage euch wahrlich, der Mensch ist mehr als das Tier. Wer jedoch ein Tier ohne triftigen Grund tötet, wegen seines Fleisches oder seines Felles oder selbst wegen seiner Zähne, der begeht eine böse Tat, denn er ist selbst zu einem wilden Tier geworden; daher wird sein Ende auch das eines wilden Tieres sein!«

Die wunderbaren Anlagen des Menschen zur bewußten Kontaktaufnahme mit den geistigen Ebenen, die bei keinem Tier vorhanden sind — entgegen den Thesen von Kiss Maerth — sind ein zentrales Anliegen dieser gesamten Arbeit mit ihren zahlreichen Zeugnissen und Hinweisen. Daß nur der Mensch mit diesen Fähigkeiten ausgestattet ist, wird durch die folgenden hochstehenden Zeugnisse in einwandfreier Weise klargestellt.

Nehmen wir zunächst das Zeugnis des Patanjali; nach seinen Lehrsätzen entspringt das Leiden in der Welt aus Ichhaftigkeit, Begehren, Haß und Anhangen. Die Ursache aller dieser leidschaffenden Faktoren ist die Unwissenheit über die bewirkenden Kräfte, die »Dränger«, welche uns zu unseren Handlungen anspornen. Aus dieser Unwissenheit — die Patanjali das größte Unheil nennt — ergibt sich eine im Äußerlichen verhaftete Weltbefangenheit, die das Reine, das Selbst (die Seele) mit dem Unreinen Nichtselbst (dem körperlich-mentalen Ich-Bewußtsein) verwechselt. Aus dieser oberflächlichen Auffassung entspringen Handlungen und Wünsche, die als »Werkliegenschaft« (Vorratskarma) in irdisch sichtbaren und in nichtirdischen Existenzen ausgekostet werden müssen.[4]

In diesen wenigen Worten sind die Ursachen der Wiedergeburten und unserer Schicksale auf beiden Seiten des Vorhanges im Prinzip schon genannt. Die Welt selbst wird zwar von der Gottheit in Gang gehalten, aber das Auf und Ab der menschlichen Schicksale ist das Ergebnis unserer eigenen Handlungen und Wünsche, die wir deshalb viel sorgfältiger überwachen sollten. Das Wirken der Gottheit wird in der Bhagavad Gita so geschildert:

»Nichts gibt es in den drei Welten (physisch, astral, mental) das ich tun müßte; und trotzdem bin ich immerdar ohne Ermüden am Werke. Wenn ich das Werk nicht wirkte (ich = der Demiurg, die Negative Macht), würden alle Welten aufhören und ich würde der Urheber kosmischer Verwirrung, würde die Wesen hier in die Vernichtung stürzen. Darum, wenn die Toren ihre Werke wirken,

---

[4]) Patanjali: Yoga-Sutras, Buch II/12.

um Nutzen zu erlangen, so soll der Weise wirken ohne diesen Hang, nur darauf bedacht, dem Fortgang des Geschehens zu dienen.«

Die Gottheit erwartet also nichts für ihr Wirken, weder Ehre noch sonst ein Gut, hat sie doch alles in sich selbst. An diesem Beispiel soll sich der Mensch orientieren und sich in göttlicher Selbstlosigkeit üben, womit er die eigentliche Aufgabe des Lebens und Wirkens bejaht als etwas vom höheren Willen Bestimmtes.

Dazu schreibt J. W. Hauer:

»Es kann keine Frage sein, daß die Wirkung der Hingabe in dieser göttlichen Selbstlosigkeit eine Lebens- und Schaffensenergie auslöst, die den Menschen befreit von allen Berechnungen und Erwartungen und seine Kraft und Einsicht sammelt auf das Eine, auf das Herz der Tat.« Und weiter stellt Hauer fest, daß die Yogalehre ohne spintisieren die Erfahrung als Grundlage des Denkens ansieht, von der aus die Erkenntnis vordringen muß in die Hintergründe des Weltseins, womit ein unerschütterlicher Grundsatz allen Erkennens postuliert werde.[5])

Der Mensch soll also seine Aufgabe im gehorsamen Handeln nach dem Willen der Gottheit erkennen, ohne nach dem Nutzen zu streben. Auch die Upanishaden betonen, daß durch Versenkung (Meditation) die Verblendung und Täuschung der materiellen Welt überwunden und ihre Fesseln gebrochen werden können, wodurch die Seele nach der Trennung vom Körper Anteil an der All-Herrschaft erlange. Die Seele ist ja ein Funken der göttlichen Wesenheit und soll wieder in diese zurückkehren. Das wird ihr jedoch nur möglich, wenn der Mensch, der in der Welt lebt und sie »ißt« (genießt bzw. erfährt), die Zusammenhänge durchschaut und bereits auf dieser Welt den Kontakt mit dem höchsten Wesen erreicht. Yoga (Meditation) ist ja die praktisch durchgeführte Wissenschaft der Vereinigung, die in letzter Konsequenz Erlösung bedeutet; der Weg dazu ist allein die Gotterkenntnis, wie in der Upanishad immer wieder betont wird. Dort heißt es: »Wenn der Mensch (der Genießer) die Genußwelt und den Antreiber erkannt hat, dann ist alles gesagt. Dies ist das dreifältige heilige Wissen« (der Antreiber = die Negative Macht, Hauer, p. 128—129).

Über das Problem, das Wirken der Negativen Macht oder des Demiurgen zu durchschauen, sagt Gautama Buddha:

---

[5]) J. W. Hauer: Der Yoga.

»Den Kreislauf vieler Geburten habe ich ruhelos durchlaufen, um den Hauserbauer (Demiurg) zu suchen. Jetzt habe ich dich gefunden und durchschaut, Hauserbauer, mir baust du kein Haus mehr.«

Dem Demiurgen unterstehen als Antriebskräfte die drei Gunas, Attribute oder Qualitäten der Materie, die Hauer als »Weltstoffe« bezeichnet, die ihrerseits wieder einem »Weltstoffselbst« unterstehen.

Nach einer Meister-Interpretation wurde die Schöpfung mittels dieser Trigunas möglich, die auch im Menschen wirksam und als Satogun, Rajogun und Tamogun bekannt sind; sie entsprechen den Eigenschaften der Harmonie, der Aktivität und der Trägheit, denen in der Personifizierung die Gottheiten Brahma, Vishnu und Shiva entsprechen, welche also demiurgische Potenzen sind.

Die zweite Gruppe von Kräften sind die Pranas, ätherische Essenzen oder vitale Lebenskräfte, fünf an der Zahl, welche in den fünf Tattwas oder elementaren Zuständen der Materie wirksam sind. Diese Tattwas sind: Prithi, Jal, Agni, Vayu und Akash — oder Erde, Wasser, Feuer, Luft und Äther. Diese Essenzen und Elemente gibt es in subtiler (feinstofflicher) und grobstofflicher Form — und das ganze Universum ist auf ihnen aufgebaut.

Yoga ist eine stete Bemühung um die Vereinigung mit der Gottheit, bzw. um Herstellung des Kontaktes zwischen Seele und Bewußtsein über verschiedene Stufen, wodurch letzten Endes die Wiedervereinigung der Einzelseele als eines göttlichen Funkens mit ihrem Ursprung erreicht werden soll. Dieses Ziel entspricht in christlicher Terminologie der »Erlösung«, im östlichen Sprachgebrauch der Befreiung, nämlich vom Rad oder Zyklus der Wiedergeburten. Aber wie aus den obigen Ausführungen ersichtlich, ist dies eine äußerst komplexe Wissenschaft, wie es dem ebenfalls komplexen Aufbau und Zusammenspiel der »Natur« entspricht. Dieses Spiel der Natur ist unserer Wissenschaft ja nur im physikalischen Bereich einigermaßen bekannt, während die subtilen Ursachekräfte so gut wie unbekannt sind.

Wer sich ernsthaft mit Yoga in höherem Sinne befassen möchte, der sollte auf jeden Fall einen wichtigen Punkt beachten: Die Notwendigkeit eines kompetenten Führers.

Sri Aurobindo schreibt:

»Um in die leuchtende Krypta der Seele einzudringen, muß man den ganzen dazwischenliegenden vitalen Bereich bis zum seelischen Mittelpunkt in uns durchmessen haben, so lang, ermüdend oder schwierig der Prozeß auch sein mag. Die Loslösung vom Druck der mentalen, vitalen und physischen Ansprüche, der Lockungen und Triebe, ist eine sehr nützliche Hilfe auf diesem schwierigen Wege; aber der wirksamste und direkteste Weg ist die Selbsthingabe an Ishwara, das göttliche Wesen. Strengster Gehorsam gegenüber der weisen und intuitiven Leitung eines Führers ist ebenfalls üblich und notwendig für alle, außer für einige wenige, besonders begabte Sucher.«

Um jedoch das höchste Ziel auch wirklich zu erreichen, muß der Jünger auf dem Pfad über die »drei Welten« (des Demiurgen) hinausgelangen. Nur wenn er sich nicht in den drei Welten zurückhalten läßt, sondern in noch höhere Stufen aufzusteigen vermag, kann er den Orbit oder die Anziehungskraft der unteren Regionen überwinden und schließlich in die wahre Heimat, das Reich des Vaters gelangen, wie es die Meister mit Nachdruck betonen. Auch I. W. Hauer bestätigt dies indirekt mit der Feststellung: »Auch die höchsten geistigen Möglichkeiten (nach dem System des Patanjali und nach den Veden) spielen sich im Bereiche der Gunas ab; der Purusha (Vater im Himmel) ist davon radikal verschieden« (Anmerkung 25, p. 469). Und die Gunas sind Kräfte der »drei Welten«, wie oben festgestellt.

Angesichts der verwirrenden Vielfalt der Kräfte und wirksamen Faktoren auf diesem Weg ist es einleuchtend, daß die Yogapraxis kein Spiel für Zauberlehrlinge ist, denn es gibt zahllose unbekannte Fallgruben und Gefahren, die dem Vermessenen unvermeidlich zum Verhängnis werden, der sich nicht der Führung einer sicheren Hand anvertraut. Anderseits sind die Hochziele des Menschen nur auf dem Wege der Yogapraxis zu erreichen, womit die gestellte Aufgabe und das Problem ihrer Lösung klar genug umrissen sein dürfte.

Wie in früheren Kapiteln genugsam erläutert, ist das Denkwesen eine Schöpfung des Demiurgen und daher sein Agent im Menschen und zugleich der »Widersacher« der Seele. Über dieses paradoxe Verhältnis zwischen Geist, Seele und Denkwesen oder »Mind« hat Paul Claudel (1868—1955) eine treffende Abhandlung geschrieben, deren wesentlicher Inhalt kurz wiedergegeben sei. Hier die Parabel:

»Im Haushalt von Animus und Anima, von Verstand und Seele, steht nicht alles zum besten. Die Zeiten liegen weit zurück, da es Anima freistand zu reden, wie ihr zumute war, und Animus ihr voller Entzücken lauschte. Schließlich ist es doch Anima, die

die Mitgift eingebracht hat und den Haushalt in Gang hält. Aber Animus hat sich nicht lange mit dieser untergeordneten Stellung abgefunden und schon bald hat er seine wahre Natur herausgekehrt, seine Eitelkeit, Pedanterie und Gewalttätigkeit. Anima ist unwissend und dumm, sie ist nie zur Schule gegangen, wogegen Animus einen Haufen weiß. Er hat eine ganze Menge aus Büchern zusammengelesen und spricht jetzt so gut, daß alle sagen, besser könne man wirklich nicht sprechen. Nun hat Anima nicht länger das Recht, auch nur ein Wort zu sagen: er reißt ihr sozusagen das Wort aus dem Munde, besser als sie selbst weiß er, was sie sagen wollte und an Hand seiner Theorien verdreht er alles derart und macht das so geschickt, daß die Arme in ihrer Einfalt nichts mehr wiedererkennt. Zudem ist Animus nicht treu, aber das hält ihn nicht davon ab, eifersüchtig zu sein. Im Grunde weiß er sehr wohl, daß Anima das ganze Vermögen gehört, denn er ist bettelarm und lebt nur von dem, was sie ihm gibt. Dennoch quält er sie, treibt seine Possen mit ihr und erfindet Geschichten, um ihr wehzutun und zu sehen, was sie dazu sagen wird; abends erzählt er dann alles seinen Freunden und brüstet sich damit.

Derweilen bleibt sie zu Hause, besorgt schweigsam und bescheiden den Haushalt und hält alles in Ordnung so gut es geht. Doch da ereignet sich plötzlich etwas Sonderbares. Eines Tages kommt Animus unvermutet heim; da hört er Anima ganz für sich allein hinter der verschlossenen Tür vor sich hinsingen: ein seltsames Lied, etwas ihm völlig Unbekanntes, unmöglich, die Noten, die Worte oder die Tonart zu erkennen. Ein ebenso sonderbares wie wundervolles Lied. Seitdem versucht er auf hinterlistige Art, sie dazu zu bringen, es nochmals für ihn zu singen. Anima tut so, als verstehe sie ihn nicht. Sobald er sie anschaut, schweigt sie. Die Seele schweigt, sobald das Mentalwesen sie anschaut. Da hat nun Animus eine List erfunden; er stellt alles an, um sie in dem Glauben zu wiegen, er sei nicht zu Hause. Er geht hinaus, unterhält sich lärmend mit seinen Freunden, pfeift oder singt vollkommen sinnlose Liedchen. Nach und nach fühlt sich Anima sicherer, blickt sich um, lauscht, atmet, glaubt sich allein, dann geht sie ganz leise hin, um ihrem göttlichen Liebhaber (Geist) die Tür zu öffnen. Aber Animus hat, wie man zu sagen pflegt, die Augen hinten am Kopf.«

Zur Ergänzung dieser großartigen Allegorie sei noch einmal kurz wiederholt: Der Mensch ist eine grundsätzliche Zweiheit, d. h. er ist sowohl »natürlich« als auch göttlich. Der göttliche Teil ist die verborgene Seele und die schwingende Kraft des Geistes. Der natürliche Teil ist die Oberflächenperson, die wiederum aus einer Dreiheit besteht: aus dem Körperlichen, dem Vitalen oder Astralen und dem Mentalen oder Denkwesen.

Die höchste Form des Yoga ist nach den Meisterlehren der Surat-Shabd-Yoga, wobei Surat für Seele und Shabd für den schwingenden und tönenden Geist steht. Es handelt sich also um die bewußte Vereinigung bzw. den Kontakt der Einzelseele mit dem universellen Geist, der als pulsierender Energiestrom in aller Schöpfung tätig ist. Es ist NAM, das WORT des Johannes, das residiert und reflektiert wird im Stirnchakra des Menschen, dem dritten Auge der Lehre, auch das zehnte Tor genannt. Doch gleichzeitig residiert dort zur Rechten die Seele und zur Linken das Mentalwesen als der Agent der Negativen Macht, des Demiurgen. Aus der Doppelherrschaft von Seele und Denkwesen, Anima und Anismus, resultiert der Dualismus und die »widerständige Realität« (Hauer) des menschlichen Daseins. Sie ist der Schlüssel zu den sonst unverständlichen Fragen und Problemen des Lebens.

Sehen wir uns aber die wirkenden Kräfte der oft genannten »drei Welten« anhand der Darstellung von I. W. Hauer in seinem sehr gründlichen Werk über den Yoga noch etwas näher an.

Außer den Pranas sind es vor allem die drei Gunas, die auf menschlicher Ebene verschiedene Charaktereigenschaften zum Ausdruck bringen. Sattwa ist das Lichte, Wahre, Reine, aus ihr kommt die Bewußtseinsenergie, die hohen Erkenntnisse und das sittliche Handeln. Aus Rajas entspringen die Energien der Lebenslust, des Kämpfens und Herrschens, kurz die ungebrochene Naturhaftigkeit. Als Drittes ist Tamas das dunkle und träge, das brutale und geistlose Element, die dumpfe vegetative Schicht, die sich oft in blinder Rücksichtslosigkeit auswirkt. Aus diesen drei Gunas wird sozusagen die Welt gewoben, denn sie sind die sich differenzierenden Energiewellen der Prakriti (Urmaterie), die sich mischen und entmischen in unablässigem Ringen miteinander in ungeheuer drängender Bewegung. Doch dieses Ringen ist immer zweckvoll gelenkt (durch das karmische Gesetz, Verf.). Aus diesem Kampfe entsteht und lebt die Welt (Yoga, p. 287).

Dazu bleibt zu bemerken, daß die Gunas Kräfte der Natur sind, die ihre Energie aus höheren Quellen beziehen. Die Bhagavad Gita sagt dementsprechend, daß die Veden dreigunahaft seien, also ein Buch, das den »drei Welten« entstammt, und daß der wahre Yogi diese Ebenen übersteigen müsse (Gita: II/45).

Nach Hauers Darstellung regt sich im Kampf der Gunas der Urwille (asis), in dem schon das Ziel lebendig sei: Welt muß gestaltet werden, damit der purusha (der kleine purusha, der Mensch, Verf.) sie »esse«, also kennenlerne und erfahre und dadurch zur Befreiung von ihr gelange, von der naturhaften Welt nämlich, in die ihn ein Unbegreifliches zu langem Kreislauf der Geburten zwingt.

Der Urwille erzeugt in der Urmaterie eine Schwingung, Lingamatra, welche ihrerseits im Kosmos die fünf Tanmatras hervorbringt. Dies sind subtile Weltenergieformen, die als dynamische Voraussetzung aller sinnlich wahrnehmbaren Erscheinungen zu gelten haben. Sie verdichten sich durch Zusammenballungen zu Elementen und Organen des Körpers (p. 288).

Hauer erwähnt auch ein »Sabda-Tanmatra«, eine subtile Tonenergie, die sich im Kosmos zu Äther (Akash) verdichtet, in der inneren Welt aber gleichzeitig das Gehör als wahrnehmendes Organ hervorbringt. Beides, Wahrnehmungsgegenstand und Organ, beruhen auf derselben subtilen Energiezusammenballung, denn die äußere und die innere Welt sind durchweg in Entsprechung. »Mit den Sinnen sind die Tanmatras (die subtilen Töne) nicht zu erfassen; nur der Yogi vermag sie mit seinen geschulten Innenorganen zu erfassen.«

Zu diesem interessanten Passus wäre zu sagen, daß die niederen Tonschwingungen Reflektionen der höheren geistigen Regionen sind, worunter vermutlich das angeführte »Tanmatra« zu rechnen sein wird. Die »Innenorgane« des Yogi sind dabei natürlich nicht als körperliche Organe zu verstehen, vielmehr handelt es sich um Wahrnehmungsstufen der Yoga- oder Meditationspraxis. Die höheren Stufen der tönenden Energieschwingungen können allerdings nur durch einen Meister dieser höheren Stufen vermittelt werden. Die nach Regionen abgestuften Klangströme stehen in Beziehung oder Entsprechung zu den höheren Chakras im Menschen, so daß also auch hier die obere und die untere Welt in Entsprechung sind.

Hauer schildert die wirkenden Kräfte weiter so:

Die Seinsform der Tanmatras wandelt sich zunächst in Asmitamatra, das kosmische Individuationsprinzip, von dem alle kosmischen und seelischen Einzelgestaltungen gewirkt werden. (Diese »seelischen Einzelgestaltungen« müssen hier mit einem großen Fragezeichen versehen werden, denn die Seele entstammt einer

weit höheren Region als die Wirkkräfte der Natur.) Aus Asmi-
tamatra entsteht das individuelle empirische Ichbewußtsein
(Asmita) ebenso wie alle Individuationen (Einzelgestaltungen).
Wo Einzelwesen werden, Menschen, Kristalle, Sterne, da ist
Asmitamatra wirksam und die Macht der Individuation ist über-
all im Kosmos gegenwärtig.

Den fünf Tanmatras entsprechen die Organe: Tastsinn, Ge-
sichtssinn, Geschmack, Geruch und Gehörsinn. Zu diesen fünf
Erkenntnissinnen wirkt Asmitamatra die fünf Tastsinne: reden,
gehen, zeugen, entleeren, greifen. Diese zehn Sinne sind Wahr-
nehmungs- und Tätigkeitskräfte, nicht die Organe selber; die
Organe sind »Verdichtungen« dieser Kräfte. Dazu kommt der
elfte Sinn, das individuelle Denkorgan, das aller Sinne Werk im
Innern ordnet und dem Ichbewußtsein darbietet.

Der Wille zum Organsein oder Objektsein ist schon in den
Weltstoffen (den Gunas) immanent, so daß das Individuationsprinzip dem Grundcharakter der Gunas entspringt — und der
letzte Sinn der schaffenden Urnatur ist das konkrete Einzelwesen,
denn dieses nur kann der Purusha »essen«. (Vielmehr: nur als
Einzelwesen kann der purusha die Welt »essen«.)

Der Zweck der gesamten Schöpfung ist also nach der von
Hauer erläuterten Yogalehre das konkrete Einzelwesen und hier
wiederum der einzelne purusha, der Mensch als das höchstent-
wickelte Wesen mit seinem wunderbaren Instrumentarium, mit
dem er zu allen Regionen in Verbindung treten kann.

Hauer schreibt: Wenn man fragt, wie die Yoga-Metaphysik zu
dieser Anschauung kam, so lautet die Antwort: Durch Erfahrung!
Wer lernt, sein Inneres zu durchschauen (nach innen zu gehen),
dem tritt die Dreiheit der Kraftsubstanzen erfahrbar gegenüber.
Drei-urständig ist der Mensch gebaut (nämlich der »natürliche«
Mensch, Verf.) und all sein Leben und Erfahren ist aus diesen
drei Urständen zu erklären. (Solange er die »drei Welten« nicht
übersteigt.)

Im Sinne der Meisterlehren ist es der Wille des Höchsten, der
durch die Tonschwingungen in den Gunas wirkt, denen als Eigenschaften der subtilen Materie die Vergegenständlichung der von
oben kommenden Anweisungen obliegt — ein über viele Stufen
arbeitendes System zur Durchsetzung und Verwirklichung des
schöpferischen Planes.

Alle Kenntnis höherer Stufen beruht auf Erfahrung, wie
I. W. Hauer richtig festgestellt hat, und zwar auf Erfahrung, die

jeder durch Yogapraxis für sich selber machen muß. Alles Wissen über die höheren Stufen des Lebens und die hohen Möglichkeiten des Menschen ist uns durch befähigte Yogis und Meister übermittelt worden, welche diese Erfahrung durch eigene Arbeit erreicht haben, wobei auch sie durch »ältere Brüder« geleitet und geführt wurden.

Kapitel 21

Sündenfall oder Abstieg

Im allgemeinen herrscht bei uns die Ansicht, es sei sinn- und zwecklos, hinter den Vorhang der äußerlich sichtbaren Welt schauen zu wollen, denn der Demiurg als Erbauer der Naturreiche weiß ja seine Geheimnisse wohl zu wahren und Neugierige haben es schwer, den feineren Zusammenhängen mit immer genaueren Geräten und Methoden auf die Spur zu kommen. Es verwundert daher nicht, daß der Versuch, in die feinstofflichen oder gar in die höheren geistigen Regionen einzudringen, von vielen als Frevel und Vermessenheit, von anderen wieder als aussichtsloses Unterfangen angesehen wird. In jedem Falle ist man zutiefst überzeugt, daß ein echter Kontakt des Menschen mit der Gottheit im irdischen Dasein unmöglich sei.

Dieser westlichen Grundeinstellung ungeachtet sickert auch bei uns langsam wieder eine längst vergessene Kenntnis durch von dem feineren menschlichen Instrumentarium, das es dem »Eingeweihten« bei geduldiger und zielstrebiger Arbeit ermöglicht, die Emanationen (Ausstrahlungen) der höheren Ebenen wahrzunehmen und zu empfangen, denn der Mensch ist ja in der Tat »wunderbar und furchterregend« zugleich gemacht. Es könnte sich deshalb in ungeahnter Weise lohnen, uns selbst besser zu ergründen und kennenzulernen. Zunächst sollten wir Westlichen wieder einige Grundwahrheiten über die Wege der Seele zur Kenntnis nehmen, die im Folgenden noch einmal in zwei Sätzen zusammengefaßt seien:

Im Anfang wurden die Seelen als Funken der göttlichen Wesenheit in die tieferen Regionen und zur Erde hinabgesandt, wo sie nach dem Willen des »Namenlosen Einen«, repräsentiert durch den Vater im Himmel, in den unteren drei Welten und besonders auf der materiellen Ebene Erfahrungen sammeln und sich bewähren sollten. Die zugewiesene Aufgabe bestand darin, sich durch Myriaden von lebendigen Formen der Natur im Pflanzen- und Tierreich während Jahrmillionen zum menschlichen Stadium emporzuarbeiten, sich also in immer neuen vergänglichen Formen zu inkarnieren und sie zu beleben.

Diese Aussage bildet das unverrückbare Grundprinzip des göttlichen Spiels, denn die Schöpfung wurde ja als ein Tätigkeitsfeld für die Seelen ins Dasein gerufen. Es ist deshalb klar, daß nicht Sündenfall und Erbsünde die bestimmenden Faktoren unseres Abstiegs in die materiellen Welten sind, vielmehr verläuft dieses Spiel nach dem Willen und den vorbestimmten Regeln des Höchsten, der die ausgesandten Funken aus seiner eigenen Wesenheit zu gegebener Zeit zu sich zurückruft. Sündenfall kann sich nur im Bereiche der unteren Ebenen ereignen, während die Regionen reiner Geistigkeit von solchen Dingen nicht berührt werden können. Das bedeutet zugleich, daß kein »gottgleicher« Engelfürst vom treuen Anhang Gottes besiegt und zum Höllenfürsten degradiert wurde. Solch grobe Mißverständnisse beruhen auf der Unkenntnis der höheren Regionen und ihrer hierarchischen Regenten, deren Abhängigkeit von der alles durchdringenden Kraft des Höchsten selbst den entferntesten Gedanken an eine »Empörung« ausschließt, denn dieser ist allen »Engeln« und selbst deren obersten Fürsten unerreichbar. Sie alle müssen — gemäß der Meisterlehre — zur Heimkehr in das Reich des Vaters ihren Weg über das menschliche Stadium nehmen, von dem aus allein der Aufstieg zum Höchsten möglich ist. Pantheismus ist ein Märchen für Theoretiker!

Fassen wir die Regeln des Spieles der Gottheit mit den ausgesandten Seelen noch einmal zusammen, wie es vom Demiurgen, dem Herrn der unteren Welten, in Szene gesetzt wird.

Der Abstieg:

Die Seelen, so wird gesagt, sind Funken des göttlichen Lichtmeeres oder Tropfen des Ozeans der Liebe, bestehend aus jener anderen, weiblichen Komponente des Schöpfergeistes, die als göttliche Weisheit in den Sprüchen Salomos beschrieben ist, die als Erstling seiner Werke reines Entzücken gewesen sei, lange vor der Erschaffung der Welt. Die Funken oder Tropfen aus dieser Substanz also begannen den Abstieg nach dem Willen des supremen Vaters, wobei sie durch den Sog oder Strudel von

Bhanwargupa in die tieferen Regionen Brahmands, des mittleren Großreiches, hinabgezogen wurden.

Bisher waren die »Funken« mit dem Lichtmeer der göttlichen Substanz vereinigt gewesen, aber nun waren sie »Jivas« geworden, nämlich getrennte Einzelwesen und in ihnen sang und erklang ein neues Bewußtsein: das bin ich, das bin ich!

Bei diesem Übergang vom oberen zum mittleren Großreich, von Sat Desh nach Brahmand, wurde also die Individualität geboren, die Ich-bin-heit. Natürlich gab es für die Seelen in den Regionen Brahmands noch keine Probleme oder Sorgen, denn zunächst waren sie ja noch die stolzen Hansas (Schwäne) der Gotteskindschaft. Ihre Ausstattung für die bevorstehende Aufgabe begann in Trikuti, der dritten Region unter Sat Desh, wo die Seelen mit dem Denk- oder Mentalwesen umkleidet und mit dem Kausalkörper versehen wurden, welch letzterer als das »Buch des Lebens« zur Aufzeichnung der Handlungen dient, nach denen die späteren Schicksale festgelegt und bestimmt werden. So vorbereitet kamen die Jivas in die unterste Region Brahmands, die astrale Ebene des tausendblättrigen Lotus, wo sie mit einem weiteren feinstofflichen »Gewand« versehen wurden: dem Astralkörper.

So für den Erdenweg ausgerüstet, leben die Jivas in Bereitschaft und Erwartung ihrer Inkarnation in das werdende Menschlein des irdischen Embryo. Dann tritt die Seele mit ihren Hüllen in vorgeplanter Weise in das Gefängnis des materiellen Körpers ein, wo sie unter all ihren Bedeckungen und den neuen Eindrücken das Bewußtsein ihrer göttlichen Abkunft verliert, das uns Menschen nur als undeutliches Unterbewußtsein verbleibt. Obwohl die vibrierenden Klänge der höheren Regionen auch im Erdenmenschen weiterschwingen, können sie nun ebenfalls nicht mehr gehört werden; die Jivas sollen ja nicht auf dem nächsten und kürzesten Weg die Stufenleiter zu ihrer hohen Heimat wieder hinaufsteigen, sondern über lange Zeiträume in der materiellen Welt deren Höhen und Tiefen bis zur Neige durchleben und erfahren, denn nur so kann die Schöpfung als ein lebendiger Organismus bestehen. Erst nach unbekannten Zeitläufen — und entsprechend ihren Anstrengungen — wird den Seelen wieder die Möglichkeit gegeben, mit den aufsteigenden Klangströmen in Kontakt zu treten und zum Ursprung zurückzukehren.

Involution und Evolution:

Dieser Abstieg nach dem Willen und Plan des Höchsten bedeutet die Involution der geistig-seelischen Kräfte in die Materie und somit deren intelligente Belebung als Voraussetzung ihrer Evolution, nämlich der Entwicklung der Arten im pflanzlichen und tierischen Bereiche bis zur Höhe der ihnen bestimmten Entfaltung. Die Inkarnation der Seelen beginnt also nicht erst im menschlichen Stadium, sondern Äonen früher. Manche sagen sogar, daß die heute in Menschen inkarnierten Seelen vor Millionen oder Milliarden Jahren ihren Weg auf der »schreckensvollen Spirale« in Stein und Mineral begonnen haben. Wie dem auch sei, unser jetziger Status ermöglicht es uns prinzipiell aus der materiellen Welt und den unteren Regionen Brahmands auszubrechen und die angestammte Heimat wieder zu erreichen.

Der Streit um die Entstehung der Arten nach der Theorie Darwins, Haeckels, Lamarcks und anderer, insbesondere um die angebliche Entwicklung des Menschen aus tierischen Formen muß daher unter dem Gesichtspunkt der Involution oder Inkarnation der Lebensfunken in die Formen oder Arten der Flora und Fauna gesehen werden. Die Lehre besagt, daß ohne den kreativen Geist in seinen verschiedenen Aspekten keine wie immer geartete Aktivität, kein Leben höherer oder selbst niedrigster Art möglich ist. Es ist der Prakriti-Aspekt des Geistes, der hinter dem unfaßbaren Wirbel der Atome und der unerschöpflichen Energie der (in ihrem Wesen immer noch unbekannten) Elektrizität als treibende Kraft steht. Auf der anderen Seite ist es der Seelen-Aspekt des Geistes, der in den pflanzlichen und tierischen Formen der Natur als mehr oder weniger bewußter Lebensfunke tätig ist — wahrscheinlich auch in gewissen hochentwickelten Formen des Mineralreiches, mit Sicherheit aber in den unzähligen Arten der Flora und Fauna.

»Die Welt ist voller Seelen und es gibt darin kein Vakuum, wo sie nicht als Antriebskräfte oder bewußte Lebensfunken vorhanden wären. Betrachten wir einen Garten mit Pflanzen, Früchten und Blumen; darin sind Tausende wertvoller Seelen von derselben Wesenheit wie unsere eigene gefangen — unsere kleinen Brüder — und kämpfen als winzige Intelligenzfunken um jeden kleinsten Fortschritt auf den zahllosen Stufen des Aufstieges in immer neuen Verkörperungen.« (Nach J. P. Johnson, parts of man.)

Ohne Zweifel gibt es eine körperlich-materielle Entwicklung der Arten, jedoch muß die Vielfalt der Lebensformen durchaus nicht aus einer oder einigen wenigen »Urformen« entstanden sein. Die Lehre besagt im Gegenteil, daß 84 lakhs lebender Wesen erschaffen wurden, wobei ein »lakh« der Zahl 100 000 (hunderttausend) entspricht; somit wären 84 x 100 000 = 8,4 Millionen lebender Arten erschaffen worden, und zwar:

3,0 Millionen Pflanzen
2,7 Millionen Insekten und Reptilien
1,4 Millionen Vögel
0,9 Millionen Wassertiere
0,4 Millionen Tiere, Götter und Göttinnen, Jinns (Dämo-
——   nen), Geister und Menschen
8,4 Millionen

Die Erschaffung der Arten fand jedoch nicht im irdisch-materiellen Bereiche, sondern in den feinstofflichen (astralen und mentalen) Regionen statt, von denen aus sie nach Bedarf auf die materielle Ebene verpflanzt werden.

So sehen wir, daß nicht die unzähligen Arten, wohl aber ihre Lebensfunken auf der Stufenleiter der Evolution aufsteigen, nicht ein Aufstieg der Körperformen, sondern der Seelen. Das bringt uns mit allem Nachdruck die allgemeine Bruderschaft und die fundamentale Verwandtschaft zwischen allen lebenden Wesen zum Bewußtsein (Johnson). Diese gewaltige Prozession aller lebenden Formen, die sich langsam auf jenes ferne Ziel zubewegen, von wo sie einst ausgesandt wurden, vermittelt uns ein packendes Bild des grandiosen göttlichen Spiels, das in allen seinen Phasen nach den Weisungen des Höchsten verläuft. Daran kann nicht der geringste Zweifel bestehen.

Wanderung durch die drei Welten:

Für uns Sterbliche steht im Vordergrund das Problem der Unsicherheit unserer Zukunft auf der anderen Seite des Lebens. Wir wünschen Gewißheit zu erlangen, was uns drüben erwartet, noch bevor wir durch das dunkle Tor in das Reich der Schatten eintreten müssen — oder wie immer jene Bereiche in Wirklichkeit genannt zu werden verdienen. Die seit ungezählten Generationen strapazierte Behauptung, wir hätten nur eine einzige Erdenrunde als Probezeit, nach der dann ewige Seligkeit — nach einer angemessenen Zeit der Reinigung (Purgatorium) — oder ebenso ewige und unabänderliche Verdammnis zugeteilt werde, vermag die große Mehrzahl der heutigen Menschen offenbar nicht zu überzeugen. (Sonst müßten sie doch praktisch Tag und Nacht vor einem solchen Gott auf den Knien liegen, um dem drohenden Verhängnis zu entgehen, denn was sind ein paar Jahrzehnte gegen die Ewigkeit!) Immerhin setzt auch eine solche sadistische Vorstellung eine unsterbliche Seele voraus, von der aber nicht gesagt wird, woher sie jeweils dem werdenden Menschlein zugeteilt wird. Überhaupt sind die »offiziellen« (kirchlich-klerikalen) Angaben über den Aufbau der jenseitigen Welten so dürftig und ohne jeden sinnvollen Zusammenhang, daß damit wirklich kein unabhängig denkender Mensch etwas anfangen kann.

Diese geradezu groteske Unwissenheit in den entscheidenden Fragen des Lebens steht im schärfsten Gegensatz zu dem sicheren Wissensstand um und vor der Zeitenwende, sei es bei den griechischen Denkern oder den Gnostikern und Neuplatonikern, vom Verfasser des vierten Evangeliums nicht zu reden. Der Nazarener Meister selbst sagt darin klar genug: Wir reden, was wir wissen und bezeugen, was wir gesehen haben (Joh. 3/11).

Die Unwissenheit der sonst so klugen abendländischen Völker in bezug auf die Geheimnisse der Schöpfung ist aber offenbar die Folge der konsequent verfochtenen paulinischen Erlösungshypothese, bei der Blut und Opfertod die entscheidenden Faktoren sind. Was brauchten die gläubigen Menschen dann sonst noch zu wissen? Und natürlich war es eineinhalb Jahrtausende lang lebensgefährlich, eine andere Meinung laut werden zu lassen, die nicht mit diesem seltsamen Dogma übereingestimmt hätte!

Der Abstieg der Seelen erfolgte nach der Lehre zu Beginn der Schöpfung. Woher sollte sonst die »Natur« Wachstum und Leben beziehen? Da nicht nur das höchste der Lebewesen, sondern alle Geschöpfe und Formen im Tier- und Pflanzenreich mit diesen Lebensfunken ausgestattet sind, die stofflichen Formen aber laufend entstehen und vergehen, muß notwendigerweise eine ununterbrochene Fluktuation, ein stetiges Kommen und Gehen von Seelen zwischen den materiellen und den feinstofflichen (astralen) Bereichen der Natur stattfinden; folgerichtig müssen diese »Funken« irgendwo in Bereitschaft gehalten werden und in einer Ordnung, welche die richtige Zuteilung ermöglicht und gewährleistet. Diese Ordnung und Regulierung erfolgt durch die dynamische Kraft des karmischen Gesetzes, durch welches das scheinbar turbulente Geschehen in den »drei Welten« (des Demiurgen) im Gleichgewicht und in vollkommener Harmonie gehalten wird. Hier geschieht alles nach dem Gesetz, wie es das Alte Testament bestätigt.

Man würde es sich entschieden zu leicht machen, wollte man

nicht die ungeheure organisatorische Komplexität des Geschehens innerhalb und zwischen den Regionen der »drei Welten« — physisch, astral und mental — in Rechnung stellen, den drei Welten Brahms, Jehovas oder des Demiurgen.

Der Übergang von der materiellen zu einer feiner gearteten Ebene geschieht ja unter Zurücklassung bzw. Ablegung der groben äußeren Hülle und bedeutet zunächst weniger einen Wechsel des Ortes und der Umgebung, als vielmehr eine Änderung des Bewußtseinszustandes, den Übergang zu einer höheren Schwingungsfrequenz, wodurch die Jivas (entkörperte Lebewesen) in den astralen Körpern sich gegenseitig ebenso plastisch und realistisch sehen, hören und verständigen können, wie wir Irdischen in unseren grobstofflichen Körpern.

Man muß angesichts der vielfältigen Vorgänge, der wechselnden Zustände und der stufenweisen Änderung der Gewänder oder Hüllen, welche die Seele umkleiden, die Annahme rundweg als Illusion bezeichnen, daß es nur ein Schritt wäre vom Erdendasein in die ewige Seligkeit. Aber ebenso ist die Furcht unbegründet und absurd, in eine ewige und unabänderliche Verdammnis gestürzt zu werden, gleichgültig, wie diabolisch der Einzelne gehandelt haben mag. Jeder Handelnde auf Erden ist zugleich auch Werkzeug der »Vorsehung«, nämlich der vielfachen Verstrickung der karmischen Zusammenhänge. Aber vor allem sind die Seelen lebendige Funken der göttlichen Wesenheit, in die sie zu gegebener Zeit zurückgeführt werden, denn kein Herrscher überläßt seine eigene Substanz für immer einem potentiellen Gegner, der in diesem großen Spiel in Wirklichkeit nur die ihm zugewiesene Rolle spielt; und dieses Faktum führt die Lehre von der ewigen Verdammnis ad absurdum.

Wenn wir der Wirklichkeit gerecht werden wollen, müssen wir schon die Fähigkeit der Unterscheidung, die ja das Vorrecht der menschlichen Form ist, zur Anwendung bringen — und zwar in hohem Maße, wie es dem grandiosen Spiel der Gottheit angemessen ist.

Zwar ist des Menschen mentale Fähigkeit vielfach entartet und verdorben, worauf nicht erst Kiss Maerth, sondern die Meister der Lehre zu allen Zeiten hingewiesen haben. Dennoch ist das Mentalwesen das feinste, subtilste und mächtigste Werkzeug der Seele und als eine Schöpfung der zweiten Region (Trikuti) über dem sichtbaren Universum befähigt, die Vorgänge in den drei Welten zu verstehen, die von Trikuti aus regiert werden. Die

Aussage des Paulus, daß die Gedanken des Menschen bis in die Tiefen der Gottheit dringen, ist also in diesem Sinne zu präzisieren, denn über der Mentalregion leben die Seelen ohne Hüllen als reines Bewußtsein, das keiner mentalen Hilfsmittel bedarf; das sind jene Bereiche, wo sie leuchten werden wie die Sonne, nach den Worten der Evangelisten, wie auch der östlichen Meister.

Es ist vielleicht gut, hier ein Wort des Nazareners zu kommentieren: »Wenn ihr nicht werdet wie die Kinder, könnt ihr nicht in das Himmelreich eingehen.« Die Kinder sind ja noch mental unentwickelt und sofern sie nicht durch Beispiel oder falsche Erziehung verdorben sind, leben sie noch unmittelbar nach dem Antrieb der Seelenkräfte; das Mentalwesen hat noch nicht die Herrschaft über sie bekommen. Und diesen Zustand muß der aufwärts Strebende wieder herstellen, indem er das Denkwesen in die ursprünglich vorgesehenen Schranken zurückbringt.

Wenn wir uns nicht selbst belügen oder den Kopf in den Sand stecken wollen, müssen wir wohl oder übel die Realitäten ins Auge fassen, insbesondere die Spielregeln auf den unteren Ebenen, auf denen wir uns ja vorläufig noch zu bewegen haben — auch wenn wir den Körper verlassen haben. Die oft erwähnten drei Welten bezeichnen ja in Wahrheit unermeßliche Bereiche, von denen das für uns sichtbare Universum nur einen kleinen Bruchteil darstellt. Zwischen diesen grobstofflichen Welten und der eigentlichen Astralebene mit ihrem Zentrum des tausendblättrigen Lotus gibt es nach der Lehre noch sechs Zwischenstufen, seien es nun räumliche oder Bewußtseinsstufen — oder beides — die in den sechs niederen Energiezentren (Chakras) im Menschen vom Rectum bis zur Stirne ihre Entsprechung finden.

Sicher nicht zu Unrecht spricht man deshalb von den erdgebundenen — oder verhafteten Seelen oder Geistern der Verstorbenen, die sich von den diesseitigen Wünschen und Interessen nicht rechtzeitig zu distanzieren vermochten und deshalb auch nur unter großen Schwierigkeiten sich von der gewohnten Umgebung zu lösen vermögen, obwohl sie dazu »technisch« in der Lage wären. Aber die Kraft der Gedanken und Begierden ist ja nicht im irdischen Körper, sondern in der Mental- und Astralhülle lokalisiert, so daß die Anziehungskraft der Wünsche nach Ablegung des Körpers erst richtig, nämlich unbehindert und verstärkt zur Geltung kommt.

In einem Abschnitt über Spiritismus und Medien schreibt J. P. Johnson:

»Es gibt viele Zwischenstufen weit unter der eigentlichen Astralzone und es sind diese Stufen, zu denen die meisten Menschen nach dem Tode zu gehen haben. (Dem Ort also, wohin ihr »Daimon« sie zu bringen hat, nach Plato-Sokrates.) Und auf dieser zugewiesenen Stufe haben sie die vorgesehene Zeit — entsprechend dem jeweiligen Urteilsspruch — zu verbleiben. Die reine Astralzone ist eine sehr hohe und verfeinerte Stufe, verglichen mit den tieferen Bereichen und es ist nur eine sehr hohe Klasse (ethisch-moralisch) von Menschen, die beim Tode dorthin gelangen. Diese Tatsache wird verständlich, wenn man weiß, daß die meisten Gründer der Weltreligionen, große Yogis und Mahatmas (spirituell entwickelte Seelen) der Vergangenheit, noch immer in den Grenzen der Astralregion weilen und bis heute nicht fähig waren, diese zu übersteigen. Wenn also solche großen Männer nicht höher zu steigen vermochten, wie könnten wir dann erwarten, daß gewöhnliche Männer und Frauen in die höheren Regionen aufsteigen könnten? Ungeheure Mengen von Seelen aller Arten in den verschiedensten Zuständen, die kein Mensch zählen und einordnen könnte, bewohnen diese Stufen zwischen der Erde und der reinen Astralebene. Und die meisten von ihnen werden jene reinen Bereiche nicht zu sehen bekommen, bis sie in einer neuen Geburt und Erdenrunde unter Führung eines Meisters höhere Stufen erreichen.«

Diese Darstellung Johnsons ist gewiß dazu angetan, manche Illusion allzu Leichtgläubiger zu zerstören; aber anderseits ist sie auch geeignet, uns die wirkliche Situation realistisch und wirklichkeitsnah vor Augen zu führen und manche nebelhaften und verschwommenen Vorstellungen über die »andere Seite« klären zu helfen. Eine solche Ernüchterung von liebgewordenen Wunschträumen sollte uns aber letzten Endes nur von Nutzen sein, indem sie uns zu verstärkter Anstrengung auf dem Wege spiritueller Entwicklung anspornen.

Das Spiel der Gottheit im Verein mit den einst abgestiegenen und sich seitdem wieder aufwärts kämpfenden Seelen, die in Wahrheit winzige Teile der Gottheit selbst sind, ist also ein stetig ablaufender Vorgang, der andauert, solange die Schöpfung der unteren drei Welten besteht. Wenn sich die Funken bis zum Status eines »geweihten Tieres« (Sohar) emporgearbeitet haben, dann werden sie eines Tages in einem menschlichen Körper auf unserer Erde erscheinen — mit all den unbegrenzten Möglichkeiten, die in diesem Wunderwerk der Natur beschlossen

sind. Dennoch bedarf es zweifellos noch vieler menschlicher Inkarnationen bis jener Standard erreicht werden kann, von dem
aus sich eine Möglichkeit zum Entkommen aus dem sogenannten
Zyklus 84, also aus den unteren drei Welten, eröffnet. Es ist ja
keineswegs so, daß diese Möglichkeit summarisch allen Menschen offen stände, denn das würde praktisch die Entvölkerung
der Erde in relativ kurzer Zeit bedeuten. Da aber das Leben auf
Erden nicht auf die Tierwelt reduziert, sondern vom Demiurg in
voller Funktion aller Lebensbereiche erhalten werden soll, kann
ein solcher Massenauszug der Menschheit nicht stattfinden. Natürlich gibt es dafür noch andere Gründe, so der entwicklungs-
mäßige Standard und die Bereitschaft der in Frage kommenden
Jivas, vor allem aber die festgelegten Spielregeln und die Gnade
des Höchsten.

Nun ist uns ja aus den Evangelien bekannt, daß »Himmel und
Erde« vergehen werden, was sich zunächst auf die Auflösung der
vielzitierten »drei Welten« bezieht. Die Annahme wäre nahelie-
gend, daß zu diesem Zeitpunkt alle Seelen aus diesen Regionen
in die ursprüngliche Heimat (in die fünfte Region) zurückgeführt
würden. Dem ist jedoch keineswegs so, vielmehr werden nach der
Lehre die dannzumal noch nicht befreiten Jivas zwar in die dritte
Region zurückgenommen, von wo sie jedoch nach der vorbestimmten Ruhepause in die nächste Schöpfungsrunde zurückkehren müssen, um das Spiel dort wieder aufzunehmen, wo es
durch die »kleine« Auflösung unterbrochen wurde.

Dasselbe geschieht sinngemäß bei den äußerst seltenen »großen« Auflösungen, in denen auch die oberen Regionen Brahmands — die dritte und vierte — aufgelöst werden. Bei dieser
großen Schöpfungspause werden alle Bewohner des mittleren und
unteren Großreiches knapp unter Sach Khand, der (fünften) Region des Vaters, in einem latenten Bewußtseinszustand versam-
melt, um von dort aus nach unvorstellbaren Zeiträumen der
Ruhe das Spiel erneut fortzusetzen.

Mit diesem skizzenhaften Umriß der Meisterlehre dürfte das
große Spiel der Gottheit und der lange Weg der Seelen einigermaßen deutlich geworden sein. Es bleibt noch nachzutragen, daß
die Rückführung der ausgewählten Jivas nur nach den Weisungen des Höchsten selbst erfolgt und keineswegs in der Machtbefugnis des Demiurgen liegt, die nicht über die zweite Region
(Trikuti) hinausgeht. Diese schwerwiegende Tatsache wird vom
Nazarener bestätigt: »Es kann keiner zu mir kommen, den der

Vater nicht zieht« (Joh. 6/44). Auch die eigene Anstrengung zum spirituellen Fortschritt gibt noch keinen Anspruch auf diesen unschätzbaren Vorzug, obwohl sie sicherlich eine der Voraussetzungen ist. Deutlich genug steht das Wort des Nazareners geschrieben: »Ihr habt nicht mich, sondern ich habe euch erwählt« (Joh. 15/16).

Im letzten Grunde handelt es sich hier um andere Kriterien, die wir mit Worten wie Geschenk, Liebe des Schöpfers und Gnade bezeichnen können — wobei die Gnade des jeweils lebenden Meisters oder Gesandten mit der des Vaters identisch ist. (Ich und der Vater sind Eins — Wer mich sieht, sieht den Vater etc.)

Es führt also kein Weg an dem Meister oder Gesandten des Vaters vorbei zur ewigen Seligkeit, denn er ist der Mittler, ohne den das Tor für uns verschlossen bleibt. Nur der Meister allein hat den Schlüssel zur Vermittlung der himmlischen Melodie und zur Befreiung vom Kreislauf der Geburten. Auch nach den verschiedenen Auflösungen und Ruheperioden von Milliarden Jahren stehen die Jivas wieder vor demselben Problem und der gleichen Aufgabe, mit einem lebenden Meister des WORTES in Kontakt zu kommen, mit dessen Hilfe sie zum Ursprung zurückkehren können.

Zum Abschluß noch eine kurze Zusammenfassung einiger wichtiger Gesichtspunkte aus dem göttlichen Spiel:

Die Gottheit:

Wer oder was ist Gott? ER ist kein Geist, sondern Geist schlechthin, allumfassender und durchdringender Geist in Vollkommenheit. Gott ist kein starkes und mächtiges Wesen, nicht ein Gott der Weisheit und Liebe; ER ist die Kraft und Macht, die Weisheit und Liebe an sich, allumfassend, in höchster Potenz, mit einem Wort: in Vollkommenheit.

Gott ist der Inbegriff jeder Fähigkeit, Eigenschaft und Potenz in Vollkommenheit, dies aber nur im oberen Reich, von dem die tönenden Schöpferkräfte ausströmen und wieder zum Ursprung zurückfließen. Die Kräfte unterhalb dem Reiche des Vaters teilen sich in eine geistige und eine stoffliche Komponente. Bei ihrem stufenweisen Abstieg werden die geistigen Kräfte — als Reflektionen der vollkommenen Macht — immer schwächer, dagegen die stoffliche Materie immer dichter und schwerer. Deshalb ist der göttliche Seelenfunke in den irdischen und auch in den astralen Wesen wie in einem Verlies eingekerkert und vermag sich nicht selbst zu befreien, woran ihn zudem die Negative Macht (der Demiurg) hindern würde.

Die Hierarchie:

Die Schöpfung ist das große Spiel der Gottheit und der Seelen, das nach unwandelbaren Regeln verläuft. Die unpersönlichen Kräfte in den Naturreichen erfüllen ihre zugewiesene Funktion ohne Ansehen der Person irgendeines Lebewesens und dienen Guten und Bösen gleicherweise. Es sind die persönlichen Herren, insbesondere die Herren der astralen und mentalen Region als Statthalter des Höchsten und ihre Mitarbeiterstäbe, welche die Schicksale der Jivas in den unteren Reichen regeln. Aeschylos, der griechische Dramatiker, schrieb vor mehr als 2000 Jahren:

»Tief im unteren Himmel regelt der Tod die Wege
des Menschen mit unnachsichtiger und strenger Herrschaft;
und dort ist keiner, der sich seinem wachsamen Auge
entziehen kann.«

Die Seelen sind nicht in der Lage und Position, sich selbst aus der karmischen Bindung, die in zahllosen Inkarnationen zu unzerreißbaren Fesseln wurde, selbst zu befreien — und vom Demiurgen werden sie mit Hilfe der Spielregeln immer noch tiefer in das Netz der Natur (Maya) verstrickt. Das vierte Evangelium sagt hierüber: Ihr steht nicht unter des Vaters Führung, sondern unter dem anderen (Herrn), dem Vater der Lüge, der nicht in der Wahrheit steht (Joh. 8/44).

Die polare Konstitution des Menschen:

Der Mensch ist als ein zwiespältiges Wesen geschaffen: Natur gegen Geist. Unsere Seele, die königliche Prinzessin, wurde zum Abstieg in die grobe Materie gezwungen, die ihrem strahlenden Wesen als finsterer Widerpart gegenübersteht. Der Gegensatz zwischen beiden ist so abgrundtief, daß abgestufte Zwischenglieder oder Kontaktschichten verschiedener Feinheit erforderlich sind, damit die Seele in den irdischen Geschöpfen überhaupt wirken kann — der mentale und astrale Körper. Die Seele als reines Geistwesen ist von göttlicher Art und kann deshalb nicht unmittelbar im menschlichen Körper tätig werden, sondern benötigt dazu geeignete Werkzeuge oder Instrumente, deren feinstes das Denk- oder Mentalwesen ist, das alle niedrigeren Vorgänge im Körper über das Gehirn und die Nervenbahnen steuert.

Das Problem der Polarität von Geist und Natur reduziert sich daher im Menschen im Grunde auf die Spannung zwischen der inkarnierten Seele und ihrem ersten Diener, dem Verstand oder

Denkwesen, auf das die Seele angewiesen ist, um ihre eigene Aufgabe erfüllen zu können. Das Denkwesen ist aber eine Schöpfung der Natur und des Demiurgen und dieser ist der (bestellte) Gegenspieler des Höchsten auf dieser Ebene, denn er hat die Belange der Natur wahrzunehmen und also die Seelen nach Möglichkeit in seinem Machtbereich festzuhalten. Das ist der Hintergrund der Geschichte von Anima und Animus und ein Paradoxon in der Schöpfung und in der menschlichen Bestimmung.

Die Seele ist zwar die Herrin und Lebensspenderin der Naturkomposition des Menschen, aber anderseits ist es das Mentalwesen, das im Alltag Regie führt und im Normalfall die Herrschaft an sich zu reißen pflegt. Dieser paradoxe Sachverhalt macht es der Seele unmöglich, sich selbst aus der Verstrickung und Umgarnung der Natur zu lösen. Das ist nur mit Hilfe des Gesandten des Vaters möglich, der weit über allen Herren der Naturreiche steht.

Der Gesandte des Vaters:

Es ist der Höchste selbst, der sich in seiner unbeschränkten Macht in besonderen menschlichen Boten inkarniert, um die Seelen nach seiner eigenen Wahl vom Rad der Wiedergeburt zu befreien. Das sind die Meister oder Gottessöhne. Diese geben den »markierten Seelen« ihre besonderen Gebote und führen sie auf den schmalen Pfad, der in die Heimat zurückführt. Darüber spricht das vierte Evangelium an vielen Stellen: Ich kenne meine Schafe; niemand kann sie aus der Hand meines Vaters reißen (10/27—29). Wer meine Gebote hat und sie hält, der ist's, der mich liebt und ich werde mich ihm offenbaren (14/20). Wenn ihr meine Gebote haltet, bleibt ihr in meiner Liebe, gleichwie ich meines Vaters Gebote halte und bleibe in seiner Liebe (15/10).

Die Boten des Vaters sind äußerlich Menschen wie alle anderen — entgegen der Meinung G. Meyrinks und anderer — aber sie sind ältere Brüder, die ihre Rückkehr zum Vater schon früher vollendet haben und nun mit dieser besonderen Aufgabe gekommen sind. Sie stehen über den Gesetzen der Natur und sind ohne karmische Bindung, denn sonst könnten sie keine anderen Seelen befreien. Von ihrer Macht über die Natur machen sie nur sparsamen Gebrauch, um die Gesetze der materiellen Welt möglichst wenig zu tangieren. Dagegen nehmen sie manchmal karmische Schulden anderer auf sich, die sie dann gegenüber dem »Fürsten der Welt« selbst bezahlen, und sei es, daß sie dafür gekreuzigt oder zu Tode gefoltert werden, wofür es genug Zeugnisse gibt.

Da sie ohne eigene Schuld gekommen sind (meine Bürde ist leicht), kann ihnen nur solches Übel zustoßen, das sie zuvor anderen aus Hilfsbereitschaft abgenommen und ihnen damit einen Teil ihrer Last »erlassen« haben. Mit der Erlösung von Seelen im engeren Sinne hat das nichts zu tun. Im Evangelium heißt es: Es kommt der Fürst der Welt (um seine Rechnung zu präsentieren); und obwohl er keine Macht über die Boten des Vaters hat, welche die drei Welten nach Belieben verlassen können, pflegen sie doch zuvor ihre irdische Rechnung zu begleichen, ohne von ihrer Macht Gebrauch zu machen; mit anderen Worten, sie wollen keine Vorrechte gegenüber den gewöhnlichen Sterblichen in Anspruch nehmen, obwohl ihre »Schuld« nur in der Hilfe für leidende Brüder besteht, die darauf nach dem Gesetz der unteren Welt keinen Anspruch hatten. Auch Pilatus hätte keine Macht über Jesus, wenn sich dieser nicht freiwillig dem Urteil der Welt unterstellte.

Das erste Gebot: Liebe!

Du sollst den Herrn deinen Gott lieben mit allen deinen Kräften . . . und den Nächsten wie dich selbst.

Angeblich ist das zweite Gebot dem ersten gleich, und so begnügen wir uns damit, unsere Freunde, Eltern oder Kinder zu lieben. In Wahrheit können wir unsere Mitgeschöpfe — auf allen Stufen — nicht in der rechten, unpersönlichen Weise lieben ohne ihren Schöpfer zu lieben, dessen Geschöpfe alle Wesen gleicherweise sind. Das Problem ist: Wie können wir Gott lieben, den wir nicht sehen und kennen? Das ist nicht möglich! Deshalb gibt es nur eine reale Möglichkeit: den Gesandten Gottes kennen und lieben zu lernen.

»Aber«, fragt Kabir, ein Meister des 15. Jahrhunderts, »wenn man keine Liebe hat, wo soll man sie hernehmen? Sie ist ja nicht im Laden zu kaufen. Du kannst den Herrn oder seinen Stellvertreter, den Heiligen, bitten, sie dir zu geben, aber du mußt wissen, daß er deinen Kopf dafür verlangt. Wenn du je erfahren solltest, daß jemand diese Liebe zu verkaufen habe, aber dafür deinen Kopf verlange, dann beeile dich mit deiner Zusage, denn ein so vorzügliches Geschäft könntest du kein zweites Mal machen. Gib deinen Kopf (den mentalen Eigenwillen) sofort und kauf dir diese Liebe. Unterwirf dich völlig dem Meister und nimm die Liebe, die er in seinen Händen hält. Nur wenn du sagen kannst, ich kann ohne den Herrn nicht leben, nur dann wirst du deinen Blick von der Welt abwenden, sonst aber nicht.«

Irrtümer:

Unser tägliches Gebet ist das »Vaterunser«, das uns vom Nazarener Meister überliefert ist. Er sagt, daß der Name Gottes heilig sei. Welches ist der Name Gottes? Nicht das gesprochene Wort, sondern die lebendigen Kraftströme, der Logos des vierten Evangeliums, durch den alles gemacht ist und im Dasein erhalten wird. Die Sünde wider den Geist, die nicht vergeben wird, ist die Sünde gegen dieses ungesprochene WORT, das vom Throne des Höchsten kommt.

Die Unkenntnis der Wahrheit hat dazu geführt, daß wir heute beten: Dein Reich komme zu uns, anstatt: Dein Reich komme uns zu. Wir sollen in das Reich kommen, nicht das Reich zu uns! Des Vaters Reich ist ein Reich des reinen Geistes und Lichtes ohne jede materielle Beimischung.

Wie könnte diese Lichtwelt zur Erde kommen, zur Lehmschwelle der Schöpfung, wo schon die kleinen Seelen nur dreifach verhüllt existieren können? Wir beten: Führe uns nicht in Versuchung! Die Frage ist, ob diese Bitte wirklich so lauten sollte. Die irdische Schöpfung ist ja gerade darauf angelegt, uns beständig »in Versuchung« zu führen, mental und durch die Sinne. Im Sinne der Lehre müßte sie vielmehr so lauten: Führe uns zur Einsicht in die Täuschungen der Natur und lehre uns, unseren (mentalen) Eigenwillen zu überwinden, damit wir auf dem Wege zu Dir vorankommen.

Das Evangelium berichtet diese Worte Jesu: »Wer mein Fleisch ißt und mein Blut trinkt, der hat das ewige Leben« (Joh. 6/54). Da sagten seine Jünger: Das ist eine harte Rede, wer kann sie hören? Jesus antwortete: »Ist euch das ein Ärgernis? Es ist der Geist, der lebendig macht; das Fleisch ist nichts nütze. Die Worte, die ich zu euch geredet habe, die sind Geist und sind Leben« (6/63).

Man sollte meinen, jeder müßte verstehen, daß es hier nicht um Fleisch und Blut, sondern um die »Ströme lebendigen Wassers« geht, also um geistige Kräfte, wie es ja zudem wörtlich erläutert ist. Dennoch wollen die christlichen Institutionen das ewige Leben vom Fleisch und Blut abhängig wissen, der niedrigsten Komponente des Menschen. Und das ist der größte und folgenschwerste aller Irrtümer! Die Institution kann sich anscheinend nicht zur symbolischen Bedeutung solch äußerlicher Sinnbilder durchringen, obwohl man sie gerade hier gar nicht übersehen kann!

Schlußfolgerung:

Die Essenz unserer Gebete nach der Lehre der Gesandten des Vaters ist in wenigen Worten zu fassen:

»Vater, Dein Name, das verborgene WORT, sei uns heilig. Dein Wille geschehe. Führe uns zur Erkenntnis und damit auf den Weg, der zu Dir zurückführt.«

Es wurde uns auch gelehrt: Wenn du betest, dann geh in deine innere Kammer! Das bedeutet: Schließe die nach außen führenden Tore deines Körpers, insbesondere Augen, Ohren und Mund. Konzentriere dich auf die verborgene Tür, die nach innen führt, in das Reich der Seele, und sprich mit dem »Meister« in dir selbst, der strömenden Kraft des Geistes — ganz ohne Worte, denn ER kennt deine Gedanken, ehe du sie formuliert hast!

Wenn wir also beten, sollten wir der Gottheit nicht eine Liste von Forderungen und irdischen Wünschen unterbreiten, die für unseren spirituellen Fortschritt nutzlos sind, vielmehr sollten wir uns der Führung des Vaters empfehlen und anvertrauen.

Theologische Neuigkeiten — was ist Wahrheit?

Die Unsicherheit darüber, ob das individuelle Leben nach dem irdischen Tode weitergehe oder endgültig zu Ende sei, ist weitverbreitet. Das ist nicht verwunderlich, wenn moderne Forscher immer noch so tun, als seien gewisse natürliche Grundstoffe nicht nur Bausteine des Körpers, sondern zugleich Quelle und Ursprung des Lebens selbst. Es ist im Grunde immer noch die gleiche Einstellung mancher Kapazitäten des letzten Jahrhunderts, welche die sogenannte »Urzeugung« kleiner Lebewesen aus Schlamm oder Kompost entdeckt zu haben glaubten. Nicht nur die modernen Epigonen jener Forscher verfechten vielfach die These, daß das Leben mit dem Zerfall des Körpers aus und vorbei sei, sondern sogar namhafte Theologen unserer Tage verkünden ihre neueste Erkenntnis: »Das Sterben des Menschen ist ein wirkliches Zu-Ende-Sein und kein heimliches Weitermachen und Fortleben« (Helmut Thielicke).

Angesichts solcher Grabes-Weisheit kann man sich über die Abwendung der weniger Privilegierten vom ehemaligen Glauben wirklich nicht wundern, noch darüber, daß Menschen ohne festgefügte Wissensbasis den Wohlstand und das leibliche Wohlergehen zu ihrem Abgott erküren. Den Kommentar zu solcher Lebensweisheit gab ein Größerer als unsere modernen Koryphäen vor 2000 Jahren folgendermaßen: »Du Thor, heute nacht (oder in einigen Jahren) wird deine Seele von dir gefordert.«

Unsere Seele, die unser Leben und der Kern unseres Wesens ist, ob wir es wissen und anerkennen oder nicht, die aber von den Theologen kaum je erwähnt wird!

Es gibt aber noch andere, weniger offensichtliche Fehleinschätzungen, insbesondere darüber, ob unser Bemühen um Erkenntnis und die Suche nach Wahrheit notwendig oder nutzlos sei. Man nimmt gemeinhin an, daß unser erworbenes Wissen beim Tode verloren sei, weil ja das Gehirn mit dem übrigen Körper der Auflösung anheimfällt. In Wahrheit bleibt unser Wissens- und Entwicklungsstand in den feinstofflichen Körpern erhalten und geht mit denselben in die astralen Bereiche und auch wieder mit ihnen zurück in die neue Verkörperung auf Erden, weshalb der neue Mensch denselben Intelligenzstand aufweist, mit dem er vordem die Erde verließ. Dieses Faktum war den antiken Denkern noch wohlbekannt und Sokrates spricht ausführlich darüber, daß unser Lernen im wesentlichen ein Sich-Erinnern sei, was man durch entsprechende Fragestellung an Ungeschulte leicht feststellen könne.

Es ist also keineswegs sinnlos, zu lernen und zu suchen, vielmehr ist es notwendig, zuerst einmal eine gewisse Einsicht in die großen Zusammenhänge des Lebens zu gewinnen, damit der spätere spirituelle Aufbau auf einem soliden Fundament erfolgen kann — und ohne spirituelle Arbeit können wir nicht höher steigen, wohl aber auf tiefere Stufen zurückfallen. Das bedeutet konkret, daß wir der Befreiung oder Erlösung nicht näher kommen und uns so selbst zu endloser Wiedergeburt verurteilen. Gott hilft in diesem Sinne nur dem, der sich selbst hilft — und die Aufforderung des Nazareners, zu suchen, bis wir finden, zeigt sich uns damit in seiner strengen Bedeutung. Nicht ohne Grund sagt das Evangelium, daß diejenigen, die nicht mit ihren Pfunden wuchern und sie ungenutzt in der Erde vergraben (in doppeltem Sinne), hinausgeworfen werden in die äußerste Finsternis, d. h. auf tiefere Stufen des Lebens, von denen sie sich erneut emporarbeiten müssen.

So also sieht die breite und bequeme Straße aus, die zwar nicht in die ewige Verdammnis, aber dennoch ins Verderben führt, nämlich zum Abstieg auf der Stufenleiter des Lebens. Bekanntlich will der Herr die Lauen und Gleichgültigen ausspeien aus seinem Munde, was letzten Endes dasselbe bedeutet: daß sie aus seiner Nähe entfernt werden sollen.

Das Leben auf der irdischen Ebene ist widersprüchlich und

paradox. Der Mensch ist so geschaffen, daß er zumeist nur die Dinge der irdischen Natur wahrzunehmen vermag und diese folgerichtig als alleingültig ansieht. Nur durch die Boten des Höchsten selbst wissen wir, daß sich hinter der Natur noch eine höhere Wirklichkeit verbirgt. Unsere Aufgabe ist es, die Täuschung der vordergründigen Dinge zu erkennen und zu durchschauen, wenn wir je wieder in die seligen Gefilde zurückkehren wollen, von denen wir einst ausgesandt wurden.

Was also ist Wahrheit?

Satan, der strahlende Fürst der Welt, schwingt sein Szepter auch über uns. Er ist der Herr der Heerscharen, den es reute, daß er mit seinen Elohim den Menschen gemacht hatte. Wie ist es dazu gekommen? Es heißt, Satan sei einer der Söhne des Höchsten, dessen wundervolle Schöpfung in ihm das Verlangen erweckte, ein eigenes Reich zu erschaffen. Dies wurde ihm aus unbegrenzter Güte gewährt und ihm eine sehr große, aber begrenzte Anzahl Seelen anvertraut, die bereit waren, sich in den niederen drei Welten zu inkarnieren. Nach der gewissen mentalen Entartung im (astralen) Paradies mußten diese schließlich zur materiellen Erde absteigen, wo Mühsal, Tod und Wiedergeburt vorherrschen. Nachdem sie ihre Herkunft vergessen hatten, gab ihnen ihr Herr strenge Gebote und ließ ihnen verkünden: Ich bin der Herr, euer Gott, und keiner ist über mir!

Das mentale Wesen im Menschen ist Satans Schöpfung, in dessen irdischem Reich die Lebewesen sich gegenseitig umbringen müssen, um existieren zu können. Darum sagte der Gesandte des Vaters, der ihre Not sah: »Euer Vater ist Satan, der ein Lügner und Mörder ist von Anfang an« (Joh. 8/44). Doch der abgestiegene oder »gefallene« Mensch kann in beharrlicher Arbeit die Stufen wieder aufsteigen am Baum des Lebens, wenn er das Spiel durchschaut. Dazu muß er seinen Eigen-Sinn aufgeben und sich bedingungslos dem Höchsten Vater unterstellen, dessen Boten stets zur Hilfe bereit sind, wenn wir selbst zur Einsicht gekommen sind. Der lebendige Geist des Vaters vibriert und schwingt ja im Tempel unseres Körpers und nichts darin bleibt ihm verborgen. Die Wiedervereinigung der beiden getrennten Liebenden, von Seele und Geist, ist die Aufgabe und der wahre Sinn unseres irdischen Lebens!